新编21世纪公共管理系列教材

—— 行政管理、公共事业管理系列 ——

公共危机管理概论

第二版

王宏伟 著

Public Crisis Management:
An Introduction

中国人民大学出版社
· 北京 ·

内容简介

王宏伟博士的《公共危机管理概论》是一部以总体国家安全观为指导，系统阐述公共危机管理基本概念、理论和实践的教材。全书从解析公共危机的概念入手，系统研究了公共危机管理的主要活动规律，包括风险管理与减缓、应急准备、预测预警、应急响应、恢复等，在此基础上，对公共危机管理中的重要问题进行了分析，包括社会动员、救灾捐赠管理、应急沟通与网络舆情、协调与合作等。

与第一版相比，本书第二版主要结合我国应急管理实践的发展和变化进行修订，突出反映公共危机与应急管理领域的中国特色。本书将应急管理视为国家治理体系和治理能力的重要组成部分，每章均以习近平关于应急管理的重要论述开头，系统反映了新时代中国应急管理的新理念、新思想和新方法。

作者简介

王宏伟　博士，中国人民大学公共管理学院副教授，国家安全研究中心主任；中国应急管理学会理事、国家卫健委卫生应急体系建设指导专家、美国伊利诺伊大学香槟分校访问学者。主要从事国家安全、应急管理、反恐怖主义等领域的研究工作。出版《新时代应急管理通论》《重大突发事件应急机制研究》《公共危机管理概论》等专著和教材十多部，其中《健全应急管理体系探析：从制度优势到治理效能》一书获得北京市第十六届哲学社会科学优秀成果奖二等奖；公开发表论文100多篇；主持并完成国家社科基金项目两个、北京市社科基金重点项目两个。

出版说明

现代意义上的公共行政与公共管理研究和教育始于20世纪初。时至今日，随着公共管理职业化的发展，公共行政与公共管理的研究和教育事业在主要发达国家方兴未艾。自20世纪80年代起，为了适应政府改革与公共管理人才培养的需要，我国的公共行政与公共管理研究和教育在经历了发展的挫折之后，开始了恢复和重建的工作。经过多年的发展，特别是公共管理一级学科的设置和我国公共管理硕士（MPA）教育的启动以及高校公共管理类本科专业的大量开设，公共管理已成为当代中国社会科学和管理科学领域的一个充满生机活力、具有远大发展前景的学科。

为了满足广大高校公共管理类专业的教学需要，在历届教育部高等学校公共管理类学科专业教学指导委员会的指导和支持下，中国人民大学出版社自1999年起，陆续出版了“21世纪公共行政系列教材”“21世纪公共管理系列教材”“21世纪公共事业管理系列教材”“公共管理系列教材”“公共管理核心课程系列教材”“21世纪劳动与社会保障系列教材”“21世纪土地资源管理系列教材”“21世纪城市规划与管理系列教材”等多个本科系列教材。这些教材被国内高校公共管理类专业广泛选用，并得到了公共管理学界的支持和认可，数十种教材被评为“十五”“十一五”“十二五”国家级规划教材，普通高等教育精品教材，以及各省市精品教材，为我国公共管理学科发展和人才培养做出了积极的贡献。

我国高等教育改革的进一步深化，以及新技术和新媒体的不断发展，对高校教材提出了更高的要求。为了回应这种要求，我们在广泛调研的基础上，拟对上述系列教材进行整合和提升，推出“新编21世纪公共管理系列教材”，以满足国内高校公共管理一级学科下设的行政管理、公共事业管理、劳动与社会保障、土地资源管理、城市管理、海关管理、交通管理、海事管理、公共关系学等本科专业的教学需要。

“新编21世纪公共管理系列教材”将秉承中国人民大学出版社“出教材学术精品，育人文社科英才”的宗旨，从本科教育的特点出发，从公共管理教育的特点出发，为广大高校公共管理类专业师生提供一套高质量的本科教材。在教材编写和内容安排上，“新编 21 世纪公共管理系列教材”强调基础知识、基本理论和基本技能，同时，也尽可能地体现创新性和前沿性，反映相关领域理论与实践的最新发展情况。

“新编 21 世纪公共管理系列教材”由中国人民大学、中山大学、北京大学、清华大学、复旦大学、厦门大学、武汉大学、浙江大学、吉林大学、东北大学、北京师范大学、山东大学、四川大学、西北大学等数十所国内著名大学的知名学者领衔著述，我们期望通过这种强强联合、优势互补、资源共享的方式，为国内公共管理学界奉上一套体现系统性、权威性、通用性，并兼具创新性、前沿性、启发性的精品教材。

公共管理的实践是不断发展和变化的。随着公共管理实践的不断发展，公共管理学科研究的范围、主题和内容也在不断地发展和变化。我们将紧跟公共管理学科的发展，与所有作者一起，不断对本套教材进行修订和完善。望广大读者给我们反馈信息，对本套教材提出批评和建议，以使我们能够在所有读者和作者的帮助下，与中国公共管理学科共同成长。

中国人民大学出版社

第二版前言

时光荏苒，一晃，《公共危机管理概论》这本教材已经出版近 5 年了。其间，中国人民大学出版社政治与公共管理出版分社的朱海燕编辑多次催促我进行修订，由于本人的懈怠，一拖再拖，直至今日。2020 年新冠肺炎疫情席卷全球，这场重大公共危机让我持续观察、不断思考，也督促我将近 5 年的研究心得融入新修订的教材之中。

习近平总书记说，时代是思想之母，实践是理论之源。信哉，斯言；诚哉，斯言！党的十八大以来，我国经济社会发展驶入“快车道”，取得了令世人瞩目的成就。同时，我国面临的国内外风险挑战明显增多，可以预见的与难以预见的风险交织，传统安全风险与非传统安全风险叠加，经济、社会、环境、政治等风险相互耦合。有效应对公共危机是各级党委和政府的一个基本功，也是高校师生的一门“必修课”。

2014 年，习近平总书记创造性地提出总体国家安全观。我国成立中央国家安全委员会，颁布新的《国家安全法》，制定《国家安全战略纲要》。在新时代，总体国家安全的概念既包括内部安全，也涵盖外部安全。同时，公共安全既是国家安全的重要组成部分，也是连接国家安全与百姓福祉的“桥梁”和“纽带”。鉴于此，我国安全理念和体制的变化必然对公共危机管理提出新的更高的要求。

2013 年，党的十八届三中全会提出全面深化改革的总目标，即完善和发展中国特色社会主义制度，推进国家治理体系和治理能力现代化。作为提升国家治理现代化水平的重要举措，我国在 2018 年的十九届三中全会后拉开了深化党和国家机构改革的大幕。在行政体制改革中，我国整合了 11 个部门的 13 项职责，组建新的应急管理部。中国总体的应急管理格局重新“洗牌”。

由于表达习惯的差异，我国实践部门将危机管理称为“应急管理”，尽管严格地说危机管理与应急管理在学理上是两个不同的概念。2019 年 10 月召开的党的十九届四中全会专门研究国家治理体系和治理能力现代化问题。会议结束后一个月，中央政治局召开第十九次集体学习，主题是应急管理体系和能力现代化。在主持会议时，习近平总书记发表重要讲话，提出：应急管理是国家治理体系和治理能力的重要组成部分。在新时代，习近平总书记对国家安全与公共安全，特别是对防灾减灾救灾、安全生产、应急救援等应急管理工作的论述，形成了新的理念、思想、方法，成为本教材修订的重要支撑点。每一章都以习近平总书记关于应急管理的重要论述开头，就是一个例证。

新冠肺炎疫情，是一场危机，是一次大考。这不仅是对我国而言，也是对世界而言的。这场重大公共卫生危机是自西班牙流感（1918 年暴发）以来绝无仅有的。目前，我国基本阻断了疫情的境内传播，但国际疫情流行依旧没有得到有效的遏制。在全球化时代，人类面对疫情形成了一个命运攸关的共同体。从这个意义上讲，我国疫情防控形势依旧充满了不确定性，外防输入、内防反弹的压力仍然很大。而且，危机还在发酵，链条还在延伸。疫情危机与经济危机相互耦合，这将给世界带来什么？

2020 年 5 月 6 日召开的中央政治局常委会提出，要“及时总结和运用好湖北省和武汉市疫情防控实践中行之有效的做法，围绕暴露出的问题补短板、堵漏洞、强弱项，理顺医药卫生体制，改革疾病预防控制体系，提升疫情监测预警能力，完善公共卫生应急法律法规，健全重大疫情、公共卫生应急管理和救治体系。要坚持预防为主，创新爱国卫生运动的方式方法，推进城乡环境整治，完善公共卫生设施，大力开展健康知识普及，提倡文明健康、绿色环保的生活方式”。这些要求也将会一并体现在本教材的修订版中。

新冠肺炎疫情发生后，教育部选择全国 21 所 985 院校试点，在公共管理学科下面设立应急管理二级学科，将于 2021 年开始招收硕士、博士研究生。这是实践需要推动的结果，但实现预期目标不是朝夕可就的。一则是公共危机管理需要一大批人默默无闻地进行长期研究，二则是公共危机管理需要对实践有较为清晰的了解。无论如何，我都不希望应急管理（emergency management）成为“应景管理”（jury management）。作为一门很有意义也很有意思的学问，它值得你的倾情付出与不懈探索。

此次修订结合我国应急管理实践对原书进行了如下调整：第 1 章对公共危机的特征与分类的阐述进行了修改，并增加了我国公共危机管理起源独特性、公共危机管理的四大模式等内容。第 2 章在结构上做了调整，删减了关于社会稳定风险评估的阐述，新增了风险放大理论、新时代风险减缓政策、新型风险共同治理等内容，添加了一些新的案例。第 3 章增加了对应急保障产业等方面的阐述，重点对应急预案演练的分类、应急队伍、应急法律等内容进行了修改，提供了一些最新的案例。第 4 章进行了局部调整，对监测预警、响应行动等内容进行了更新。第 5 章重点对应急响应原则和流程的内容进行了修改，并对一些案例进行删改。第 6 章介绍了危机之后如何开展合理的恢复管理，新增并替换了一部分案例和专栏。第 7 章在结构上进行了改变，删减企业业务持续性管理的内容，增加了公共危机管理中的基层参与的内容，分析了危机管理的基层参与的作用，并借鉴美国基层参与公共危机管理的经验，提出我国完善公共危机管理基层参与的措施。第 8 章主要围绕公共危机管理中的救灾捐赠管理进行讨论，添加了一些案例，便于对相关内容的进一步理解。第 9 章修改了应急沟通原则、信息发布原则的部分内容，并补充了一部分案例。第 10 章删减了应急与应战一体化的内容，增加了应急管理协调维度的阐述。

王宏伟

2020 年 10 月

于北京西郊世纪城时雨园

第一版前言

我们生活在一个危机四伏的不确定年代。2003 年的春天，我们遭遇了非典疫情；2008 年的初夏，我们遭遇了汶川特大地震；2013 年的春天，我们遭遇了雅安芦山地震；2015 年的夏天，我们又遭遇天津滨海新区危化品特大火灾爆炸事故。从 2003 年到 2015 年，这十几年对于中国来说是很不平常、很不平凡的，伴随着频繁的突发事件，我国的公共危机管理体系从无到有、从弱到强不断地壮大，日臻完善。

实践是理论发展的持续动力。由于公共危机管理实践需求的拉动，我国有越来越多的优秀学者开始投身公共危机管理的研究和教学。公共危机管理成为许多高等院校、各级党校与行政学院的一门必修课程。广东暨南大学、河南理工大学还成立了专门的应急管理学院。公共危机管理是一块鲜有人开发的“富矿”，招来了蜂拥而至的学术“淘金者”。

本书主要是为高等院校本科生编著的教材，从逻辑上可以分为两个部分：第一部分是基础部分，从危机的概念出发，探讨了危机管理的主要活动及其规律，包括风险管理与减缓、应急准备、预测预警、应急响应和恢复。第二部分是问题部分，主要涉及了社会动员、救灾捐赠管理、应急沟通与网络舆情、协调与合作。在本书写作的过程中，我们参考了国外最新的危机管理或应急管理学术研究成果，并密切结合了中国的社会实际，希望对我国公共危机管理的教学与研究产生一定的推动作用。

在国内许多高校的学术评价体系中，教材在科研考评中是不占分量的。但是，这不表明教材不重要。教材，又称课本，是课程的本源或根本。教材如果漏洞百出，就会谬种流传、贻害学人。为此，笔者是怀着如履薄冰的心情来写这本教材的。

笔者的硕士研究生吴梦楠参与了本教材社会动员一章中关于企业业务持续性管理（BCM）的写作。本教材的出版还要特别感谢中国人民大学出版社的朱海燕女士。由于笔者学识和经验有限，教材缺憾之处，肯定在所难免，敬请各位学界同人和读者不吝赐教、批评指正。

十几年前，甚至是几年前的一些灾难，尽管当时让人惶恐不安、撕心裂肺、刻骨铭心，但现今许多人看来又恍如隔世。人就是一种容易忘却的动物。时间会治疗一切创伤。但对于有些人，他们肯定是终生不能释怀的。本书的成稿权且是“为了忘却的纪念”吧！祈愿勤劳、善良的同胞平安、幸福！

王宏伟

2015 年 10 月 28 日

于北京西郊世纪城时雨园

目录

第1章 导　论

第2章 公共危机风险管理与减缓

第3章 公共危机应急准备

第4章 公共危机预测预警

第5章 公共危机应急响应

第6章 公共危机恢复

第7章 公共危机社会动员

第 8 章　公共危机救灾捐赠管理

第 9 章　公共危机应急沟通与网络舆情引导

第 10 章　公共危机协调与合作

第1章

导　论

2018年，习近平总书记在《关于深化党和国家机构改革决定稿和方案稿的说明》中指出："我国是灾害多发频发的国家，必须把防范化解重特大安全风险，加强应急管理和能力建设，切实保障人民群众生命财产安全摆到重要位置。"2019年，他在主持中央政治局第十九次集体学习时强调："应急管理是国家治理体系和治理能力的重要组成部分，承担防范化解重大安全风险、及时应对处置各类灾害事故的重要职责，担负保护人民群众生命财产安全和维护社会稳定的重要使命。要发挥我国应急管理体系的特色和优势，借鉴国外应急管理有益做法，积极推进我国应急管理体系和能力现代化。"在新时代中国特色社会主义事业发展的全局中，应急管理或曰公共危机管理占有非常重要的地位。

无灾不成年。中华民族自古以来就是多灾多难的。在司马迁彪炳千秋的《史记》中有这样的记载："当帝尧之时，鸿水滔天，浩浩怀山襄陵，下民其忧。尧求能治水者，群臣四岳皆曰鲧可。"但是，临危受命的鲧以堵为法，这种与自然对抗、不与自然合作的治水之法成效甚微。结果，"九年而水不息，功用不成"。鲧被尧"问责"，流放到羽山而死。后来，鲧的儿子禹继承父业，以疏代堵，治理水患，十三年过家门而不入。禹以科学的精神与勤勉的态度战胜了危机，使人民安居乐业，被后世传为佳话。从某种意义上讲，危机与人类共生。早在上古时代，我国就有精卫填海、夸父追日、共工防洪等传说。它们反映了先民们挑战自然、驾驭危机的勇气与智慧。

往事越千年，弹指一挥间。如今，随着全球化、信息化与城市化进程的不断演进，影响人类生存安全的不稳定因素日益增多，世界各国公共危机频繁发生。从惊天动地的自然巨灾到骇人听闻的技术灾难、从肆虐横行的传染病疫情到令人发指的恐怖袭击，诸如此类的公共危机无不给社会公众的生命、健康与财产安全造成了严重的威胁，挑战着社会系统的核心价值与运行能力，更考验着各国政府的执政能力。公共危机已成为悬在人类头上的一把达摩克利斯之剑，危及人类的生存与发展。

1.1 公共危机的界定

看似平常最奇绝。在一个学科中，最基本的概念往往也最复杂。“概念引导我们进行探索。”① 何谓危机？不同的人有不同的阐释。在许多与公共危机相关的书中，学者们往往罗列出一系列关于危机的概念。但是，这似乎无助于人们明晰危机的内涵与外延。作为危机管理问题研究的逻辑起点，我们必须对“危机”的概念进行探索。

1.1.1 何谓危机

“危机”一词最早出现于希腊语中，最初主要被应用于医学领域，其含义是病情变化的转折点。在国外，20 世纪 50—60 年代，灾害研究蓬勃发展，极大地提升了人们对于危机现象的认识。自 20 世纪七八十年代起，真正意义上的危机学才得以发展，主要有以下见解②：（1）危机是重要的系统性威胁。危机不同于专业技术部门所关注的“紧急事件”（emergencies）。（2）危机具有极强的意外性，是不可预测、不可规划、前所未有的，甚至是不可管理的。（3）危机具有独特的时间压力。（4）危机具有极强的不确定性，人们不会具备确切的专业知识，也缺乏决策的路线图。（5）危机呼唤决策，人们没有时间延宕，不能等待研究结果或共识形成，必须在摸索中快速决策。（6）危机具有断裂性，突发断层线出现，情况会走向极端。（7）危机让我们不知所措，固守旧有的模式是致命的。

荷兰著名学者罗森塔尔认为，危机是指“一个系统的基本结构或基本价值和规范所受到的严重威胁”，“由于受到时间压力和处于高度不确定状态，这种威胁要求人们做出关键性的决策”③。这个定义为我国学者所接受并大量引用，它揭示了危机的基本内涵，即危机是一种情境，在这种情境之下，某个系统的整体受到根本性的挑战，决策者必须在压力下做出至关重要的决断。一般而言，紧急事件不会引发危机，而灾害与巨灾容易引发危机。

1.1.2 关于危机的三个基本判断

（1）危机更多意味着威胁。也就是说，危机是一种我们不希望出现的情境。荷兰著名的危机管理学家阿金·伯恩（Arjen Boin）说，危机是不可想象的威胁（inconceivable threats）变为现实。它们挑战着人类的想象力，人们不能凭借既有的资源加以应对，从

---

① 维特根斯坦. 哲学研究. 上海：上海人民出版社，2001：540.

② Patrick Lagadec. The Unknown Territory of Mega-Crisis：In Search of Conceptual and Strategic Breakthroughs//Ira Helsloot，Arjen Boin，Brian Jacobs et al.. Mega-crises：Understanding the Prospects，Nature，Characteristics and the Effects of Catalystic Events. Springfield Illinois：Charles C. Thomas Publisher，Ltd.，2012：13.

③ U. Rosenthal. Crisis Decision Making in the Netherlands. Journal of Sociology，1986（22）：103-129.

而使得社会及其领导者面临严峻的考验。当一个社会系统的核心价值或基本功能受到威胁时，这个社会必须在极端不确定和紧急的情况下采取补救行动①。

在英文中，“危机”的形容词形式是“critical”，意思是“紧要的、关键性的或危急的”。由此，我们可以判断，危机是事物发生过程中的一个“分水岭”——由于情势危急，它需要人们做出关键性的决断。

危机究竟是由好变坏的转折点还是由坏变好的转折点？这涉及对危机的价值判断问题。在通常情况下，“危机”这一术语主要用来描述其负面影响。《现代汉语词典（第7版）》对危机的解释是“潜伏的危险；严重困难的关头”。《韦伯新国际词典（第2版）》对“危机”的解释是：“一个决断性或关键性的时刻或转折点，事情将发生重大转变，通常是指恶化。”危机的发生给人们带来的是巨大的时间和心理压力，会引起人们紧张与厌恶的情绪。

1666年伦敦大火：威胁，还是机遇？

1666年9月2日凌晨2时，伦敦城燃起熊熊大火。火灾的起因很简单，英国国王查理二世的面包师约翰·法力诺睡觉前忘记灭掉烤面包的炉火。当时的伦敦木结构建筑较多，发生火灾是司空见惯的事情。甚至伦敦市市长也没有高度重视。他在接到报警后，赶到火场，甚至口出狂言：“一泡尿就可以将它浇灭。”最大的危机就是没有危机意识。

但大火在伦敦肆虐了5天，导致这座欧洲最大的城市的4/5毁为焦土。尽管这场危机仅导致8人死亡，但13 200多座房屋被毁，许多珍贵的历史文物和古代建筑也毁于一旦。此外，大约80万人流离失所、无家可归。火灾造成的经济损失约1 000万英镑。

从1348年起，鼠疫就如同挥之不去的梦魇困扰着英国人。1665年暴发的鼠疫使得伦敦地区6万多人死亡。伦敦大火虽然给人们带来了危害，但也歪打正着地消除了伦敦的鼠患。但是，这并不能改变人们对伦敦大火的看法。这场危机被列为伦敦史上八大灾难之一。

火灾过后，英国国王下令伦敦以砖石取代木材为建筑材料。牙科医生尼古拉·巴蓬开办了世界上第一家火灾保险事务所，被誉为“世界保险之父”。这些都是人们对危机进行深刻反思之后而采取的有力措施，而非与危机自然相伴的“机遇”。

资料来源：唐建光. 灾难改变历史. 北京：金城出版社，2011.

（2）危机不一定导致转机。不少人认为，“危机”正如其字面意思显示的那样，既包括“危险”（danger），也包括“机遇”（opportunity）。我们认为，这种观点将“危机”与“转机”等量齐观，是不符合实际的。

根据辩证法，危机与许多事物一样，包含着积极与消极两个发展方向。在冲突性危机中，一方的危险对另一方意味着机遇。同时，人们可以吸取危机的教训，开启机会之窗，推动管理创新。

---

① Arjen Boin. Fundamentals of Crisis Development and Crisis Management: An Introduction to Critical Crisis Reading//Arjen Boin. Crisis Management: Vol. 1. London: Sage Publications Ltd., 2008: xvii.

对于危机概念的理解，一方面，我们要认识到，危机同时包含着危险和机遇两种因素，化危险为机遇的可能性是存在的；另一方面，我们强调危机的负面价值以保持足够的警觉性，因为危机转化为机遇并不是自然而然或随机的过程，这主要取决于危机管理者是否具有高超的决策水平、社会是否表现出强大的应对能力。我们说“多难兴邦”并非指“多难必然兴邦”，而是指多难后的历练、反思成为兴邦的条件。

（3）危机是“过程”，而非“事件”。在许多学者的研究中，危机就是指重大突发事件与特殊情境，如“卡特里娜”飓风等自然灾害、“9·11”事件等恐怖袭击、非典等传染病疫情。危机通常被定义为：在特定时间、特定地点发生的对一个组织发展产生扰动的非正常事件。例如，美国学者皮尔逊（Christine M. Pearson）和克莱尔（Judith A. Clair）将组织的危机定义为“低概率、高影响事件，它威胁着组织的运行，其特点是原因、结果、解决手段的模糊性，需要快速做出决策”①。

但是，许多学者对危机管理研究的事件中心方法（event-centered approach）提出质疑，反对将危机看作从正常情境向危机情境的突然转变，进而将危机定性为突如其来、不可预测的。其理由是：“正常”与“危机”状态之间并非真空；危机是一系列缺陷、弱点累积的过程，而不是突然、意外的扰动；在触发事件（triggering event）发生之前，危机有一个较长的孕育过程；事件是过去与未来之间的“断层线”，包括过去的错误、现在的情态以及未来的可能。如果将危机视为事件，就有宿命论的色彩，危机管理也就变成了意外管理。所以，危机管理既要探讨事件源头，也要研究事后处理②。由于人类理性的有限性，一些危机的演进过程不能为人们所认知。但这并不表明危机是突如其来的。此外，如果不重视危机的事后处理，新的危机就有可能再度引发。

里斯本大地震：影响人类思想观念的公共危机

1755年11月1日上午9时40分，里斯本发生强烈地震。地震引发的海啸与火灾使里斯本顿时成为人间地狱，葡萄牙的国力衰落。伏尔泰的小说《老实人》对这场公共危机做了如下描述：“汹涌的波涛扑进港口，打碎了所有停泊的船只。火焰和灰烬盖住了大街小巷；房屋倒塌了，屋顶被掀跑了，房基也毁坏了；男女老少共三万居民，被压死在这片废墟之下。”

当天正值万圣节。中世纪的葡萄牙是一个天主教国家。在神权秩序观的支配下，天主教会将这场公共危机解读为一场上帝对人类的惩罚事件。教会甚至还以功德会的形式，烧死活人，以平息神之愤怒。

在蒙昧的时代，灾难被解读为某种神秘力量的显现。在英文里，灾难（disaster）一词中的“aster”就与“星宿”有密切的关系。至今，地震发生的机理也是不能为人类全面、准确认知的。但是，这并不表明地震灾害的发生没有一个演进的过程。只是相对

---

① Christine M. Pearson，Judith A. Clair. Reframing Crisis Management. Academy of Management Review，1998，23：60.

② Christophe Roux-Dufort. Is Crisis Management (Only) a Management of Exceptions? Journal of Contingencies and Crisis Management，June 2007，15：106-111.

于目前人类的理性而言，它暂时是未知的。

里斯本大地震发生后，伏尔泰写了长诗《里斯本的灾难》，表达自己对天谴论的不满：

> 当你听到他们那可怜的、断断续续的呼喊，当你看到他们的骨灰上冒起的青烟，那么，你会认为这就是永恒之法吗？
>
> 如果你看到这些事实，这恐怖的景象，你会认为他们的死是罪有应得吗？
>
> 那被抱在母亲的胸前、流着血的婴儿，你能说他们有什么罪过吗？
>
> 难道在这坍塌的里斯本，你能找到比花天酒地的巴黎更多的罪孽？
>
> 比起崇尚奢靡的伦敦，里斯本的放荡岂敢媲美？
>
> 但大地吞噬了里斯本；
>
> 法兰西的轻狂儿女们，还延续着无度的宴饮，跳着疯狂的舞蹈。

在伏尔泰看来，里斯本大地震只不过是符合自然规律的自然现象。今天，我们认识公共危机，不会将其看作天谴的结果，也不会以“命该如此”为其做结。正确的态度是：将公共危机看作一个过程，弄清其中的前因后果，深刻总结教训，有效预防下一次危机的发生。

资料来源：高丹．灾难的历史．哈尔滨：哈尔滨出版社，2009.

所以，危机经常表现为低概率、高影响的事件。我们也可以“用典型事件”来指称危机。尽管如此，我们知道，危机的发生、演进有一个过程。它们难以预测，以出人意料的方式快速演进，并有可能造成严重的破坏。

此外，危机这一概念既包含事实判断，也包含价值判断。危机的事实在某种程度上是人们信息加工的产品，带有很大的构建成分。“作为一种社会及政治构建，危机事实应在多种现实中去探寻。通常，危机导致对情境的多重性、差异性的解释与界定。危机可能是急剧、突发与不证自明的，但有时也会是悄然发生、临机发生与模棱两可的。某些人的危机也可能对其他人而言意味着机遇。”①

1.1.3 何谓公共危机

“所谓的公共危机，是指那些突然发生的、攸关公共利益的、对于组织的生存与发展具有重大影响的、亟须管理者快速应对的事件。”② 公共危机与危机一样，不是指一个事件，而是指一种情境；公共危机不一定突然发生，其演进过程可能是逐渐的，但确实出人意料；公共危机不只是组织危机，它影响的是整个社会系统的正常运行；公共危机的紧急性要求人们快速决断，更要求人们正确决断。

我国学者之所以使用“公共危机”的概念，主要是从研究上强调其与国际危机、企

① Uriel Rosenthal，Alexander Kouzmin. Globalizing an Agenda for Contingencies and Crisis Management：An Editorial Statement//Arjen Boin. Crisis Management：Vol. 1. London：Sage Publications Ltd.，2008：54.

② 汪玉凯．公共危机与管理．北京：中国人事出版社，2006：1.

业危机的区别，即突出公共性。

公共危机不同于国际危机，其关注的焦点是一国内部发生的危及社会公众生命、健康与财产安全的危机，而不是国家间关系的危机。同时，公共危机也不同于企业危机，二者关注的侧重点有所不同（见表1-1）。总体而言，企业危机关注产品的品牌及形象，而公共危机则关注企业拙劣产品的负面外部效应。

表1-1　企业危机与公共危机的区别

企业危机	公共危机
● 巨大的市场转移 ● 有预谋的产品失败 ● 软件、硬件与沟通失败 ● 大型项目的脆弱性 ● 跨国项目失败 ● 管理继续 ● 管理人员紧张与冲突 ● 产业调整与重组 ● 兼并与恶意收购 ● 有毒及核废料运输 ● 原材料短缺 ● 联合抵制与禁运 ● 产品破坏 ● 恐怖主义与绑架 ● 技术转让与依赖	● 自然意外事件与灾害 ● 环境危机 ● 新稀缺性 ● 高危险技术 ● 新型及重复发生的传染病 ● 核及后核国际危机 ● 民族紧张 ● 人口及移民潮 ● 大城市 ● 群体及娱乐中心灾难 ● 暴动及社会政治骚乱 ● 跨国犯罪组织 ● 巨大的制度变迁及冲突 ● 政策失败 ● 政策执行失败

资料来源：Uriel Rosenthal，Alexander Kouzmin. Globalizing an Agenda for Contingencies and Crisis Management：An Editorial Statement//Arjen Boin. Crisis Management：Vol. 1. London：Sage Publications Ltd.，2008：50.

在经济全球化时代，国际危机、公共危机与企业危机之间的界限与区分是相对的，因为企业内部的危机有可能外溢到企业外部，给社会公众的生命、健康与财产安全造成严重影响；反之，公共危机如果控制不力，也可能造成企业正常的生产、经营中断。因而，大型的企业危机也会体现出公共的维度。例如，经济增长、就业状况以及企业的国内外竞争不仅是企业关心的，也是公众热议的焦点。公司也要履行和承担社会责任，对公共危机进行救援。

同理，一国内部的公共危机有可能演化为国际危机，国际危机也可能会引致一国内部的危机。大型的危机都是国际化的危机。国际媒体在危机全球化过程中发挥着越来越大的主导作用。

1.2　公共危机的特征与分类

区分危机与常态并非是一件轻而易举的事情，因为许多常规决策也体现出信息匮乏、时间约束、威胁骤增等特征。两者的区别在于，危机所体现出的威胁、不确定性与时间约束的急剧叠加，已经超越了常规控制能力。尽管没有完全相同的两次危机，但我们还是要研究公共危机的基本特征，以把握其中的规律。

1.2.1 公共危机的特征

危机作为一种不期而至的威胁，“挑战着我们的想象力，超出了我们所掌控的资源。它们使一个社会系统的核心价值或生活维系功能受到威胁，使社会及其领导者面临考验——他们必须在高度不确定和极其紧急的情况下采取补救性的行动”①。结构的高度精密性与复杂性导致了现代社会的高度脆弱性。这使得公共危机突然爆发的可能性加大，并且公共危机一旦发生，可能对整个社会系统产生严重的影响。一般而言，公共危机有以下基本特征：

1. 公共威胁性

公共危机挑战着正常的社会运行秩序，对公共利益、公共安全构成威胁，是一种非均衡状态。它可能会使众多社会公众的生命、健康和财产遭受损害，对社会系统的基本价值与行为准则构成威胁。比如，2020 年 8 月 4 日傍晚黎巴嫩贝鲁特港口区发生剧烈爆炸，导致至少 190 人死亡，超过 6 500 人受伤，约 30 万人无家可归。由于政府应对不力，8 月 8 日，数千名抗议者聚集在首都市中心举行抗议示威活动。8 月 10 日，总理迪亚卜宣布政府集体辞职。

威胁与危机情境本身相关，也与危机管理者及其他利益相关者的感知有关。例如，在冲突性危机中，一方规避威胁的举动可能会被另一方看成是挑衅行为。另外，“一些决策者可能会对轻微的威胁做出过度应对反应。其他人可能会过分自满，始终无视不利形势的信号。但是，还有一些人会认识到关键时期蕴含的宝贵潜能”②。

2. 不确定性

在英文中，形容危机的语汇许多都以“un”这个前缀开头，如“不可计划”（un-scheduled）、“不可预料”（un-expected）、“不可规划”（un-planned）、“不愉快”（un-pleasant）、“不可想象”（un-imaginable）、“不可管理”（un-manageable）。这说明危机具有不确定性，人们很难对其进行逻辑预测及因果阐释。

在危机状态下，决策者获取所需信息的能力受到很大的限制。公共危机自始至终都处于不断的变化过程之中，人们很难根据经验对其发展方向做出常识性的判断，进行有针对性的准备。当公共危机发生时，常规的管理措施与政策很难发挥作用，往往使决策者陷入一种压力困境：一方面，公众关注决策者，并要求决策者有所作为；另一方面，决策者很难掌握完全、确定的信息，做出有效的决断。由于公共危机具有不确定性，有效应对需要危机管理者不仅有丰富的实践经验，也具备较强的创新精神和创新能力。而创新精神则与危机管理组织是否具备宽容的组织文化密不可分。

---

① Arjen Boin. Crisis Management：Vol. 1. London：Sage Publications Ltd.，2008：xvi.

② Uriel Rosenthal，Alexander Kouzmin. Globalizing an Agenda for Contingencies and Crisis Management：An Editorial Statement//Arjen Boin. Crisis Management：Vol. 1. London：Sage Publications Ltd.，2008：54.

清末东北大鼠疫的应对

1910—1911 年，东三省发生特大鼠疫，死亡 6 万多人。疫情传播的原因是：东三省流民受到商业利润的驱动，大肆捕猎旱獭，甚至到俄罗斯境内从事狩猎活动。这导致鼠疫由鼠与鼠的传播，变成鼠与人之间的传播以及人与人之间的传播。

以往，人们应对的鼠疫都是腺鼠疫，即以跳蚤为介质的传播。疫情发生之初，东三省各地按照以往的经验，大张旗鼓地开展灭鼠行动。但是，这种方法并不见效。32 岁的东三省鼠疫防治总医官伍连德认为，此次鼠疫为“肺鼠疫”，其传播方式为“飞沫传播”。于是，东三省按照伍连德的建议，隔离患者，封锁疫区，阻断交通，控制住了疫情。从东北大鼠疫的应对，我们可以看出：公共危机具有不确定性，墨守成规很难有效应对。

资料来源：焦润明，张春艳．中国东北近代灾荒及救助研究．北京：北京师范大学出版社，2011.

3. 紧急性

危机发生后，危机管理人员必须在巨大的时间和心理压力之下，迅速调动可以掌控的一切人力、物力和财力，进行有效应对，控制事态发展，消除不利的后果与影响。

在危机发生时，应对者会因为危机有紧急性而承受过大的压力，产生严重的焦虑感。学者帕特里克·拉加戴克（Patrick Lagadec）认为，过度的压力与焦虑将使危机管理者产生以下问题：判断能力受到影响；个人人格特征更加明显，如具有轻微焦虑倾向的人更加焦虑，个性较为封闭者遇事退缩、迟疑，变得更加沉默，甚至行动迟缓；想方设法寻找替罪羊；情绪逐渐不稳定；产生防卫心理，宣称一切尽在掌控之中①。毫无疑问，上述问题将极大地影响危机管理的效率。所以，我们要按照“藏富于民”“不求所有、但求所用”的思想，开展危机社会动员，使政府、市场与社会力量形成应对危机的灵活网络，及时、有效地应对公共危机。

4. 跨界性

危机跨界性的含义是指其具有的扩散性超越各种边界，包括两个方面：一是危机往往会突破地域限制，向更广范围的地理空间扩张；二是危机会引发次生灾害，形成一个灾害的链条。前者要求我们建立区域应急联动、流域应急联动，后者要求我们加强各个相关部门之间的应急合作与协调。如东日本大地震不仅重创了京滨、京叶两大工业区，还导致企业零部件、原材料及服务的供应链中断，使日本整个国内经济及海外企业都受到了重创，延缓了日本经济复苏的步伐。

未来社会的危机多为跨界危机（transboundary crisis）。其特征是可能跨越地理和功能的边界，从一个系统蔓延到另外一个系统，导致多个重要系统崩溃。具体而言，跨界危机的发生途径有两种：一个系统的失误蔓延到其他系统，产生滚雪球效应，逐渐升级

---

① 罗宾格．危机管理．台北：五南图书出版公司，2001：10.

为复杂的灾害；外部的威胁对多个系统同时产生影响①。例如，2008 年中国南方发生的暴风雪导致关键基础设施崩溃，就是跨功能边界危机；2020 年新冠肺炎疫情就是跨地理边界危机。跨界危机也可能既跨越地理边界，又跨越功能边界。

5. 政治化

亚当·斯密认为，政府存在的必要性是履行三个基本职责：保护本国社会的安全，保护人民在社会中的安全，建立并维护某些公共机关和公共工程。公共危机挑战着政府确保公共安全的职能。

人们将公共危机归结为不可抗拒的自然原因或由人和技术的失误而导致的后果。但无论如何，公共危机都考验着政府驾驭复杂局势的能力，关系着社会的稳定、政权的兴衰。例如，在“9·11”事件中，恐怖分子袭击美国世界贸易组织大厦和五角大楼，而美国总统布什高举“反恐”“爱国”的旗帜，借助危机情境，提升了自身的支持率。高明的政治家在公共危机中审时度势，可化危为机；拙劣的政治家则有可能成为问责的“替罪羊”或舆论的声讨对象，黯然离职。

6. 媒体化

在信息化时代，媒体在公共危机中扮演着一个特殊的角色，在一定程度上具有颠倒是非的作用。危机包含着人们主观评判的因素，而媒体左右着公众的情感。故而，危机与媒体之间的关系非常密切。“危机的魅力特质颇符合现代新闻媒体追求新奇而煽动性题材的品位。因此，任何组织发生了重大的危机事件，必定逃不过媒体之关注。媒体将报道散播后，危机将成为社会议论之话题，且导致危机威胁升高，让危机处理者倍感困难与压力。”② 此外，媒体的作用还加剧了危机的国际传染性。由于媒介的高度发达与透明，发生在天边的危机可能给万里之外的公众造成巨大心理压力，产生同样的危机影响。在 2011 年，中东、北非接连发生骚乱，某些国家的媒体起到了推波助澜的作用，这是公共危机媒体化的典型例证。

1.2.2 公共危机的类型

我们可以依据不同的标准，对公共危机进行分类，以便探索不同类型危机的发生、演进规律，更好地应对危机。人们通常将危机分为自然型的与人为型的。以往对于自然型危机，人们往往强调自然因素的不可控性，并以此来诠释危机处理部门的准备缺失及响应缓慢。而对于人为型危机，人们则倾向于关注人及组织的失误。但是，越来越多的地理学家和生物学家强调，所谓的自然灾害并不“自然”，而是源自人对生态系统不适当的干预。

从性质上，我们可以将其分为一致性危机（consensus crisis）与冲突性危机（con-

---

① Arjen Boin. Fundamentals of Crisis Development and Crisis Management: An Introduction to Critical Crisis Reading//Arjen Boin. Crisis Management: Vol. 1. London: Sage Publications Ltd., 2008: xix.

② 朱爱群. 危机管理. 台北：五南图书出版公司，2002：35.

flict crisis）；从可控性上，我们将其分为结构良好型危机与结构不良型危机；从演进上，我们将其分为速燃型危机（fast-burning crisis）、导泻型危机（cathartic crisis）、慢燃型危机（slow-burning crisis）、长投影型危机（long-shadow crisis）或者突发式、潜行式、慢性危机；从可预测性与影响可能性上，我们将其分为四类：常规型危机（conventional crisis）、不可预料型危机（unexpected crisis）、难以驾驭型危机（intractable crisis）、基本型危机（fundamental crisis）。

1. 一致性与冲突性危机

一致性危机虽然是一种社会扰动性事件，但它可以使整个社会在外部压力之下更加团结。在这种危机情境中，整个社会表现出紧急一致性，公民角色扩张，各相关利益主体都有相同或大致相同的主张与价值取向。例如，在新冠肺炎疫情暴发后，全国人民众志成城，共同抗疫。

冲突性危机表现为社会扰动及分裂事件，包括骚乱、动乱，甚至某种形式的冲突、战争，在这种情境下存在着两个及两个以上持有不同观点或要求的利益主体，一部分人试图骚扰或伤害另一部分人，如民族之间的冲突。这类冲突如果处理不当，将加剧既有的矛盾。

但是，有些危机，如恐怖主义危机，却是混合型的，同时表现出一致性与冲突性的特点。在“9·11”恐怖主义袭击发生后，美国公众的爱国热情高涨，空前团结。相关组织恪尽职守，率领民众渡过难关。这些都表现出了恐怖主义一致性危机的特点。与此同时，“9·11”事件也表现出冲突性危机的某些特点：（1）通常，一致性危机发生后，政治变化不会发生，而在“9·11”恐怖主义袭击发生后，美国却出台了《爱国者法案》等法律，并建立了国土安全部。（2）一致性危机多可以事先预防，但是，恐怖主义却大敌无形，防不胜防。（3）一致性危机不会对社会产生长远的影响，而“9·11”事件对美国乃至国际安全形势都产生了重要的影响。

2. 结构良好型与结构不良型危机

根据危机状态的结构复杂程度、性质以及控制的可能性三个指标，公共危机可以被划分为结构良好型危机和结构不良型危机。

结构良好型危机通常并非由历史长期积累的问题所致，仅涉及较为浅层次的核心价值或根本原则，问题单一，范围有限，对立双方的社会动员程度、组织程度都较低，并且可以通过谈判或沟通加以协商、解决，对社会、政治体系造成的冲击和破坏较小，不会导致激进的变革，也不会对政权产生冲击。

与之相对应，结构不良型危机通常会涉及社会核心价值，通常是由于长期积累的问题没有得到妥善解决而导致的，涉及相当规模的利害关系人，诉求表现为多个问题的集合体。结构不良型危机冲突双方的社会动员程度、组织化程度都很高，甚至有演变成为暴力冲突的趋势，冲突持续时间较长。它可能会对社会秩序和政治体制造成较大影响。如果局势失控，还可能使社会政治体制发生根本性的变革，无法通过和平的协商方式来解决冲突。如果处理不当，结构良好型危机也可能转化为结构不良型危机。

3. 速燃型、导泻型、慢燃型与长投影型危机

以危机演进速度和终结速度两个尺度为坐标，荷兰危机管理专家罗森塔尔等人将公共危机划分为速燃型、导泻型、慢燃型与长投影型危机（见表1-2）①。

表1-2 危机的类型与特征

类型	特征
速燃型	演进时间非常短暂，开始即意味着终结，例如劫持飞机或人质事件。它要求危机管理者决策果断、响应迅速
导泻型	通常要经过一个长期、逐渐的演进过程，但结束速度较快。它要求危机管理者防微杜渐，避免紧张与冲突突破临界点
慢燃型	发展速度缓慢，未经解决而逐渐衰退，例如长期的环境危机
长投影型	突然发生，但终结缓慢，并且常常有着深远的影响，例如1992年洛杉矶骚乱

4. 突发式、潜行式、慢性危机

阿兰·麦康奈尔（Allan McConnell）将危机分为三种②：（1）突发式危机，表现为一个或一系列事件出人意料地快速发生，如"9·11"事件，这是人们通常认识的危机情境；（2）潜行式危机（creeping crisis），不表现为突然发生、引人注目、变化剧烈的事件，但脆弱的情势、压力多年来一直在潜滋暗长，有可能量变引发质变，最终爆发意外事件；（3）慢性危机（chronic crisis），表现为正在演进的危机，解决遥遥无期。

5. 常规型、不可预料型、难以驾驭型、基本型危机

这种分类方法是斯蒂芬·冈德尔（Stephen Gundel）提出的，主要按照危机的可预测性（predictability）及影响的可能性（influence possibility）两个维度进行：（1）如果一场危机发生的地点、事件或方式是可知晓的，冲突型危机对第三方是可知的，并有一定的发生概率，那么，这场危机就是可预测的；（2）如果阻止灾害或危机发生或减少其损失的响应行动可能为人们知晓并实施，那么，这场危机就是可施加影响的（见表1-3）。

表1-3 斯蒂芬·冈德尔的危机分类

类型	可预测性	影响的可能性	案例
常规型	可以预测	可能施加影响	1984年博帕尔化工厂爆炸
不可预料型	不可预测	可能施加影响	美国 Mann Gulch 森林火灾
难以驾驭型	可以预测	不可能施加影响	切尔诺贝利核电站事故
基本型	不可预测	不可能施加影响	"9·11"事件

资料来源：Stephen Gundel. Towards a New Typology of Crises. Journal of Contingencies and Crisis Management, 2005, 13 (3): 109-112.

---

① Uriel Rothenthal, Arjen Boin, Louise K. Comfort. Managing Crises: Threats, Dilemmas, Opportunities. Springfield Illinois: Charles C. Thomas Publisher, Ltd., 2001: 32-35.

② Allan McConnell. Overview: Crisis Management, Influences, Responses and Evaluation, Public Leadership in Times of Crises: Mission Impossible? //Arjen Boin. Crisis Management: Vol. 3. London: Sage Publications Ltd., 2008: 187-188.

1.3 相关概念辨析与公共危机的演变

在国外，危机管理涉及“风险”（risk）、“紧急事件”（emergency）、“灾害”（disaster）或“巨灾”（catastrophe）等概念。在学术界，究竟使用哪一种术语，这与学者的学术背景及使用偏好存在一定的关系。例如，社会学者习惯使用“灾害”，公共管理学者倾向使用“危机”或“突发事件”；美国、加拿大、英国、澳大利亚等国倾向使用“紧急事件”，荷兰、日本等国使用“危机”。其实，大家都有着共同的研究对象，研究内容也存在很多交叉。

在我国，许多学者与实践部门使用“突发事件”这一术语，不少人错误地将其翻译成 emergency，认为它对应着国外的“紧急事件”。厘清这些概念，有助于我们弄清楚危机生成、演进的机理。

1.3.1 公共危机的源头——风险

在拉丁文中，风险是 rescio，最初源于腓尼基人的用语。古代腓尼基人在进行海上贸易的过程中，经常遭遇海难及海盗的侵袭。他们以“风险”一词来表述这样一种情境：经过海难所剩船只，多于海盗的船只以及预估货物可以安然运抵港口的机会。后来，希腊文用 risa 一词表示“风险”，意思是敢于冒险而有获利机会。意大利文中，risicare 表示“风险”，意思是“胆敢”。到了法文，它演化为 risque，指航行于危崖之间。

1. 风险的公式

尽管“风险”是一个常见的词汇，但人们对它并没有一个统一的界定。其主要定义包括：（1）风险是遭受致灾因子损害的可能性；（2）风险就是致灾因子的结果；（3）风险是与威胁或致灾因子相关的损失的可能性与严重性；（4）风险是威胁、脆弱性和结果的总和；（5）风险是威胁、脆弱性、结果及发生可能性的共同作用的产儿；（6）风险是危险在特定时期内出现的可能性；（7）风险是暴露于致灾因子所导致负面影响的可能性与严重性。

可见，人们关于“风险”的定义莫衷一是。目前，人们比较认可的关于风险的表述有两种：

（1）风险是致灾因子与脆弱性共同作用的结果，用公式来表示，就是：

风险＝致灾因子×脆弱性

（2）风险是事件发生的可能性与影响程度共同作用的结果，用公式来表示，就是：

风险＝可能性×严重性

这两个公式从不同的角度揭示了风险的实质：前者便于人们认识风险形成的机理，后者则便于人们对风险的定量评估。二者之间只是关注的角度不同，但并没有本质的冲突。削减致灾因子会减小风险发生的可能性，降低脆弱性会减小风险的严重性。例如，当我们动用高技术手段进行驱云消雨作业时，无疑限制了导致城市洪灾的致灾因子，也降低了城市洪灾风险的可能性。同时，一个城市如出现罕见的局地强降雨等致灾因子，这并不必然意味着该城市所面临的风险巨大。如果该城市有着完善的排水系统，防洪与泄洪能力强，脆弱性较低，则该城市面临的风险严重性不会很大。

2. 致灾因子的定义及分类

要理解风险，我们首先必须理解致灾因子和脆弱性的含义。根据2009年版《联合国国际减灾战略减轻灾害风险术语》，致灾因子是指一种危险的现象、物质、人的活动或局面，它们可能造成人员伤亡或对健康产生影响，造成财产损失、生计或服务设施的丧失、社会和经济的混乱、环境的破坏。通俗地讲，致灾因子就是一个自然、技术或社会现象。它对人们及其周围的环境构成了威胁。所以，有人又将致灾因子称为危险源或风险源。

不同的国家或不同的部门对致灾因子的分类不同。但是，一般来说，我们可以根据诱致风险的因素，将致灾因子分为以下四类：

(1) 自然致灾因子。它们存在于自然环境之中，并对人类构成威胁，包括洪水、地震、飓风、海啸、龙卷风、山火、滑坡、干旱、雷暴、雪崩等。

(2) 技术致灾因子。它们主要产生于技术背景或工业背景之下，如事故、危险程序、基础设施崩溃或人类的某些活动，如核辐射、工业污染、有害物质泄漏、工厂爆炸、交通事故等。技术致灾因子与自然致灾因子不同，它们“直接导源于人，通常发生于已知的地点，有时是社会前所未有的”①。

(3) 生物致灾因子。它们主要起源于有机体或通过生物媒介传递，包括暴露于微病原体、毒素和生物活性的物质。生物致灾因子可能导致传染病暴发、动植物疫情等。

(4) 人为致灾因子。它们主要导源于人的故意行为，包括恐怖袭击、破坏、动乱等。

衡量与描述致灾因子必须抓住其基本特征，这关系着人们是否能够对可能发生的突发事件做出迅速、有效的响应。第一，致灾因子发生作用的速度。这决定着人们是否有足够的时间发出警报。如地震发生突然，可瞬间导致人员伤亡和财产损失，应对起来极为困难。第二，致灾因子发生作用的可预见性。相比之下，无先兆的突发比有先兆的突发更令人措手不及。第三，致灾因子的强度。在很大程度上，它取决于所释放的能量或者有害物质的数量。例如，里氏3级以下的地震是无感地震，3级以上为有感地震。第四，致灾因子影响的范围，即所涉及地理区域大小以及人员、财产的数量。第五，致灾因子影响持续的时间。第六，引发灾害的可能性。

致灾因子是导致灾害的必要条件，但并非充分条件。也就是说，灾害的发生一定要有致灾因子，但致灾因子发挥作用，却不一定导致灾害。例如，在地广人稀地区发生的

---

① Beverly A. Cigler. Current Policy Issues in Mitigation; Comfort. Designing Policy for Action: The Emergency Management System//Louise Comfort. Managing Disaster: Strategies and Policy Perspectives. London: Duke University Press, 1988: 42.

地震尽管烈度高，但可能不会导致任何人死亡，也就不能称之为灾害。

3. 脆弱性的定义与分类

脆弱性一词来源于拉丁文 vulnerare，原意是“伤害”，本是社会学领域里的一个概念。“20 世纪 20 年代，地理学家从自然系统的致灾因子着手研究灾害，从灾害发生的机制和规律上探求减灾的途径，但并没有取得很好的效果。20 世纪 80 年代，灾害研究由致灾因子论向脆弱性研究转移，把注意力更多地集中于灾难产生的社会经济系统。”① 由于自然系统的许多规律并没有为人类所认识，加之许多致灾因子并不能为人类所控制和左右，脆弱性理论在人类防灾减灾实践中具有更大的指导意义。在从致灾因子论向脆弱性论转变的过程中，美国地理学家吉尔伯特·F. 怀特（Gilbert F. White）的贡献不容否定。他于 1945 年出版了《作为致灾因子的环境》（*Environment as Hazard*）一书，提出适应与调整的理念，认为人类可以通过调整自身的行为适应环境来减少灾害的影响。

所谓脆弱性，主要是指人或事物相对于致灾因子的易损性。脆弱性包括物理脆弱性、社会脆弱性、经济脆弱性和环境脆弱性。具体而言，它们的含义如下：

（1）物理脆弱性主要衡量在既有物理空间环境中人与物相对于致灾因子的易损性。例如，位于行洪区的建筑、道路与居民相对于洪灾致灾因子的脆弱性就比较强。又如，在东日本大地震中，“死者中 92.4%为溺死，压死、伤害死占 4.4%，烧死占 1.1%。而 1995 年的阪神-淡路大地震和 1923 年的关东大地震中死因大部分为地震导致的房屋倒塌和其后的火灾燃烧”②。这说明，阪神-淡路大地震后，日本在地震风险减缓方面开展了扎实有效的工作。如果“3·11”东日本大地震不是一场包含了海啸与核泄漏的复合型危机，日本的出色表现一定会让世界为之震惊的。

（2）社会脆弱性指由个人、社会、政治、文化等因素所决定的相对于某一致灾因子的易损性。在“卡特里娜”飓风中，贫困的黑人遭受的灾害损失特别严重，贫困铸就了黑人的社会脆弱性，它使得黑人没有能力及时疏散。在东日本大地震中，死者中 60 岁以上的老人占 65%。这说明老人因为行动能力的局限而不能迅速避险，表现出很强的灾害脆弱性。

（3）经济脆弱性指一个国家、城市、社区的财政状况所决定的其相对于致灾因子的易损性。例如，海地是世界上最为贫穷的国家之一，2010 年 1 月 12 日发生强震，由于其经济脆弱性强，造成 20 多万人死亡。2010 年 2 月 27 日，南美国家智利发生 8.8 级强震，加上没有成功预警的海啸，仅死亡 507 人。造成这种差异的原因是经济脆弱性不同。

（4）环境脆弱性指由一个地区环境状况所决定的该地区相对于致灾因子的易损性。例如，一个地区如果乱砍滥伐森林，环境受到极大的破坏，其环境脆弱性就比较强。

---

① 石勇，等. 自然灾害脆弱性研究进展. 自然灾害学报，2011（2）.

② 竹中平藏，船桥洋一. 日本“3·11”大地震的启示：复合型灾害与危机管理. 北京：新华出版社，2012：7.

芝加哥大火：谁之罪?

1871 年 10 月 8 日，芝加哥发生大火。大火发生后，供水系统被毁，人们无法救火。1/3 的城市被付之一炬，过火面积约 10 平方千米。仓皇的人们逃向密歇根湖，但灼热、有毒的空气也不能让人幸免于难。这次大火导致 300 多人死亡，约 10 万人无家可归。芝加哥成为“末日之城”（doomed city）。

这次大火是什么原因造成的？许多人相信这是奥利里女士家的牛踢倒油灯引发的。奥利里为此背了 120 多年的“黑锅”。1997 年，芝加哥宣布，1871 年的大火与奥利里无关。但是，谁是罪魁祸首？答案并不清晰。

不论起火原因是什么，干燥的天气等因素造成的芝加哥相对于火灾的脆弱性不容忽视。为纪念芝加哥大火，1920 年，美国总统威尔逊宣布每年的 10 月 9 日为美国的全国消防日，1922 年更改为每年 10 月 9 日所在的一周为全国消防周，每一年都有一个主题。例如，2000 年“火灾训练：伟大的逃生”；2001 年“与火战斗”；2002 年“为火灾安全组队”；2003 年“逃离火场”；2004 年“这是消防周！测试你的烟火探测器”；2005 年“小心火烛”；等等。这些活动无疑有助于降低芝加哥相对于火灾的脆弱性。

资料来源：高丹. 灾难的历史. 哈尔滨：哈尔滨出版社，2009.

总之，致灾因子是影响社会的外部因素，而脆弱性则是社会相对于特定致灾因子的易损性。相比较而言，脆弱性是内部因素，将致灾因子转变为公共危机或灾害。也就是说，脆弱性决定了致灾因子对社会的影响，风险取决于致灾因子与脆弱性的共同作用。

4. 致灾因子与脆弱性作用的形式

致灾因子与脆弱性作用的形式很复杂。上述四类致灾因子中任何一类都可能与四类脆弱性中的任何一类发生关系，共同产生风险。不仅如此，其中一种致灾因子发生作用可能引发另一种致灾因子或与另一类致灾因子同时发生作用。通常，一种致灾因子发生作用、产生负面影响后，社会系统会更加脆弱。此时，其他致灾因子再发生作用，就会产生复合型风险。因此，我们可以将致灾因子从作用机理上进一步分为以下三类：(1) 原生致灾因子（primary hazard），即最初与脆弱性互动而引发灾害的致灾因子；(2) 连带致灾因子（associated hazard），即与原生致灾因子同时发生的致灾因子，如飓风引发的海啸；(3) 二次致灾因子（secondary hazard），即由原生致灾因子而引起的致灾因子。例如，在东日本大地震中，地震为原生致灾因子，海啸为连带致灾因子，而海啸导致福岛第一核电站的泄漏为二次致灾因子。

1.3.2 公共危机的触发媒介——突发事件

每个社会系统都会面对风险的挑战。我们只能削减风险，而不能根除风险。社会系统的生命力在于能否与风险共存（living with risks）。如果风险突破社会系统承受力的极限值，突发事件就会发生。突发事件是公共危机的触媒，即触发事件（triggering event)。

2007 年我国颁布、实施的《中华人民共和国突发事件应对法》是这样界定突发事件的：“指突然发生，造成或者可能造成严重社会危害，需要采取应急处置措施予以应对的自然灾害、事故灾难、公共卫生事件和社会安全事件。”

在我国，突发事件按照发生原因、机理、过程、性质和危害对象不同而被分为四大类：自然灾害、事故灾难、公共卫生事件和社会安全事件。这与构成风险必要条件的四类致灾因子是大体吻合的，具体如下：

一是自然灾害，主要包括：干旱、洪涝、台风、冰雹、沙尘暴等气象灾害，地震、山体滑坡、泥石流等地震地质灾害，风暴潮、海啸、赤潮等海洋灾害，森林草原火灾，农作物病虫害等生物灾害，共五小类。

二是事故灾难，主要包括：铁路、公路、民航、水运等交通运输事故，工矿商贸等企业的安全生产事故，城市水、电、气、热等公共设施、设备事故，核与辐射事故，环境污染与生态破坏事件等。

三是公共卫生事件，主要包括：传染病疫情，群体性不明原因疾病，食物与职业中毒，动物疫情及其他严重影响公众健康和生命安全的事件。

四是社会安全事件，主要包括：恐怖袭击事件、经济安全事件、民族宗教事件、涉外突发事件、重大刑事案件、群体性事件等。

突发事件与国外所说的“紧急事件”不是同一概念。“紧急事件”是威胁公众生命或财产的不测事件，需要使用常规的社区资源和程序，立即进行响应。从这个定义来看，“紧急事件”主要是指损害程度不高、危害不大、比较容易处置的事件，训练有素的应急人员可以依靠常规手段迅速加以解决。其基本特征是常规性。一般来说，它不会在更大范围内引发连锁反应，不会产生严重的系统性影响，也不会诱发公共危机。

除此之外，突发事件还包括另外一种类型，即非常规型。主要指损害程度较高、危害巨大、不容易处置的事件，应急人员不能够依靠常规手段、调动区域内资源、按照常规程序迅速加以解决。非常规突发事件会引发公共危机，也被人们称为“危机事件”(crisis event)。危机事件所造成的紧急情境就是危机。

有时，一场危机中可能会包括多起突发事件。它们使危机情势跌宕起伏、错综复杂。我们往往以典型的突发事件，特别是原初的突发事件来指称复杂的危机。例如，我们使用“东日本大地震”来指称 2011 年日本的地震、海啸与核辐射危机，以“南方暴风雪”来指称 2008 年中国南方的低温、雨雪与冰冻危机。

此外，如果常规突发事件管理不当，也有可能会使事件升级为危机事件，进而引发公共危机。例如，2005 年发生的松花江水污染危机就是因为吉林石化公司双苯厂发生火灾，消防用水把苯的残留物冲到了松花江里，造成水污染。比如，火灾本来是常规突发事件，但如果管理不当，常规突发事件升级为危机型突发事件，也会引发公共危机。

危机事件不是复杂的紧急事件，因为复杂的紧急事件也属于常规问题。二者区别的关键在于是否具有常规性。当复杂的紧急事件发生后，尽管人们所面对的具体情境是全新的，但是训练有素的应急工作者确知该采取何种手段应对。但是，当危机事件发生时，管理者会感到出乎意料。常规的管理或政策响应机制可能会丧失功能，进而管理者会感到一种巨大的集体压力。危机使决策者陷入一种困局：一方面，管理者要防范危机发生；另一方面，危机又是不可预测的。一旦发生后，危机就会造成严重损害。通常，损害不发生，人们就难以判定危机是否发生。

我国的突发事件可以包括两种类型——常规突发事件和危机型突发事件。按照我国的界定，突发事件既包括事件——公共卫生事件和社会安全事件，也包括危机的负面结果——自然灾害、事故灾难。就概念自身而言，“事件”与“灾害”或“灾难”是不对等的。如果从触发事件的角度看，“自然灾害”“事故灾难”似应改为“自然灾害型事件”“安全事故”。首先，“自然灾害型事件”主要是指容易导致自然灾害的事件，即自然致灾因子发生作用、产生较大自然型风险、突破了社会承受能力而引发的事件。其次，“安全事故”也不一定导致灾难。在实践中，突发事件危机管理也不是后果管理，即不是自然灾害型事件或安全事故演变成危机并产生负面结果后的管理。

1.3.3 公共危机管理的负面结果——灾害

“灾害”与“危机”在口语中是可互相替换的术语，然而在国外学术界，二者之间的关系引发了激烈的辩论。阿金·伯恩认为，灾害就是“产生负面结果的危机”(a crisis with bad ending)。面对公共危机，高超的管理者可以采取有效的手段妥善处置，消除威胁，化危机为转机。但是，如果危机管理不当，就会引发灾害。

所谓灾害（disaster)，就是对社区生活的严重扰动，它对人们的生命与财产安全构成威胁或造成损失，超越地方应对能力，必须动员、组织额外的外部资源来应对。这里的“灾害”不一定仅仅指自然灾害，也可能是人为或技术的灾难。在我国，“灾害”往往用于指称自然因素所导致的后果，而“灾难”则用于指称自然、人为、技术等各种因素所导致的后果。

巨灾（catastrophe）一词则指非常严重的灾害，通常为前所未有的灾害，往往会造成巨大的人员伤亡、财产损失、社会系统运行的长时间中断①。它是灾害的极端形式（见表1-4)。

表1-4 灾害与巨灾的区别

项目	灾害	巨灾
对建筑结构的影响	大部分社区住房未被损坏，无家可归者能够求助于亲友或志愿者	对大多数或全部社区住房造成严重的损坏，导致住宅资源的危机
对地方官员的影响	地方政府负责，协调救援行动	地方政府被扰动，官员可能丧生或者不能操作设施及通信系统
对地方社区援助的影响	最快的援助来自其他未受事件影响的社区	大面积区域受到影响，地方社区之间彼此不能相互援助；汇集的资源分布于许多社区，而不是集中于一个社区

① Arjen Boin. Editor's Introduction//Arjen Boin. Crisis Management: Vol. 1. London: Sage Publications Ltd., 2008: xix.

续表

项目	灾害	巨灾
对社区功能的影响		不仅使受影响社区的基础设施中断，也使社会设施如学校和教堂等受到更大影响，恢复速度较慢
对政治过程的响应		由于物理损失及社会结构的扰动，平时被忽视的政治问题凸显

资料来源：Lucien G. Canton. Emergency Management：Concepts and Strategies for Effective Programs. New York：John Wiley & Sons，Inc.，2007：44-45.

可见，“灾害”一词包含着人们对危机结果的评判，即危机管理失当变为灾害。灾害是危机，但危机未必是灾害。而“巨灾”则是造成空前损失的危机，导致巨大的人员伤亡、财产损失，社会系统的重要功能也因此而出现停顿。

1.3.4 公共危机演进的过程

如前所述，公共危机不仅包括一致性危机，也包括冲突性危机。自然灾害型事件、安全事故事件及公共卫生事件所引发的公共危机多为一致性危机，而社会安全事件所引发的公共危机则多为冲突性危机。二者生成、演进的机理是不同的。

从学理上看，我们可以对以下过程进行区分：紧急事件升级为危机事件、危机事件诱发公共危机、公共危机引发灾害。但是，实际上，这个过程可能非常短暂，甚至难以为人们所察觉。突发事件、危机及灾害等术语通常是被人们不加区分地混用的。无论如何，就前三类危机而言，其演进过程为：致灾因子与脆弱性—风险—突发事件—一致性危机—灾害，管理活动对应为：风险管理—突发事件控制管理—危机响应管理—灾害管理。

社会安全危机的演进是非线性的，有着特殊的规律。在实践中，我国对社会安全事件的管理主要由政法部门专门负责。社会安全危机的前身是社会安全风险，它由一部分社会群体与另一部分社会群体的矛盾、纠纷构成，影响社会稳定。如果风险管理不当，公共安全风险就有可能引发社会安全事件，许多是社会冲突的极端表现。这时，有效冲突管理的阙如将会引发社会安全危机，甚至可能引发社会安全灾难。

对于社会安全危机而言，其演进过程为：社会矛盾与纠纷—涉稳风险—社会冲突—社会安全危机—社会安全灾难。与此相应，社会安全危机的管理活动包括：风险管理—冲突管理—危机响应管理—灾难管理。

危机是一个过程，而非一个事件。我们所说的危机管理应该包括：前置管理，即风险管理，常常是在常态管理中表现为对致灾因子及脆弱性的控制、对社会矛盾与纠纷的调节；临界点管理，即突发事件控制管理或冲突管理；危机响应管理，即公共危机状态下的管理；后果管理，即灾害或灾难管理。

1.4 公共危机管理的阶段与原则

1.4.1 危机管理的阶段及其挑战

既然危机管理就是对灾害或巨灾的管理，而巨灾又是灾害的极端形式，我们为何不仅仅使用灾害管理（disaster management）一词？其原因是：传统的灾害管理都强调单灾种管理，这反映出了工业化时代简单风险的应对要求。而危机管理则强调多灾种综合管理，这反映出后工业化时代复杂风险的应对要求。

政府存在的首要意义就是确保社会公众的生命、健康与财产安全。公共危机管理提供的产品是公共安全，具有受益的非排他性和效用的不可分割性。具体来说，公共危机管理是指为保护人民生命财产安全、维护国家安全、公共安全、环境安全和社会秩序而进行的活动：一是预防、减少公共危机的发生，二是控制、减轻公共危机的社会危害，三是消除公共危机的负面影响。

公共危机管理就是为了预防与应对各种公共危机，以政府为主导，将政府、企业和第三部门的力量有效组合起来而进行的减缓、准备、响应与恢复活动。也就是说，危机管理包括四个阶段，即减缓（mitigation）、准备（preparedness）、响应（response）、恢复（recovery），分别代表危机管理中的四个阶段、四种活动（见表1-5）。

表1-5 危机管理四个阶段的主要活动

减缓	建筑法规，建筑使用管理，立法，公众教育，公共信息，纳税奖惩，保险，奖惩，土地使用管理
准备	应急响应计划，预警系统，疏散计划，应急沟通，互助协议，公众教育，公众信息，资源储备，训练项目，检验性演练，避难场所
响应	预案执行，紧急状态宣布，预警消息，公众信息，注册与跟踪，通知上级机构，激活协调中心，疏散，动员资源，损失评估，搜救，提供医疗支持，实施公共卫生措施，迅速提供救助
恢复	恢复基本服务，咨询项目，临时住房，金融支持或帮助，分配恢复物资，公众信息，长期医疗支持，满足公众诉求，恢复公共财产，经济影响研究，评估发展计划，开始重建任务

资料来源：Emergency Management in Australia：Concepts and Principles，Commonwealth of Australia 2004.

在国外，有的学者认为危机管理应分为三个阶段。阿金·伯恩认为，这三个阶段是：（1）准备，组织或社会如何为应对未知情况而进行准备？危机管理者如何获得资源与支持？（2）应对危机，危机管理者如何在不确定性、时间压力及极端威胁的情形下做出正确的决策，并确保快速、有效地实施决策？（3）恢复正常，危机管理者如何使受到影响的系统复原？如何进行学习，并将教训应用到实践中以避免同类危机再度发生？①

米特罗夫等人（Mitroff et al.）认为，危机管理的三个阶段是：事前（before）、事

① Arjen Boin. Lessons from Crisis Research. International Studies Review，2004（6）：168.

中（during）和事后（after）。在事前阶段，即预先行动（proactive）阶段，危机管理的主要任务是审查，即核查组织相对于危机的优缺点及脆弱性，发展应对危机的技能；在事中阶段，即反应（reactive）阶段，组织要应用自身的能力限制损失的发生，并进行恢复，使危机对人的生命、财产及环境影响最小化；在事后阶段，即预先反应（proactive）阶段，在下一个事前阶段之前，主要是探究、学习危机管理经验，改进系统应对未来危机的能力①。

显然，上述观点强调危机的极端不确定性和难以防范性。但是，在其对准备或事先内容的描述中，也包括了减缓的含义。毕竟，许多危机不可预测。但是，如果我们能够通过减缓措施以降低社会脆弱性，则危机发生的可能性有可能会被降低。所以，我们坚持“四分法”，因为它涵盖了风险管理、临界管理、危机响应管理和后果管理②。这四个阶段的活动必须关注的挑战见表 1－6。

表 1－6　危机阶段与管理问题

阶段	问题
减缓	1. 对预测与预防战略的强调影响人们对构建弹性和响应能力以应对不可想象危机的关注 2. 危机预防可能会受到脆弱性悖论的影响：预防计划和安全措施越是完美，最小扰动效应就越巨大
准备	1. 由于追求完美，详细的危机预案是自欺欺人的 2. 为了完美地解决未来的危机，规划者倾向于从先前的危机中学习，以至于忘记了采取务实的措施 3. 规划涉及最坏的情境，使人们误以为没有更坏的情境发生 4. 规划受到常规化的影响，过度常规的演练流于形式 5. 规划成为自我限制而非以威胁为导向的行动
响应	1. 危机需要的不是集权，而是正式与非正式的分权、广泛享有的支配权等 2. 危机情境中出现的不是等级制的单中心协调，而是多中心决策、对立及官僚政治 3. 在危机情境中，协调更是一个问题，而非解决办法 4. 专家，如公司及政府的决策者不能免于危机所带来的心理及社会心理压力，可能不能理性地看待正式的建议-决策关系 5. 重要决策不是在战略层面制定出来的，而是在操作层面制定出来的 6. 危机可能会引发各种形式的干预，它们超出危机情境的需求，使危机决策者听任事件失去控制 7. 危机可能会引起无效的组织响应，这会加剧而非减缓威胁
恢复	1. 在极端的集体压力情境下，危机需要更长的时间来恢复 2. 后危机的问责动力及起诉可能会抵消学习及长期恢复的努力

资料来源：Uriel Rosenthal，Alexander Kouzmin. Globalizing an Agenda for Contingencies and Crisis Management：An Editorial Statement//Arjen Boin. Crisis Management：Vol. 1. London：Sage Publications Ltd.，2008：58－59.

预防与减缓危机是政府的职责。但是，政府很难对危机进行防范，因为危机给政治

① Ian I. Mitroff，Murat G. Alpaslan，Sandy E. Green. Crises as Ill-structured Messes. International Studies Review，2004（6）：180.

② Arjen Boin. Fundamentals of Crisis Development and Crisis Management：An Introduction to Critical Crisis Reading//Arjen Boin. Crisis Management：Vol. 1. London：Sage Publications Ltd.，2008：xviii－xxv.

提出了不可能应对的挑战。诚然，人们可以降低关键系统的脆弱性来预防个别巨灾。但是，没有任何一个防御系统是不能突破的。换言之，社会不能预防所有的危机，新的不可预测威胁总会发生。

随着危机意识的提升，人们可能更会迷恋预防而疏于准备。这是因为准备的政治回报率低，毕竟人们很难证明危机没有发生是充分准备的结果。但是，人们必须为可能到来的危机做好响应准备。相对于不可预测的危机，人的理性总是有限的。

不仅如此，大多数危机不是如晴天霹雳般发生，而是有着逐渐演进的过程。政策制定者必须要能够从模糊不清、模棱两可、彼此矛盾的信号中认知危机的苗头，对威胁进行正确的判断。但是，这通常是过于理想的状态。政府危机管理人员难以感知危机情境，因为危机的模糊性与复杂性不同于常规的危机情境评估。

危机情境是模糊不清的，也是动荡多变的。公共资源的供需之间存在着巨大的缺口。人们没有时间进行思考、开展咨询、获得决策支持。危机决策需要进行艰难的价值衡量，承受重要的政治风险。将这些决策传递给社会公众需要平衡效率与合法性的关系。

有效的响应需要机构间以及政府间的协调。每个决策都需要多个组织的合作。但是，这对于官僚组织而言存在问题。大多数公共组织最初设计时都是为了处理常规事务，遵循公正、合法、效率的原则。但是，危机管理需要灵活性、临机决断、冗余性以及偶尔的违反规则。

有效的危机响应是一个自然演进的过程，而不能以单一的危机中心为出发点，渐进式的线性管理妨碍重要决策在现场的执行。军事上的指挥-控制在危机应对过程中多为无效的。

许多危机都是长投影型的。当危机处理结束后，管理者回复到常态管理工作之中，但仍必须以问责及学习为核心，处理后危机事务。在危机的恢复阶段，有关人员应吸取危机的教训，并将其作为完善组织实践、政策和法律的重要手段。但是，由于认知和制度障碍，这通常很难实现。此外，教训总结难免要涉及危机给社会造成的影响。将危机描述为预防及预测的失败可能会使人们重新反思政策及规则系统的基础。学习因而成为一个政治过程。其中有着潜在的赢家与输家。

1.4.2 公共危机管理的原则

一个优秀的危机管理者应立足实际，着眼于未知，敏锐感知威胁，有效做出决断，与公众进行沟通，对自己的行为负责，善于从危机中学习。危机难以管理，但并不意味着不可管理。危机管理者应该遵循以下原则：

（1）预防性原则。危机管理者要遵循风险管理的理念，进行致灾因子识别、风险分析和影响分析，体现以预防为主的原则。负责任的危机管理者重视预防，并将危机教训转化为规章、制度，以避免类似的危机再次发生。但是，人们不能迷信预防是包治任何危机的灵丹妙药，因为危机总有出人意料之处。

（2）动态性原则。危机管理者要动态地审视危机发展的进程与趋势，时刻着眼未来的危机，有效采取预防、准备措施。为了有效应对危机，人们通常会制定预案，详细地规定危机管理的行动者、程序、地点等内容。对于可预测的常规事件而言，预案是大有用途的。但是，危机具有严重的紧迫性和不确定性。一旦危机发生，预案将很难发挥作用。尽管危机规划可以发挥一定的功能，但过于依赖预案则会产生虚假的安全感，不利于危机应对。危机规划应该是灵活的，不拘泥于细节。同时，危机规划应该不断更新，贯穿于危机管理的整个过程。

（3）系统性原则。危机管理者要站在系统的高度认识公共危机，要统筹考虑所有的致灾因子、所有的危机管理阶段、所有的利益相关者以及与危机相关的所有影响。但是，危机管理者不能求全责备，否则，就会丧失危机决策的最佳时机。

以信息为例，危机管理者经常对其抱有多多益善的心理。在危机中，数字与事实都是匮乏的。此外，即便人们经过搜寻后获得大量信息，它们也可能彼此冲突，难以分析，所以，危机决策就是要在缺乏完全、准确信息的前提下做出至关重要的决定，既要站在全局的高度，也不能一味追求信息的完全。

（4）协调性原则。危机管理者要在一个共同目标下将所有的利益相关者组织起来，在人与组织之间建立广泛而真诚的联系，鼓励彼此之间的信任，弘扬团队氛围，建立共识，促进沟通。此外，危机管理者还要最大限度地确保所有层级政府以及社会各要素协同一致。也就是说，有效的危机沟通包括在危机管理网络内与响应者的沟通，也包括通过媒体与外部环境的沟通。

沟通是协调的基础。在危机管理过程中，人们经常犯的一个错误是：当危机沟通中断时，管理者过于执着问题的技术解决，而忽略了沟通的目的。此外，许多危机管理者对媒体的沟通作用认识不够，没有服务媒体的意识，而是一味追求被媒体服务，甚至还有一些人以二元对立式的思维认识媒体，不能善用媒体。

（5）灵活性原则。危机管理者要用创造性或创新性的方法迎接灾害的挑战。当预设方法不足以应对危机情境时，尤为如此。许多公共危机都是管理者以前没有遇到过的，特别需要管理者具备灵活处置的能力。

目前，世界各国应对危机往往采用指挥—控制模式，强调遵循制度与规则，按部就班，而这样势必会效率低下，因为官僚机构是为应对日常事务活动而设计的，对瞬息万变的危机情势，官僚们很难做到灵活应变。

指挥-控制模式集合了官僚制分工明确与军事行动的迅速、果断两个特点。它对于常规突发事件的应对是有效的。但是，危机中存在太多的未知因素。特别是在危机发生之初，人们缺少信息、沟通与协调，不可能对相应人员进行有效控制。向上传递信息、向下发布命令浪费时间，影响灵活性，不利于危机管理者临机决断。有效的危机响应应该是网络状的。危机决策者应适度放权，集中精力做好重要决策。大权独揽、试图控制危机响应的方方面面必然会事与愿违。

（6）专业性原则。危机管理者要重视以科学知识为基础的方法，包括教育、培训、演练、道德操守、公共服务精神以及持续性改进。他们必须了解危机管理的问题，包括组织问题显现、信息流中断、复杂的困境及不可能性选择出现、压力陡增等等。同时，他们也必须掌握一系列危机管理的技巧，如平衡危机决策的短期与长期效应，听取反对意见，将操作性决策权赋予专业人员，积极地与媒体沟通，参加危机管理的模拟演练，等等。

1.5 公共危机管理的实践与研究

理论是实践的总结与提升，同时理论又对实践产生重要的指导与牵引作用。危机管理理论与实践之间的关系也是如此。公共危机管理是一门注重实操的学问，离开理论的指导，其解决问题必然是行而不远的。

1.5.1 公共危机管理实践

从世界各国历史来看，公共危机管理的缘起主要可分为两类：一类导源于灾害管理，另一类导源于民防。灾害管理强调的是单灾种管理，而公共危机管理则属于多灾种综合管理。民防的主要职能是应战，公共危机管理的主要职能是应急，所以，就总体而言，公共危机管理的发展体现出两个特征：由单灾种管理转变为多灾种综合管理，由以应战为重点转变为以应急为核心。

1. 从灾害管理到公共危机管理:以日本为例

在日本，“天灾”与“地灾”频繁发生，其公共危机管理起源于灾害管理。如上文所述，日本的危机管理也经历了一个以应对单项自然灾害为主到综合性地构建国家危机管理体制的过程。灾害给日本带来了巨大的损失，但也推动了日本防灾体制的不断进步(见表1-7)。

表1-7 日本防灾体制改革

灾害发生年份	灾害名称	防灾体制改革
1946	南海地震	《灾害救助法》
1948	福井地震	《建筑基本法》
1959	伊势湾台风	《灾害对策基本法》
1995	阪神-淡路大地震	《地震防灾特别措施法》

目前，日本的防灾法制非常完备，形成了由《灾害对策基本法》《灾害预防与准备法》《灾害紧急应对法》《灾害恢复法》《金融措施法》等组成的法律体系。

日本于1961年制定了《灾害对策基本法》，改变了“撞击-反射”式的灾害应对模式，将预防、处置与恢复重建整合起来。冷战结束后，苏联这一强大对手消失了，日本的国家安全环境得到明显改善，更有精力关注非战争公共危机。日本开始着手建立以综合性为基本特征的危机管理体系。

1995年1月，日本发生阪神-淡路大地震，损失巨大，这促使日本在综合性危机管理体制建设方面投入了极大的精力，力图在以后的危机管理中达到综合响应，综合性地应对大规模自然灾害、重大事故、重大事件、武力攻击事态和其他危机。

日本危机管理的综合性还体现出平战结合、军民结合的特征。一方面，日本是二战的战败国，受到国际舆论的压力，不敢明目张胆地发展军事力量；另一方面，冷战结束之后，日本争做政治、军事大国的野心日益膨胀，想方设法突破“和平宪法”“专守防卫”“海外派兵”等禁忌。借助危机管理的综合性，实现应急与应战的一体化，成为日本规避国际舆论压力的选择。

2004 年 12 月 10 日，日本内阁会议出台了新《防卫计划大纲》及据此制定的 2005—2009 财年《中期防卫力量整备计划》，提出了日本防务能力未来 10 年的总体发展构想，并对 2005—2009 财年日本军事力量的调整做出了具体的安排。在新防务战略中，日本政府做出以下安全形势方面的判断：一方面，日本受到大规模入侵的可能性变小；另一方面，日本需要应对安全问题之外的新威胁。另外，日本政府认为，制定新防务战略不能回避以下三大问题：因为它国土狭长、海岸线漫长、岛屿众多、人口密度高、人口和工业集中于城市、许多重要设施位于沿海地区，所以，日本在安全问题上存在“软肋”；日本在地理和地质上容易发生灾害；日本的繁荣与发展取决于海上运输线的安全。

2. 从民防到公共危机管理：以英国为例

英国的应急管理起源于民防。为了防范苏联的核打击，1948 年英国政府出台了《民防法》(Civil Defense Act)。中央政府授权地方政府负责应对可能发生的公共危机，地方组织与机构可以灵活地请求地区与国家在资源方面的支持，中央政府并不强求地方组织与机构进行合作与协调。

冷战结束后，外敌入侵的威胁消失，但各种灾害频繁发生。这迫使英国政府对危机管理制度进行反思，但并没有进行根本性的变革。20 世纪末 21 世纪初，电脑千年虫问题、洪水及燃料危机、口蹄疫等危机事件的发生，使英国政府对公共危机有了进一步的认知。在这个过程中，英国政府对公共危机的复杂性产生了全新的认识，决定着力提高地方政府的信息能力、行动能力和灾害管理能力，建立应对国家、地区和地方层次公共危机的准备与响应框架。在这种背景下，2001 年 7 月，内阁办公室设立国民紧急事务秘书处（Civil Contingencies Secretariat，CCS)，主要履行公共危机管理的职能。

“9·11”事件发生后，英国政府更加重视公民防护，以防止恐怖袭击等人为的灾难。同时，英国政府认为，现有的法律不能为公民防护提供一个良好的框架。于是，2004 年，英国颁布了《国民紧急事务法》(Civil Contingencies Act，CCA)。这部法律为公民防护构建了一个框架。它由两个部分组成：第一部分涉及地方相关组织的管理、指导、目标、责任，同时规定了地方响应者依职责分类的方法；第二部分更新了 1920 年颁布的《紧急权力法》(Emergency Power Act)，主要涉及最为严重的公共危机以及未来的风险。这部法律的主要内容包括：界定公共危机的含义、确定所有相关组织的角色与责任、规定地方和政府新的职责、重新设置和取代已经过时的紧急权力体系。

进入 21 世纪后，全球气候变化影响下频繁发生的自然灾害、恐怖主义袭击、毒品泛滥、新技术、社会问题等都对英国构建可持续性社会提出了严峻的挑战。因而，为了确保公共安全，英国对公民防护与应急响应管理体系进行了重大的改革，变革的核心是及时、有效地对公共危机进行响应。

3. 中国公共危机管理起源的独特性

中国与世界绝大多数国家不一样，公共危机管理并非脱胎于民防。1950年，面对美国、国民党空军对东南沿海的袭扰，我国政府发布了《关于建立人民防空工作的决定》，新中国防空事业从此起航。1953年1月，中央人民防空委员会成立，确立了“长期准备，重点建设”的方针。1972年，我国面对日益严峻的外部环境，提出“深挖洞，广积粮，不称霸”的政策。1984年，《人民防空条例》颁布。1992年，我国加入国际民防组织。1996年，我国颁布《中华人民共和国人民防空法》……不论时代如何变换，人民防空作为国防战略的重要组成部分，受军政双重领导，具有为应战而存在的主要属性。

为了与国际社会接轨，我国人防曾经出现过改民防时期，突出强调防灾应急。例如，1986年，上海市政府将抗震救灾任务赋予人防办；1992年7月，人防办改为民防办；1999年8月1日，《上海市民防条例》实施。深圳市也曾将人防办整合进大应急办。

2016年5月13日，第七次全国人防会议上，习近平总书记提出人防要有效履行战时防空、平时服务、应急支援的职能使命。“战时防空”依旧是第一位的，“应急支援”表明人防与应急有关，但并非主业。在2018年启动的党和国家机构改革中，“民防”又改回为“人防”。

新组建的应急管理部门并没有将人防或民防职责纳入其中，究其原因：第一，强调“战时防空”是底线思维的重要表现；第二，“人防”受军地双重领导，遵守“长期准备，重点建设，平战结合”的方针；第三，以往民防向应急的融合并没有找到独特的定位，只是从事防灾教育等简单的活动，融合并不成功；第四，民防的处置力量主要依托公安、医疗卫生、预备役等，没有下属的民防部队。当然，这并不妨碍应急与人防部门合作，如将人防掩蔽工程拓展为应急避难场所等。

总之，我国的公共危机管理主要以灾害管理为前身。公共危机管理虽然与民防存在交集，但并非来源于民防。这是我国与世界其他国家公共危机管理渊源上的迥然不同之处。所以，党的十九届四中全会通过的决定对中国特色应急管理体制的表述中，没有再提“平战结合”。

1.5.2 公共危机管理研究

从传统上看，国外危机研究的学者主要来自两个领域：灾害研究和国际冲突研究。近年来，特别是“9·11”事件发生后，危机研究进入了一个全新的阶段。越来越多的学者从不同的角度研究危机管理，包括灾害社会学、国际冲突学、商业管理、心理学、公共管理、组织理论、法学、风险分析、经济学等。其主要原因是：自然灾害与人为灾难之间的二分法不再适合于今天的危机研究。同时，冷战结束后，人们对于核危机的关注逐渐降温，一些非传统安全问题引起学者们的广泛关注。

公共危机成为公共管理的重要分支领域，其发展经历了一个较长的过程。现代意义上的危机概念最早在工商企业中得到应用。它主要描述企业所处的危急情境：“（1）企业遇到的问题日益严重；（2）受到新闻界和政府的密切监督；（3）影响企业的正常营运；（4）危害公司及公司高级职员的良好形象；（5）伤害到公司的生存。”① 所以，商业管理学者从组织理论等角度对危机进行了有益的探索。

20 世纪 60 年代，国际政治学领域引入“危机”的概念。2007 年，美国国防部出版的《军事及相关术语》中这样定义“危机”：危及国家及其管辖区域、公民、军事力量、财产或重要利益的一个事件或一种情境，它发展迅速，表现出外交、经济、政治或军事方面的重要性，需要调动军事力量或资源来实现国家目标。

随着人类进入后工业社会，许多国家内部不安全因素增多，危机四伏。冷战结束后，非传统安全问题日益受到人们的重视。进入 21 世纪以来，危害严重、影响巨大的公共危机不断发生，日益表现出强大的系统性、极端性。公共危机管理成为许多国家政府的一项重要职能。相应地，公共危机也成为公共管理学者逐渐关注的热门话题。

长期以来，由于危机发生的概率较小，公共管理并未将危机管理作为核心问题。危机管理研究门庭冷落，处于边缘化的地位。除了国际危机之外，其他危机研究都处于边缘地位。罗森塔尔认为，其原因是：危机的本质是不可规划、非结构、不可预期的，无先例可循。而主流社会科学力求探寻事物的普遍性原因，追求可预测性。在实际运用中，它们关注干预及社会工程的可能性②。

以美国为例，20 世纪 80 年代前，从事灾害研究的仅限于少数社会科学家。他们出版了一批较有影响的灾害管理著作，如巴顿（Allen H. Barton）于 1969 年出版了《灾害中的社区——集体压力情境的社会学分析》，库兰特里（E. L. Quarantelli）于 1978 年编辑出版了论文集《灾害——理论与研究》，等等。在这个阶段，公共管理学者对危机问题、包括恐怖主义鲜有涉猎，其主要原因在于危机作为偶发事件，在公共管理议程中所占地位有限。

从 20 世纪 80 年代开始，美国公共管理学者开始关注危机管理问题。1985 年，《公共管理评论》杂志出版专刊，题目是《应急管理——公共行政面临的新挑战》。此后，公共管理学界出现了一些应急、危机或灾害管理的研究力作，如康福特（Louise K. Comfort）于 1988 年主编出版了《管理灾害——战略与政策视角》等。这种变化的出现与各国政府更加重视综合性应急管理有关。它要求应急管理者综合性地应对各种自然、人为或技术灾害，而公共管理具备超越学科界限的整合力。

但是，在 20 世纪 90 年代中期之前，危机管理虽有长足的进步，却并未受到应有的重视。人们依然认为，危机不过是偶然发生的扰动性事件，一切终将归于常态。加之苏联解体，人们期盼着冷战结束带来的“和平红利”，但传统安全威胁与非传统安全威胁相互交织，使世界不稳定、不安宁因素增多。于是，自 20 世纪 90 年代中期以来，“危机”日益成为国外社会的一个“热词”。与社会需求相呼应，危机管理逐渐走进社会科学的主流行列，特别是成为公共管理的重要子领域。其中，“9・11”事件的发生对危机管理研究无疑产生了巨大的推动作用。

---

① 詹中原. 危机管理：理论架构. 台北：台湾联经出版事业股份有限公司，2004：5-6.

② Uriel Rothenthal. September 11：Public Administration and the Study of Crises and Crisis Management. Administration & Society，2003，35（2）：131.

罗森塔尔认为，如今，“危机研究已不再处于边缘化的地位。危机和日常的政治、社会生活距离正在缩小。危机研究的主导性视角与这种发展相契合。因此，危机的概念和危机管理的准则都经历了巨大的变化”①。

今天，现代社会中，新的威胁不断出现。与此同时，现代社会系统自身的脆弱性不断增强。国外学者认为，人类需要应对的危机是超越地理与功能界限的危机，即跨界危机。这是因为：新技术日新月异、不断涌现，与其他技术共同演进，人们难以预料其应用的结果；新型恐怖主义的出现；不断变化的气候导致新的不可预见的威胁。不仅如此，现代国家在经济、政治及社会上紧密关联，人员、物品与服务的跨境流动十分便捷，这使得跨界危机成为危机管理中的一个热点问题。跨界危机挑战着官僚机构的能力，因为官僚机构都是为了应对典型威胁而设计的。国家政府必须反思，甚至重新设计危机响应系统的组织、法律与政策。跨界危机的复杂性要求不同系统，甚至不同国家的行为者共同努力、精诚合作。

对于一个学科的发展来说，理论是至关重要的。多年来，国外学者一直在着力构建危机或应急管理理论。麦肯泰尔（David A. McEntire）认为，应急管理的学习与政策必须依赖于理论的发展，“如果学习要持续、政策要被准确认知与执行，所有对灾害感兴趣的学者都应该期盼着应急管理理论（广义地被定义为一个重要的知识体）”②。

以危机成因理论为例，关于公共危机发生的原因，国外的学者进行了多年的探索。他们解析了众多的自然灾害及人为灾难，得出两点结论：第一，“自然”灾害是不存在的。也就是说，许多灾害的诱发因素是自然的，但其成灾的根本原因却是人的失误。人们没有对日益逼近的威胁进行有效的预防和充分的准备，这才引发了“自然”灾害的发生。第二，人们未能对灾害进行准备实质上是组织的性质使然。许多危机管理的研究都谈及组织的悲剧。

阿金·伯恩认为，这些理论都比较年轻，也未经受检验。组织灾难的分析都不免存在“事后诸葛亮”的问题。人们很容易将灾难的原因归结为一系列因素，认为它们触发了组织的脆弱性。许多灾难的分析围绕松懈的管理、成本压力、失效的装备、操作者失误等③。尽管将人的失误作为危机根源的分析彰显了人类的自觉性，但是，人类危机探源的努力却不能仅仅停留于此。“危机分析必须超越以人的错误为危机根源的解释，寻找更为有效的方法关注组织及系统的缺憾。”④

一个知识体的构建由一系列理论元素组成，如定义与概念、原则、分类、模型、因果关系等。就目前国内外危机管理研究的实际来看，这依然任重而道远。

---

① Uriel Rothenthal. September 11：Public Administration and the Study of Crises and Crisis Management. Administration & Society，2003，35 (2)：132.

② David A. McEntire. The Status of Emergency Management Theory：Issues，Barrirers，and Recommendations for Improved Scholarship. http://www. training. fema. gov/emiweb/downloads/David%20McEntire%20－%20%20Status%20of%20Emergency%20Management%20Theory. pdf.

③ Arjen Boin. Fundamentals of Crisis Development and Crisis Management：An Introduction to Critical Crisis Reading//Arjen Boin. Crisis Management. London：Sage Publications Ltd.，2008：xxi.

④ Uriel Rosenthal，Alexander Kouzmin. Globalizing an Agenda for Contingencies and Crisis Management：An Editorial Statement//Arjen Boin. Crisis Management：Vol. 1. London：Sage Publications Ltd.，2008：57.

1.5.3 公共危机管理的模式

米特罗夫与皮尔逊（Mitroff & Perason）在其1993年出版的《危机管理》一书中，将危机发生的原因归结为技术、组织、人员、文化等层面。据此，中国台湾学者詹中原等在其《政府危机管理》中，从技术层面、组织层面、人员层面和文化层面，对公共危机的一般理论与模式进行了较为系统、全面的梳理，总结出四大模型或模式。

第一，技术层面的机械型。它也被称为“紧密耦合系统”（tightly coupled system），主要由物理学及工程领域的概念发展而来，基本假设是：（1）需要解决的问题可以被良好界定；（2）系统可以进行近距离的外在干预及预防。只要系统经过精心设计和运行，系统的主要目标就可以控制错误行为，如军事上的命令-控制系统就是如此。在这种模型之下，系统的组成部分之间关系明确，可以依据周详、细致的计划来降低不确定性。

但是，这种模式适合解决结构良好的问题，适用于简单危机的处理，而不适用于复杂性危机的应对。它没有考虑到危机发生状态下信息的匮乏性或混乱性，也缺少必要的灵活性与适应能力。

第二，组织层面的灾害管理系统模式。灾害管理系统模式（disaster management system）是康福特提出来的。它以西蒙（Herbert Simon）的组织设计理论为基础，强调：组织设计是一个试图制造理性系统或人为系统的有意识活动。该模式的假定包括四个方面：（1）灾害环境是不确定的，这降低了应对灾害的组织程序与任务分派的效果；（2）在灾害管理体系中，协调个人行动的组织是最基本的行动者；（3）时间对灾害管理具有重要性；（4）创新是危机管理体系的基本要素。

灾害管理系统必须具备三种策略设计，才能在灾害环境中实现政策目标，即变革策略、持续策略与整合策略（见表1-8）。

表1-8 灾害管理系统的三大策略

策略	目标	措施
变革策略	发展灾害管理组织的学习能力	危机管理中的风险评估 危机决策过程中的反馈 危机运作中的绩效调整
持续策略	建立结构与程序，确保变化环境中的稳定性	决策制定过程 设定动态紧急环境中的优先顺序 信息管理
整合策略	提高执行绩效	整合人、组织与资源

第三，人员层面的无政府式模型与探究式模型。无政府式模型，也被称为“松散耦合系统”（loosely coupled system），提出：在不确定及模糊性（ambiguity）情境下，组织决策不能依靠详细的规划，而是受制于组织成员的意志、能力、时间及外在环境变化的影响。在问题偏好、不明确技术以及流动性参与所形成的动态环境中，社会的目标无法达成一致。因此，形成“权威的认知”，这与组织决策毫不相关。问题、解决、机会以及参与者的“默契配合”（appropriate fit）才是至关重要的。

面对结构不良的问题，机械命令系统无法发挥作用。当命令、法规无法发挥作用时，社会成员往往产生冲突，陷入麻烦，无视危险的存在，丧失自我保护的能力。所以，无政府式模型主张，为控制松绑，鼓励具有理性的人对机会产生认知，采取对自我有利的建设性行动，构建可能实施的方案。这种模式特别强调灵活性（flexibility），因为它提供了社会发挥创造性以解决问题的空间。

探究式模型通过搜寻及反馈的过程（search and feedback processes）来学习危机管理的知识。它可以被进一步细化为三种类型，即试错（trial and error）、专业社会探究（professional social inquiry）和意义感知模型（sense making model）（见表1-9）。

表1-9 探究式模型的三种类型

试错	生物学家霍兰（John Holland）通过观察，认为：生物有机体会评估其行动的即期结果而决定后续行为决策的方向。与此类似，组织会储存经验及外在环境的信息，并将其应用于未来类似情境下的问题解决之中
专业社会探究	信息是组织行动的基本驱动力，信息组织与沟通过程可为特殊团体解决问题。在灾害发生的情境下，社会系统需要在总体及个体层面上搜集、转换信息。在个体层面上，危机管理者需要详细的信息来规划特殊行动，完成救援目标；在总体层面上，要整合所有组织的政策相关信息，以求得行动的步调一致。危机管理者对于个体及总体信息的探究是一个持续不断的学习过程
意义感知模型	社会成员会产生认知过程，以整合环境中的新资讯。整合要借助现存知识及文化规范，并可对外在即时情境产生一致性的解释

第四，文化层面的灾害管理价值规范。1995年，施奈德（S. K. Schneider）提出灾害管理的价值规范，认为：灾害管理体系的运作绩效取决于官僚规范（bureaucratic norms）与紧急规范（emergent norms）。前者是指灾害管理机构所形成的行政文化与价值体系，后者是指公众在紧急状态下的行为表现与价值态度。官僚规范必须符合紧急规范。如果二者之间存在差距，民众就会对灾害管理机构产生不满。而其间存在差距的原因是：(1) 灾害的大小；(2) 政府准备的程度；(3) 受灾公众的行动取向。通常，官僚规范的特征与紧急规范下公众的集体行为反应是有差距的（见表1-10）。

表1-10 官僚规范与紧急规范的对比

官僚规范	紧急规范
● 有明确的管理目标：预防灾害的发生，进行灾害准备，提供灾害救助，协助灾害复原 ● 有正式的管理结构：专门机构人员负责，动员灾害应对的相关人力与物力资源 ● 有明确的权责分工：一般采取“自上而下”的运作方式，地方政府是一线的应对部门 ● 有正式的程序与法规：灾害管理机构有正式的管理规范与流程；当较低层次的政府无力处置时，会向较高层级政府报告并申请援助	● 公众焦虑不安，不知所措 ● 政府管理机构若不能及时提供正确的信息，谣言就会迅速蔓延 ● 谣言在传播的过程中可能被公众认为言之成理，进而引导公众的意见与行为

此外，从组织的角度来说，危机管理的模式还包括动态管理模式。前面我们说过，危机管理可以被分为减缓、准备、响应、恢复等四个阶段。这就是典型的动态管理模式，在此不再赘述。

总之，在21世纪的今天，人类所面对的危机情境是异常复杂的，愈发需要我们具有超前的前瞻能力、超强的适应能力和灵活的应变能力。实践部门与理论研究者既往的探索为我们当前的危机管理积累了丰富的经验，留下了宝贵的遗产。但是，仅凭经验和遗产是不够的。公共危机管理只有进行时，没有完成时；只有更好，没有最好。从这个意义上讲，危机管理永远在路上！

本章小结

本章较为系统地介绍了公共危机管理的一系列基本概念，阐明了公共危机的概念和公共危机的六个特征，区分了与公共危机相关的一些概念，介绍了公共危机的演变过程，分析了公共危机管理的减缓、准备、响应与恢复四个阶段和六大原则。通过本章学习，希望读者能够宏观地了解公共危机管理的知识体系，并深入理解公共危机管理的基础概念。读者需要重点掌握公共危机管理的概念、特征和阶段模型。

关键术语

危机　公共危机　企业危机　国际危机　风险　致灾因子　自然致灾因子　技术致灾因子　生物致灾因子　人为致灾因子　脆弱性　自然灾害　事故灾难　减缓　准备　响应　恢复

复习思考题

1. 从公共危机管理视角出发，公共危机的含义是什么？
2. 公共危机、国际危机、企业危机的区别是什么？
3. 公共危机有哪些特征？
4. 风险、紧急事件的含义是什么？它们和公共危机的关系是什么？
5. 公共危机管理有哪些阶段？每个阶段的含义是什么？
6. 公共危机管理有哪些原则？对公共危机管理者的管理有什么借鉴意义？

第2章

公共危机风险管理与减缓

2019年1月21日，习近平总书记在省部级主要领导干部坚持底线思维着力防范化解重大风险专题研讨班开班式上发表重要讲话，强调："面对波谲云诡的国际形势、复杂敏感的周边环境、艰巨繁重的改革发展稳定任务，我们必须始终保持高度警惕，既要高度警惕'黑天鹅'事件，也要防范'灰犀牛'事件；既要有防范风险的先手，也要有应对和化解风险挑战的高招；既要打好防范和抵御风险的有准备之战，也要打好化险为夷、转危为机的战略主动战。"

公共危机管理要始于风险管理。"风险"一词来源于国外。但是，这并不表明在中国文化中缺少风险理念以及风险管理的智慧。《周易·既济》中说："君子以思患而豫防之。"《尚书·周官》中说："制治于未乱，保邦于未危。"《汉书·蒯伍江息夫传》中也说："聪者听于无声，明者见于未形。"这些至理名言都表明，防患于未然乃为危机管理至上之境界。

我们生活在一个不确定的时代。在这个时代中，唯一确定的可能就是不确定。人们将这样一个时代称为"风险社会"。在风险社会中，公共危机的风险具有很强的不可预测性，甚至许多人称其具有不可管理性。这种观点未免过于悲观。更何况，人类就是在不断突破自身局限的过程中进步的，通常必须"明知不可为而为之"。而且，不可预测未必意味着不可减缓。

2.1 风险社会的风险管理

2.1.1 风险社会理论

卢曼认为："由于现代工业社会制度和技术的'结构性耦合'程度高，社会的风险性越来越强。风险内生于技术内部，今天的高技术产生了更大的风险。而且，使用技术来管理技术安全，风险不会削减，反而会加强。”按照卢曼的观点，“三里岛核事故、切尔诺贝利核泄漏事件和博帕尔事件不仅是技术故障，也是技术控制系统的失败。这些都是灾害可能性与工业社会构建方式之间存在联系的例证。换言之，风险就是现代社会系统的固有特征”①。

贝克以“风险社会”来界定当今社会的主要特征。他认为，传统的资本主义社会已经向着“晚期现代主义”“后现代主义”“后传统社会”转变，社会要发展就必须变得更加具有反身性（reflexive）。“传统社会中，在旧有角色模式的影响下，社会化过程在一定程度上是无意识的，传统价值通常也是普遍使用的。后传统社会中，价值更加原子化，普通人和专家的区别也更加模糊。”“传统社会中，文化和地方层面的政治控制以技术能力的形式被制度化，具体体现为政府指示、法律和行政程序等形式。后传统社会中，政治控制更加支离破碎。……在传统的阶级社会，与平等相关的观念是其中心议题，但在后传统社会，安全成为与价值相关的、最重要的、强制性的论辩议题。”② 与以往的风险不同，在风险社会中，风险具有以下不同寻常的特点：

第一，风险的延展性与全球性。在后现代社会中，风险的影响和后果具有延展性，会超越民族国家的地理疆界。贝克认为，在风险社会里，“占据中心舞台的是现代化的风险和后果，它们表现为对于植物、动物和人类生命的不可抗拒的威胁。不像19世纪和20世纪上半期与工厂相联系的或职业性的危险，它们不再局限于特定的地域或团体，而是呈现出一种全球化的趋势，这种全球化跨越了生产和再生产，跨越了国家界线。在这种意义上，危险成为超国界的存在，成为带有一种新型的社会和政治动力的非阶级化的全球性危险”③。一国内发生的突发事件可以蔓延出国境，造成国际影响。同时，国际上发生的突发事件也可能扩散到另一国境内。突发事件管理应该具备一种宽广的国际视野，重视应急的国际合作。

第二，风险的不可感知性。作为工业化的产物，现代风险不仅有着全球化的趋势，还有着不可感知的特征。“在今天，文明的风险一般是不被感知的，并且只出现在物理和化学的方程式中（比如食物中的毒素或核威胁）。”④ 现代风险往往具有高度的不可预测性及不确定性，这对人类在风险问题上的预测、预警能力及处置、干预能力提出了挑战。

人类的理性是有限的，思维也存在着各种盲区。许多突发事件对于人类而言是防不胜防的，因为它们具有极端性质，发生概率小，但损害结果大。因而，人类要在强化防范意识的同时，增强综合应对各种公共危机的能力。

第三，风险的人为性。作为一个社会学家，贝克提出“风险社会”理论，为的是对人类文明进程和现代化进行反思，其中所谓的“风险”侧重的是“人为的风险”。他说：“自然和传统领域不再具备控制人的力量，而是处于人的行动和人的决定的支配之下。夸张地说，风险概念是个指明自然终结和传统终结的概念；或者换句话说，在自然和传统

---

① Kathleen J. Tierney，Michael K. Lindel，Ronal W. Perry. Facing the Unexpected：Disaster Preparedness and Response in the United States. Washington，D. C.：Joseph Henry Press，2001：18.

② 丹尼. 风险与社会. 北京：北京出版社，2009：28-29.

③ 贝克. 风险社会. 南京：译林出版社，1992：7.

④ 同③18.

失去它们的无限效力并依赖于人的决定的地方，才谈得上风险。"① 在现代社会中，自然灾害的过程可能是自然的，但其成因或后果却是社会的。

不仅如此，"自然灾害显示的是社会困境。……'自然灾害'可能是一个自相矛盾的术语，因为人们要为与日俱增的问题负责，人类使得生存环境越来越容易遭受灾害，相对于这些致灾因子更加脆弱"②。

第四，风险的平等性。风险使承受者平等地分摊风险的结果，打破了社会阶层的划分，体现了一定的民主性。贝克形象地说："贫困是等级制的，化学烟雾是民主的。随着现代化风险的扩张——自然、健康、营养等的危机——社会分化和界限相对化了。……客观地说，风险在其范围内以及它所影响的那些人中间，表现为平等的影响。……在这种意义上，风险社会确实不是阶级社会；其风险地位或者冲突不能理解为阶级地位或冲突。"③ 在今天的世界体系中，尽管处于核心的发达国家不停地向发展中国家释放风险，但从某种意义上讲，人类都坐到了一只船上，必须同舟共济。

世界各国之间的经济社会联系越发密切，呈现出某种"一荣俱荣，一损俱损"的态势。在应对突发事件方面，人类必须同舟共济、彼此合作、风险共担。发达国家可借助自身在国际生产分工中的有利地位，将高污染产业转移到发展中国家。但污染是无国界的，最终会产生反伤自身的"回镖效应"（boomerang effect）。

英国著名的社会学家安东尼·吉登斯发展了风险社会理论。与贝克一样，他将风险看作后现代或后传统社会发展的中心。"吉登斯与贝克的不同之处在于，吉登斯把由于传统或自然而产生的外部风险和人造风险做了区分，人造风险是在技术、科学和不断发展的世界知识的影响下产生的。但从本质上，当前时代并不比历史上其他时代的风险更多或者更危险。现在的人造风险可能会更多。"④

2.1.2　风险感知理论

风险既是一种客观现实，也是一种社会建构。因此，对于"风险"的界定，人们众说纷纭。但各种风险的概念有着一个共性，即"风险"术语经常与可能性联系在一起，"人们不希望出现的现实（负面后果）可能会作为自然过程或人类活动的后果而发生"⑤。在国际风险研究中，风险感知（risk perception）是一种重要的理论。所谓风险感知，就是指"人们对风险的观点"，即"人们对正在或可能影响他们（或者他们的设施、他们的环境）的危险的判断和评估"⑥。根据雷恩与罗尔曼的观点，风险感知具有以下特点：

---

① 贝克，威廉姆斯．关于风险社会的对话//薛晓源，周战超．全球化与风险社会．北京：社会科学文献出版社，2005：3-4.

② Beverly A. Cigler. Current Policy Issues in Mitigation；Comfort. Designing Policy for Action：The Emergency Management System//Louise Comfort. Managing Disaster：Strategies and Policy Perspectives. London：Duke University Press，1988：40-41.

③ 贝克．风险社会．南京：译林出版社，1992：38.

④ 丹尼．风险与社会．北京：北京出版社，2009：33.

⑤ 雷恩，罗尔曼．跨文化的风险感知：经验研究的总结．北京：北京出版社，2007：13.

⑥ 同⑤14.

首先，风险感知受媒体的影响，因为现代社会面临的多数风险无法为人类感官所体验，而主要是通过沟通学习到的。其中，媒体扮演了重要的角色。面对纷繁复杂的信息，人们的注意力会表现出选择性偏好。

其次，社会因素影响风险感知，因为常识机制在人们接收信息后就开始处理信息，并帮助信息接收者做出推论。这个过程就是“直觉捷思法”。但是，风险感知中的直觉常常是不可靠的，容易诱发直觉偏见（见表 2－1）。

表 2－1 风险感知中的直觉偏见

偏见	描述
可得性	那些很快映入人们脑海的事件，比起那些更难想起的事件被认为是更可能发生的
固化效应	发生概率被可得信息或感知到的信息的重要性调整
代表性	个人所经历的独特事件，或其属性较之以发生概率为基础的信息会被认为是更典型的事件
避免认知不一致	如果某些信息对构成一个现存信仰系统之一部分的概率感知形成了挑战，那么这些信息要么被忽略，要么被轻视

资料来源：雷恩，罗尔曼．跨文化的风险感知：经验研究的总结．北京：北京出版社，2007：25.

对于一个风险，人们对其严重程度的感知受以下因素的影响：（1）预期死亡人数或损失；（2）灾难性潜能，如人们认为低概率、高损害结果的风险比起高概率、低损害结果的风险更加可怕；（3）被感知到的风险源或风险情境的属性，如风险是不均衡的，则被认为是严重的；（4）与风险原因关联的信念。此外，风险的特征与风险的影响之间也存在着一定的关联性（见表 2－2）。

表 2－2 重要的风险定性特征

定性特征	影响方向
个人控制	提高风险容忍度
控制程度	取决于对各种制度机构的信息
自愿性	提高风险容忍度
恐惧	降低风险容忍度
风险和收益的不公平分配	取决于个人效用，拒绝风险的强烈社会动机
风险源的人为性	放大风险的注意力，常常会降低风险容忍度
归咎	提高了对社会和政治责任的诉求

资料来源：雷恩，罗尔曼．跨文化的风险感知：经验研究的总结．北京：北京出版社，2007：26.

1988 年 6 月，美国克拉克大学决策研究所的卡斯帕森（Kasperson）等人提出了“风险社会放大理论”：与危险相关的事件总是与各种心理、社会、制度和文化的过程互动，从而强化或弱化个人或社会对风险的感知，并塑造人的风险行为。这解释了为什么有些风险和危害特别引人注目。“某些事件会导致次级后果的扩散，甚至可能超过事件最初的影响，引发原本无关的危害。”① 通俗地讲，就是引发“涟漪效应”。

卡斯帕森认为，信息通过社会及个体“放大站”进行加工。所谓“放大站”，包括技

① 泰勒-顾柏，金．社会科学中的风险研究．北京：中国劳动社会保障出版社，2010：90.

术评估专家、风险管理机构、大众传媒、社会团体中的舆论领袖、同辈和参考群体组成的个人网络等。社会“放大站”通过媒体、信件、电话、直接交流等沟通渠道制造和传输信息。每一个信息接收者都会成为“放大站”，参与信息放大的过程。

风险有着双重维度，即客观真实性与主观建构性。的确，风险与客观的危险相联系，但也被人们所建构。人们可能放大风险，也可能削弱风险。理解风险感知理论对于我们深化对公共危机风险管理的认识无疑是必要的。

2.1.3　风险放大理论

1988 年，卡斯帕森等人提出了“风险社会放大”（social amplification of risk）理论。所谓放大，既包括加强，也包括减弱。根据传播理论，信息由信源向信宿传递信息的过程中所出现的信号加强或减弱即为放大。“风险社会放大”就是指“一个事件的最终影响超过了它的初始效应”①。该理论认为，危险事件会与各种心理、社会、制度、文化的过程产生互动，强化或弱化个人或社会对风险的认知，进而塑造人们的风险行为。反过来，人们的行为模式也会产生衍生的经济、社会后果。有时，这些后果甚至远远超过风险所造成的直接影响。举例来说，1979 年，美国三里岛核电站发生事故。事故虽然没有造成一人死亡，但核风险产生了社会放大效应。美国核工业发展因此而受到严重的影响。同样，2011 年东日本大地震导致福岛核电站核泄漏，核电风险再次发生社会放大现象，世界各国的核能发展计划都曾一度被搁置。

风险的社会放大发生在两个阶段，即“风险信息传递”和“社会机制的响应”。“有关风险的信号被社会放大站进行处理，社会放大站包括对风险评估进行沟通的科学家、新闻媒体、文化团体、人际网络等。每个阶段的风险放大都可以区分出关键步骤。被放大了的风险会导致行为上的反应，这种反应反过来会导致次级效应。”②

风险社会放大理论试图解决风险管理的难题，即“一方面需要风险分析来设计公共政策。另一方面，目前的风险概念不足以预测和解释公众对风险的反应类型”③。风险社会放大理论认为，在风险信息传输的过程中会经过一系列的传输者。每一个传输者并非机械地接收风险信息，而是通过添加或删减的方式，向下一个传输者或信息接收者发出或加强或减弱的一簇新的信号，然后再由其对信号进行解码。在传输和接收过程中，信号都会被放大。

风险的社会放大是一种社会体验，是信息过程、制度结构、社会团体行为和个体反应共同塑造风险的过程。信息系统如同一个立体收音机，以两种方式来放大风险：一是强化或弱化个体和社会团体接收到的一部分风险信息信号；二是根据风险的属性及其重要性，过滤大量信号。

信息系统中存在着许多社会放大站，通过媒体、书信、电话、直接对话等渠道，传递信息。社会放大站包括：执行和传播风险技术评估的科学家、风险管理机构、新闻媒

---

① 丹尼. 风险与社会. 北京：北京出版社，2009：91.

② 卡斯帕森，等. 风险的社会视野：上. 北京：中国劳动社会保障出版社，2010：79.

③ 同②80.

体、政治活动家、社会组织、社会团体中的意见领袖、同行及相关群体的个人关系网、公共机构。放大的步骤包括：（1）信号的筛选；（2）信号的解码；（3）处理风险信息；（4）赋予信息社会价值，以便于管理和政策借鉴；（5）与所属文化及相关团体进行互动，以解读和确认信号；（6）产生容忍风险或采取风险抵制行动的行为意图；（7）采取个体或团体行动，接受、忽略、容忍或改变风险。

通常，可能经历社会放大过程的风险信息包括以下三类：第一，大批量的信息，如媒体对工业事故危机的大规模报道可能会产生风险放大；第二，被认为可靠的事实性信息或存在争议的信息，如专家之间就转基因风险的争论；第三，富有戏剧化效应的信息，如切尔诺贝利核电站事故上千人死亡的报道等。此外，社会放大的信息渠道不仅包括新闻媒体，也包括由朋友、邻居、同事、社会团体构成的非正式人际网络。

风险社会放大的响应机制被启动的途径包括以下四个：

第一，启发与价值。个体无法单独应对复杂、大量的风险，只能以简化的机制来评估风险并塑造社会反应。这个过程有时会导致扭曲、错误的偏好。

第二，社会团体关系。当风险问题进入社会和政治团体的政治进程后，团体的性质会影响成员的反应、对风险问题的认知以及采取的措施，并可能产生观点极化现象。

第三，信号值。高信号值表示新风险出现或风险不同以往，比预想严重，会引起社会公众更大的关注。

第四，污名化。污名指与不受欢迎的团体或个体联系在一起的负面形象。催生风险的污名常常导致严重的社会及政策后果。

虽然风险社会放大理论存在争论，也有待于进一步完善，但它有助于我们进一步理解并控制风险，可以补传统风险管理流程之偏。更重要的是，它促使我们注意：不要对于风险的认知不足或响应过度。“风险事件一旦被放大并使公众警觉的程度超出预料，或导致所谓‘社会休克’，就常常使政策制定者和风险管理者不知所措。而对某些风险事件的竭力淡化也同样骇人听闻。”①

2.1.4 风险管理

当风险演进到一定程度、超出某个社会系统的承受能力时，危机就会发生。但是，如果我们能够有效地控制风险、削减风险、转移风险，就能够避免危机的发生。在风险社会中，风险表现出不同寻常的特点。我们必须把握这些特点，实施有效的减缓措施。

风险管理是一个过程，其目的是应对可能对社会公众的生命、健康与财产安全造成影响的风险。同时，风险管理也是一个系统的方法，包括确立风险背景、识别风险、评估风险三个步骤。

1. 风险管理的第一步：确立风险背景

风险管理要受特定的政策、实践和关系的制约。通过确立风险背景，相关部门形成

① 泰勒-顾柏，金. 社会科学中的风险研究. 北京：中国劳动社会保障出版社，2010：90.

一种共识，确定必须管理的风险及其基本参数，明确工作任务，建立风险管理的基本框架及风险评估的标准。

(1) 明确工作任务就是划定将要应对的风险的范围，即哪些风险需要应对。

(2) 建立风险管理的基本框架包括：利益相关者有哪些，可以执行的法律及政策有哪些，可以借助的管理制度安排是什么，与哪些政治、社会及文化环境相关。

(3) 确定风险评估的标准。例如，就城市的“生命线”系统而言，水、电、气、热、交通、通信等基本服务中断的能够承受的最长时数就是其风险容忍的边界。

2. 风险管理的第二步：识别风险

识别风险的主要功能在于认识和描述风险的性质，即可能发生什么、何时将会发生、发生在哪里、为什么会发生。

首先，在识别风险的过程中，我们要借助以往的科学研究数据或危机记录，对致灾因子或风险源进行描述。描述的内容包括如下几方面：

(1) 强度（风险有多大）；

(2) 可能性（事件发生的频率）；

(3) 程度（事件影响的范围）；

(4) 时间（发生、持续时段）；

(5) 措施（可采取何种手段应对）。

其次，在风险识别的过程中，我们也要对可能处于风险之中的事物进行描述。主要包括暴露于风险源之下的人口、建筑、民用工程设施、经济活动、公共服务和基础设施等。一般而言，它们可以进行如表 2-3 的分类。

表 2-3　处于风险中的事物

分类	内容
社会基础设施	基本服务、社会设施、社会网络
个人福利	生活、健康、心理、财产、收入
商业经济	第一、二、三产业
环境	自然资源、历史遗产

最后，我们还要在以上两个步骤的基础上，建立一个风险关系矩阵，对风险关系进行识别。它描述的是特定的风险源作用于可能受影响的因素之后所产生的结果。

以上三个方面共同构成了风险陈述的内容。例如，甲型 H1N1 流感将袭击某地，可能会对地区旅游业收入造成影响。这个风险陈述中包括了风险源描述——甲流，也包括受影响的要素——某地，还包括了风险关系描述——导致旅游业收入下降。

3. 风险管理的第三步：评估风险

风险评估指“以详细的、通常是量化的术语来定义某一危险的成分及其含义的一种科学过程”，“在技术风险评价中，这就意味着要确定哪些东西处于危险之中，计算那些希望的或不希望的后果的概率，并将这两种成分加总，通常是用概率乘以后果的规模”。

但是，这种风险评估的理念具有理性主义的色彩，偏重风险的客观性一面，而没有关注到风险也是社会建构的产物。其实，“风险不是一个物理实体，而是对一种当前或未来现实的含义的推论”①。所以，看似精准的风险评估结果与实际往往差之千里。有时，风险评估结果为较小，却引起社会公众的强烈关注、甚至不满，并对经济、社会发展产生严重的负面结果。

风险的客观性与风险认知的主观性是不可割裂的两个方面。否则，风险认知就会失去基础，成为纯粹的“心智构建物”。“损害或损失总是实在的，知识由于预测这些事件可能性的概念在很大程度上依赖于人类知识和信仰王国之上的心智模型。”②

在进行危机风险评估时，我们要遵循以下基本原则，以保证风险评估的有效进行：

（1）客观性原则。在进行危机风险评估的过程中，要坚持实事求是的原则，坚持科学的态度，采用科学的方法，遵循科学规范的程序。同时，不能盲从权威或出于部门利益的考虑而故意放大或缩小风险。

（2）系统性原则。现代社会是一个复杂的大系统，危机种类众多，并且相互的关联性很强，经常有牵一发而动全身的效果。比如，地震会引发火灾、洪涝后易发生疫病等。进行风险评估时应该全面系统地收集信息、综合考虑各种因素，从系统的角度出发，尽可能全面、充分地考虑各种风险的相关性、叠加性，在此基础上开展评估。

（3）规范化原则。危机风险评估的规范化是指进行危机风险评估所使用的方法和程序等应有一个统一规范的基本准则，其中包括评估程序、评估方法、评估指标体系等内容。规范化有利于信息交流沟通，有利于不同风险、不同地区的比较对照。

（4）动态性原则。所谓动态性原则，是指有可能诱发危机的致灾因子是处于不断运动变化之中的，评估得出的结论具有一定的时效性。因此，必须持续地进行监测，动态性地进行评估，不断发现新的风险，及时采取应对措施。例如，1988 年 12 月 21 日，泛美航空公司 103 号航班在洛克比上空爆炸，原因是恐怖分子将装有炸弹的行李从马耳他托运到美国。此后，全球各国机场都加强了对托运、转运行李的安全监察。然而道高一尺、魔高一丈，恐怖分子规避打击的能力很强，恐怖主义的风险又发生了新的变化。2001 年，恐怖分子劫持民用航空器充当炸弹，袭击了位于美国的世界贸易组织大厦和五角大楼。这使得国际航空界采取更为严格的安检措施。

在实践中，公共危机管理及相关部门通过先进的监测技术装备，对致灾因子进行持续的跟踪，不断地获取、处理数据，为进行风险评估奠定了坚实的基础。我们认为，在风险评估的过程中，HVC（hazards，vulnerability，capacity）评估法比较科学，即将可能导致危机的致灾因子、社会的脆弱性和社会的承受能力综合起来加以考量，具体做法是先进行可能导致危机的风险要素评估和社会脆弱性评估，并根据风险矩阵，得出危机风险总体水平；再进行社会承受能力评估，将危机风险与社会承受能力进行比较（见表 2－4）。

---

① 雷恩，罗尔曼．跨文化的风险感知：经验研究的总结．北京：北京出版社，2007：14.

② 同①15.

表2-4　危机风险HVC评估内容

项目	评估内容
致灾因子	类型、征兆、频度（可能性）及持续时间等
脆弱性	影响程度、地理位置、人的防范能力、发生的原因、公众意识等
承受能力	城市可利用的资源、响应能力等

对于危机的致灾因子与脆弱性评估，重点内容包括两个方面：一是对风险可能性进行评估（见表2-5），二是对风险幅度进行评估（见表2-6）。

表2-5　危机的风险可能性

因素	分值	描述
几乎确定	5	发生概率几乎为100%，一年或几年发生一次
很可能	4	发生概率为75%以上，近年来经常发生，频率较高
可能	3	发生概率为40%～74%，在1～2年内会发生，偶尔会遇到
不确定	2	发生概率为10%～39%，近年未发生过，但5年以后有可能发生
可能性小	1	发生概率小于10%，几乎不会发生，或者在极端条件下才可能发生

表2-6　危机的风险幅度

幅度	分值	描述
特别重大	5	社会运行完全中断
重大	4	社会运行受到严重影响，可能会使社会运行中断
较大	3	社会运行受到较为严重的影响，但不会造成社会运行中断
一般	2	社会运行的效率受到一定的影响，但不会对社会运行体系造成威胁
较小	1	社会运行受到的影响可以忽略不计，风险可以用常规手段加以排除

在此基础上，我们可以使用以下风险矩阵表来判断危机的风险总体水平（见表2-7）。

表2-7　危机的风险矩阵表

	可能性	可能性小	不确定	可能	很可能	几乎确定
幅度		1	2	3	4	5
特别重大	5	5（低）	10（中）	15（高）	20（高）	25（高）
重大	4	4（低）	8（中）	12（高）	16（高）	20（高）
较大	3	3（低）	6（中）	9（中）	12（高）	15（高）
一般	2	2（低）	4（低）	6（中）	8（中）	10（高）
较小	1	1（低）	2（低）	3（低）	4（中）	5（高）

我们还需要对危机的风险承受能力进行评估，并将评估的结果与危机的风险水平进行比较。危机的风险承受能力评估是一个值得深入探讨的问题。我们认为，可以从以下维度进行初步的考查：控制能力、制度能力、技术能力与公众能力（见表2-8）。

表 2-8 危机的风险承受能力指标

项目	主要指标
控制能力	经济、社会发展水平，可调度的人力、物力、医疗资源，城市恢复潜力，基础设施情况，等等
制度能力	相关法律、规章，城市预防措施，响应计划，有关城市组织机构建设，部门合作、整体协调及联动情况，等等
技术能力	技术水平，信息共享情况，装备、设备的配置，等等
公众能力	风险意识、承受心理、基本技能、人口密度等

结合社会对危机风险承受能力及风险评估的标准，我们将对风险进行排序，并划分为三个等级：第一个等级，可接受风险（acceptable risk），基本不会对社会造成安全威胁，需要预测预警系统持续监测；第二个等级，可容忍风险（tolerable risk），社会受到一定程度的扰动，但可以依靠自身的能力加以修补和矫正；第三个等级，不可容忍风险（intolerable risk），社会受到严重影响，需要采取特别手段，进行紧急处置。在这种情况下，预警系统就要做出决策，发出警报。

最后，我们根据风险评估的结果进行处置，包括制定、演练、实施或修改应急预案。可以说，风险管理是有效应急规划的基础。如果应急规划不以风险管理为前提，那么势必会缺少针对性和实用性。同时，风险管理应该是一个动态的持续过程，应急预案也必须不断变化。

在风险研究中，经济学家以理性经济人的假设为前提，用严格的理性分析来对风险问题进行探讨。在对风险评估过程中，危机后果的严重性与发生概率之乘积即为风险。在现实中，这种模式高估了人处理信息和评估可能性的能力，因为人对风险的理性认知能力是有局限的。但是，在公共危机管理实践中，以上风险管理流程依旧被经常采用。这大概是因为人对理性与精确的偏好以及尚无更为完善的替代模式。

除了经济学，心理学和社会学也对风险研究有所贡献：前者“以个人为基本分析单位”，“一般在个人层面上研究风险处理问题，强调实验方法，有时也辅以访谈和社会调查”；后者则侧重文化或制度，“假设理解社会行为的最好方法是通过制度和文化，而不是追随理性社会及/或受个人情感影响”①。这些研究对我们认识、评估与管理风险也具有重要的价值。

2.2 风险减缓

汉代荀悦的《申鉴·杂言上》中有一段话脍炙人口：“进忠有三术：一曰防；二曰救；三曰戒。先其未然谓之防，发而止之谓之救，行而责之谓之戒。防为上，救次之，戒为下。”就是说，人臣向君主进忠的方式依照优劣次序为预防、挽救与惩戒。亡羊补牢不如未雨绸缪，公共危机管理也是如此，应重视风险减缓，降低危机发生的可能性。减

① 泰勒-顾柏，金．社会科学中的风险研究．北京：中国劳动社会保障出版社，2010：7-8.

缓是一项长期的投入，但收益较高。人们采取特定的减缓措施，可以有效地预防危机，避免社会公众的生命、健康与财产遭受重大损失。

2.2.1　减缓的定义

在汉语中，预防的意思为“预先防备”。而防备，有防止与准备的意思。防止，指减缓，即采取有效的控制行动，避免危机的发生或减轻危机的影响。所以，减缓是危机预防的重要环节。但是，减缓与准备不同：准备要为应急响应与恢复创造条件，而减缓则通过灾前行动来降低灾害发生的可能性。

美国联邦应急事务管理署（FEMA）认为，减缓是“旨在减轻重大灾害或紧急事件影响的活动或最大限度地减轻未来灾害的负面影响的活动”。2004 年 2 月 25 日，美国国土安全部在《国家响应计划》中也采用了这一定义。学者戴恩斯（Dynes）说：“……减缓的社会目的是减少灾害的发生，降低某些人口的脆弱性，在全社会范围内更为均衡地分担灾害成本。”

加拿大的国家灾害减缓战略提出，减缓为应急管理奠定了重要的基础。灾害预防或减缓措施是指在危机或灾害发生之前采取积极主动的措施，消除或削减致灾因子的影响与风险。减缓措施可以是结构性的（如兴建防洪坝），也可以是非结构性的（如土地使用分区和建筑法规）。减缓活动应该包括对风险环境的检测与评估，打造综合性的工具对风险减缓投资进行排序。

减缓是指减少影响人类生命、财产的自然或人为风险，其目的主要是减少危机发生的可能性或限制危机的影响。减缓措施可分为两种：结构性减缓与非结构性减缓。前者主要是“硬措施”，涉及减轻危机影响的物理设施，如兴建防洪堤坝、排水系统等；后者则主要是“软措施”，涉及减轻危机影响的制度建设，如土地利用规划、保险政策、建筑安全法规等。

危机的风险是由致灾因子与脆弱性两个因素共同决定的。如果风险大于社会承受能力，则危机发生。由此，我们可以看出，减缓要想降低风险，其途径有两个：削减致灾因子或降低脆弱性。

美国地震风险的减缓措施

1906 年，美国旧金山发生大地震。美国出台《抗震设计建筑法》。在此后的 1925 年加利福尼亚州圣巴巴拉（Santa Barbara）地震、1933 年长滩（Long Beach）地震、1971 年的圣费尔南多（San Fernando）地震、1989 年洛马·普列埃塔（Loma Prieta）地震、1994 年的北岭（Northridge）地震中，美国和加利福尼亚州政府及时吸取教训，不断完善该法。

1933 年 3 月 10 日下午 5 时 55 分，长滩发生地震。尽管震级只有 6.2 级，但附近学校的砖瓦建筑倒塌，5 名儿童死亡。美国政府通过了强制性的《学校建筑法》。

1971 年 2 月 9 日，美国圣费尔南多发生地震，震级 6.6 级，有人员死亡。这次地震使灾区地面开裂 16 千米，圣费尔南多断层带上的两所医院倒塌，其中一所还是新的、以抗震标准建立起来的。死者主要是医院的病人和工作人员。地震后，加利福尼亚州通过两项与建筑有关的法律，一是《医院建筑安全法》，二是《地震断层分区法》。后者是加利福尼亚州地质学家注册时的必考内容。该法要求加利福尼亚州地质部门和地质学家精确绘制并更新地震活动断裂带在地表面的迹线图，强制规定在一定范围之内不准建立住人建筑。

1989 年，硅谷附近洛马·普列埃塔发生地震，震级 6.9 级。连接旧金山与奥克兰的海湾大桥垮塌，造成 57 人死亡；大量建筑在软土地基上的房屋遭到损坏。美国又有针对性地修订了建筑相关法律。

世界各国经常采用的主要减缓措施包括：第一，开展公共安全教育，减少危机所造成的生命、财产损失；第二，执行与公共安全相关的法律、法规，降低脆弱性，如推行建筑标准、进行土地使用管理等；第三，进行建筑物的结构性改造，减少生命、财产损失和环境影响。我国也根据自己的实际情况出台了一系列自然灾害减缓措施（见表 2-9）。2018 年 10 月 10 日，在中央财经委员会第三次会议上，习近平总书记进一步对提升我国自然灾害防治能力提出了“9 个实施工程”，包括：灾害风险调查和重点隐患排查工程、重点生态功能区生态修复工程、海岸带保护修复工程、地震易发区房屋设施加固工程、防汛抗旱水利提升工程、地质灾害综合治理和避险移民搬迁工程、应急救援中心建设工程、自然灾害监测预警信息化工程、自然灾害防治技术装备现代化工程。

表 2-9　中国近年来的自然灾害减缓措施

结构性减缓	非结构性减缓
● 大江大河治理工程 ● 农村困难群众危房改造工程 ● 中小学危房改造工程 ● 中小学校舍安全工程 ● 病险水库除险加固工程 ● 农村饮水安全工程 ● 水土流失重点防治工程 ● 农田灌排工程 ● 生态建设和环境治理工程 ● 建筑核工程设施的设防工程 ● 公路灾害防治工程	● 监测预警预报体系建设 ● 救灾应急体系建设 ● 减灾科技支撑体系建设 ● 人才培养体系建设、宣传教育体系建设 ● 巨灾保险制度建设 ● 社区减灾

资料来源：邹明，等．综合风险防范：中国综合自然灾害救助保障体系．北京：科学出版社，2011：27-31.

近年来，人们非常重视多重致灾因子的管理，采取整合或协调的方式，消除各种致灾因子对社会的负面影响，所以要进行综合性的减缓，强调沟通与合作，但综合性的减缓往往很难实现，主要原因是：（1）危机管理计划以单灾种导向的法律为基础，特别强调特定的致灾因子；（2）规划、建设等减缓相关部门与警察、消防员等应急管理人员缺少必要的合作；（3）致灾因子相关部门的官员对减缓关注度较低；（4）工程、科技及经济专家很少参与减缓；(5) 技术人员与公共决策者的互动不足①。

2.2.2 减缓的意义与障碍

在公共危机管理中，减缓起着非常重要的作用。2010 年 4 月，中美两国各发生了一次地震，影响结果大不相同。其中的主要原因是减缓措施的有无与强弱。具体而言，减缓的意义包括以下几个方面：

首先，减缓可以降低危机的发生概率。许多危机的发生是人们没有重视灾害减缓的结果。譬如，随着城市化进程的发展，人们把房子建在地质结构脆弱、灾害易发的地带，居民们遭遇滑坡、地震或泥石流的可能性加大。又如，随着城市规模的扩张，对人体健康有严重损害的化学工厂被布局在了居民区附近等。

其次，减缓可以降低危机的影响与损失。事前的减缓措施比事后的应急救援手段及恢复行动更能降低危机的影响与损失。同样强度的灾害作用在不同的国家或地区，产生的影响是不同的，这与该国或地区是否重视减缓有着不可分割的联系。联合国前秘书长安南说过，减灾是人类社会控制灾害的最经济、最实用、最人道、最有效的方法。而减缓就是减灾的重要内容。比如，根据加拿大的国家灾害减缓战略，澳大利亚、美国和英国在洪水预防方面的收益-成本比率分别为 3∶1、4∶1 和 5∶1。

“卡特里娜”飓风与减缓的价值

2005 年，美国墨西哥湾沿岸遭受“卡特里娜”飓风的袭击，造成 1 209 人丧生，被称为“天灾版的 9·11”。许多人进行反思，认为“卡特里娜”飓风并非自然灾害，而是因为政府没有在该地区采取减缓措施。

“美国每年遭受飓风、洪水和龙卷风袭击的损失高达 114 亿美元。一份深入研究减缓收益的国家报告认为，花费在减缓上的 1 美元可以避免未来 4 美元的损失。实施了减缓计划的社区证明了这一点。例如，北卡罗来纳州的金思顿将 100 栋房屋迁出了洪水易发区。尽管费用达到了 210 万美元。但是，在 1999 年‘弗洛伊德’飓风来袭时，避免了大约 600 万美元的损失。在 2003 年‘伊莎贝尔’飓风来袭时，北卡罗来纳州小镇贝尔海文的 182 名居民从行洪区平原转移到了高于洪水水位的小学校中，避免了 300 多万美元的损失。”②“卡特里娜”飓风说明，在减缓方面，没有投入，就没有回报。

新西兰基督城的两次地震：差距从何而来？

2010 年 9 月 4 日，新西兰第二大城市基督城发生了里氏 7.1 级地震。地震没有造成

---

① Beverly A. Cigler. Current Policy Issues in Mitigation; Comfort. Designing Policy for Action: The Emergency Management System//Louise Comfort. Managing Disaster: Strategies and Policy Perspectives. London: Duke University Press, 1988: 42.

② William L. Waugh, Kathleen Tierney, Jr. Emergency Management: Principles and Practice for Local Government. International City/County Management Association, 2007: 90.

人员死亡，国内外对其地震减缓措施，特别是建筑物的防震性能赞誉如潮。2011 年 2 月 22 日，基督城发生里氏 6.3 级地震，造成 166 人死亡。

对比两次地震后果的差距，我们发现：后者震源更浅、震中位于城市下方，这无疑是一个重要的原因。第一次地震发生后，建筑物虽然没有垮塌，但其坚固性受到破坏。也就是说，它们相对于地震的脆弱性更大了。前一次地震发生后，人们应该对建筑物进行检修、加固，强化减缓措施。可能是前一次的平安无事导致了人们的思想麻痹，忽略了减缓应为一个持续性的过程。

在 2011 年发生的东日本大地震中，危机减缓的作用得到了充分的彰显。“东北中心城市仙台（人口约 100 万，居日本第 12 位）经历了大地震，但建筑物基本上没有倒塌。这说明长期以来不断修订的日本建筑标准很好地发挥了作用，抗震建筑技术非常出色。”①

最后，减缓可促进人类的可持续发展。1987 年，布伦特兰夫人提出了可持续发展的理念：“既要满足现代人的需要，也不损害满足后代人需要的能力。”减缓措施有利于我们与自然之间形成合作共生的关系，有利于人类的可持续发展。在我国现代化、城市化快速发展的进程中，生态环境问题越发突出，成为自然灾害不断发生的重要原因之一。加强危机的减缓，有助于我们落实科学发展观，走可持续发展的道路，加强环境治理保护，建设资源节约型和环境友好型社会，促进人与自然的和谐。

有效减缓的收益

美国联邦应急事务管理署认为，有效的减缓战略可以获得以下收益：

(1) 挽救生命，减少伤亡；

(2) 预防或减少财产损失；

(3) 减少经济损失；

(4) 实现社会扰动与压力的最小化；

(5) 实现农业损失的最小化；

(6) 维持关键设施的正常运行；

(7) 保护基础设施不受损坏；

(8) 确保公众精神健康；

(9) 减小政府和官员的法律责任；

(10) 使政府行为取得积极的政治结果。

资料来源：Thomas E. Drabek，Gerard J. Homtmer. Emergency Management：Principles and Practice for Local Government. ICMA，1991：13.

尽管减缓具有毋庸置疑的意义，但减缓措施的实施却阻力重重。减缓是一项需要计算长期收益的活动，短期内很难获得立竿见影的效果，在短期行为的支配下，减缓往往

① 竹中平藏，船桥洋一. 日本“3·11”大地震的启示：复合型灾害与危机管理. 北京：新华出版社，2012：4.

会被忽视。不仅如此，减缓会占用大量的经济资源，甚至短期内对经济发展具有阻滞作用。在我国，有些地方政府甚至将危机减缓与经济发展对立起来，认为“安全不生产，稳定不发展”。

从危机本身而言，它具有很强的不确定性。而且，不同层级政府对危机的发生频率有着不同的认识。在国家层面，危机是频发的，甚至出现常态化的趋势。但是，就某一地方而言，危机却是偶发的。因而，国家安全发展的理念与地方经济发展的冲动有时是矛盾的，政府安全发展的要求与企业经济发展的追求有时是冲突的。

减缓的收益是隐性的。如果政府不将减缓作为应急绩效评估的重要内容之一，人们就很难发现减缓给经济、社会发展带来的利好。也就是说，人们很难认识到减缓是一个地方发生危机时没有造成重大损失的原因。

此外，人们天生具有厌恶、回避风险的特性，对可能陷入的困境或危局视而不见、听而不闻，使得一些本来可以预防的风险逐渐演变为危机。“人类的判断与决策往往都背离理性，人们老是依赖简化的策略或是认知上的直觉判断。”① 但直觉判断却常使人犯下非常低级的错误，往往对危机的风险视而不见、充耳不闻。

人们在可预期危机中常犯的五大错误

（1）我们往往会产生正向错觉，它会导致我们得到问题并不存在或者是问题还没严重到值得采取行动的结论。

（2）我们往往会以自我为中心的态度来解释事件。换句话说，当我们在考虑解决某一迫近之危机的方案是否公平时，会以自利的方式来归功自己、归咎他人。

（3）我们往往会过低低估未来，因而没有鼓足勇气马上采取行动，以阻止灾难的发生。

（4）我们往往会想维持现状，并且拒绝接受任何伤害，即便这些伤害可能会带来更大的利益。换言之，与其面对令人不快的选择，我们通常会避免采取行动。

（5）我们大多数人都不想要在自己过去未曾经历或看过明确资料的问题预防上有所投资，往往只有在自己遭受重大伤害，或是可以很清楚地想象自己或身旁的人会遇到危机时，才采取措施解决问题。

资料来源：贝泽曼，华金斯. 透视危机：有效辨识及处理危机的实务指南. 台北：中国生产力中心，2011：104.

在现实中，人们制定各种详细、周全的安全制度以减缓风险、防止公共危机的发生。但是，人们又往往忽视安全制度的细节。在一个复杂系统中，多个纰漏和失误耦合在一起，会引发大型的公共危机。

英国北海钻井平台大爆炸的启示：细节决定安全

1988年7月6日晚，英国派珀·阿尔法（Piper Alpha）海上钻井平台发生连环大爆

---

① 贝泽曼，华金斯. 透视危机：有效辨识及处理危机的实务指南. 台北：中国生产力中心，2011：104.

炸后，沉入海底。167人在一个半小时之内丧生。这个钻井平台高出海平面200米，可以抵御100米的风浪，载有200多名工人。

事发当晚，主控室操作人员听到漏油警报，工作人员旋即进行维修。但是，维修没有起到作用。晚上9时31分，钻井平台发生爆炸，燃起大火。接着，又是一连串的爆炸。人们来不及放下救生艇，也来不及发送求救信号。27分钟后，附近一艘船向阿伯丁海岸警卫队报告了事发消息。距离现场最近的"塔罗斯号"救援供应船及几架直升机赶往救援。但钻井平台火光熊熊、浓烟滚滚，无法靠近。

偌大的事故起源就是一个微小的失误。一个已经拆除安全阀的泵被作为备用泵启动，拆卸安全阀的工作小组将"泵不能用"告诉班长。但班长并没有按照操作规程，将信息传递给下一班。没有安全阀，泵被启动后导致液化石油气从堵板处泄漏，引发轻微爆炸。

平台上的模块防火墙不能经受爆炸的冲击，碎片击中了一根天然气管道，引发了更大的爆炸。大火熔断了输送管道，导致原油泄漏。本来，着火的原油可以经过网格式潜水平台，流进大海。但是，工作人员觉得网格平台踩着不舒服，铺设了厚厚的脚垫，导致原油堆积。上窜的火苗又导致另一根高压天然气输气管爆炸。

在公共危机管理中，许多国家都存在着"重救轻防"的倾向。人们愿意轰轰烈烈地救灾，而不愿意默默无闻地防灾。在现有的应急绩效考评制度下，有效防灾不能增加政绩，救灾不力受到惩罚，救灾得力受到嘉奖。对于官员来说，最优选择是救灾得力，次优才是有效地防灾。因而，我们应该在应急绩效评估中加大危机减缓的权重，考核相关部门是否采取了有效的减缓措施。阿金·伯恩认为，"风险社会的一个特点是：在预防与遏制危机方面，公民期望与领导人的举措之间存在着巨大的差距"（见表2-10）。

表2-10 公众期望与领导行为的差距与原因

公众期望	领导行为	原因
领导者应该将公共安全放在第一位	领导者认为，实现安全最大化的经济、政治成本过高，宁愿使安全处于次优水平	对安全、环境问题的重视使企业及投资者望而却步；成功的危机预防与减缓不是事件，很少吸引媒体的关注，不能增加政绩
领导者应做好最坏的准备	大多数政府与企业领导拒绝为承担危机响应角色而做好准备	领导者在心理上对个人、组织及社会脆弱性存在抵触，更愿意寻找机会，超越竞争对手
领导者应该关注有关未来危机的警报	多数认为灾害及暴力冲突事先都要经过一个孵化期，但政策执行者忽视危险即将来临的迹象	领导者日常为大量信息、建议所淹没，且面对模糊、矛盾的信号

资料来源：Arjen Boin. Crisis Management：Vol. 3. London：Sage Publications Ltd.，2008：4-5.

2.2.3 减缓的工具

从美国的经验来看，减缓的主要步骤包括三个：识别致灾因子，包括致灾因子的特征、位置、发生的可能性，对人、财产及环境的潜在影响，确定减少结构性与非结构性损失的行动；分析灾害发生的风险以及人、财产和环境的脆弱性；制定、维持、发展减缓战略，包括技术与政治、计划与预算、管制与教育等各个方面。减缓一般要借助以下工具进行：

第一，危险源识别与绘图。这是减缓的基本工具。例如，在美国，联邦应急事务管理署的国家洪水保险项目提供非常详细的洪水致灾因子分布图。现代科学技术日新月异，如 GIS 系统可以在这方面大有作为。

第二，设计、建筑法规与标准。为了有效地减缓，我们必须在设计与建筑中严格遵守设计标准与建筑法规，执行其中有关公共安全的条款。2009 年 5 月 1 日开始实施的新的《中华人民共和国防震减灾法》第七十六条规定："县级以上人民政府建设、交通、铁路、水利、电力、地震等有关部门应当按照职责分工，加强对工程建设强制性标准、抗震设防要求执行情况和地震安全性评价工作的监督检查。"在 2013 年雅安芦山地震中，垮塌房屋基本为老旧房屋和汶川地震后居民自建房屋，而公建房屋则基本做到了"大震不倒"。

第三，土地使用规划。在土地使用方面，政府在制定规划时，要充分考虑到公共安全的需求。《中华人民共和国城乡规划法》第四条规定："制定和实施城乡规划，应当遵循城乡统筹、合理布局、节约土地、集约发展和先规划后建设的原则，改善生态环境，促进资源、能源节约和综合利用，保护耕地等自然资源和历史文化遗产，保持地方特色、民族特色和传统风貌，防止污染和其他公害，并符合区域人口发展、国防建设、防灾减灾和公共卫生、公共安全的需要。"2005 年 6 月 10 日下午 2 时 30 分，黑龙江省宁安市沙兰镇沙兰河上游山区突降暴雨，瞬间形成洪峰，导致沙兰镇中心小学 117 人遇难，其中包括 105 名学生。悲剧之所以发生在很大程度上是因为学校位于河边，并且是全镇地势最为低洼的地带，相对发生或可能发生洪水的可能性最大。

第四，经济刺激。主要是指利用经济杠杆来调动人们进行减缓的积极性。例如，"加州伯克利发行了 10 多种不同的证券，支持公共建筑、学校和私人住宅进行抗震改造"①。2008 年云南盈江地震后，恢复重建启动了经济刺激措施，即符合一定安全标准的住房建设可以得到 1 万元的奖励。这个思路是值得肯定的，但对于公众来说，为达到这个标准多支付的成本要远高于 1 万元。结果，减缓的经济政策执行效果并不理想。

第五，保险。保险可以成为减缓的一种重要机制。通过保险，风险可以分散和转移。不仅如此，在经济利润的驱动下，保险公司有着巨大的动力宣传减缓知识、监督减缓行动。例如，美、韩等国都推行了洪水保险。

第六，结构控制。结构控制就是指采取结构性的减缓措施，降低突发事件发生的可能性。例如，在大江大河沿岸兴建堤坝，防止洪灾发生。有时，结构性控制会导致自然生态平衡被打破，具有一定的负面影响。所以要注意，减缓一种风险可能会加剧另外一种风险。

---

① Gorge D. Haddow, Jane A. Bullock. Introduction to Emergency Management. 2nd Edition. New York: Elsevier Inc., 2006: 61.

2.2.4 减缓的措施

目前，我国的公共安全形势非常严峻，有着高风险的城市，也有着不设防的农村。由于风险是由致灾因子和脆弱性共同决定的，我们一方面要实施减缓工程，降低社会系统的脆弱性；另一方面要着眼未来可能发生的危机，提高全社会的弹性。降低脆弱性、提高弹性是做好危机预防的两种有效手段。这两种途径在实施措施上有很强的关联性，但侧重点不尽相同：前者主要是为了防止危机发生，降低灾害对社会公众造成威胁的概率；后者主要是为了在危机发生后提高从灾损中恢复的速度。

1. 实施减缓战略

风险减缓的目标在于关口前移，将公共危机遏制在萌芽状态。但是，由于人类自身认识的盲区，这个目标很难实现。毫无疑问，有效的减缓是我们应对公共危机的第一道屏障。一般来说，减缓战略包括以下几个方面的内容①：（1）制订致灾因子减缓计划。政府组织减缓团队，并与社会各方的利益相关者合作，识别风险，采取行动，应对风险。（2）对发展进行管理。政府根据土地使用规划及发展安排，不在危险地带修建建筑，并将危险地带的人口转移到安全地带。（3）保护建筑物及公共设施。新建的建筑及设施必须符合防灾标准及法规，在役建筑应参照防灾标准及法规进行改造。（4）保护自然。保护湿地、沙丘、森林，保留开阔地带，限制在危险地带进行开发。（5）控制风险环境。采用技术手段，控制风险。（6）限制公共支出。政府不支持在高风险地区兴建道路、桥梁、污水处理设施等。（7）风险沟通与公众教育。建筑施工单位要进行安全教育、掌握减缓技术，居民要知道疏散计划和避难场所。

美国西部黑色沙尘暴：原因与治理

美国作家约翰·斯坦贝克是1962年诺贝尔文学奖的得主。他的小说《愤怒的葡萄》中有这样一段描写："当时，无依无靠者被从堪萨斯、俄克拉何马、得克萨斯、新墨西哥驱逐到西部。从内华达到阿肯色，无数的家庭和部落被沙尘暴'扫地出门'，无数的人们被迫流落他乡，有坐汽车的，有乘马车的，无家可归，饥寒交迫；两万、五万、十万、二十万逃难者翻山越岭，像慌慌张张的蚂蚁群，跑来跑去，到处在寻找工作，蹿上蹿下，出出进进，左锄右刨，东采西挖，地上的任何东西、背上的任何包袱，都是果腹的食物。孩子们在饥饿中挣扎，没有家，没有地方栖身。几乎所有的人都像蚂蚁那样，仓皇奔跑，艰难觅食。"

小说中的沙尘暴发生在1934年的美国大平原上。美国大平原东起阿巴拉契亚山脉，西至落基山脉，北接加拿大，南抵墨西哥湾沿岸，东西宽约640千米，南北长约2 400千米，面积占美国本土的1/5，自然条件优越，是美国重要的农业、畜牧业和林业产区。

---

① William L. Waugh, Kathleen Tierney, Jr. Emergency Management: Principles and Practice for Local Government. International City/County Management Association, 2007: 110-111.

但是，其气候属于半干旱大陆性气候，存在周期性干旱，而且风速较大。

南北战争之后，许多人在政府的支持下西进到大平原上。广阔、肥沃的原野在人们看来有着取之不尽、用之不竭的资源。1860—1890年，90万平方千米的处女地变成了农田。在干旱期，灾害频繁，农业歉收。美国人的应对措施是投入拖拉机、联合收割机等大型农机以扩大生产、开垦更多的土地。在这个过程中，对土地无度的滥用酝酿着一场大灾难。

到了20世纪30年代，美国大平原出现严重的周期性干旱，土壤因脱水而不能维持植物生长。较轻的土壤颗粒变成了大气中的浮尘，而较重的颗粒则聚集为一个个沙堆，淹没了农田。

1934年的春天，美国大平原频吹干热的狂风。4月14日，狂风袭击堪萨斯和科罗拉多，形成黑色沙尘暴，数小时内遮天蔽日。5月11日，更强劲的沙尘暴袭击了伊利诺伊、马里兰、北卡罗来纳等州，形成了东西长2 400千米、南北宽1 400千米、高3 200米的黑色沙尘暴带。芝加哥一天所积聚的尘土就达1 200吨，东海岸海滨城市也被沙尘暴笼罩。城市陷入昏暗，交通瘫痪，公众健康受到威胁，泪流不止，咳嗽不断。

此次沙尘暴持续了三天三夜。西部大平原上的水井、河流几乎全部干涸，农作物大片枯萎，牲畜渴死无数。这一年，美国冬小麦严重减产。风暴使3.6亿吨肥沃的表土被卷入大西洋，被毁耕地4 500多万亩。两个月后，沙尘暴再次袭击了堪萨斯、得克萨斯、科罗拉多、俄克拉何马等州。

此后，绝望的人们纷纷逃离家园，成为生态难民。到1940年，大约有250万人外迁，其中有20万人涌入加利福尼亚州。不注重生态环境的保护导致黑色沙尘暴恣肆，这是大自然对人类掠夺式开发的惩罚，使罗斯福政府深刻反省，并采取风险减缓措施。

1934年7月11日，罗斯福总统签署命令，实施“大草原各州防护林带工程”，美国国会专门拨款7 500万美元，在北达科他州、南达科他州、内布拉斯加州、堪萨斯州、俄克拉何马州、得克萨斯州，美国政府发动农户营造林带、林网和片林，以保护农田、牧场，防止土地沙化。美国还成立土壤保持局，任命了“大平原委员会”。联邦和各州政府采取措施，保护土壤，帮助农民改善农业与农作技术，实行种草计划，推行轮作制度，提倡等高线耕作，发展条带种植，退耕休牧，返草还林。1935年4月，美国国会通过了第一部《水土保持法》。这些措施使当地的生态环境进入良性循环，沙尘暴发生的频度和强度大幅降低，经济开始复苏，逐渐走向繁荣。

资料来源：刘学礼．天灾：威胁人类生存的16大自然灾害．上海：上海文化出版社，2008：76-88.

北川新县城的规划

四川大地震后，北川羌族自治县政府驻地曲山镇遭遇了灭顶之灾，震后治理难度极大。地质条件已决定了北川县城无法就地重建。2008年5月22日，温家宝总理重返北川考察时称“一定要再造一个新北川”。

异地选址的北川新县城位于安昌镇东南2千米处，处于永安镇与安昌镇之间，距离老县城23千米。北川新县城紧邻安昌河，依山傍水，自然条件优越，可建设用地8平方千米左右，为城市的重建和长远发展提供了充足的空间。同时，新县城地质条件好，远离地震断裂带，可利用建设用地充足，有利于推进北川城镇化、工业化进程，促进山区人口疏解。北川新县城的规划体现了风险减缓的要求。

其中，制订、实施减缓计划是非常重要的内容，主要步骤包括：组织相关资源—评估风险—制订计划—实施计划。组织相关资源就是使减缓计划得到相关方面的支持与参与。评估风险，要识别风险要素及脆弱性，估计危机可能造成的损失。制订计划的标准包括：目标清晰、公众参与、问题明确、基于实施、结合政策、便于实施等。在实施计划的过程中，评估是一个必不可少的环节，而且，减缓计划应该根据评估的结果及所反映的问题及时进行修改。

此外，减缓必须从全局着眼，从细节着手。细节决定成败，因此，在风险减缓的活动中，我们必须有防微杜渐的意识。2011 年 4 月 27 日中午，从神木站开往阿里山站的台湾森林小火车在出发两分钟后发生事故：左方边坡一棵 28 米高的青刚栎突然枝干断裂，击中第七节车厢，造成第五、六、七、八共 4 节车厢翻覆，导致 109 名中国大陆游客受伤、5 名中国大陆游客死亡。经调查，大树折断的原因竟然是白蚁的啃噬。可见，在许多时候，隐患险于明火，防范应关注细节。“细微可不慎？堤溃自蚁穴”道理就在于此。

中国古人减缓的智慧：慎易以避难，敬细以远大

《韩非子·喻老》中说：千丈之堤，以蝼蚁之穴溃；百尺之室，以突隙之烟焚。故曰：白圭之行堤也塞其穴，丈人之慎火也涂其隙，是以白圭无水难，丈人无火患。此皆慎易以避难，敬细以远大者也。

千里之堤和百尺高楼可能因为一个小小的风险隐患而崩塌，或是蚂蚁洞穴，或是烟筒缝隙。白圭和丈人治理水患、火灾的办法很简单，就是堵塞蚂蚁洞穴、修补烟筒缝隙。方法虽然简单，但是这其中蕴含着风险减缓的大智慧：重视简单的隐患以规避复杂的危机，重视细节以远离大患。

2. 降低社会脆弱性

为了确保社会公众的安全，我们必须减少社会公众所面临的各种风险。一是要尽可能排查、消除致灾因子，即可能给社会公众的生命、健康与财产造成损失的条件，包括自然物理的致灾因子、人为的致灾因子、信息的致灾因子，如疏散处于灾害易发区的人口、城镇布局尽量避开地震断裂带等。1900 年 9 月，美国加尔维斯顿遭受 4 级飓风的袭击，造成 8 000～12 000 人死亡。后来，加尔文斯顿修建了防波堤，并奇迹般地将整个城市的所有建筑高度提升，极大地降低了城市的脆弱性，有效地规避了后来飓风的袭击。

脆弱性是衡量社会在致灾因子产生作用的条件下是否会遭受危害的指标。在城市里，它主要与以下因素相关：经济、社会的集中程度；城市系统的复杂性和相互关联性；城市的地理位置；城市的环境保护情况；城市的结构性缺陷，如建筑问题；政治和制度缺陷；等等。在乡村中，脆弱性相对较强，表现为：经济、社会发展滞后，社会公众的防

灾、减灾意识薄弱，建筑、设施的抗灾毁能力低。中国应结合社会主义新农村建设，改变农村的基本不设防的局面。

相对而言，致灾因子比脆弱性更加不可控。因此，我们需要在以下两个方面开展危机的预防：一是规避风险，要对致灾因子进行监督、分析、控制；二是寻求安全，降低社会系统的脆弱性。后者比前者更能凸显人的作为。如果我们能够降低脆弱性，就能够避免许多危机带来的不必要的损失。

危机的预防必须从源头抓起，落实城市和农村的安全规划与安全建设。特别是在城市，安全状况与城市规划和建设两个环节有着割舍不断的关系。在城市规划和建设方面，我们要充分地考虑城市安全的需求。一方面，加强在役建筑的风险排查，并采取相应的防灾、减灾措施；另一方面，落实新建建筑物的安全规划。在城市未来的发展规划中，我们必须体现“预防第一”的思想，将公共安全作为其中的一项重要内容。与此同时，在对既有城市风险源进行排查的基础上，逐渐进行基础设施改造，消除潜在的隐患，使旧系统转型升级，实现新旧系统的衔接、兼容。例如，在北京通州新城的规划过程中，公共安全成为规划中十分引人注目的内容，应急避难场所等问题得到了充分的考虑。

目前，城市面临的风险表现出很强的系统性。以城市的“生命线”系统为例，路网、水网、管线网等在地理分布上错综交织，在功能上又相互依赖、彼此支撑。一旦某个组件发生事故，就会产生传染效应和连锁反应，导致整个城市运行受到重大的影响，甚至会导致城市系统的崩溃。比如，城市供电系统出现严重故障，就会造成交通指挥系统无法工作，人们的出行会遇到障碍，其他基础设施因工作人员匮乏而无法正常、高效运转。

由于部门分割的缺陷，城市运行管理部门相互之间缺少沟通，“破坏性建设”难以杜绝。例如，地下管线的安全运行对周围土壤的干燥程度有一定的要求。园林部门为了保证城市的绿化率，在一些管线的上方进行绿化灌溉，这不仅加快了地下管线的腐蚀速度，而且不利于管线主管单位进行检修，埋下了影响城市运行安全的隐患。

城市“生命线”系统涉及供水、供气、供电、交通、通信等方面，高技术性强，超常复杂、精致，又超常脆弱、易损。高技术在给人们带来了快捷与便利的同时，也带来了一系列的麻烦与“软肋”。比如，随着城市的发展，基础设施信息化程度越来越高，信息化程度的增强提高了工作效率，但也使基础设施更加脆弱。如果控制供水系统的计算机网络受到攻击，则可能会导致城市供水的中断。

可见，由于部门分割、条块分割的特点，各个专业部门以单灾种为导向，各自为政，权力分散，效率低下，城市公共安全管理存在诸多问题，这种情况不能适应现代城市风险复杂性与叠加性特点的要求。当城市风险出现耦合时，部门之间或相互推诿扯皮，或因政出多门而令基层单位无所适从。为了加强城市安全、降低城市的脆弱性，我们必须克服现有行政体制的弊端，对城市公共安全保障部门的权力进行整合，以满足城市公共安全对综合防灾的需求。

3. 提高社会弹性

弹性（resilience）一词来自拉丁语 resilio，意思是“反弹”，也有人将其翻译成“恢复力”。从机械意义上说，弹性意味着一种物质具有一定的张力，在重负之下不会折断或变形，具有一定的弹性。“从20世纪70年代起，这个概念被赋予了更多的意思，指承受压力的系统有能力恢复，回到最初的状态。”① 生态学家霍林（C. S. Holling）用这个概念描述系统在经过暂时的扰动之后又恢复平衡状态。

在国际上，一些从事生态学和生态经济学研究的科学家还组织了“弹性联盟”（resilience alliance），认为“弹性”的含义有三：系统可以吸收扰动的水平，系统自组织的能力，系统建设、增强学习能力与适应能力的程度②。目前，在国际危机管理学界，弹性是一个常用的语汇。它主要是指一个社会“快速、有效地对灾害进行响应、从灾害中复原的能力”③。

认识“弹性”或“恢复力”的内涵，必须注意以下三个方面④：第一，弹性不等同于坚固性，坚固的建筑物如埃及的金字塔推倒后不能复原；第二，弹性不等同于冗余性，因为系统的备份也可能毫无用途；第三，弹性不完全等同于系统恢复至初始状态的能力，因为弹性系统没有基准状态，总是在不断调整。

近年来，在城市化过程中，世界各国为减缓风险，纷纷以构建弹性为基础，着力打造防灾型城市。防灾型城市强调的关键词是：公众参与、可持续的城市化、灾害预防、风险认知、降低损失、资源准备、快速恢复、应对气候变化。将这些关键词整合起来，我们认为，防灾型城市的构建突出强调以下几个方面：追求城市化的可持续性，吸纳公众参与到城市发展的决策中来；在风险认知的基础上，进行灾害预防；为应对灾害做好充分的资源准备；在灾害发生时，采取有效措施，将损失最小化；遭受灾害打击后，迅速地恢复城市基本公共服务；可以有效地应对全球气候变化的挑战。

防灾型城市（disaster resilient city）的特征

1. 人们根据自身的能力和资源参与决策，与地方政府一道对城市进行规划。

2. 拥有一个有能力、负责任的地方政府，吸纳各个团体的参与，适应可持续城市化的需求。

3. 许多灾害可以被规避，因为人们有着良好的基础设施和服务，建筑符合安全法规，不会因为别无选择而居住在危险地带。

4. 理解危险，可以获取有关致灾因子的信息，知道谁暴露于致灾因子之中、谁具有脆弱性。

5. 采取措施，预测灾害，保护财产（包括人、家庭财产、文化遗产和经济资本），有能力将极端天气事件、地震及其他致灾因子所造成的物理和社会损失最小化。

6. 拥有必要的资源，能够在自然致灾因子发生前、发生过程中和发生后进行组织。

---

① Richard J. T. Klein，Robert J. Nicholls，Frank Thomalla. Resilience to Natural Hazards：How Useful Is the Concept?. Environment Hazards，2003（5）：35.

② 同①40.

③ David A. McEntire. Disaster Response and Recovery：Strategies and Tactics for Resilience. New York：John Wiley & Sons Inc.，2007：27.

④ 佐利，赫利. 恢复力：面对突如其来的挫折，你该如何应对？北京：中信出版社，2013：xxi.

7. 在事件发生后，能够快速地恢复基本服务，重启社会、机构和经济活动。

8. 上述措施对构建气候变化的弹性多是重要的。

资料来源：International Strategy for Disaster Reduction. Making Cities Resilient：My City Is Getting Ready. http://www.unisdr.org.

联合国“国际减灾战略”提出的使城市富有弹性的 10 个重要措施是：（1）在公民团体和社会组织参与的基础上，进行组织与协调，理解、削减灾害风险，确保所有部门都理解自身在灾害削减和准备中的角色；（2）为削减灾害风险拨付预算，激励业主、低收入家庭、社区、企业和公共部门对各自面临的风险进行减缓；（3）保持有关致灾因子、脆弱性的数据更新，准备风险评估，使用这些数据，并将其作为城市发展规划与决策的基础，确保这些对城市弹性至关重要的信息及规划总能为公众获得并供公众讨论；（4）投资建设并维持关键性基础设施，使其可以削减洪涝等风险，并可根据应对气候变化的需要进行调整；（5）评估所有学校和医疗设施的安全，在必要时对其进行改善；（6）实施、执行以风险规避为导向、可操作的建筑规章和土地使用规划原则，为低收入公众划定安全的土地，开发更好的临时住所；（7）确保有关灾害风险削减的教育计划和培训在社区和学校得到落实；（8）保护生态系统和减缓洪水、风暴潮和其他对城市构成威胁的致灾因子的自然缓冲带，在风险减缓基础上适应气候变化；（9）建设预警系统和应急管理能力，举行经常性的公共准备演练；（10）在灾害发生后，确保幸存者的需求被置于重建的中心地位，在幸存者及其社区组织的帮助下，开展响应，重建家园和社区。

阿伦·威尔达夫斯基（Aaron Wildavsky）认为，预防、采取行动规避危险，这无疑要比坐等危险发生更有意义。谈论风险不等于识别风险，更不等于知道如何去应对风险。“只有在以下三个条件下，相对于通过弹性进行减缓，借助前瞻手段进行预防才会更胜一筹：（1）你确切知道预防什么；（2）你知道如何预防；（3）预防措施确实起到作用。”① 由于危机的发生经常是不可预测的，增强弹性比有针对性的准备措施更加可靠。这样，无论面对何种类型的危机，都可以从危机中复原。

在日本，从青森县到宫城县北部绵延 600 千米的三陆海岸，自古以来就是海啸多发地区。日本政府采取了减缓措施，但并没有有效应对“3·11”那场巨大的危机。“根据过去发生的大海啸的经验，这些区域设置了很高的防波堤并持续地实施避难训练等措施，这些对策被认为应对海啸是万无一失的。可是，此次大海啸却相继跨过了像宫古市田老町的巨型防潮堤（高度约 10 米，总长约 1 350 米）、大船渡市的大船渡港口防波堤（高度约 5 米，总长约 740 米）等国内最大的防潮防波堤。”② 这充分说明，以经验为基础来采取减缓措施以应对不确定性极强的危机是不可靠的，关键是要形成全社会的弹性。

人类面临的不确定性极强的危机越来越多。它们挑战着人类的预测能力，使得传统的预防与准备战略捉襟见肘。“如果我们承认诸如全球化、日益增强的相互依赖和复杂

① Aaron Wildavsky. Searching for Safety. New Brunswick，USA：Social Philosophy and Policy Center and Transaction Publishers，1988：87-88.

② 竹中平藏，船桥洋一. 日本“3·11”大地震的启示：复合型灾害与危机管理. 北京：新华出版社，2012：28-29.

型、潜在威胁技术的扩散、新形式的恐怖主义、气候变化等主动性趋势对现代社会提出了不可想象的新挑战，这只是朝着认识、接受现代预防与准备方法的内在缺陷迈出了一小步。如果我们不能预测或预见我们面临的迫在眉睫的威胁，预防与准备就会变得困难重重。弹性的概念是我们解答这一问题的希望所在。”① 总之，“弹性”是不确定性时代危机管理的重要概念。

在现代社会中，大型的社会技术系统相对于各种灾害扰动而言十分脆弱。我们面对的许多突发事件都不是常规突发事件（routine emergencies），如火灾、交通事故、绑架人质。公共危机管理者所面对的最为棘手的突发事件是危机，它们发生的概率低、损害结果高，对社会的核心价值与生存维持系统提出了严重的挑战，需要政府在极度不确定性的状态下进行大力干预。

如果突发事件周期性发生、有一定的规律可循，为其做好准备是至关重要的。但是，公共危机管理者经常面对的一个困境就是下一次发生的突发事件难以预料，应急规划与训练缺少针对性。为未知事物而做好准备，这是不可能的，也充满着挑战性。仔细地评估潜在的威胁、分析组织之间共担的风险及相互依赖性，有助于采取有效的应急规划及准备行动。但是，社会也必须为不可想象的突发事件做好准备。

人们在危机预防的过程中，必须着眼于未来防灾减灾的需要，增强社会的弹性。主要途径是：增强社会对未来灾害的控制力和承受力，降低社会的脆弱性。具体而言，措施包括：第一，实现人与自然、人与社会、人与人之间的关系和谐，减少引发危机的致灾因子。比如，在恢复重建中注意保护湿地、林地、草原等。第二，在人类经济社会发展中，推行与自然合作而非征服自然的理念。在灾害易发区，避免开展重建工程，如不要在行洪河道上建设房屋或基础设施，从源头上杜绝危机的发生。第三，对于不能规避、不得不建在灾害易发区的建筑或基础设施，要实行更加严格的设计与建筑安全标准，严把建筑施工的质量关，增强其抗毁损的能力，并采取严密的防护性措施。第四，增强应急响应能力，完善应急救援体系，在危机发生后有效应对，尽可能减轻灾害的影响。第五，建立良好的应急保障体系，确保灾后恢复重建的人力、物力、财力等资源充裕。

2.3　公共安全教育

在缺乏安全感的时代，人们已经从“我饿”的社会进入“我怕”的社会。古人说：安不忘危，存不忘亡，治不忘乱。这是居安思危。如今，我们已经不是居安思危，而是“居危思危”。但是，人有可能如“盲人骑瞎马”，身处险地而不自知，这就需要常态化的公共安全教育。

公共安全教育是公共危机风险防范的一项重要工作。《突发事件应对法》第二十九条、第三十条规定：居委会、村委会、企事业单位要开展应急知识的宣传普及活动，新

---

① Arjen Boin，Louise K. Comfort，Chris C. Demchak. The Rise of Resilience//Louise K. Comfort，Arjen Boin，Chris C. Demchak. Designing Resilience：Preparing for Extreme Events. Pittsburgh：University of Pittsburgh Press，2010：1.

闻媒体应无偿开展突发事件预防与应急、自救与互救知识的公益宣传，各级各类学校也应当把应急知识教育纳入教学内容。

2.3.1 公共安全教育的意义

社会公众能否采取及时、有效的逃生行动，能否做到临危不惧、临危不乱，这在很大程度取决于他们对于风险的认知程度，取决于他们是否拥有足够的自救、互救的意识和技能。因此，开展公共安全教育对于危机的减缓来说是不可缺少的，也有助于避免风险产生社会放大效应。具体表现如下：

第一，增强忧患意识。公共安全教育可以向社会公众传授有关危机的知识，增强防范危机的意识。一个人如果缺少与应急相关的知识和意识，就会自蹈死地。2004 年印度洋大海啸中，孟加拉国海边的渔民对海啸无丝毫防范意识。当海啸把大量的鱼虾卷到岸上时，他们争先恐后地前去捡拾，结果被海水无情地吞没。相反，在泰国海滩上，一个来此度假的英国小姑娘蒂利·史密斯凭借在小学地理课本上学到的知识，看到海水倒抽后判断：海啸来了。她向周围的人传递了这一消息，结果挽救了整个海滩上 100 多名游客的生命。

第二，提升风险认知能力。人是受意识支配的动物，如果不能对风险有正确的认知，人们就不会采取相应的避险行动。例如，2020 年 6 月 21 日凌晨，贵州省遵义市道真县上坝乡双河村发生滑坡地质灾害。69 岁的村民周孝来在听到屋后山体有垮落的声音后，按照村里的地质灾害防灾避险科普宣传及时撤离，最终成功逃生。在其撤离半小时后，呼啸而来的滑坡冲毁了他家的房屋。周孝来的成功逃生与日常开展的公共安全教育是密不可分的。由此可见，如果我们平时注重对公众的公共安全教育，危机来临时我们的公共危机管理工作就能得到社会公众的理解和支持。

第三，提高自救与互救技能。公共安全教育可以培养社会公众在紧急状态下自救与互救的技能。日本岩手县釜石市经历过明治三陆、昭和三陆地震海啸的灾害，对地震和海啸防灾的意识较高。在文部科学省和群马大学的指导下，釜石市从 2008 年起积极致力于在市内的小学、初中组织防灾教育，作为成果在 2010 年 3 月制作出了《釜石市海啸防灾教育指导手册》。虽然釜石市也超过了海啸预测图估计的范围，但在“3·11”大地震发生时，市内 14 所中小学校内的全体学生、人员平安无恙。而且，其中釜石东初中的学生在避难的时候，还成功引导了临近小学的儿童平安避难①。

第四，增强公众批判力。在危机发生期间，各种流言蜚语很容易滋生。谣言止于智者，所谓智者，无非是接受过良好公共安全教育、具有一定判别是非能力的社会公众。如果社会公众缺少公共安全教育，他们就很容易为谣言或流言蛊惑，甚至采取非理性的响应过度的行为。响应不足与响应过度同样是应该避免的。

---

① 竹中平藏，船桥洋一. 日本“3·11”大地震的启示：复合型灾害与危机管理. 北京：新华出版社，2012：20.

“台风眼效应”

在核电站周围定居时间较长的人反倒没有恐核情绪，就类似于台风眼反而平静一样。这个理论从一个侧面也说明了，人们对核电的恐惧程度与了解程度是成反比的：了解越少，恐惧越甚。这就是“台风眼效应”。在东日本大地震中，福岛核电站周边的公众没有过度恐慌，但远在大洋彼岸的我国却发生了“抢盐风波”，道理就在于此。核电应急需要构建核安全文化，普及核安全知识，提高社会公众在核事故中的自救、互救能力和心理承受能力，消除“谈核色变”的现象。《核电厂核事故应急管理条例》规定：“核电厂应当对职工进行核安全、辐射防护和核事故应急知识的专门教育。省级人民政府指定的部门应当在核电厂的协助下对附近的公众进行核安全、辐射防护和核事故应急知识的普及教育。”《国家核应急预案》也有公众信息交流的内容，其对象包括一般公众和新闻界，平时交流的主要内容是核能以及核安全、辐射防护与核应急的基本概念与知识。

随着核能在国民经济发展中的作用逐渐增强，我国有必要在更加广泛的范围内开展全民性的核安全教育，破除核的神秘色彩，并将相关教育纳入学校课程的内容。人们围绕着山东乳山核电站选址问题的争论，就说明了核安全教育对于人们树立正确、理性的核观念是多么重要。

第五，塑造公众良好的心理素质。危机发生后，人最需要镇定、信心和勇气。而镇定、信心和勇气不是与生俱来的，与公共安全教育分不开。只有接受了适当的公共安全教育，社会公众才能做好应对危机的心理准备，关键时刻才能急中生智，而不是人急无智、恐慌不堪。在“3·11”大地震中，日本国民的淡定与其接受经常化的公共安全教育密不可分。

此外，公共安全教育还能够提高公众的应急响应效率。在紧急状态下，人们几乎没有时间进行理性的思考，所采取的正确行为基本上是近似于本能的格式化行为。公共安全教育能使人迅速做出正确的格式化行为。

灾害教育要诀 a～z

- 以行动（action）为导向
- 应该无障碍（barrier-free），凸显性别需求
- 产生连锁反应（chain reaction），从学校到家庭、社区
- 有助于灾害风险削减（disaster risk reduction）
- 是可持续发展教育（education）的一部分
- 灵活（flexible）
- 有助于传播良好经验（good practices）
- 是《兵库（hyogo）行动框架》优先考虑内容之一
- 创新（innovative）与有趣（interesting）

- 诸多利益相关者的联合（joint）行动
- 宣传有关致灾因子、脆弱性和应对能力的知识（knowledge）
- 应该被包括进终身学习（life long learning）之中
- 支持千年（millennium）发展目标的实现
- 从现有或新兴支持者网络（network）中受益
- 借助机会（opportunity）建立安全文化
- 持续与互动的过程（process）
- 受到监督与评估以保持高质量（quality）
- 必须对地方公众做出回应（responsive）
- 提升校园安全（school safety）的需要
- 有时包括专门的能力建设培训（training）
- 有助于社区形成不断提升（up-scaling）的灾害风险意识
- 可由志愿者（volunteer）完成
- 将增强对警报（warning）系统的理解
- 可以克服排外主义（xenophobia），鼓励灾损社区接受外国援助
- 应动员年轻人（youth）参与灾害风险削减
- 可以激发师生构建准备文化的热情（zeal）

资料来源：Rajib Shaw，Koich Shiwaku，Yukiko Takeuchi. Disaster Education. Emerald Group Publishing Limited，2011：159.

由于危机日趋常态化，我们必须开展行之有效的公共安全教育，塑造“人人重视公共安全”的良好文化氛围，增强社会公众防灾、减灾的意识、技能，引导社会公众在巨灾面前遵守秩序、相互合作、文明礼让、关爱弱者。2009 年 3 月 2 日，国家减灾委和民政部将每年的 5 月 12 日设为“防灾减灾日”。但是，公共安全教育不能仅靠“防灾减灾日”“安全生产月”“防火日”，必须形成常态化的机制，使公众将安全内化为一种必备的素质。在实践中，公共安全一遇上经济利益，就会由“刺刀”变成“灯芯”。所以，预防公共危机呼唤我们放弃只重经济效益的发展模式，将人的安全与尊严放在至高无上的地位。

自 20 世纪 90 年代“国际减灾十年”以来，世界许多国家都开展了“灾害教育”“灾害风险教育”“灾害预防教育”。政府、社会组织、私人企业和教育机构结成伙伴关系，共同致力于公众灾害风险意识的提升。人们认识到，教育是一个有效的减灾过程，知识、认识、理解和行动是四个重要的步骤，学校和正式教育在知识开发过程中起到重要作用，家庭、社区教育及自我教育对于知识的理解及风险削减行动而言是重要的，整体教育包括地方层面的行动及其政策整合①。

在国外的公共安全教育中，学校扮演的角色是无可替代的，这是因为：“（1）在灾害

---

① Rajib Shaw，Koich Shiwaku，Yukiko Takeuchi. Disaster Education. London：Emerald Group Publishing Limited，2011：8.

发生时，孩子是社会中最为脆弱的群体；（2）他们代表未来；（3）学校处于社区的核心位置，是集会及群体活动的场所；（4）教育的效果可以传递给家长和社区。”①

从根本上说，公共安全教育是一个思想意识问题。我们的公共安全教育必须坚持日常化与制度化，需要持之以恒、坚持不懈，进而把公共安全意识内化为我们民族的一种素质。公共安全教育必须从娃娃抓起，以期实现“教育一个孩子，挽救一个家庭，影响整个社会”。公共安全教育虽然是一项“软措施”，却能对减缓发挥硬作用。

除了学校教育之外，以经验为基础及以行动为导向的学习对于公共危机风险减缓而言也是至关重要的。在印度洋海啸中，距离震中苏门答腊岛仅 100 千米处的锡默岛（Simelue Island）上，8.3 万人中仅有 7 人遇难。原来，1907 年那里曾经遭受过海啸的重创。切肤之痛使得公众关于海啸的知识通过诗歌代代相传。岛民们都拥有一个朴素的认知：“如果你感到大地在颤抖，立刻逃离海滩。”② 这说明人们关于灾害风险的知识既可以通过正规的学校教育获得，也可以通过其他渠道获得。

国外学者对于如何有效进行灾害教育提出以下建议③：借助学校，将正式教育与非正式教育整合起来，确保灾害教育的信息被传递给每个家庭和社区；正式教育与非正式教育的整合可以通过课程大纲整合、课外大纲整合、单独开始课程等形式实现；灾害教育的重点不是灾害的物理性质，而是在灾害背景下的学生参与；正式的灾害教育是系统、有条理的学习，非正式教育的实时背景、反思式学习和情景学习的特点同样重要；社区和社会心理因素要被整合到灾害教育中，目的是在风险认知和风险教育行为之间建立良好的关系；灾害教育应整合进社区发展倡议中以提升社区的弹性和自救能力；在灾害风险教育中传播良好的经验，形成整合性计划，借此教育社区，形成并保持个人及社区的防灾能力，提升社区的弹性。

由此，我们可以看出，国外的公共安全教育并非运动式的，而是被有机地融入学校教育和社区发展之中。我国应借鉴国外的经验。

2.3.2 校园安全风险管理

校园是公共安全教育的重要场所。一个人在成长过程中，主要是从学校教育中系统地获取安全知识。确保校园安全是公共安全教育的前提，校园安全风险管理是公共安全教育中一个不容规避的重要话题。

1. 国外校园安全风险管理的实践经验

在国外，灾害教育是校园安全风险管理的助推器。灾害教育以行动为导向。有效的灾害教育与安全管理措施相结合，极大地削减了校园安全风险。以缅甸为例，2010 年，该国教育部与联合国教科文组织一起实施了“缅甸教育恢复计划”（MERP）的项目，目

---

① Rajib Shaw, Koich Shiwaku, Yukiko Takeuchi. Disaster Education. London: Emerald Group Publishing Limited, 2011: 9.

② 同①2.

③ 同①15.

的在于增强缅甸教育部门的弹性，手段是将灾害风险减缓与应急准备作为教育的有机组成部分，吸纳多个部门参与，并将社区作为基础。学校管理人员、教师和学生要具备一定的行动技能，削减教育部门的风险，具体措施如下①：

（1）在教育部门，形成灾害风险减缓的制度基础，包括：参加多元利益主体的对话，奠定灾害教育基础；建立或完善灾害教育系统化协调的机制；评估与开发灾害教育的制度基础；优先考虑灾害风险教育，为灾害教育配置适当的资源。

（2）识别、评估与监测教育部门的风险，包括：开展教育部门的风险评估；通过有效的沟通与传播机制，强化教育部门的预警措施。

（3）通过灾害风险减缓，塑造安全文化，包括：开发公共计划，提升灾害风险教育意识；将灾害风险教育融入教育系统；在社区层面，开展灾害风险减缓培训与学习；加强灾害风险教育信息的传播。

（4）削减教育部门的重要风险因素，包括：环境方面，理解可持续的生态系统、环境与自然资源管理；采取措施，将灾害风险教育融入城市及土地利用规划；完善机制，提高教育部门的建筑安全水平，保护教育部门的重要设施；建立恢复规划程序，将灾害风险教育整合进来。

（5）为教育部门有效的应急响应及恢复做好准备，包括：在教育部门，形成灾害准备能力和机制；通过不断强化应急规划，评估灾害响应准备能力和机制。

在巴基斯坦，2008 年在伊斯兰堡召开的国际校园安全会议通过了《伊斯兰堡校园安全宣言》。2009 年，巴基斯坦国家教育政策对校园安全问题进行了突出强调。学校教学大纲，特别是地理、语言文学等社会科学的教学大纲借鉴国际经验，涉及应急、自然灾害、创伤管理等主题，包括应急响应的信息。教师教育与培训大纲必须包括相关条款，使教师能够讲述应急教育课程。

伊朗实施了地震安全教育项目，将灾害教育整合进正式教育中，并且开展非正式的教育活动。灾害内容融入科学、地理及文学等课程。此外，伊朗还为不同年级开发了有关灾害准备及实践的课本，为教师配备了教学手册。伊朗教育部每年都会同自然灾害削减国家委员会、红新月会、国家电视与广播电台等部门举行防灾演习，使学生和教职工强化正确、快速响应的技能。此外，每个学校都会有一个“地震安全委员会”，由教师和学生家长组成。它是灾害教育和灾害准备的一个平台。

2. 我国校园安全风险管理的问题

近年来，我国大、中、小学校及幼儿园突发事件不少，校园不安全因素有的来自校园之外，有的导源于校园内部，既包括自然、技术原因，又包括人为原因。目前，对我国校园安全构成威胁的突发事件主要有四类：（1）自然灾害，如黑龙江省宁安市沙兰小学 105 名学生因洪灾丧生，“5·12”汶川地震造成许多中小学校舍垮塌、学生伤亡严重；（2）事故灾难，如上海商学院宿舍楼火灾、陕西榆林市定边县堆子梁中学一氧化碳中毒

---

① Rajib Shaw，Koich Shiwaku，Yukiko Takeuchi. Disaster Education. London：Emerald Group Publishing Limited，2011：35.

事件、湖南省湘乡育才中学踩踏事故等；（3）公共卫生事件，如新冠肺炎疫情、非典、甲型 H1N1 流感、手足口病疫情、海城学生豆奶中毒事件等；（4）社会安全事件，如马加爵案等严重刑事案件，郑州大学升达经贸管理学院毕业证事件等群体性事件，南平血案等带有恐怖色彩的暴力事件。因此，加强我国校园安全风险管理刻不容缓。

校园是人员密集、公众聚集的场所，一旦发生重大突发事件，往往容易造成群死群伤。特别是，小学生和幼儿园儿童防范意识弱，自救能力低，是校园突发事件的主要受害群体。现在，我国在校学生绝大多数来自独生子女家庭，突发事件发生后，善后处理难度极大，严重影响社会和谐与稳定。

多年来，我国政府本着对人民群众高度负责的精神，十分重视校园安全管理。教育部单独或与相关部门联合下发了《中小学公共安全教育指导纲要》《中小学幼儿园安全管理办法》《关于进一步加强学校安全保卫工作的意见》等文件，涵盖了消防、校车安全、拥挤踩踏、体育活动安全、交通安全、溺水事故、自然灾害、校舍抗震安全、食物中毒、传染病疫情等各个方面。但是，校园安全事件的发生依旧没有得到遏制，其主要原因如下：

第一，安全制度、责任不落实。一些地方政府及教育部门只抓 GDP 的增长和升学率的提高，安全问题处于“说起来重要，做起来次要，忙起来不要”的尴尬境地。许多经济落后地区的农村学校和民办学校教育经费不足，校园安全建设投入极少。不少学校没有制定有效的应急预案，没有建立完善的应急体系，没有形成长效的应急机制，缺少防范、应对突发事件的基本能力。

第二，学校安全教育培训欠缺。除《学生伤害事故处理办法》第五条、《中小学幼儿园安全管理办法》第五章对安全教育提出明确要求外，《中小学公共安全教育指导纲要》还进行了详细的规定。但是，受应试教育影响以及师资等条件限制，安全教育多数被穿插于思想品德、政治理论课中，并未受到应有的重视。学生的安全意识及自救、互救技能有待进一步提高。

第三，协调与合作缺失。校园安全需要教育、公安、司法、行政、建设、交通、文化、卫生、工商、质检、新闻出版等部门的综合治理。受部门分割的行政体制影响，各部门之间平时缺少必要的信息共享与沟通协调，难以对校园安全事件进行综合研判并及时预警。事发之后，各方也很难形成协同应对的合力。不仅如此，学校与周边社区、学生家长的联络、合作不足，未能做到群防群治、群防群控。

第四，事件应对依然采取“撞击–反射”的模式。校园安全管理应着眼于预防、处置各类突发事件，形成强大、灵活的应急能力，不论事发原因是什么，也不论事发地点在哪里。以往，运动式的校园安全管理多以“紧急通知”为载体，“头痛医头，脚痛医脚”，缺少可持续性。然而，突发事件往往就在人们懈怠之时发生。在校园血案发生后，各地中小学、幼儿园进行拉网式的排查，加强安保措施，重点防范社会安全事件。但是，我们不能过度专注于中小学、幼儿园的社会安全事件，而疏于对大学校园风险或其他类型风险的防范。

第五，对极端事件防范与准备不足。我国校园安全管理偏重于火灾、食物中毒、交通安全、实验室事故、拥挤踩踏等常规性突发事件，对极端事件的预防与准备不够。在社会转型期，中国发生的一系列校园血案警醒我们：在我国经济、社会发展过程中，社会公平、正义问题突出，多种矛盾叠加、交织。一些弱势群体产生了“相对剥夺感”，现实与期待之间存在巨大的落差，内心深处挫折感很强，郁积了大量随时可能释放的能量。在利益表达渠道不畅的情况下，他们有可能受到中介性事件的刺激，诉诸反社会的极端暴力行为，残害更加弱小的学生，以显示自身的“强势”。所以，校园安全管理必须关注发生概率低，但社会影响大、防范困难的极端事件，并为有效处置做好充分的准备。

3. 我国校园安全管理的对策

我国必须立足长远，采取一系列的长效措施。

第一，标本兼治，综合治理。许多校园安全事件起因于社会矛盾和风险向校园的扩散。我国各级党委、政府要从根本解决校园安全问题出发，协调各有关部门，及时排查、化解社会矛盾，调解各类纠纷，争取将安全事件堵在校园门外。

外堵输入，关键在基层。但基层往往权力有限，解决问题的资源和能力不足。建议国家在强化基层责任意识的同时，理顺各种关系，赋予基层与其责任相匹配的权力和资源。同时，建议各地由维稳办等机构牵头，定期或不定期召集教育、公安、文化、卫生、工商、质检、新闻出版等部门，就影响校园稳定与安全的问题进行会商，建立长期的沟通与协调机制。

第二，注重舆情引导，打击暴力文化。在校园安全事件中，滥杀无辜的行为会产生社会恐怖情绪。新闻媒体应发挥正确的舆情引导作用，防止产生模仿与传染效应。在南平血案中，个别媒体详细报道了凶手的作案过程，剖析其犯罪动机产生的社会根源。但是，对其反社会、反人类的罪行，媒体缺少有力的谴责，非但没有形成人人声讨的舆论氛围，反而产生了一定的心理暗示作用。可见，媒体从业人员需要加强对公共安全管理知识的学习。同时，教育部门也要完善新闻发言人制度，形成与媒体良好的合作伙伴关系。

我们要倡导宽容、和解、和谐、和平的理念，化解社会冲突，避免形成社会仇恨与对立。今天，影视、网络、出版物等媒体暴力充斥，容易诱导人们好狠斗勇、以暴制暴。所以，建议教育、文化、宣传等部门采取措施，严控暴力思想的蔓延，并教育学生“珍爱生命，安全第一，遵纪守法，和谐共处”。

第三，预防为主，开展公共安全教育。安全是教育的重要目标之一。校园安全事件一旦发生，再有效的处置手段也难以消除全部影响。校园安全管理应立足于防患未然。预防往往很难在短期内获得明显收益。许多地方、学校对安全问题心存侥幸，隐患排查、风险防范制度形同虚设。建议教育部门在对“一把手”的工作绩效考核中，将校园突发事件预防能力列为重要指标。

教育部门要将公共安全纳入学校课程体系。各类学校应根据不同年龄学生的接受能力，单独开设公共安全必修课程，并将其列为重要考试科目或在某一科目中设置一定比例的分值。否则，在应试教育的指挥棒下，公共安全教育很难被落到实处。同时，我们建议，教育行政管理部门在招考公务员或进行教师职业资格认定时，要将学校安全管理知识作为主要的考核科目。

此外，政府还应广泛动员家庭、社会，采取参与、互动的方式，对学生进行公共安全教育。媒体要按照以人为本、尊重科学的原则，以公众喜闻乐见的方式，传播公共安全知识，塑造“人人重视公共安全”的社会氛围。在公共安全教育中，我们应避免泛政治化色彩的安全理念，如鼓励未成年学生“舍死救人”等。

第四，群防群治，社会动员。校园安全涉及千家万户，事关国计民生，不能单纯依赖政府，更不能仅仅依靠教育部门或公安机关。校园安全管理需要常备不懈。但政府日常工作繁杂、精力有限，难免百密一疏。在我国警力相对匮乏的情况下，“一校一警车”“一校一警察”难成长久之计。

我们应在政府主导下，把企业、社会组织以及公民个人的力量整合起来，构建校园安全管理的网络。学校可借助社会联系广泛的优势，发展与周边社区的应急合作、联动，并充分发挥家长委员会的作用，经常召开学校-家长-社区联席会议，研究校园安全形势并共同采取相应的对策，形成学校与社会互动、群防群控、群防群治的局面。

第五，技防、物防、人防结合，加强应急制度建设。我国许多地方已为学校配备了钢叉、防割手套、辣椒喷雾器等防范工具，增加了电子监视摄像头的数量，实施校园封闭管理，以防范校园安全事件。但是，校园安全管理必须实现技防、物防与人防的结合，必须采取以下措施加强应急制度建设：

（1）教育部应把校园安全纳入长远发展目标与规划，督促各学校成立由主要领导负责的应急指挥小组，建立与公安、消防等部门、周边社区、学生家长的密切联系，并邀请专业部门定期评估、处置校园安全风险。学校可在教师、学生家长、周边社区中，挑选具有专业特长的人士，组成学校应急决策支持小组。

（2）教育部应督促各学校制定具有针对性和可操作性的应急预案，利用课间操等时段进行演练，并根据演练的结果及时修订预案。预案中要详细规定事发后师生及外部救援力量的角色分工，确定应急集结地点、疏散路线、临时避难场所，以便组织学生就近、安全、有序疏散。

（3）学校除了采用电子监视探头等技术手段外，还应该发挥少先队、学生会、共青团组织的作用，建立突发事件报告员制度，及时获取有关突发事件的信息。同时，学校应就校园安全形势及时进行内部沟通与外部沟通，发出预警信息，进行新闻发布。内部沟通的主要对象是学生、家长及教师，外部沟通的主要对象是周边社区的公安、消防等部门。学校可指定新闻发言人，收集、分析、引导舆情，并对外发布有关校园安全的信息。

（4）学校应整合保安、校医及相关教职工，联合组建学校应急处置队伍。其主要任务是：按照学校应急指挥小组的指令，在外部救援力量到来之前，凭借所掌握的处置工具，控制事态发展，防止事件扩大升级。有条件的学校应建立心理咨询室，指定专门人员平时对师生中存在的心理问题进行干预，在突发事件发生后对学生进行长期的心理跟踪与抚慰。此外，学校应急处置队伍要接受公安、消防、医疗救护等专业处置队伍的指导和培训，并开展联合演练，以提高合成应急、协同应急的能力。

（5）教育部门应建立应对校园安全事件的减缓准备、监测预警、信息管理、指挥响应、协调联动、恢复干预、考核培训、社会动员、调查评估等长效机制，形成一整套稳定的工作模式，并在实践中不断完善。

2.4　新型风险的共同治理

2020 年，新冠肺炎疫情肆虐，凸显出现代风险的以下特征："第一，不可预测性；第二，对科学或是社会产生一个高度的不确定性；第三，它是难以片段控制的；第四，它是通过全球网络扩散的；第五，扩散非常迅速；第六，它的冲击是超过地域边界的。"① 对于类似新冠肺炎疫情的新型风险，我们如何进行减缓？

所谓新型风险（newly-emergerging risks），就是指新出现、没有先例的风险。由于没有先例可循，人类应对起来就缺乏经验和范本，其挑战性更强。

在风险社会中，作为一种"开放性社会建构"，风险只有通过全社会成员的交流、沟通与互动，才能得到有效、正确的认知。同时，风险具有跨界性。为了避免公共化、外部性，风险必须由全社会共同承担。所以，风险共治应该成为风险减缓的新理念。

如果说在传统工业社会风险减缓可以遵循控制理性，那么，在风险社会风险减缓就应该遵循反身性理性。今天，风险不再是社会发展的副产品，而是社会发展的伴生物。对一种风险的控制可能会产生另一种风险，甚至是更为严重的另一种风险。1988 年，威尔达夫斯基在《寻求安全》一书中提出，人类在寻求安全的过程中可能会招致不安全。安全已经与危险交织在一起，与其消极地预防危险，不如积极地去营造安全。

如今，风险具有高度的不确定性。我们已经进入了一个"除了冒险而别无选择"的时代。冒险（risk taking）与风险回避（risk aversion）相比是更为现实、主动的抉择，也更有可能获得安全。

威尔达夫斯基创造性地提出了"安全风险"（safety risk）的概念。只有将政府、企业、社会组织、公民个人有效地整合起来，实现对风险的共同治理，才能有效应对风险，这是因为：第一，共同承担风险，实现风险的分散化；第二，整合全社会的资源，形成应对风险的合力；第三，共同分享风险信息，促进风险交流与沟通；第四，实现跨部门、跨区域、跨流域的联动，避免"有组织的不负责任"，解决风险的跨境流动性问题。可见，应对新型风险，治理不是可有可无的工具。

本章小结

本章主要围绕风险进行了系统分析。第一节介绍了与风险相关的风险社会理论、风险感知理论、风险放大理论，阐明了风险管理的步骤，引入了社会稳定风险评估的重要概念。第二节介绍了风险减缓的知识框架，包括风险减缓的定义、风险减缓的意义与障碍、风险减缓的工具和风险减缓的具体措施。第三节研究了公共安全教育和校园安全风险管理问题。第四节介绍了新型风险的共同治理。通过本章的学习，希望读者重点理解

① 詹中原，朱爱群，李宗勋，等. 政府危机管理. 新北："国立空中大学"出版社，2006：362.

风险社会的特点和风险管理的步骤，认真掌握风险减缓工具和措施等内容。

关键术语

风险　风险社会　风险感知　风险识别　风险放大　风险管理　风险减缓　社会弹性　公共安全　校园安全　现代风险

复习思考题

1. 风险社会的特点有哪些？
2. 风险社会放大的响应机制被启动的途径有哪些？
3. 风险管理中评估风险需要把握哪些原则？
4. 风险减缓有什么重大意义？
5. 我国校园安全风险管理的问题有哪些？
6. 请阐述我国公共安全教育的意义。
7. 请结合我国校园安全问题，谈谈该如何加强我国校园安全管理。
8. 现代风险的特征有哪些？

第3章

公共危机应急准备

备豫不虞，为国常道。2018年1月5日，习近平总书记在党的十九大精神研讨班开班式上强调："必须常备不懈，特别是要提高防大灾、救大险的能力，做好抗击发生像唐山大地震、汶川严重地震、1998年长江洪水那样的重大自然灾害的准备。"在高度不确定时代，应急准备必须遵循底线思维。

南宋著名豪放派词人辛弃疾在《美芹十论》中说：事未至而预图，则处之常有余；事既至而后计，则应之常不足。就是说，在事情未发生之前，人们预先进行筹划，处置起来就会游刃有余。反之，若等事情来了再做打算，应对起来则会感到心余力绌。公共危机应对宜未雨绸缪，勿临渴掘井。

巧合的是，国外也有一句脍炙人口的格言：没有计划即准备失败（failing to plan is planning to fail）。在公共危机管理中，未雨绸缪、事先准备无疑是至关重要的。大体上说，公共危机的准备包括两个方面的活动：应急规划与应急保障体系建设。

3.1 应急规划的作用与流程

对于应急规划的作用与地位，我们必须本着客观、理性的原则加以审视，既不能无视应急规划的意义，又不能将其神化。这是因为应急准备与临机决策是公共危机管理的两个重要基础，而应急规划只是应急准备活动的一个组成部分。"准备规划活动可能会通过消除致灾因子、人员培训、提供标准运行程序等方式，帮助人们削减消极影响的可能性，但是，它们也可能会限制重大紧急事件中所需要的独立、创新性思维。"① 公共危机

① Louise K. Comfort. Managing Disaster: Strategies and Policy Perspectives. London: Duke University Press, 1988: 178.

应对要立足于准备，但又不能拘泥于准备。通常，我们对前者强调得多，对后者强调得少。

3.1.1 应急规划的作用

应急规划（emergency planning）是一个持续性的动态过程，主要指对应急预案的制定、演练、修改活动，既是应急准备活动的重要组成部分，也是应急准备活动的基础。相比之下，应急预案是静态的。由于危机是动态演进的，我们更应该强调应急规划，而不是应急预案。“规划的过程比作为规划结果的预案更为重要。”[①] 但是，在实践中，我们的应急预案工作就如同患上焦虑症的社会一样，过于重视结果，而无视过程。当我们制定预案的时候，仿佛危机发生时情境不会变化；当我们真正应对危机的时候，仿佛又无预案可依。

在公共危机管理中，准备的目的就是要努力协调与调度区域内和区域外的资源，减少或降低脆弱性。要实现有备无患的危机应急，就需要我们理解自身的脆弱性及所面临的外部威胁，组织团队开展应急规划，制定预案。

应急规划是准备的一项重要内容，甚至可以说是准备的重要基础。但是，它绝非应急准备的全部。例如，在美国，应急准备能力评估（CAR）的核心指标除了规划之外，还包括：(1) 法律与授权；(2) 危险源识别与风险评估；(3) 危险源减缓；(4) 资源管理；(5) 指挥、控制与协调；(6) 沟通与警报；(7) 运行与程序；(8) 后勤与设施；(9) 训练；(10) 演练、评估与矫正行动；(11) 危机沟通、公众教育与信息；(12) 财政与管理[②]。应急规划如果无应急保障体系与之配套，就很难真正起作用。

公共危机管理就是相关利益主体为了预防与应对危机而彼此合作、形成合力的过程。在公共危机管理的过程中，相关利益主体，包括政府、企业、社会组织、公民个人，应按照既定的承诺，按照角色期待行动，提供资源，相互配合，共同努力。应急规划是相关利益主体做出承诺、分担责任与角色的活动，而应急预案则是其承诺的记录。从这个意义上说，应急预案是应急规划的输出与结果。应急规划可以理解为制定、管理、修正预案的动态过程。规划是持续、变动的过程，预案势必也要随之而进行变动。

作为应急规划的输出产品，应急预案应该成为公共危机管理者指导应急实践的“行动蓝图”。拙劣的预案有不如无，因为预案如果缺少实用性和针对性，甚至可能对公共危机管理者产生麻醉效应，使其误以为做好了应急准备。所以，我们必须正确认识应急规划的作用，按照应急规划的流程，认真完成其中的各个步骤。只有这样，应急规划输出的产品才有可能切中要害，指导应急实践。

在我国，应急预案存在着实操性、针对性不强等诸多问题，就是因为缺少“应急规划”的概念，省略了规划过程中许多必要的步骤，而直接得出不可靠的结论。我国学者认为：“应急预案又称应急计划，是针对可能的重大事故（件）或灾害，为保证迅速、有

---

① Erik Auf der Heide. Disaster Response: Principles of Preparation and Coordination. St. Louis: C. V. Mosby Company, 1989: 44.

② 参见 FEMA 网站。

序、有效地开展应急与救援行动、降低事故损失而预先制定的有关计划或方案。它是在辨识和评估潜在的重大危险、事故类型、发生的可能性及发生过程、事故后果及影响严重程度的基础上，对应急机构职责、人员、技术、装备、设施（备）、物资、救援行动及其指挥与协调等方面预先做出的具体安排。"① 编制应急预案的目的是：根据《宪法》《突发事件应对法》及相关法律、法规，在现有的公共危机管理体制下，明确危机预防与处置的具体措施，使危机的应对规范化、制度化。但是，这个目的很难完全实现。在实践中，应急预案往往是参照上级预案、召开相关会议的结果。预案制定后，往往又被束之高阁。

认真完成应急规划的过程，我们就能够获得以下收益：

第一，明确公共危机管理相关主体的责任范围和角色期待与分工，保证公共危机管理工作有条不紊地进行。我们提倡公共危机管理的社会动员，主张公共危机管理主体多元化。在规划阶段，我们应实现多元主体的参与和磨合。缺少这个过程，各相关主体在公共危机应对过程中就可能发生角色冲突或推诿扯皮，贻误战机。

第二，辨识潜在的风险，避免或防止危机扩大或升级，最大限度地减少危机给社会公众的生命、健康和财产造成的严重损失。风险是变动不居的。应急规划要求各公共危机管理主体持续性地对风险进行动态监测、分析，及时发现并处置新问题，增强预案的针对性。

第三，将危机处置与响应的步骤与措施"格式化"，提高应对效率。危机发生后，时间压力非常大，公共危机管理者无暇进行充分讨论，往往需要借助近乎"格式化"的动作做出反应。应急规划可以不断完善应急响应的程序与制度，使公共危机管理者行为目标明确、行动迅速。

第四，培养全社会居安思危的忧患意识，塑造预防为主的安全文化氛围。应急规划主张让社会公众参与应急规划，并使社会公众熟知、理解预案。其实，公众参与应急规划是最好的公共安全教育形式。

第五，避免应急预案更新不及时。应急规划不能"毕其功于一役"，预案也必须根据现实情况的变化而经常进行完善与修改。预案不及时更新，其作用就无从谈起。

刻舟求剑的教训：预案必须更新

《吕氏春秋·察今》中记述了刻舟求剑的故事：楚人有涉江者，其剑自舟中坠于水，遽契其舟曰："是吾剑之所从坠。"舟止，从其所契者入水求之。舟已行矣，而剑不行，求剑若此，不亦惑乎？

舟行而剑不行，刻舟求剑，楚人实在是迂腐至极。同样的道理，在危机管理中，有些人制定完预案后就将其束之高阁，并且当危机发生时，不顾客观情况的变化，仍然按照预案应对。试问，这与刻舟求剑何异？

当然，危机是千差万别、瞬息万变的。有的危机不确定性极强，预案设想可能与实际情况相去甚远。从这个意义上说，应急预案不是万能的，并非可包治百病的"灵丹妙药"。

① 刘铁民. 应急体系建设和应急预案编制. 北京：企业管理出版社，2004：13.

可是，没有预案也是万万不能的。没有应急预案，可能引发危机的风险就不能被有效识别出来，应急准备工作就可能不会很充分，社会公众的生命、健康和财产可能会遭受不必要的损失。

3.1.2 应急规划的原则

原则是贯穿应急规划流程的主导思想。对此，国外学者有“六原则说”“七原则说”“八原则说”三种。

“六原则说”认为，应急规划应该：第一，以知识为基础，确知威胁及人们可能做出的反应；第二，鼓励公共危机管理者采取正确的行动；第三，强调灵活性，满足不断变化的应急需求；第四，促进组织之间的协调与合作；第五，将各种应急计划整合起来，综合性地应对各种风险；第六，包括培训内容①。也就是说，应急规划应在进行风险评估的同时，准确判断风险背景下人们的行为倾向；应急规划应根据现实情况的变化而及时进行调整，鼓励公共危机管理者做出正确的临机决断，而不是束缚其手脚；应急规划应强调应急预案之间的兼容性，促进组织之间的协调，统筹应对各种风险；应急规划应凸显培训的重要性。

根据美国学者戴恩斯等人的观点，认识应急规划，我们应注意以下七点：（1）规划是一个持续的过程；（2）规划包括试图在棘手情境下减少未知因素的努力；（3）规划的目的是激发适当的行动；（4）规划应当建立在未来将会发生什么的基础上；（5）规划必须以知识为基础；（6）规划应该以原则为核心；（7）规划是教育活动的一部分。

据此，我们可以这样认识应急规划：应急规划是一个不断校正与完善的过程，不能一蹴而就；应急规划有助于减少危机的不确定性，使得决策更加科学、合理；应急规划要具有可操作性，是正确行动的蓝图，纸上谈兵无任何意义；应急规划应该以风险评估为基础，以对风险未来走势的正确研判为前提；应急规划包含着科技含量，工作技能要求比较高；应急规划可以发挥对社会公众进行公共安全教育的作用，有助于培养公众居安思危的意识，有助于塑造公共安全文化。

此外，“八原则说”认为，应急规划要强调：（1）预测对于规划过程的积极或消极抵制，制定战略，管理这些障碍；（2）涉及社区所面对的所有致灾因子；（3）包括所有的响应组织，争取它们的参与、承诺及明确的认可；（4）将影响发生前的规划建立在对威胁及灾害中人的一般行为的确知，争取联邦或州的外援；（5）确定最为适当的应急响应行动的类型，但鼓励以持续性应急评估为基础的临机决断；（6）将应急响应与灾害恢复联系起来；（7）在所有层次上培训与评估应急响应组织；（8）认识到应急规划是一个持续不断的过程②。

---

① Ronal W. Perry，Michael K. Lindell. Preparedness for Emergency Response：Guidelines for the Emergency Planning Process. Disasters，2003，27（4）：340-345.

② William L. Waugh，Kathleen Tierney，Jr. Emergency Management：Principles and Practice for Local Government. International City/County Management Association，2007：115-116.

以上学者的观点都强调了应急规划的基本要求：规划主体的广泛参与性，规划所调整风险的全面性，对社会灾后反应的确知性，应急组织的协调性，应急决策的创新性，应急培训的重要性，等等。

为了制定有效的危机预案，我们除了要把握以上原则外，还必须掌握危机与危机管理的特点，针对一些细节问题，进行规划。国外学者认为，这些细节包括：（1）危机预防与准备阶段的特点是信息不清晰、不确定；（2）响应与恢复阶段存在着大量的信息，需要有经验的分析者对数据进行选择；（3）在危机中，由于技术原因，通信可能受到扰动，如使用普通的单一频率，唯一的通信中心信息过载；（4）危机管理如同持续不断的杂技表演，要在响应不足与响应过度之间寻求平衡；（5）危机管理中存在决策集权化的倾向，危机管理团队领导压力过大，被过多的、通常是琐碎的具体工作所累。人们应该通过合理分配任务和责任来加以预防与避免；（6）危机决策的另外一个陷阱是要求责任共享与共识，即群体盲思现象。为避免群体盲思，可以让某些人唱反调或令另一个小组解决同样的问题；（7）应该通过轮换的形式，避免危机管理者，特别是主要危机决策者的身体或精神疲劳；（8）建立结束危机管理阶段的清晰程序是必要的，否则，紧急情况的最后阶段可能会失去控制①。

3.1.3　应急规划的流程

应急规划的流程是制定应急预案和管理、评估应急预案的一系列步骤。经过应急规划的流程，我们应该能够确定预案制定的目的，界定利益相关者的角色与责任，安排应急控制与协调事宜，增强公共安全教育与意识，起到沟通、预警的作用，形成简明扼要的计划。具体而言，应急规划的步骤包括以下五个方面（见图3-1）：

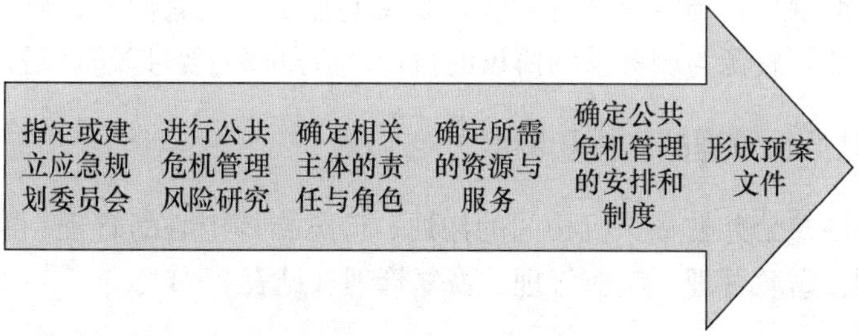

图3-1　应急规划的步骤

1. 指定或建立应急规划委员会

该委员会应由相关部门的权威人士组成，确定预案编制的目的，并在风险管理的基础上，制定应急预案。

① Uriel Rosenthal，Bert Pijnenburg. Crisis Management and Decision Making：Simulation Oriented Scenarios. Boston：Kluwer Academic Publishers，1991：77.

2. 进行公共危机管理风险研究

其主要作用在于：建立风险管理的框架，确定问题的性质、范围与社会可接受风险的水平；识别风险，描述危险源的性质与范畴及社会环境；分析风险，确定社会及环境的脆弱性；评估风险，将风险进行排序，确定风险是否可以接受；处置风险，确定减轻风险的措施。

3. 确定相关主体的责任与角色

在公共危机管理过程中，多部门之间要形成协调联动的态势，其中，理顺控制与协调的关系至关重要。这要求在预案中体现相关主体的责任与角色。对于一个组织而言，其在一场危机的应急管理中可能会扮演以下两种角色中的一种：承担主要责任，起主导作用；承担次要责任，起辅助作用。确定相关主体的责任与角色的方式也有两种：列出相关组织，描述其角色；列出危机情况，并确定承担主要责任和次要责任的组织。

在应急规划的过程中，利益相关者广泛参与预案的制定是非常必要的。这是因为：第一，利益相关者参与预案的制定，会使预案更容易为其接受；第二，在预案制定的过程中，利益相关者可以在灾前密切相互联系，有利于联合应灾活动的展开；第三，利益相关者可以熟悉自身在灾害应对中的角色。

4. 确定所需资源与服务

应急资源与服务主要取决于危机的性质，很难在事件发生前做出精确的预测。而且，资源与服务分布于多个组织之中。但是，对那些发生概率和频度高的危机进行准备是有必要的，主要内容包括：确定资源与服务的类型；确定可调度资源与服务的来源；分析重点资源与服务的缺口；指定具体部门提供资源与服务，与它们签订协议，并进行财政支持；经常性地监督资源与服务采购协议的执行；应急评估要涉及资源管理问题。

5. 确定公共危机管理的安排和制度

其主要内容涉及公共教育、机构间的沟通、应急指挥中心的管理、准备与发布预警信息、疏散管理、财政管理、响应管理、恢复管理（见表 3－1）。

表 3－1　危机管理的安排和制度

公共教育	目的是确保社会公众知晓已确认风险的特征及其影响，并指导公众如何进行准备和采取正确的行动。特殊群体要得到特别的关注。信息发布的方法应该多样，包括报纸、广播电视、互联网、小册子、公共集会、借助社区网络逐户告知等
机构间的沟通	建立有效的全服务沟通制度：覆盖组织内部与组织之间；依托现有体系；组织体系之间兼容；为控制与协调预留特定的无线电频率；建立备份系统，防止主系统出现故障；设立备份电源；实现激活与运行的简单化
应急指挥中心的管理	应急指挥中心是运行控制与资源协调的部门，是应急响应与恢复的核心，应按照一定的程序运行与管理运作

准备与发布预警信息	公众预警的目的是促使公众采取适当的响应行动，避免受到威胁或使受到的威胁最小化。公共信息系统应及时地发布危机信息，阐明应采取何种措施以避免人员伤亡及财产损失，说明消极响应的后果，向应急决策者反馈有关公众的遵从情况。此外，预警信息要引述可信权威的观点，尽量简明扼要，重复重要信息，等等
疏散管理	疏散阶段包括：决定疏散、预警、撤离、避难、返回。疏散管理要确定集合地点、疏散中心、往返路线、组织及辅助部门、登记团队、运输安排与协调组织、疏散中心运行组织等
财政管理	按照有关要求，进行财政管理
响应管理	激活应急指挥中心和沟通系统，收集、处理与发布信息，向支持性组织发出警报，准备、发布预警及其他公共信息，激活联络协议，协调部署资源，请求外部援助或向外部提供援助
恢复管理	满足最为迫切的应急需求、对受影响者进行心理咨询、提供个人支持、建立与管理应急财政救助计划、修复或新建受损公共设施、调查评估财产损失、管理环境恢复项目

资料来源：澳大利亚政府应急管理网站。

6. 形成预案文件

预案的使用者包括两类：一是需要一般了解预案者，二是需要实施预案者。所有的预案都应该能向预案使用者说明风险的概况，阐释相关部门的责任及其相互关系。预案要清晰地阐明预案编制的目的、描述预案相关的制度安排。主预案还可以有附件，附带特殊功能预案及特定风险预案。实用的预案应该是开放的，可随时修订与补充，附有发放记录和补充总结。表3-2展示的就是应急预案结构。

表3-2 应急预案结构

部分	内容
标题页	
目录	
介绍	授权、目的、范围、评估安排
风险登记	提供重大风险及一般风险处理的信息
预案的激活	说明激活预案的具体事件及手段
管理结构	指挥、控制与协调，沟通，每个组织的响应、恢复责任，每种危机的响应与恢复责任
响应与恢复的管理系统	警报、指挥中心管理、信息管理、财政管理、公共教育、公共信息、资源管理
功能性计划	主要涉及沟通、运输等转型功能的预案
特殊威胁计划	主要涉及如何应对主预案中未纳入的威胁
附件	发布历史与修改清单、发放清单、术语、规划委员会组成、地理详情、地图、组织图标、通讯录、重要资源清单、标准运行程序

资料来源：澳大利亚政府应急管理网站。

在应急规划的每一个步骤，沟通与协商非常重要。这包括与利益相关者进行对话，是一种双向互动的过程，而不是预案制定者向其单向度地进行信息输送。因而，在应急规划的起始阶段，应急规划者必须为利益相关者制订一个沟通计划。

应急预案要经常性地得到监督与评估。所谓监督，就是指应急部门要对预案涉及的人员、联系方式、资源及环境的变化进行跟踪；所谓评估，就是指应急部门要随着情况的变化经常地对预案进行查验与更新。应急预案在运行、演练之后，需要接受评估。当危险源、社会或环境发生重大的变化时，预案也需要评估。应急规划是一个持续的过程，预案应该是一个活文件，要经常得到评估与更新。如果预案被修改或补充，相关预案使用单位要被告知。

在澳大利亚，应急预案评估有一系列的标准，其内容包括：预案是否符合规范应急措施的法律、应急计划是否规定了相关部门的责任与角色、预案是否确定了专人负责预案的维护与修订、预案是否提及组织之间的互助、预案是否与上级预案一致、预案是否考虑到了特殊群体的需求。

在我国的一些危机应急预案制定过程中，由于缺少风险评估过程，预案针对性匮乏；由于在沟通与协商过程中，应急相关主体对预案熟知程度过低，从源头上为协同不力埋下了隐患；由于缺少监督与评估，应急预案缺少动态修改。

3.2　应急预案的“鸡肋效应”

自 2003 年非典暴发后，我国的应急管理工作以“一案三制”为核心，取得了不容否定的成绩。其中，在“一案三制”的表述中，应急预案作为应急管理的龙头和抓手，被置于体制、机制与法制之前。其地位之重要，可见一斑。

“鸡肋”的典故

在《三国志·魏书·武帝纪》中，裴松之注引《九州春秋》曰：“夫鸡肋，弃之如可惜，食之无所得，以比汉中，知王欲还也。”就是说，鸡肋食之无肉，弃之有味，让人左右为难。罗贯中的《三国演义》第七十二回为“诸葛亮智取汉中　曹阿瞒兵退斜谷”，其中有一个场景：“操屯兵日久，欲要进兵，又被马超拒守；欲收兵回，又恐被蜀兵耻笑，心中犹豫不决。适庖官进鸡汤。操见碗中有鸡肋，因而有感于怀。正沉吟间，夏侯敦入帐，禀请夜间口号。操随口曰：鸡肋！鸡肋！”

才智过人的主簿杨修闻此，便教随行军士，各收拾行装，准备归程。他说：“鸡肋者，食之无肉，弃之有味。今进不能胜，退恐人笑，在此无益，不如早归，来日魏王必班师矣。”后来，被看穿心思的曹操恼羞成怒，将杨修斩杀。

杨修死于恃才傲物，不懂官场“潜规则”，可惜可叹。但他却使人们对一个脍炙人口的典故印象格外深刻，那就是“鸡肋”。

目前，我国已经制定了国家总体预案、部门预案、专项预案、地方预案、企事业单位预案、大型会展及活动预案等，总量高达 500 多万件。应急预案工作是应急准备的重要环节。在我国，衡量各级政府应急管理绩效的重要指标就是预案的完备性。它与政府官员的责任密切联系在一起。在压力型机制下，各级政府都不敢懈怠。但是，在应急管理实践中，应急预案经常被许多人指责为“不实际”“不管用”。因此，应急预案在某种意义上已成为一个“食之无肉，弃之有味”的“鸡肋”。究其原因，“鸡肋效应”与我国应急预案工作中存在的一系列认识与操作上的误区密切相关。

3.2.1 神化应急预案的功能

在现代社会中，人们为了应对各种突发事件，往往会事先制定应急预案。但是，在应急管理实践中，我们经常发现许多应急预案不能起到预设的作用，这与现代社会突发事件的高度不确定性密切相关。

今天，我们面对的突发事件从发生的频率来看可以被分为两种：一种是常规突发事件，它们经常发生，具有一定的周期性，可以应用日常程序、调动常规资源予以应对，如火灾；另一种是非常规突发事件，它们发生的概率比较低，无规律可循，不能按照日常程序、调动常规资源予以应对，如美国的“卡特里娜”飓风，中国南方暴风雪，“3·11”东日本大地震、海啸与核辐射。常规突发事件因反复出现，可预测性较强，应急预案与突发事件应对的实际情况之间差距较小。但是，非常规突发事件发生概率较低，可预测性弱，应急预案与突发事件应对的实际情况之间存在着较大的差距。应急预案编制的基础是人们对未来突发事件发生情境的假想与预期。由于非常规突发事件的发生超出了人们的想象范畴，所以，应急预案对于非常规突发事件应对而言是鲜有功效的。

对于应急管理者而言，应对常规突发事件固然重要。但是，当非常规突发事件发生时，社会公众的生命、健康与财产安全面临异常严重的威胁，国内外媒体密切关注，公众对政府高效救援的期望很高。相比之下，应急管理部门更应该关注应急预案不能有效解决的非常规突发事件应对问题。目前，我国应急管理者尚未完全意识到应急预案在应对非常规突发事件中的局限性，甚至以常规的手段应对非常规突发事件，片面强调严格遵守预案，结果必然南辕北辙、缘木求鱼。

从本质上看，作为官僚机构，政府的科层制划定了严格的职责界限、设定了清晰的管理目标，这在管理常态事务上是有效的。其前提是信息充分而清晰，任务明确而有规律可循，程序重复，甚至被固定化与模式化。这个特点体现在许多政府的应急预案中。

但是，当非常规突发事件发生后，其影响的扩散会打破人们日常设置的职责边界，信息因匮乏、过载或冲突而出现混乱，不确定的情境使人们不知所从，既不能按照通常的程序，也不能按照既有的经验去加以应对。此时，应急管理者会发现预案无从遵守。即便是宣布启动预案，也只有免责的意义。

在常规突发事件应对的过程中，政府应急管理者面对的情境与常态事务所差无几。因而，应急预案发挥功效的概率较大。但是，应急预案却不能有效地应对现代社会复杂性、不确定性极强的非常规突发事件，因为政府科层制的管理具有僵化性，缺少非常规突发事件应对的灵活性、适应性和反应性。有鉴于此，我们应知晓应急预案的局限性，知道应急预案的能与不能、行与不行，避免将其神化。在应急响应过程中，固守预案是不值得提倡的，也是不现实的。

在这里，我们并没有说应急预案不重要，而是突出强调应急预案在应对非常规突发事件中的局限性。没有制定应急预案，说明应急管理者在应急准备上的疏忽与懈怠。而不加区分地在非常规突发事件中片面强调严格恪守预案，这无异于刻舟求剑。为了有效应对非常规突发事件，我们需要重视应急组织灵活响应性的培育以及应急工作者临机决断能力的培养。

“拥有一个文字预案，这是社会应急准备的重要组成部分，但并非应急准备的充分条件。”① 也就是说，仅有应急预案不能保障应急准备的充分与完善。应急管理活动包括减缓、准备、响应和恢复四大类。应急预案作为应急准备活动中的一项内容，在我国却被提升至全部应急管理工作的“龙头”地位，这是值得商榷和反思的。

3.2.2 重预案，轻规划

应急预案就是应急计划（emergency plan），即预先制定的应急方案，应急预案是应急规划的输出。而应急规划就是应急预案产生的过程。在“9·11”事件后，世界许多国家的政府都对应急预案的制定给予了高度的重视。但是，人们经常犯的一个错误就是片面强调作为文件的预案，而不重视预案产生的过程——应急规划。这无助于应急准备活动的开展，有本末倒置之嫌。

如果说应急预案是静态的，则应急规划就是动态的；如果说应急预案是结果，那么应急规划就是过程。我国的应急预案工作存在着重静态结果而轻动态过程的倾向。一般而言，地方政府制定预案的惯常做法是：召集相关责任人，遵照预案的模板，参照上级预案，结合本地情况，集中写成。这样的预案很难付诸实践，只具有理论上的可能性，不能适应复杂多样的公共危机。

应急规划作为应急准备的重要内容，是一个永无止境的动态过程，而应急预案则是这一过程中不断变换的成果输出。应急准备反映的是一种状态：社会严阵以待，随时准备对外部威胁做出响应。而决定应急准备程度的三个因子是社会系统的脆弱性、资源条件及组织结构。其活动主要包括：（1）脆弱性分析，评估社会相对于各种危险的易损程度；（2）能力评估，确保人力、物力资源能够应对威胁；（3）制定预案，确定组织结构以进行协调性反应。

在国外应急规划的过程中，风险评估被置于突出的位置。也就是说，编制应急预案的前提是对预案覆盖范围内的致灾因子和脆弱性进行调查分析。这样，应急预案才能具有针对性。而我国的应急预案缺少风险评估的过程，必然针对性不强。

在我国的应急预案工作中，一些地方政府不考量自身的应急保障能力，使得突发事件发生后，应急预案根本无法实施。在2008年的南方暴风雪中，南方某省宣布启动雪天应急预案后发现全省只有一部铲雪车，还需要长途调运。

由于社会系统的脆弱性、资源条件及组织结构是随着时间变化的，灾害响应技能如不进行演练将会退化。应急预案的演练是一个持续性的过程。但是，我国的许多预案制

---

① Ronald W. Perry，Michael K. Lindell. Preparedness for Emergency Response：Guidelines for the Emergency Planning Process. Disasters，2003，27（4）：338.

定后缺少应急演练的检验，不能做到根据演练的结果持续性地完善预案。

因此，我们提倡以“应急规划”的概念来取代“应急预案”的概念，以凸显应急预案工作的过程性、动态性和持续性。以下五个方面应特别注意：

第一，致灾因子评估和风险削减是应急规划的两个驱动目标。应急规划的作用不仅仅在于突发事件发生时为应急响应行动提供行动“路线图”，还在于不断识别社会系统中存在的致灾因子，并对风险进行有效的处置。应急规划的过程中应最大限度地提高利益相关者的参与，实现应急规划的公共安全教育功能。

第二，威胁评估是一个持续性的过程。甚至在突发事件影响发生后，威胁评估也要持续进行。应急规划并非一蹴而就的行为，其过程是动态的，其输出的产品即应急预案也必须是不断修正的。

第三，应急规划要将后勤保障作为重要内容之一，确保应急预案的实施具备坚实的人力、物力与财力基础。

第四，不同的社会系统有着不同的规划环境。应急预案的实施不仅取决于应急规划的动机和目的，也取决于应急人员所掌握的应急资源和应急技能。国家层面可指导地方层面的应急规划，提供知识及技能帮助，但不能越俎代庖。否则，应急预案就不会体现出规划环境的差异。由于突发事件及其应对所产生的需求不同，现实中并没有一个放之四海而皆准的应急预案模式。应急预案的内容必须体现层次性，如国家层面的预案应具有战略性和指导性，地方层面的预案应具有策略性和实操性，不能够“上下一般粗”。

第五，应急规划必须为基层的应急响应者预留充足的自由裁量空间。“大量的证据表明，灾害计划在不可预见的独特事件发生过程中只能提供有限的指导。尽管规划过程十分重要，但其输出即预案不太重要。一线响应者的临机决断是必要的，也是可以预期的。”① 因此，我们在日常的应急预案培训中，不仅要强调应急管理者对预案的忠诚与遵守，也要突出应急管理者的灵活性、适应性与创造性。

3.2.3 以致灾因子为导向

应急预案可以被分为两类：一类是致灾因子导向型应急预案，如为洪水、地震、台风、泥石流等致灾因子专门制定的应急预案；另一类是功能导向型应急预案，如预警、疏散、社会动员、后勤保障等预案。

对于经常发生、有周期规律可循的突发事件，致灾因子导向型应急预案无疑是重要的。我们经常会发现，某一地区应急预案制定的依据是该地区突发事件发生的频率。如果某一类型或某些类型突发事件发生的频率较高，则人们据此制定致灾因子导向型应急预案，以应对显而易见的现实威胁。

现代社会的许多突发事件具有极强的耦合性与关联性，复杂性特征十分明显。一类突发事件可能会引发另一类突发事件，产生“多米诺效应”，形成灾害链。前一个灾害的

---

① Arjen Boin. Designing Resilience: Leadership Challenges in Complex Administrative Systems//Louise K. Comfort, Arjen Boin, Chris C. Demchak. Designing Resilience: Preparing for Extreme Events. Pittsburgh: University of Pittsburgh Press, 2010: 134.

结果可能会成为后一个灾害的致灾因子，灾害的危害后果在传导的过程中不断扩大、升级。不仅如此，多个灾害链会交织、叠加，形成如同乱麻的灾害网络。在这种情况下，以单一致灾因子为导向型的应急预案很难应对复合型、复杂型突发事件。

此外，今天的突发事件往往具有极强的不确定性，加之人类的理性是有限的，不能做到先知先觉，许多低概率突发事件的发生突破了人们的心理防线，结果造成更为严重的影响后果。日本就有一句谚语，灾害是在人们认为最不可能发生时发生的。如果只有致灾因子导向型应急预案，当低概率突发事件发生后，不胜其防的人们就会进行反思，再制定此类突发事件的预案。结果，预案相对于突发事件而言永远具有亡羊补牢的意义，而不能发挥未雨绸缪的作用。应急管理者即便事先设计了 n 种预案，突发事件发生的情形仍可能会是第 $n+1$ 种。这也导致我国应急响应呈现出“撞击-反射”的缺点，“头痛医头，脚痛医脚”，缺少统筹规划。

因此，应急规划必须体现全致灾因子的原则，即综合性地考虑可能受到的各种威胁。它必须超越各种致灾因子的差异性，凸显不同致灾因子作用、影响的共同性。在应急规划事件中，我们应该着眼于现代突发事件的不可预测性，在认真研究应急管理行为规律的基础上，实现应急预案以功能导向型为主，辅之以致灾因子导向型应急预案。在我国，功能导向型应急预案较少，而一般性预案及致灾因子导向型应急预案占据了绝大多数。

3.2.4 应急规划各自为战

著名应急管理学家戴恩斯说，美国应急规划主要为两个部门所重视：一个是城市服务部门，主要包括警察和消防；另一个是福利相关部门，主要包括医院、红十字会及辅助性医疗力量。但是，这两个部门老死不相往来，在预案制定过程中缺少有效的沟通，更不用说在应对突发事件过程中进行协调①。协调是应急管理活动成功的关键。有效的应急管理可以整合方方面面的力量，形成共同应对突发事件的合力，而应急协调应始于应急规划。

复杂性突发事件的应对使常态下部门与组织的界限变得模糊，并需要政府有效地开展社会动员，调动一切可以调动的人力、物力和财力。但是，如果应急预案制定各自为战，必然会导致应急动员准备不足、效率低下，各应急利益相关者之间角色冲突，甚至引发严重的次生、衍生灾害。2005 年 11 月发生的松花江水污染事件的原因便是中石油吉化发生爆炸后，消防部门在灭火过程中将未燃烧干净的苯的残留物冲到了松花江中。这说明，当地消防与环保部门的预案之间是不兼容的。

部门分割、条块分割曾一度是我国行政体制的特点。受其影响，我国的应急预案其实并没有形成真正的体系，因为众多的预案之间缺少兼容性和协调性。例如，根据不同致灾因子的特点，我国的专项应急预案由各个相关主管部门分别制定，彼此之间并没有有效的沟通与协调，这必然导致应急响应过程中的冲突与协调。在应急管理实践中，不仅各部门应急规划的制定各自为战，而且没有将社会公众的参与列为重要内容。尽管各

① Russell R. Dynes. Problems in Emergency Planning. Energy，1983，8-9：657.

层级的一般性预案都为各相关部门应急规划工作做出了规定，但因过于笼统和抽象，很难具体落实与执行。

真正的应急预案体系应该能够发挥“1＋1＞2”的协同效应，实现各个预案之间的兼容与协调。为此，我国应急预案工作应加强顶层设计、统筹谋划。不仅如此，应急规划必须重视组织间的协调问题。应急管理的利益相关者应通过应急规划、培训和联合演练，熟悉彼此的使命与任务、组织与结构、运行模式、沟通能力与局限、应急资源配置机制等。为了使应急规划能够真正发挥作用，解决应急协调问题，各相关主体都要对预案进行仔细的审查与批评，同时反复进行合成演练，以达到协同应急的目标。

3.2.5 过度强调指挥-控制

追根溯源，“应急规划”这一术语来源于军事及国家安全领域，这决定了它必然带有指挥-控制模式的色彩。突发事件被看作敌国攻击情境的延伸，必将造成社会混乱，可通过指挥-控制得以矫正①。

指挥-控制模式假定，突发事件对社会生活造成了严重的扰动，降低了个人行动的效率和社会系统的能力。因而，应急规划的核心是创设一些机制，控制社会公众的不适应行为，人为地构建新的临时性社会结构。

按照应急规划的设想，社会需要一个强有力的权威部门来应对灾害所引发的整合性缺失问题。人们也需要新的规范的约束，以便采取适当的应急行动。例如，自发疏散被看作个体无组织的失序行为，而按照权威命令进行疏散才是值得提倡的，因为权威部门具有做出理性决策的能力。国外有学者认为，不仅灾害规划是不可行的，通过应急响应者而进行的集权化管理也是失败的。危机准备不仅仅包括诸如规划之类的预期性措施，也包括发展“确保运行弹性的战略”以应对危机②。

指挥-控制模式的应急规划所暴露出的重要问题是强烈的理想主义色彩和主观臆断性。其基础并非社会响应的实然，而是社会响应的应然。例如，社会学研究表明，大多数人在重大突发事件中并不会惊慌失措、过度恐慌。应急规划对社会变化及人们反应行为的预想存在严重错误，其对应急管理实践的指导作用也必然有限。此外，国内外应对重大突发事件的实践表明，分权有助于人们在应急管理中创造性地采取适当的应急行为。

由于我国行政体制具有高度集权的特点，应急规划更加偏重指挥-控制模式。应急预案制定没有以紧急情况下公众的响应行为为基础，而是片面地强调应急管理部门的行动意图，特别突出集权管理的约束，突出“一切行动听指挥”。这使得应急预案难以真正地为社会公众所接受，造成预想与实际之间差距过大，也限制了应急管理活动中灵活性、创造性能力的发挥。例如，在2012年北京发生的“7·21”特大暴雨中，京港澳高速依

---

① Russell R. Dynes. Community Emergency Planning：False Assumptions and Inappropriate Analogies. International Journal of Mass Emergencies and Disasters，1994，2（2）：141.

② Mark de Bruijne，Arjen Boin，Michel van Eeten. Resilience，Exploring the Concept and Its Meanings//Louise K. Comfort，Arjen Boin，Chris C. Demchak. Designing Resilience：Preparing for Extreme Events. Pittsburgh：University of Pittsburgh Press，2010：27.

旧开通、首都机场高速依旧收费、交通协管员依旧贴罚单等现象都反映出一线工作机构缺少足够的应变意识和权力。

我国指挥-控制模式的应急规划并没有以对风险及公众行为的预判为基础，而有效的应急规划的基础是确知威胁及公众可能采取的响应行动。如前所述，我国应急预案工作存在一个关键性步骤的缺失——风险评估，即致灾因子评估和脆弱性分析，这就使得应急规划具有很强的主观臆断色彩，缺少对威胁的全面、正确认知。

此外，应急管理者在规划过程中应该知晓社会公众在突发事件后可能采取的响应行为。但是，我国应急管理者往往以想当然的态度，臆测公众的响应行为，经常陷入思维定式的误区。例如，为了应对灾后的抢劫，应急部门可能会对疏散区域重点采取安保措施。实际上，灾后公众的反社会行为一般会出现下降的态势。在错误认识的支配下，应急规划中应急资源的配置及信息的传递会受到误导，造成资源的浪费与决策的失误。

国外学者提出，完善应急规划要以新兴人力资源模式（emergent human resources model）来替代指挥-控制模式，其主要出发点是：应急规划应基于社会行为与结构的现状，而非改变现有的社会行为与结构，也就是说，应急规划应该适应公众，而不是社会公众适应应急规划。这将使得应急预案的执行更加切实可行（见表 3-3）。

表 3-3　两种应急规划模式比较

指挥-控制模式	新兴人力资源模式
紧急状态下，社会混乱与巨大断裂	在常规组织模式层面上，突发事件可能会产生某种程度的混乱和无组织性，但将此描述为社会混乱是错误的
个人与社会结构的应对能力削减	突发事件不会削减个人和社会结构应对的能力，它们可能会有新的意想不到的问题需要解决
创设人为的社会结构以应对能力的削减	现有的社会结构是解决这些问题的最有效的方式，创设人为的应急权威结构是不必要的，也是无效率的
不信任个人和社会结构在紧急状态下做出明智决策的能力	规划应围绕社会单元的能力，做出理性的决策，这些社会单元是问题解决的依靠，而不是问题本身
赋予自上而下的权威结构做出正确决策的权力，用官方信息传递决策以确保执行	突发事件从性质来看具有分散、多元决策的特征，决策的自主性而非权力的集中应该得到提倡
创设一个封闭的系统，目的是克服社会应对重大紧急事件的内在弱点	创设一个基于灵活性及各社会单元主动性的开放系统，协调各方的努力，目标是问题解决，而不是避免混乱

资料来源：Russell R. Dynes. Community Emergency Planning: False Assumptions and Inappropriate Analogies. International Journal of Mass Emergencies and Disasters, 1994, 2 (2): 148-149.

新兴人力资源模式的前提是：公众的行为与社会结构在突发事件中依然保持着原有的特征，并没有出现严重的中断或扰动。人为创设新的行为规范和社会结构是没有必要的，因为人们不会将突发事件解释为经验的中断，而是将其视为正常的，继续维系习惯性的行为方式；人们不会表现出非理性的异常行为，而是会遵从传统的角色行为，恪守职业、家庭义务，非理性、反社会的行为不增反降；家庭等传统的社会结构和社区等理性的社会结构得以维系，并可承担附加的应急责任；人们的情境界定和适当行为的确定取决于有效的沟通；自发救助行动不是扰动性的，人们更会将有计划的行动看作自发行动的补充；构建协调性的模式比权力集中更为适当[1]。可见，指挥-控制模式主要源于对军事应战模式的承袭，而新的替代性模式则导源于社会在突发事件中组织化行为的研究。相比之下，后者更为科学，可以为我们完善应急预案工作所借鉴。

总之，我国的应急预案工作要逐渐改变对指挥-控制模式的偏好，真正了解社会生活的模式及其规律，将现有的习惯模式作为应急行动的基础。例如，在制订疏散计划的过程中，我们要采用人们方便避难的路线，立足利用现有的社会单元，而不是新建社会单元。如果应急行动要借助外部资源，一定要根据当地的社会、文化习惯，采用现有的沟通渠道。应急规划的目的是使一切灾后迅速地恢复到灾前的正常状态，而不产生巨大的社会变迁与扰动。

3.2.6 价值取向出现偏差

在价值取向上，应急规划应该有利于应急管理者采取适当的响应行动。所谓“适当”，就是指应急管理者不仅要快速反应，也要正确反应，包括根据现实情境的变化做出临机决策，表现出一定的灵活性。应急规划价值取向上的失误不仅会造成应急效率的延误，而且会引发严重的负面影响。

我国应急预案对快速响应强调有余，而对正确响应强调不足。当突发事件发生后，获取有效的信息比立即采取行动更加重要。应急规划的一个重要目标就是使应急管理者采取正确的行动，避免冲动型的反应。如果快速反应基于不完整的信息或错误的判断，则可能导致应急响应过程中的保护性措施不足，从而造成不必要的损失。例如，1995年的东京地铁沙林毒气案造成13人死亡、6 000多人受伤。事发后，日本政府意识到必须快速采取行动遏制毒气的扩散。但是，保护性措施匮乏造成救援人员受到不必要的影响，被送医救治[2]。可见，在应急响应中，正确与速度同样重要，甚至比速度更加重要。

近年来，我国应急管理者在反思应急预案的“鸡肋效应”后，得出了错误的结论：预案过于抽象，不够具体，没有可操作性。于是，一些人提出，预案要详细到“出了什么事、找谁做、如何做”的程度。这个思想存在着严重的方向性问题，过度追求详细也是应急规划价值取向偏差的一个重要表现。

在某种意义上，应急规划的前提是对未来紧急情况所进行的情境设计。人们不可能对未来所有的紧急情况都做出充分的设想和估计，其中存在一定的盲区和误差是在情理之中的。否则，事件就不是突发事件了，而一定是常规事件。“人们必须知道，所有的灾害都会产生动态变化的环境，谁都不可能覆盖每一个与未来灾害事件相关的紧急情况。因此，规划过程必须强调响应的灵活性，目的是让参与响应的行动者适应不断变化的灾害需求，包括灾害自身产生的需求（agent-generated demands）和响应产生的需求（re-

---

① Russell R. Dynes. Problems in Emergency Planning. Energy，1983，8-9：658-659.

② Rob Russell，Timothy J. Hodgetts，Peter F. Mahoney，et al.. Disaster Rules. New York：Wiley-Blackwell，2011：36.

sponse-generated demands)。"[①]

应急规划越详细，就意味着存在越多的空想成分。在突发事件中，按照详细的应急预案应对，应急管理人员就会发现预想与现实之间存在着巨大的差距。此外，过于详细的预案势必会项目繁多、程序烦琐。这给应急相应人员界定应急行动的优先次序造成困难，容易引发主次不分的弊端。预案篇幅庞大、内容复杂，不利于应急管理人员明晰自身在应急响应行动中的角色定位。还有，这也会限制应急响应者的创造性空间，使应急响应活动缺少必要的灵活性。

突发事件的演进是瞬息万变的，过于详细的应急规划会因时过境迁而失去价值。为了弥补这个缺陷，应急管理人员必须高频度地修改应急预案。我们主张应急预案必须动态修订，但过于频繁的预案修订会分散应急管理人员的精力，影响对突发事件的应对。

3.3 应急预案的演练

关于演练，三国时期著名的谋略家诸葛亮说过："夫军无习练，百不当一；习而用之，一可当百。故仲尼曰：'不教而战，是谓弃之。'"在应对战争与冲突中，军事训练十分重要。军队不训练就投入作战，无异于自蹈死地。在公共危机管理中，应急预案的演练同样不可或缺。没有经过演练检验的预案，就没有任何实用性。

"一个好的危机反应方式（100%），训练占50%，演习占30%，计划占20%。"[②] 在公共危机管理过程中，公共危机管理实践是对应急预案的最佳检验。但是，危机的发生并非经常性的，实战成本过高且具有不可逆性。因而，应急预案更多地要通过演练来进行检验。根据《突发事件应急预案管理办法》，专项应急预案、部门应急预案至少每3年进行一次应急演练。地震、台风、洪涝、滑坡、山洪泥石流等自然灾害易发区域所在地政府，重要基础设施和城市供水、供电、供气、供热等生命线工程经营管理单位，矿山、建筑施工单位和易燃易爆物品、危险化学品、放射性物品等危险物品生产、经营、储运、使用单位，公共交通工具、公共场所和医院、学校等人员密集场所的经营单位或者管理单位等，应当有针对性地经常组织开展应急演练。

避免纸上谈兵

纸上谈兵是一个家喻户晓的故事。根据《史记》的记载："赵括自少时学兵法，言兵事，以天下莫能当。尝与其父奢言兵事，奢不能难，然不谓善。括母问奢其故，奢曰：'兵，死地也，而括易言之。使赵不将括即已，若必将之，破赵军者必括也。'及括将行，其母上书言于王曰：'括不可使将。'"

"赵括既代廉颇，悉更约束，易置军吏。秦将白起闻之，纵奇兵，详败走，而绝其

① Ronald W. Perry, Michael K. Lindell. Preparedness for Emergency Response: Guidelines for the Emergency Planning Process. Disasters, 2003, 27 (4): 342.

② 胡平. 中小学心理危机预警、干预及管理. 北京：清华大学出版社，2010：43.

粮道，分断其军为二，士卒离心。四十余日，军饿，赵括出锐卒自博战，秦军射杀赵括。括军败，数十万之众遂降秦，秦悉阬之。”

熟读兵书的赵括坐议立谈，无一不能，就连父亲赵奢也无法与之匹敌。但是，知子莫若父。兵者乃死生之地，非同儿戏。赵奢深知儿子死读兵书，如果担任主将，那将是灭顶之灾。不幸的是，赵括果然被错误地摆在主将的位置。兵者，诡道也。“只唯书”的赵括惨败于长平之战，身死人手为天下笑。

读书何罪之有？关键是别陷入教条主义。如果以书本剪裁实际，那是要出问题的。战争和危机都是死生之事。只懂按预案应对危机的人，就是现代版的“赵括”。危机管理人员除了要在应急实践中积累经验外，经常举行、参加演练也是一个提升应急能力的有效方式。

3.3.1 预案演练的分类

一般而言，如果相当长的一段时间内没有应急活动，一个组织的应急计划需要进行演练。当应急预案进行重大修改之后，应急演练也十分必要。应急演练的益处包括：监察预案的有效性，发现应急规划及响应中存在的问题；磨合应急相关部门，增强彼此的信任与默契；向社会公众宣传预案，进行公共安全教育，提高公共安全意识；检验有关部门的应急行动程序，提高应急行动技能；检验多部门联动的能力，评估彼此之间协调的有效性。《突发事件应急预案管理办法》规定，应急预案编制单位应当建立应急演练制度，根据实际情况采取实战演练、桌面推演等方式，组织开展人员广泛参与、处置联动性强、形式多样、节约高效的应急演练。

从形式上看，应急演练可以分为桌面演练、功能性演练、全面演练。在实践中，公共危机管理部门选择哪一种演练方式，主要取决于演练管理团队的技能或经验、培训需求、地点、参演者、时间、资源等因素。

“桌面演练”（tabletop exercise），也叫讨论演练，顾名思义，就是指围绕特定的场景有关人员展开讨论。这种演练方式为相关人员深入探讨问题提供了一个平台，对于形成对危机的共识、密切应急人员之间的关系、检验评估员的专业水平、形成公共危机管理的创新思想具有重要意义。

这种演练方式的优点是：成本低廉，参加人数较少，具有探索性，不失为检验预案的一种有效方法。它甚至不需要演练环境，只需要一间会议室和一块黑板。总之，对时间、成本及资源的要求比较低。同时，它也是危机管理人员密切关系、加强联系的良好途径。

但是，桌面演练也存在缺点，如缺少真实性，不能对应急管理系统的能力进行真正的检验，仅能够在浅表层次检验预案、程序和应急人员的能力。

“功能性演练”（functional exercise），也被称为“无军队的战术演练”。在假定外部发生危机的情况下，相关人员按照特定的角色，履行自己的责任。在此过程中，由导演人员向参演者提供有关信息。这种演练可以培养参演者的协同性。但是，准备与管理起来比较复杂，需要仔细撰写脚本、认真规划。

功能性演练一般只是尽可能真实地模仿紧急情况，而不需要实际调动人员及装备到现场。其目的是检验危机发生时一项或多项应急功能的运行情况。在美国，联邦应急事务管理署确定的需要检验的应急功能为：公众预警、沟通、协调与控制、应急公共信息、损失评估、卫生与医疗、个人或家庭救助、公众安全、公共工程、运输、资源管理、政府运转的持续性。

功能性演练的特点是：（1）互动性演练，可以对应急管理系统进行全面的检验；（2）能够如全面演练一样，检验某些功能及响应，但成本较低，可规避安全风险。

一般来说，功能性演练特别适用于检验应急程序与决策技能、评估指挥中心与应急救援队伍及其他指挥中心的互动性（详见表3-4）。

表3-4　桌面演练与功能性演练比较

标准	桌面演练	功能性演练
真实程度	缺少真实性	不部署资源，尽可能真实
形式/组织	小组讨论，以问题陈述等为基础	互动性；提出问题，回答问题
气氛	轻松	紧张
谁参加	协调员，参与者，可能使用录音机	控制者，角色扮演者，模拟者，评估者
在哪里举行	应急指挥中心或会议室	应急指挥中心
是否部署装备	否	否
检验协调性	是，仅在讨论层面	是
检验资源的充足性	否	是
检验决策过程	是	是
复杂性/成本比较	小团体，形式简单，成本低廉	大规模，形式复杂，设计、实施成本比桌面演练高，比全面演练低
正式评估	无，参与者进行自我评估	有

资料来源：Michael J. Fagel. Principles of Emergency Management and Emergency Operations Centers (EOC). New York: Taylor & Francis Group, 2011: 239.

"全面演练"（full-scale exercise）能最为真实地描述一种紧急情况，属于实地演练，在模拟危机现场中部署人员与装备。它对于评估现场人员的能力、组织间的联动与协调、应急预案的激活等都有巨大的作用。实地演练的优点是现场真实感较强，缺点是成本相对较高。

3.3.2　演练的过程

应急演练的过程可以分为六个阶段：需求确定、分析、设计、实施、总结、改进（见图3-2）。

（1）需求确定。所有的演练都导源于应急需求，包括检验、评估应急规划、程序或体系。应急演练的动因也可能是评估应急组织的绩效或者检验应急技术、装备的性能。演练管理者必须尽早与其他管理人员及利益相关者商讨，以获取更多的支持。

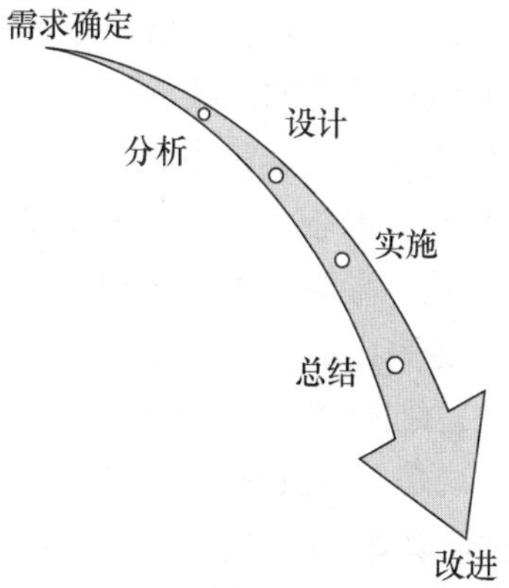

图 3－2　应急演练的六个阶段

（2）分析。在应急演练需求确定之后，有关部门要对需求进行分析，并据此确定演练的目标及预期的结果。演练的目的与动机确定后，公共危机管理部门应考虑的因素包括：情景，即演练的故事情节；时间；地点；规模；参演人员与机构；费用；装备；参演部门的备勤状态；天气状况；后勤保障；法律规范；等等。

（3）设计。所谓"设计"，就是决定应急演练的类型与规模，并制订、编写演练计划。设计的内容包括：确定适当的演练方式、演练场景，选择、任命导演人员，确定演练控制需求，决定协调制度，确定管理及后勤需求（见表 3－5）。

表 3－5　演练设计中需要考虑的重要问题

问题	事务
情景	确定需求、指定演练管理团队、明确目标、争取社会支持、制订演练计划等
时间	演练起始时间、持续的时段、白天或夜间演练等
地点	演练在哪里举行？占据多大空间？等等
规模	多少人及机构参加演练及管理？等等
人员	谁参加演练？谁控制演练进程？等等
机构	哪些机构参与？是否需要支持机构？组织限制是什么？等等
费用	准备预算
装备	例如，特殊效果装备
备勤状态	确保所有参演单位处于备勤状态、有能力处置演练期间发生的危机等
天气状况	制订天气应付方案，防止天气状况对演练造成负面影响
管理	提供管理支持、提供公共信息、考虑保险问题等
后勤保障	食宿、交通、卫生间、消费品等
法律规范	法律要求
设计	确定演练类型、场景，选择导演人员等
伤亡模拟	确定伤亡人数、伤者类型、道具、材料等
文件	导演须知、手机使用政策、媒体发布消息、会议记录等
演练实施	沟通监察、跟踪演练进程等
演练结束	损失控制监察、进行简短总结等
评估	详细评估演练
后续	根据演练结果，对公共危机管理进行改进

（4）实施。在实施阶段，参演人员要根据演练计划的规定，逐阶段地完成演练的各项任务。在演习开始之前，公共危机管理部门要向参演人员简要、准确地通报演练的目的及预期结果、安全问题及制度安排、沟通程序与政策、突发情况的处理、事后总结的地点等。导演在确认沟通系统良好、参演人员就位后，宣布演习开始。在演练过程中，导演按照计划控制演习过程。当然，导演也可以根据实际需要，临时改变演习进程，确保预期目标得以实现。在演练任务完成后，导演宣布演习结束。

（5）总结。演练结束后，在总结阶段，参演人员应聚集在一起，讨论演练的过程，向演练管理部门提出问题和建议。这是一个演练评估的过程，内容包括：分析演练过程、查找差距、解决问题、提出改善性建议等。在此基础上，导演或导演指定人员完成演练报告。

我国《突发事件应急预案管理办法》规定："应急演练组织单位应当组织演练评估。评估的主要内容包括：演练的执行情况，预案的合理性与可操作性，指挥协调和应急联动情况，应急人员的处置情况，演练所用设备装备的适用性，对完善预案、应急准备、应急机制、应急措施等方面的意见和建议等。鼓励委托第三方进行演练评估。"

（6）改进。演练管理人员根据参演人员的建议，采取相应的措施，矫正演练过程中所暴露出来的问题。这包括修正应急预案，也包括未来举行新的演练，检验改进的结果。

演练的规模和复杂程度决定了演练规划制定人员及参演人员的数量。为了使演练真实、有序，演练要有指定的管理者或管理团队。其主要责任是：确定演练的目标及预期结果、确定演练的范围、进行演练规划、准备演练文件、任命导演人员、监督演练的过程、促进或监督演练总结、编写演练报告、落实演练结果。

导演人员要佩戴特殊的标志。他们在演练中的作用是：指挥、控制演练的实施；衡量、评价演练行动并维持演练的进行；提出特殊的建议；监控演练的安全；管理演练中各种角色的扮演者；扮演伤者、受害者或旁观者；协调、管理后勤保障需求；管理演练场所；确保演练场地安全；评估或管理意外损失，如对环境或基础设施的破坏；与媒体进行联络；接待观看演练人员；等等。

应急预案的编制在危机管理中起到十分重要的作用，但并不等于有了应急预案就可以一劳永逸。由于应急预案是公共危机发生后应对和恢复的全部行动蓝图，需要不折不扣地贯彻实行，所以不允许有任何重大的纰漏和失误，否则可能造成重大损失。应急预案要彻底有效的执行就需要经历多次预案演练，查缺补漏，完善方案，提高各级领导干部、管理人员、应急救援人员的指挥水平和专业技能。

应急演练："练为战"，不是"练为看"！

《练为战》是一首鼓舞士气的军歌。歌词是："练练练，练为战，练成那精兵才是好汉。练练练，练为战那，练成那个打得赢的好儿男。练就杀敌硬本领，练得豪气冲云天。从严从难不松劲呀，真打实备练练练，练练练。"练为战，不为看。演习不是演戏。

在一些应急演练中，脚本设计非常细致，各种场景设想过于理想，救援力量衔接简直天衣无缝。理想化的演练无疑将复杂的危机现场简单化，也容易产生麻痹轻敌的思想，不是真打实备。借鉴国外经验，中国应该避免将演练程式化，多开展一些无脚本的演练。

3.4　应急保障体系

《墨子·七患》中说："仓无备粟，不可以待凶饥。库无备兵，虽有义，不能征无义。城郭不备完，不可以自守。心无备虑，不可以应卒。"国无储备粮，就不能应对饥荒；国无备用之兵，就不能以有道伐无道；城池不坚固，就不能自守；心中无忧患意识，就无力应对猝然发生的危机。有了应急预案，不等于有了应对公共危机的能力。应急保障是应急预案得以实施的前提条件。只有具备良好的应急保障，危机应急响应的准备工作才能够完成。如果应急保障体系缺失，一旦危机发生，"及溺呼船，悔之无及"。应急保障体系建立的目的是为应对公共危机奠定人力、物力和财力基础。

3.4.1　应急队伍

应急队伍是公共危机管理保障体系最为重要的组成部分，因为人是公共危机管理中的能动因素。组织合理、素质精良的公共危机管理队伍和应急救援队伍是有效处置各级、各类危机的必备条件，他们是公共危机管理体系的重要组成部分。建立高效的应急救援队伍是做好危机应急准备、提高危机应对能力的一项重要举措。从实践来看，消防、医疗、警察等是世界各国应对公共危机的一线处置力量。当公共危机特别重大时，国防力量就成为应急处置的最后一道屏障。

1. 消防救援队伍

根据世界主要国家的惯例，消防力量是社会应急救援体系的重要组成部分之一。从各国情况来看，消防管理体制各不相同，消防队伍既包括政府力量，也包括社会力量。例如，在日本，消防队归政府管理，而消防团则为社会志愿组织。不管消防管理体制如何，消防逐渐成为除灭火外其他公共危机处置的重要力量，这是一个国际性的趋势。在美国，消防车、警车、救护车往往是同时出动的。在日本，消防的职责兼顾灭火与社会救援。消防人员在接警后会询问：救火，还是救援？

长期以来，我国消防力量在危机救援与处置的过程中扮演着关键性的角色，有效地维护了公共安全。从1998年长江流域的特大洪水到2020年新冠肺炎疫情应对、夏季防汛救灾，重大危机应急救援现场无不活跃着临危受命的消防队员。

《中华人民共和国消防法》自2009年起就明确了消防力量在社会应急救援方面的职能，这为我国消防力量参与社会应急救援提供了强有力的法律依据。但是，消防力量参与社会应急救援的潜力还有待于进一步挖掘，制约消防组织社会应急救援能力发挥的问题还需要加以解决。

现代社会的复杂性与系统性决定了其脆弱性，今天，我们要特别注重对于综合性风险的防范。各种危机往往具有扩散性和复杂性，次生、衍生灾害的防范与应对不可忽视。比如，地震可能引起的火灾所造成的人员伤亡与财产损失也许比原生灾害还要大。这就要求消防力量与其他部门密切合作，积极参与社会应急救援，以提高协同应急、合成应急的能力。

目前，美国、俄罗斯、日本等国的公共危机管理都从原来的单灾种管理演变为综合性的多灾种管理，追求公共危机管理主体的多元化、应急步骤的全过程化和应急客体的全风险化。随着我国公共危机管理“一案三制”建设的深入发展，综合性公共危机管理已经成为我国公共危机管理的重要发展方向。

2018 年我国启动新一轮机构改革，在本次改革中公安消防和武警森林部队成建制转隶应急管理部，组建综合性消防救援队伍。2018 年 11 月 9 日，习近平总书记向国家综合性消防救援队伍授旗并致训词。我国国家综合性消防救援队伍建设坚持党对国家综合性消防救援队伍的绝对领导，发展定位是中国应急救援的主力军和国家队。

2008 年修订的《消防法》将“加强应急救援工作”添加为立法目的之一。2019 年修订的《消防法》第三十五条规定，各级人民政府应当加强消防组织建设，根据经济社会发展的需要，建立多种形式的消防组织，加强消防技术人才培养，增强火灾预防、扑救和应急救援的能力。第三十七条又具体规定，国家综合性消防救援队、专职消防队按照国家规定承担重大灾害事故和其他以抢救人员生命为主的应急救援工作。第三十八条规定，国家综合性消防救援队、专职消防队应当充分发挥火灾扑救和应急救援专业力量的骨干作用；按照国家规定，组织实施专业技能训练，配备并维护保养装备器材，提高火灾扑救和应急救援的能力。

对于国家综合性消防救援队而言，所谓社会应急救援，就是指承担除火灾预防、扑救职责之外的应对危机任务，不仅包括现场抢险救灾、营救受困或被害人员、挽救生命的活动，也包括从事转运伤员、疏散或撤离公众、抢运物资、维持治安、封锁危险场所等辅助性、支持性的活动。社会应急救援是一个大的概念，在“大应急”的理念下，应急社会救援应体现全社会共同参与的原则。例如，《突发事件应对法》第五十七条规定：“突发事件发生地的公民应当服从人民政府、居民委员会、村民委员会或者所属单位的指挥和安排，配合人民政府采取的应急处置措施，积极参加应急救援工作，协助维护社会秩序。”

根据新《消防法》，志愿消防队没有被要求参与应急社会救援。并且，国家综合性消防救援队和专职消防队主要承担重大灾害事故及其他以抢救人员生命为主的应急救援工作。根据“大应急”的理念，志愿消防队应是社会应急救援力量的重要组成部分，“未被要求”不等同于“不能”或“没必要”，问题的关键是志愿消防队在社会应急救援中的角色如何定位、装备与技能如何发展、自我防护能力如何提高。

为了充分发挥消防力量在社会应急救援中的作用，消防力量应被纳入社会应急救援的大体系，以救助生命为主，这也并不妨碍消防力量参与其他形式的社会应急救援活动。根据应急社会动员全社会参与的原则，消防力量当然是社会应急救援的重要主体之一。但是，在“大应急”的理念下，各种消防力量的分工需要协调与明确。例如，专业性、技术性强的国家综合性消防救援队或专职消防队应该投入现场救援，而志愿消防队可从事辅助性的工作。

2. 医疗救援队伍

在公共危机救援过程中，医疗救援力量往往要与消防、警察等队伍合作，完成搜救、转运伤员、污染洗消、急救等任务。其中协调与合作是重要的环节。因此，医疗救援力量与消防、警察平时的联合演练十分重要。

当公共危机发生时，医疗卫生部门面临的主要任务包括：沟通、搜救、检伤分类、医院疏散、受灾者跟踪及接受公众质询、管理医药捐赠、控制感染、处理响应设施的损失问题。

面对危机，医院应该能够获取清晰、准确、及时的信息。在此基础上，医院将收治的病情稳定的患者进行转运或为其办理出院手续，以便为源源不断的入院伤者预留空间。医院还应该找回休息或休假的工作人员，转移急救室的患者，打开辅助性空间以救治灾害伤员。如果有必要，医院还应该建立污染洗消区域，分发个人防护装具。通常，灾区之外的医疗人员还要组建救援队，赶赴现场，参加救援。

在救援现场，医疗救援人员应与警察、消防人员进行合作，对伤者进行急救处置。此外，与灾害幸存者的沟通十分重要，因为他们可以提供有效的救援信息，有助于救援效率的提升。经过急救处置后，医疗救护人员将伤员转运至医院。

危机中的医疗资源是稀缺的。为了使受伤最重的伤员优先得到救治，检伤分类（triage）是一项必不可少的程序。“检伤分类”一词来自法语 trier，意思是“分拣”（to sort）。一般来说，伤员被分为四类，手腕上被绑上不同的丝带：红色表示垂危、黄色表示紧急、绿色表示轻微、黑色表示死亡。在2020年新冠肺炎疫情应对早期，意大利曾采取过检伤分类的做法。

在美国，医疗卫生部门的私有化程度高，政府对其没有财政上的直接控制关系。政府与医疗部门之间的协调往往会出现问题。例如，2003年，在罗得岛一夜总会火灾发生后，私人救护车没有对911的调动指令进行响应，医用直升机也没有参加应急救援的预案。结果，这场火灾导致100人死亡、200多人受伤。在我国，医疗卫生部门尽管属于事业单位，但应急救援中的协调也并非没有问题。医疗救援、消防、警察之间的协同程度也有待于进一步提高，如联合制定应急预案。

3. 警察救援队伍

在公共危机处置的过程中，警察作为国家行政执法力量发挥着不可或缺的重要作用。社会公众一般熟知警方公布的求助号码，可能在第一时间向警方报告危机发生的信息。许多国家都对社区警务工作高度重视，投放了一定的警力。当危机发生后，警察可以根据公众的报警迅速采取行动，控制事态的发展或联系相关外部救援力量。

在公共危机处置的过程中，警察疏导交通、设置警戒线、打击趁火打劫者、维持现场秩序，确保响应行动的正常进行。在应对社会安全事件的过程中，警察还是主要的处置力量，如应对恐怖袭击或社会骚乱。在其他危机处置的过程中，警察发挥着重要的强制作用。例如，在公共卫生危机处置过程中，警察可以采取强制手段，迫使病毒感染者接受隔离的约束。在我国，警察具有准纪律部队的性质。在汶川地震救援过程中，公安特警参加了搜救行动，为抗震救灾做出了重要的贡献。

4. 军队救援力量

在当前国际形势下，世界各主要国家无不在探索如何以最小的经济成本实现安全效益的最大化，力争做到经济建设与国防建设的协调发展。由于人类面临着日益严峻的非传统安全挑战，执行多样化任务、参与应急管理是军队义不容辞的使命。“实践证明，军队不仅能够满足国家处置大部分突发事件的力量需求，而且往往是国家处置重大突发事件最有效和决定性的手段，有时也是最后的手段，具有不可替代的作用。”①

“军队是国家或政治集团为准备和实施战争而建立的正规的武装组织，是国家政权的主要成分，是执行政治任务的武装集团，是对外抵抗或实施侵略、对内巩固政权的主要暴力工具。”② 军队除了作战之外，具有处置公共危机，平息暴乱、骚乱，对内维持政权稳定的功能。公共危机不同程度地影响着国家政权的稳定性和经济发展，军队应该在危机管理中发挥作用。这能够以一定数量的军费开支满足应急、应战两种需求，符合国防资源配置最优化的原则。

军队自身所具有的特点决定了军队适合参与危机管理，可以对公共危机的处置提供援助。军队拥有训练有素的医疗工作者和工程技术人员以及完善的后勤保障系统，储存着大量的应急物资和运输工具，从人力、物力上看，具备参与危机管理的有利条件。而且，军队具有高度严整的组织结构，统一指挥、统一制度、统一编制、统一纪律、统一训练，快速反应能力、应急机动能力很强，可以在处突维稳方面大有作为。在抗击新冠肺炎疫情的战役中，军队医护人员积极投入疫情防治行动，为打赢疫情防控阻击战提供了坚实的保障。

3.4.2 应急法制

依法治国理政是我国政府的一个基本理念。在塑造法治政府、责任政府的过程中，我们也必须依法应急。因而，我们必须建立强有力的应急法律体系，使应急行为有法可依、有法必依、执法必严、违法必究。

所谓应急法制，就是指人们将应对危机的经验、教训以法律规范的形式固定下来。

应急法制是一个庞大的系统，包容了众多的法律规范。按照效力等级，它们可以分为三个层次：宪法，其中包括有关危机状态的条款；《突发事件应对法》，公共危机管理的基本法；部门单行的法律、法规，如《中华人民共和国传染病防治法》《突发公共卫生事件应急条例》《中华人民共和国防震减灾法》等。

目前，我国已经站在国家安全与公共安全的高度，出台了一部公共突发事件管理的“基本法”——《突发事件应对法》。这部法律的出台标志着我国公共突发事件管理法制化进程取得了巨大的进步。

---

① 田义祥．军队在应急管理中的重要作用及其发挥．中国应急管理，2007（2）．

② 徐育苗．中外军事制度比较．北京：商务印书馆，2003：3.

长期以来，我国的应急法律、法规多是调整某个单一灾种的部门法，如《消防法》《防震减灾法》等。这不能适应现代公共突发事件管理对多灾种综合性应对的要求。《突发事件应对法》的颁布和实施有力地扭转了这一局面，因为它具有以下两个明显的特征：

第一，《突发事件应对法》既规定了行政部门在紧急状态下可以行使行政紧急权，又维护了公民自由，防止政府滥用紧急行政权，力求在二者之间形成一种平衡。

第二，《突发事件应对法》综合性地应对自然灾害、事故灾难、公共卫生事件和社会安全事件，而不只是调整其中的某一类突发事件。

由于《突发事件应对法》需要站在一个较高的高度来统摄各类突发事件，因而它具有很强的原则性和概括性。为了真正把《突发事件应对法》落到实处，我们还必须出台配套的制度与措施。各级政府可结合本地情况，制定与《突发事件应对法》相符合的地方法规。并且，各级、各类预案需要按照《突发事件应对法》的精神和规定，重新修改、补充。只有这样，应急管理的规范化与法制化才能变成现实。比如，为了保证奥运会的安全举办，北京市就开展了《突发事件应对法》的地方法规立法工作。但是，这部法律还有一些比较关键的问题未能涉及，如危机中社会公众的心理干预问题，这不能说不是一个遗憾。

3.4.3　应急资金

应急资金是公共危机保障系统的基础。政府需要在对应急需求进行评估的基础上，按照高标准，对危机保障系统建设投入资金。特别是，在危机保障系统投入方面存在着一个悖论：保障系统越有效，资金投入的必要性似乎越小。保障系统只有在应对危机时捉襟见肘，资金投入的必要性才会彰显。

《国家突发公共事件总体应急预案》规定，要保证所需突发公共事件应急准备和救援工作资金。……鼓励自然人、法人或者其他组织（包括国际组织）按照《中华人民共和国公益事业捐赠法》等有关法律、法规的规定进行捐赠和援助。

当危机发生时，政府有义务向灾区下拨应急救灾资金。政府的财政拨款是应急财政保障的基础。所以，《中华人民共和国预算法》规定，各级一般公共预算应当按照本级一般公共预算支出额的百分之一至百分之三设置预备费，用于当年预算执行中的自然灾害等突发事件处理增加的支出及其他难以预见的开支。

高效的公共危机管理必须实施应急社会动员。也就是说，国家在充分发挥政府应急主导作用的同时，应将社会和企业的力量整合起来，形成一股应对危机的强大合力。这是一个调动全社会所蕴藏的人力、物力和财力以服务于抗灾救灾大局的过程，可降低公共危机管理的成本，提高公共危机管理的效率。

我国应急资金的来源主要由三个部分组成：财政拨款、社会捐助、政策保险和商业保险。我国应对突发事件的资金主要来自政府财政拨款。为了体现公共危机管理的社会动员原则，我们必须实现应急资金筹措渠道的多元化。这具体体现在以下两个方面：

首先，借助市场化手段。综观发达国家，其巨灾应对非常注重利用市场化手段筹措救灾资金。美国早在1968年就颁布了《国家洪水保险法》（National Flood Insurance

Act）以市场手段分散灾害风险。1998 年，美国、加拿大发生冰暴，两国的保险机构分别受理了 80 万和 14 万件理赔事宜，金额高达 13 亿美元。相比之下，2008 年初，我国南方大部分地区遭受特大低温、雨雪和冰冻灾害，尽管保险部门积极理赔，但理赔金额尚且不到全部灾害损失的 1%。

大力发展保险业不仅可以降低政府的应急财政负担，而且能够提高我国公共危机管理的财政保障水平。而且，随着灾害投保者人数的增加，保险业会自发地投入风险管理，也会自觉地成为公共安全知识与技能的推广宣传员。

但是，人们对于灾害风险的认知是存在偏差的。对于低概率、高损失事件，一般人要么认为肯定会发生，要么认为不会发生。对于发生概率极低的事件，人们倾向于认为不会发生。因而，“大多人都低估了灾害发生的可能性，也低估了灾害的后果”①。发展保险业必须克服人们认知上的偏差。

政府在发展灾害保险业的过程中必须发挥主导作用，成为保险企业的有力支撑，开发再保险等金融工具。巨灾风险的损失特别巨大，作为以逐利为目标的企业，不情愿承担巨灾所带来的经济风险。“1992 年佛罗里达州的‘安德鲁’飓风和 1994 年加利福尼亚州北岭市的地震分别给当地造成了巨大损失，由于缺乏再保险，保险公司损失严重。”保险公司宣布终止飓风和地震保险业务。在这种情形下，“佛罗里达州设立了佛罗里达飓风灾害基金会，加利福尼亚州则成立了地震救助局”②。在“9·11”事件后，美国为了安抚保险公司，出台了《关于恐怖主义保险的再保险法》，为保险公司撑腰打气。

2007 年《突发事件应对法》颁布实施后，我国政府提出要大力发展应急产业。我们认为，大力发展灾害保险事业、以市场机制分担突发事件的风险，是应急产业化的重要内容之一。目前，我国社会公众的灾害保险意识还比较薄弱，保险企业开发出来的灾害保险品种不多，尚没有专门针对地震、洪水等巨灾的保险法。从另外一个角度看，我国的保险业在灾害管理中的作用空间还很大。不仅如此，发行福利彩票、提供小额贷款等也可成为以市场化手段筹措救灾资金的有效渠道。此外，国家通过推行税收优惠政策，如减免灾区公众的个人所得税、农业税等，也是在资金上支持抗灾救灾的重要举措。

其次，企业和社会的捐助也是我国救灾资金筹措的重要方式。改革开放 40 多年来，我国经济取得了令世人瞩目的成就，社会之中蕴藏着大量可用于抗灾救灾的资金和财富。通过社会动员，可以将这些抗灾救灾潜力转化为抗灾救灾实力。

企业和社会的捐助不仅可以大大减轻政府的财政负担，提高国家应对危机的能力，而且可以激发社会公众众志成城、和衷共济、迎难而上、敢于胜利的信心和士气，提高社会的和谐程度，产生良好的社会效益。我国为规范救灾捐赠活动，加强救灾捐赠款物的管理，保护捐赠人、救灾捐赠受益人和灾区受益人的合法权益，在《公益事业捐赠法》和《国家自然灾害救助应急预案》的基础上，制定了《救灾捐赠管理办法》，并于 2008 年 4 月 28 日开始实施，这个文件为今后更好地利用企业和社会捐助筹措救灾资金奠定了

① 昆鲁斯，尤西姆．灾难的启示：建立有效的应急反应战略．北京：中国人民大学出版社，2011：7.

② 同①9-10.

坚实的基础。

此外，在经济全球化时代，巨灾的应对不仅是各国政府的责任，也是国际社会共同面临的问题，人类需要建立良好的巨灾应对合作机制，确保人类的生存安全。特别是在全球气候变化影响加剧、特大自然灾害频发的今天，世界各国必须同舟共济。因此，我国应急资金的筹措不仅要实现政府、市场与社会三种力量的组合，而且要接纳国际社会以人道主义为宗旨的、不附加任何政治条件的救灾捐款，以便于及时、高效地应对和处置灾害。

应急救援的经费开支主要分布在人头费、设备购买维护费、救援材料费等方面。资金不仅影响消防队伍的救援能力，更决定救援队伍的生存状况。以消防队伍为例，政府所属的消防队伍经费由财政支付，资金相对有保障；大多数企事业专职消防队伍都存在资金方面的困难，这主要是因为他们承担了本单位外的一些公益性救援任务，但此项工作大多是无偿提供的，并不能从中获得补偿，从长远来看这种模式是不可持续的，势必会削弱企事业消防队投入社会应急救援的动力。

3.4.4　应急物资

《突发事件应对法》第三十二条规定："国家建立健全应急物资储备保障制度，完善重要应急物资的监管、生产、储备、调拨和紧急配送体系。设区的市级以上人民政府和突发事件易发、多发地区的县级人民政府应当建立应急救援物资、生活必需品和应急处置装备的储备制度。县级以上地方各级人民政府应当根据本地区的实际情况，与有关企业签订协议，保障应急救援物资、生活必需品和应急处置装备的生产、供给。"

应急物资是确保公共危机管理的重要物质基础。应急物资的储备可分为实物储备、资金储备、生产能力储备和社会储备四种形式。我们在提高应急物资保障能力的过程中，要四种形式并用。

一般来说，以实物形态储存的物资都是专用性强、生产周期长、不易腐烂变质的物资；以资金或生产能力形式储存的物资都是生产周期比较短、平时储存又不经济的物资；社会储存的物资多为平灾通用型的物资。

（1）实物储备。目前我国的救灾物资储备基本按照分部门、分灾种储备，例如民政部门和红十字会都有自己的备灾仓库，未能实现统一调度。各储备单位彼此之间信息不能共享，更不能相互调剂。在南方暴风雪期间，某省舍近求远地调集大量麻袋。孰料，省内的备灾仓库就有麻袋，只不过属于国家储备。如果彼此之间信息可共享，应急效率无疑会大大提高。此外，我国救灾物资的中央物资储备库主要分布在中、东部地区，西部地区只有成都和西安。

（2）资金储备与生产能力储备。公共危机管理部门应设立充足的应急物资储备金，摸清有关应急物资生产的能力，必要时可与相关应急物资生产厂家签订协议，确保物资需求膨胀时可通过厂家扩大生产能力，以公共危机管理部门统一采购的方式，保障应急物资供应。

（3）社会储备。政府应本着"不求所有，但求所用"的原则，与商家签订储备协议，保障紧急状态下应急物资的供应。至于商家因储存造成的经济损失，政府应予以一定的补偿。此外，要动员社会公众准备应急包，其中包括手电筒、哨子、救生索、必备药品及一些五金工具等，以备不时之需。

从2020年新冠肺炎疫情应对来看，我国应将防灾、减灾纳入可持续发展战略之中。在应急物资储备方面，要建立国家战略性应急物资储备制度，将实物储备、资金储备、生产能力储备有机结合起来，形成政府、企业、社会、家庭“分散储备、集中使用”的制度。在经济社会发展战略的整体框架下统筹安排煤炭、石油、天然气、粮食药品等重要应急物资的保障。具体做法包括：一是国家尽快建立煤炭、石油、天然气、药品、粮食等重要应急物资的供应预警系统，对其生产、储备与需求情况进行密切跟踪、及时干预；二是制定多套重要应急物资运输的备选预案；三是按照布局均衡、方便配送的原则，在全国主要交通枢纽城市建设若干个大型应急物资储备库，预置一定数量耐储存、生产周期长的重要应急物资；四是本着平战结合的原则，发挥国防物资动员、国防交通动员的优势，建立应急与应战相统一的物资储运指挥、调度平台。

应急救援工作的开展离不开装备。救援装备对救援能否成功以及效率高低有着重大影响。特别是在一些专业应急救援过程中，装备的好坏直接决定救援的成败。政府应为应急救援力量配备一定的装备。

3.4.5 避难场所

《突发事件应对法》第十九条规定：“城乡规划应当符合预防、处置突发事件的需要，统筹安排应对突发事件所必需的设备和基础设施建设，合理确定应急避难场所。”2003年10月，北京建成全国第一个应急避难场所——元大都城垣遗址公园，此后，全国其他城市也陆续建立了一些应急避难场所。但是，我国应急避难场所建设还远远满足不了应急保障需要。

应急避难场所可新建，也可指定。城乡建设还可统筹规划，使娱乐设施与应急避难场所建设齐头并进、同步进行。世界上许多国家都非常重视防灾绿地的作用，它们不仅能美化城市，还能够防灾减灾：“(1) 灾害发生时的避难地及避灾、救灾的通道；(2) 灾害发生时的防火带及有害气体的隔离带；(3) 救灾人员的驻扎地、救灾物资的集散地、临时医院所在地及灾民的临时住所；(4) 救援直升机的起降地。”①

在国外，学校、医院和教堂常常在灾害来临时被指定为应急避难场所。应急避难场所应有明显、统一的标识，方便社会公众识别。此外，在紧急状态下，政府也可以临时征用一些建筑为应急避难场所。不过，事后政府应支付一定的征用补偿。

应急避难场所应具有以下三个特点：

(1) 安全。应急避难场所应该设在远离危险源的地方，可避免社会公众遭受二次伤害。1923年9月1日，日本发生关东大地震，社会公众到一小学校避难，不料，学校发生火灾，4万多公众不幸遇难。在“3·11”东日本大地震中的陆前高田市，“市政府附

① 郭美锋，刘晓明．构建具有“柔性结构”的防灾城市．北京林业大学学报（社会科学版），2006 (1).

近一个三层的市民会馆是指定避难所，到这里避难的人们与建筑物一起在海啸中被完全吞没而全部遇难。从结果来看，包括被指定为临时避难所的县立高田医院、高田小学、气仙小学等，陆前高田市所指定的68处临时避难所中有35处被海啸袭击，听到警报后不去指定避难所而是往高处跑的人才有得救的"①。应急避难场所安全的重要性可见一斑。

（2）方便。应急避难场所应做到设施齐全，方便社会公众生活。比如，北京市昌平区已经建成的亢山广场地震应急避难场所，是北京市郊区区县首个地震应急避难场所，内设应急指挥、应急供电、应急供水、应急棚宿、应急医疗、应急仓库、应急厕所等完备的设施，可以满足全区各类突发事件应急避难、紧急疏散的需求。

（3）就近。应急避难场所的建设要考虑周围社会公众的数量，方便其避难，一般以步行5～10分钟到达为宜。在日本，一般社区中的小学就是避难场所。因为日本土地是私有的，社区公众每家让渡出一块土地来建设学校。所以，学校适合做应急避难场所，对社区的公众开放。学校当然是儿童步行可至的目的地。作为避难所，学校无疑符合就近的原则。

避难所只是一个场所。它要发挥作用，离不开应急避难活动。当公共危机即将来临或已经来临时，应急避难活动应该注意以下几个方面：（1）向公众及时发布有关危机的具体、清晰、可信的信息，动员其进入应急避难场所；（2）政府与公众的沟通、公共安全教育对于公众采取正确的避灾行动都是非常重要的；（3）公众必须掌握通往最近避难场所的路线；（4）避难场所遭到破坏后，有可能不再适合避灾；（5）避难场所要储备必要的药品及医疗设备，方便公众就医；（6）理想的避难场所必须满足人的各方面需求，除饮水、食物之外，还包括育儿服务等。

东日本大地震中的避难所

东日本大地震发生后，大批灾民前往避难所。在仙台，由于食品和饮用水短缺，不少避难所中的公众每天只能饮一瓢水，吃一两个饭团。此外，避难所中的卫生和御寒等条件都很差，一些人旧病加剧。在地震后的一个月内，至少有282人在避难所中死亡。

根据国内外的实践，应急避难经常存在的主要问题包括：缺少充足的医疗资源；志愿者没有经过培训，不了解应急避难的政策与程序；物资发放不均衡；志愿者配备不平均；应急避难政策无持续性，经常变动；缺少避难所使用记录；灾民可能不遵守避难所规则，不服从工作人员指挥；避难所内个人或群体之间发生冲突。应急管理者必须认真思考这些问题，为解决这些问题做好充分的准备。

3.4.6　通信保障

公共危机管理离不开信息。应急通信是应急管理者的"千里眼"和"顺风耳"。《突

① 竹中平藏，船桥洋一. 日本"3·11"大地震的启示：复合型灾害与危机管理. 北京：新华出版社，2012：7.

发事件应对法》第三十三条规定：“国家建立健全应急通信保障体系，完善公用通信网，建立有线与无线相结合、基础电信网络与机动通信系统相配套的应急通信系统，确保突发事件应对工作的通信畅通。”

危机是不断演变的，需要公共危机管理者进行动态的决策，不断根据事件的发展发出各种指令，进行应急资源调配。通信在这个过程中起着信息桥梁的作用，是决定应急决策是否及时和准确的关键因素。“9·11”事件发生后，300多名消防队员冲进被撞击的世界贸易组织大楼中进行救援。经过航煤的高温燃烧，玻璃钢体的大楼逐渐倾斜，外面的救援人员万分焦急，却无法和里面的人取得联系，因为内外的通信工具不兼容，这导致300多名最初响应者不幸遇难。

通信工具除了要兼容之外，还要高中低档搭配。在某些情形下，越是先进的、技术含量高的设备，可能使用的局限性就越大。发展应急通信要依靠科技，但不依赖科技。经常，高技术含量的通信装备在公共危机中不能正常运行。这时，低技术含量的产品反倒可以发挥作用。

3.5 应急保障的产业支撑

“工欲善其事，必先利其器。”现代公共危机的应对离不开先进的技术、装备。应急技术与装备的发展必须满足公共危机处置的要求，与危机管理制度相吻合。在应急保障体系建设的过程中，我们应当发挥产业的支撑作用。

3.5.1 应急产业的发展

2007年11月13日，华建敏同志在全国贯彻实施《突发事件应对法》电视电话会议上提出，要进一步加快发展应急产业。2009年9月4日，工业和信息化部发布《关于加强工业应急管理工作的指导意见》，提出：“加快发展应急产业。应急产业是新兴产业。”2014年12月24日，国务院办公厅发布《国务院办公厅关于加快应急产业发展的意见》，将中国应急产业的发展推入快车道。

危机管理学界对于发展应急产业的关注并非新近才有。早在2001年，学者金磊就呼吁发展北京防灾救援产业①。近年来，由于我国各类突发事件频发，以及在历次事件应对中不同程度的应对能力不足问题的暴露，学界对于发展我国应急产业的呼声重又高涨。

发展应急产业，首先要对应急产业概念做一科学界定。金磊在其发展北京防灾救援产业的研究中认为，北京防灾产业具体含义及内容包括：（1）本身无公害也不产生污染的绿色工业；（2）城市防洪产业工程；（3）城市防旱产业技术；（4）城市防灾减灾产业；（5）城市建筑隔震减震技术；（6）城市气象服务及防灾产业；（7）城市消防产品及产业；

① 金磊. 21世纪初中期北京城市综合减灾重大战略问题研究：兼论发展北京城市紧急救援产业的建议. 世界科技研究与发展，2000（22）：6.

(8) 城市突发事故控制技术及产业（含化学品泄漏及中毒事件等）；(9) 城市工业化事故及劳保用品产业；(10) 城市公共安全产业；(11) 城市老龄化、残疾人特殊服务产业工程；(12) 城市装饰及室内安全产业；(13) 城市紧急救援医学产业；(14) 减灾信息产业；等等。在这些具体含义中，除第一项是对防灾救援产业的总体属性的阐述外，其他13项基本上囊括了现代城市可能发生的所有灾害事件。从应急管理的角度来看，其中第(2)(3)(5)(6)等项涉及自然灾害类事件应对，第(7)(8)(9)等项涉及事故灾难类事件应对。所谓应急产业，即专业化、规模化提供应急类产品和服务的生产行业。

《国务院办公厅关于加快应急产业发展的意见》将应急产业界定为“为突发事件预防与应急准备、监测与预警、处置与救援提供专用产品和服务的产业”。重点发展的领域包括四个，即监测预警、预防防护、处置救援、应急服务（见表3-6）。

表3-6　我国应急产业发展的重点领域与发展方向

重点领域	要求	发展方向
监测预警	提高各类突发事件监测预警的及时性和准确性	1. 自然灾害：发展地震、气象灾害、地质灾害、水旱灾害、病虫草鼠害、海洋灾害、森林草原火灾等监测预警设备 2. 事故灾难：发展矿山安全、危险化学品安全、特种设备安全、交通安全、海洋环境污染、重污染天气、有毒有害气体泄漏等监测预警装备 3. 公共卫生：发展农产品质量安全、食品药品安全、生产生活用水安全等应急检测装备，流行病监测、诊断试剂和装备 4. 社会安全：发展城市安全、网络和信息系统安全等监测预警产品。同时，发展突发事件预警发布系统、应急广播系统及设备等
预防防护	提高个体和重要设施保护的安全性和可靠性	1. 个体防护：发展应急救援人员防护、矿山和危险化学品安全避险、特殊工种保护、家用应急防护等产品 2. 设备设施防护：发展社会公共安全防范、重要基础设施安全防护、重要生态环境安全保护等设备
处置救援	提高突发事件处置的高效性和专业性	1. 现场保障：发展突发事件现场信息快速获取、应急通信、应急指挥、应急电源、应急后勤保障等产品 2. 生命救护：发展生命搜索与营救、医疗应急救治、卫生应急保障等产品 3. 抢险救援：发展消防、建（构）筑物废墟救援、矿难救援、危险化学品事故应急、工程抢险、海上溢油应急、道路应急抢通、航空应急救援、水上应急救援、核事故处置、特种设备事故救援、突发环境事件应急处置、疫情疫病检疫处理、反恐防爆处置等产品
应急服务	提高突发事件防范处置的社会化服务水平，创新应急服务业态	1. 事前预防：发展风险评估、隐患排查、消防安全、安防工程、应急管理市场咨询等应急服务 2. 社会化救援：发展紧急医疗救援、交通救援、应急物流、工程抢险、安全生产、航空救援、海洋生态损害应急处置、网络与信息安全等应急服务 3. 其他应急服务：发展灾害保险、北斗导航应急服务等

2015 年 6 月，工业和信息化部、国家发展改革委印发了《应急产业重点产品和服务指导目录（2015 年）》，在重点领域及其发展方向，再进一步细分产品和服务，形成了一个领域、发展方向、细分产品和服务三级结构。其中，三级分别为地震灾害监测预警产品、地质灾害监测预警产品等 266 个细分产品和服务，其中监测预警 69 项、预防防护 49 项、救援处置 108 项、应急服务 40 项。

根据该文件，发展应急产业的主要意义在于同时确保安全与发展两个目标。具体而言，它有以下三个方面：

第一，提高公共安全基础水平的迫切要求。发展应急产业能为防范和应对突发事件提供物质保障、技术支撑和专业服务，提升基础设施和生产经营单位本质安全水平，提升危机应急救援能力，提升全社会抵御风险能力，对于保障人民群众生命财产安全、维护国家公共安全具有重要意义。

第二，培育新的经济增长点的重要内容。应急产业覆盖面广、产业链长，加快发展应急产业有利于调整优化产业结构，催生新的业态，形成新的经济增长点；有利于促进中小微企业发展，增强经济活力，扩大社会就业。

第三，提升应急技术装备核心竞争力的重要途径。加快发展应急产业将带动相关行业领域自主创新和技术进步，促进国际先进技术和理念的引进、消化、吸收、再创新，提升我国应急技术装备在国际市场的核心竞争力，推动经济转型升级。

发展应急产业的必要性来自危机应对的现实要求。我国是一个各类突发事件频发的国家，但危机应对能力整体上仍然存在诸多薄弱环节。造成这种局面的原因之一就是：应急产业发展尚处于空白状态。各类应急产品的生产和提供不能做到规模化、市场化，生产企业效益较低，发展动力不足；各类应急救援服务主要由政府提供，除当前同样发展尚不成熟的应急志愿行动之外，无有效补充政府能力的途径。这严重制约了我国社会危机应对能力。为此，我国必须重视应急产业发展，加快应急救援产业的体系建设及其系统化、规模化、模式化建设，以更好地维护公民权益，保护人民群众生命、财产安全。所以，发展应急产业是增强我国危机应对能力的必然选择。

同时，发展应急产业能实现良好的经济效益。发展应急产业有助于现有应急资源的整合利用，培育新的经济增长点，促进就业。在很多国家，应急类产品的研发、制造、销售以及应急服务的提供，已经形成了较大的市场规模，成了新的经济增长点。在我国，虽然也有一些企业在应急类产品研发、生产上取得了较好的市场效益，但整体上发展水平较低，至于应急救援服务市场更是处于空白状态。我国应急市场规模庞大，如能形成应急产业，其经济效益巨大。

我国应急产业发展的指导思想是：以企业为主体，以市场为导向，以改革创新和科技进步为动力，加强政策引导，激发各类创新主体活力，加快突破关键技术，不断提升应急产业整体水平和核心竞争力，增强防范和处置突发事件的产业支撑能力，为稳增长、促改革、调结构、惠民生、防风险做出贡献。其基本原则包括：市场主导，政府引导；创新驱动，需求牵引；统筹推进，协同发展；服务社会，服务经济。

在经济新常态下，全国各地很快形成了一个发展应急产业的热潮。2015 年 12 月 30 日，北京市人民政府发布了《北京市人民政府办公厅关于加快应急产业发展的实施意见》，提出“到2020年，基本形成创新驱动、高端引领、带动周边、辐射全国的应急产业发展格局”，成为全国应急产业“大众创业万众创新”的成果聚集地和国际应急产业交流合作中心。

但是，应急产业发展不能一哄而上。它首先要符合公共突发事件或危机应对的要求，契合我国的危机管理制度。技术产品只有在制度框架下才能发挥最大效用。其次，国家要加强顶层设计、搭建应急产业沟通平台，避免重复建设、浪费资源。最后，政府要防止一些企业假借应急产业发展之名义，盲目“圈地”或骗取优惠政策。

3.5.2 国防工业与危机管理

国防工业的特殊使命就是为军队提供重要的装备保障。由于军队遂行多样化军事任务，军事装备在反恐、救灾等公共危机应对中的作用日益凸显。这使得军事工业要为军队提供完成多样化军事任务的装备保障，找到军民结合的新路径。

由于国防工业的产品研发要考虑到极端复杂的气象及地理条件下军事装备的正常运行能力，所以其产品性能优良、科技含量高、对外界物理条件依赖少，在公共危机处置中可发挥无与伦比的独特作用。

现代高新技术更是具有军民界限模糊的特点，可军用，也可民用；可用于应战，也可用于应急，给公共危机管理实现平战结合创造了技术条件。军事技术和应急技术在很大程度上可以实现自由流动，甚至是相互促进。这样就能避免出现应急与应战、军用与民用两套系统重复建设的不利局面。因而，国外许多国家的国防工业都在积极开发反恐救灾装备，为遂行多样化军事任务的军队提供良好的装备保障。

2001年9月，美国军方要求军事科学技术委员会调查军事技术在公共危机管理中的应用问题。该委员会发布报告称，军事技术在国土安全领域具有得天独厚的优势，军事技术向危机管理领域里流动的价值极大。

2004年日本出台的《新防卫计划大纲》提出，日本要有足够的防务能力，不仅可以保卫日本的领土、领海和领空的安全，还要能够防止恐怖主义等威胁从他国波及日本。特别要注意从中东到中亚地区的安全问题，因为这个“弧形地带”既是恐怖主义活动猖獗之地，又是日本能源的主要来源地。不仅如此，从地缘角度上讲，日本是个海啸、地震等灾害频发的国家。例如，日本在1983年、1993年和2003年都发生了海啸。所以，日本要求自卫队要同时具备打击恐怖主义和应对大规模灾害（包括核生化灾害）的救援能力。反恐和救灾为日本工业赢来了大笔的国防订货。

国防工业为公共危机管理提供产品、技术的同时，也有助于提升自身的忧患意识，增强抵御公共危机的能力。这对于捍卫国家安全、确保公共安全都具有不容低估的意义。在应急产业发展的过程中，国防工业具有得天独厚的优势，应该成为应急产业的骨干与中坚力量。

本章小结

本章围绕应急规划和应急保障，展开对危机应急准备的详细论述。第一节首先介绍了应急规划的作用、原则和流程。第二节结合我国实际，具体分析了我国应急预案工作的六大误区，包括神话应急预案的功能，重预案、轻规划，以致灾因子为导向，应急规划各自为战，过度强调指挥-控制和价值取向出现偏差。第三节介绍了危机管理中应急预案演练的类型和过程。第四节介绍了公共危机管理中应急保障体系的构建，具体包括应急队伍的建设、应急法律的完善、应急资金的准备、应急物资的收集、避难场所的设置、通信保障的维护。第五节介绍了公共危机管理中应急保障的产业支撑。希望读者重点掌握应急规划的流程、应急预案的编制和应急演练的安排等内容。

关键术语

应急规划　应急预案　指挥-控制模式　新兴人力资源模式　应急保障　预案演练　消防救援　医疗救援　警察救援　军队救援　实物储备　资金储备　生产能力储备　社会储备　避难场所　价值取向　应急产业

复习思考题

1. 应急规划有哪些重要的作用?
2. 如何把握应急规划的流程设计?
3. 结合我国实际，简述我国应急预案工作中存在的误区。
4. 简述应急预案中指挥-控制模式和新兴人力资源模式的不同之处。
5. 应急管理过程中的应急资金来源有哪些?
6. 结合本章内容，谈谈如何构建我国的应急管理保障体系。

第4章

公共危机预测预警

2020年6月2日，习近平总书记主持召开专家学者座谈会发表讲话时，提出："要把增强早期监测预警能力作为健全公共卫生体系当务之急。早发现、早报告、早隔离、早治疗'四早'的关键是'早发现'。"在危机管理中，预测预警是抢占先机、赢得主动之道。

《孙子兵法》曰：明君贤将，所以动而胜人，成功出于众者，先知也。在战争中，贤能的将领之所以能够百战百胜，是因为他们能先知先觉、先敌发现。这说明，预测预警十分重要。作为世界上独一无二的军事防御工事，长城具有完善的危机预测预警系统，即烽火台。所谓烽火，又称烽燧，即夜间举火为"烽"，白天放烟为"燧"。当敌军有动作时，守城的官兵对其侵略动机进行预测，并举烽火为号，发出"预警"信息，以实现"明四目，达四聪"的目的。在公共危机管理中，预测预警同样不可或缺。

4.1 预测预警的内涵与功能

从公共危机演进的过程来看，预测预警是在事发前最为重要的一个环节。所谓"预测"，就是指"预先监测"，即在公共危机事件发生前对各种致灾因子及其表象进行实时、持续、动态的监视和测量，收集相关的数据和信息，并通过风险分析与风险评估来研判公共危机发生的可能性。

4.1.1 预测预警的界定与阶段

所谓"预警"，就是指"预先警告"。这个词最早源于军事领域，主要是指通过各种手段提前发现、分析和判断敌情，并将其威胁程度报告给指挥部，以提前采取措施应对的活动。后来，预警逐步被人们应用到政治、经济、社会、自然等多个领域，包括灾害管理领域。

“地震速报系统”不等于“地震预警系统”

2008年6月14日上午8时43分，日本岩手-宫城发生里氏7.2级内陆地震。震中位于东京以北400千米的岩手县。震源深度10千米，属于浅源地震。地震烈度为6度。此次地震共造成12人死亡，10人失踪，200多人受伤。

在岩手-宫城地震中，日本气象厅在8时43分51秒测到了地震的发生。3秒钟后，日本NHK电视台临时插播《紧急地震速报》专用画面。地震波分P波（纵波）和S波（横波），其中震动较小的P波速度约每秒7千米，震动较大的S波速度为每秒4千米。如果监测到P波后的第一时间发出警报，公众有数秒时间提前做出响应。

在岩手“6·14”地震中，起作用的是“紧急地震速报”系统。它在地震的纵波与横波之间打一个“时间差”，为人们逃生赢得短暂的时间。但是，这个系统并非预警系统，因为该系统发出警报时，地震已经发生。

在公共危机管理中，预警主要是指致灾因子尚没有转变为公共危机之前，将有关风险的信息及时告知潜在的受影响者，使其采取必要的行动，做好相应的准备。“1997年，联合国发表的《有效预警的指导原则》（Guiding Principles for Effective Early Warning）中说，预警的目标是：赋予受灾难或其他致灾因子威胁的个人及社区力量，使其能够有充足的时间、以适当的方式采取行动，减少个人伤害、生命损失、财产或周边脆弱环境受到破坏的可能性。”①

成功的预警：四川绵竹公众战胜泥石流的法宝

2010年8月12日，四川省多个地方出现大到暴雨。成都、德阳、广元、绵阳、雅安、眉山、阿坝等10个市（州）发生特大山洪、泥石流灾害。其中，“5·12”汶川地震极重灾区德阳绵竹市清平乡、汶川县映秀镇及都江堰龙池镇受灾最为严重。由于预警及时，灾害损失被降到了最低程度。

“5·12”汶川地震发生后，四川省强化了地质灾害的预警机制。绵竹“8·13”特大山洪、泥石流灾害发生前3天，清平乡接到暴雨预警后，立即启动专项应急预案。8月12日，绵竹市国土资源局向各山区乡镇和沿山区乡镇发出了地质灾害预警信息，并要求清平乡组织危险区内人员撤离。5 000多名公众安全转移后，泥石流灾害来袭。

成功的预警：四川阿坝州公众战胜滑坡的法宝

自2020年6月以来，四川省进入主汛期，多次出现暴雨天气，造成山体滑坡、泥

① Philip Hall. Early Warning Systems: Reframing the Discussion. The Australian Journal of Emergency Management, 2007, 22 (2): 33.

石流等地质灾害。在连日大雨后，7 月 11 日晚，四川阿坝州小金县春厂坝“北斗智慧云公共监测平台”的人工智能预警广播系统发出了滑坡预警。接到预警通知后，当地干部立即组织人员避险，成功避免了滑坡导致的人员伤亡。

“5·12”汶川地震发生后，四川省强化了地质灾害的预警机制。2017 年启动研发“北斗智慧云公共监测平台”，利用北斗或 GNSS（全球导航卫星系统）高精度卫星定位技术进行地质灾害监测。目前已在四川省部署 3 277 处监测点位，曾 3 次成功预警阿坝州小金县春厂坝滑坡。

“预测与预警是迥然不同的事情：前者说明的是将要发生什么，而后者则是一种行动建议。因此，预警应该在预测的基础上解释清楚可能发生什么，如何行动才能避免事件影响的最坏结果。”① 可见，预测是预警的基础。

公共危机的预测与预警是相辅相成、相互统一的关系。预测获得相关的信息并进行研判，而预警则将研判的结果，也就是信息传递给特定的受众。一方面，科学的预测是精确预警的前提和基础；另一方面，只有通过有效的预警才能把预测得出的结论及时地传递给受众。

此外，预测预警的最终目的是使社会公众采取响应行动、减少公共危机的不利影响。因此，预测预警的完整流程是：对致灾因子持续地进行监测并对警兆进行客观分析，做出科学的风险评估；如果风险评估的结果显示公共危机不会发生，则返回继续监测；如果风险评估的结果显示公共危机可能发生，则向社会公众发出警示信号；当社会公众采取有效的响应行动后，预测预警的流程结束。

以海啸预测预警为例，主要步骤包括：（1）发现某一事件（如火山活动、地震等）可能引发海啸；（2）观测或计算海啸的发生；（3）绘制海啸影响路线图；（4）确定将被海啸淹没的人口密集区；（5）通知有关地区官员发出警报；（6）通过各种渠道，发出适当的警报；（7）确保人们对警报做出适当、及时的响应②。

可见，预测预警的过程包括三个阶段：监测、预警、响应。三个阶段显示了预测预警的三个不同维度（如图 4－1 所示）。

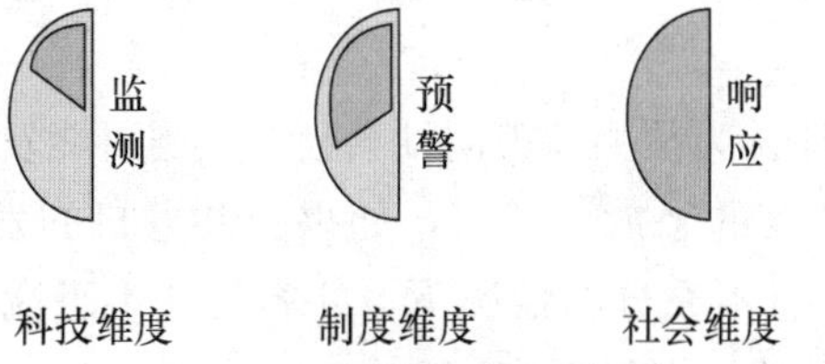

图 4－1　预测预警的阶段和维度

首先，在监测阶段，人们在科学的专业知识和先进技术的基础上，进行观察、评估和预报。这个阶段显示的是预测预警的科技维度。

① David Alexander. Principles of Emergency Planning and Management. Terra Publishing，2002：142.

② Ilan Kelman. Warning for the 26 December 2004 Tsunamis. Disaster Prevention and Management，2006，15（1）：179.

其次，在预警阶段，相关机构将预报转化为警报，并通过适当的手段加以传播，建议人们采取行动。这个阶段显示的是预测预警的制度维度。

最后，在响应阶段，警报被转化为行动。实施响应行动的主体包括政府部门、社会组织、企业、社区、公民个人等。这个阶段显示的是预测预警的社会维度。

总之，预测预警就是这样一系列活动：科学监测、数据加工及事件预报，将科学的信息转化成公众可以理解的警报，最大限度地广泛传播警报，促使社会公众及时采取响应行动。

4.1.2 预测预警的功能

预测预警处于公共危机管理的“前哨”地位。其主要功能在于：预测可能发生的公共危机及其危害程度，督促社会公众做好应急准备，启动危机响应行动，最大限度地降低公共危机所导致的损失，为有效地应对公共危机赢得宝贵的时间。具体来说，主要包括以下四个方面：

第一，预测功能。预测预警通过对政治、经济、社会、自然领域的一系列指标进行监测，及时发现其异常变化与特征，事先对公共危机发生的可能性及严重程度进行分析、判断。

第二，警示功能。当监测到指标突破一定的阈值时，预测预警机制就会实现从预测向预警的过渡，向特定的受众发出警报，引导人们采取相应的响应措施来加以应对。

第三，消解功能。在公共危机管理中，一方面，有效的预测预警可以抑制风险和公共危机的升级和扩大，避免风险演变为公共危机，一般公共危机演变为重大公共危机；另一方面，有效的预测预警可以减轻公共危机造成的损失，减缓公共危机带来的震荡。

第四，教育功能。预测预警可以培养人的忧患和风险意识，有利于社会居安思危，塑造公共安全文化，具有一定的教化作用。

长期以来，人们对预测预警的功能存在着错误的认识，也就是美国学者所说的预测预警的三个“迷思”：

一是“大众恐慌”，即认为预测预警向社会公众披露可能发生的公共危机的危害性和严重程度，将引起社会公众的恐慌。其实，如果公共危机的发生存在着较大的可能性，公众在接收不到信息或信息不充分的情况下，才容易产生恐慌。相反，人们对于确知的威胁有很强的适应能力，往往能够理性地面对。

二是“狼来了”，即认为如果预测预警的信息没有被证实，社会公众未来就对将来的警报听而不闻。虚假警报的发出是不可避免的，这主要是因为可能诱发公共危机的风险具有很强的不确定性，往往只在公共危机发生前的最后时刻才变得确定和明晰，而预警需要有一定的时间提前量。只要虚假警报是由于风险固定的不确定性而非人为因素导致的，那么，“狼来了”的效应就不会产生。

“狼来了”

“狼来了”的故事尽人皆知。它伴随着我们度过了美好而懵懂的童年，教育我们做人要诚实。从危机管理的角度看，这个故事告诉人们：不要频繁发出虚假的预警。否则，警报的严肃性缺失会导致公众对警报不信任，并拒绝采取响应措施。

在历史上，周幽王爱江山更爱美人。为博得褒姒一笑，竟然不惜烽火戏诸侯，接连发出虚假警报。结果，周幽王和那个经常戏弄人们的放羊娃落了个同样的下场，可悲可叹。

天有不测风雨，危机风险高度不确定。人们似乎有理由担心：危机预警出现失误会不会出现“狼来了”的效应？

其实，这种担心是多余的。放羊娃和周幽王的共同特点是：明知是虚假信息而发布，这是不可原谅的。危机管理者即便发布了空警，社会公众也会原谅，因为风险是不确定的。但问题是，警报落空后，危机管理者应该向公众表示歉意。道歉就是沟通，就是维护信任的最佳手段。

三是“信息过度”，即认为频繁的预测预警将使社会公众对有关公共危机的信息倦怠、麻木。事实证明，人们总希望获得与自身安全直接相关的信息。特别是在面对不确定性极强的事件时，人们更需要充足的信息加以应对，增强行为的可预期性。

4.1.3　预测预警的关节点

预测预警的关节点是对预测预警功能正常发挥至关重要的关键步骤。它们主要包括：获取丰富的实时数据以支撑预警；根据数据，判断报警的临界点；采用受众容易接受的标准化预警术语；通过多种通信渠道，将警报发送给处于风险中的公众及有关危机响应者；教育、培训公众，使其有能力采取适当的行动；定期评估预测预警的效能；等等。归纳起来，最为重要的关节点如下：

第一，致灾因子监测，要具备良好的技术基础。现代科学技术，特别是信息技术的快速发展为有效地开展致灾因子监测奠定了坚实的基础。它们能对致灾因子进行不间断的跟踪，并将有关的精确数据和信息传输给风险管理者。

第二，风险评估与危机诊断，要具备良好的风险分析能力。风险管理者根据技术设备提供的致灾因子信息，结合社会系统的脆弱性分析，评估风险等级。在此基础上，危机管理者对危机进行有效的诊断，做出正确的预判。

第三，警报传播要清晰、简洁、有效。如果正确的风险判断不能够及时传递给目标受众，则预测预警的意义为零。例如，2011 年 4 月 17 日，广东遭遇雷雨大风、冰雹等强对流天气袭击，造成佛山市顺德区 11 人死亡。当地气象部门提前 7 分钟做出了准确预测并发出警报。但是，从气象台到公众的“最后一公里”出现“梗阻”，“救命短信”未能传达给所有人，所以造成了人员伤亡。

第四，激发响应行动，要能够促使社会公众迅速地采取适当的响应行动以规避风险。如果受众接收到警报，但是不理解警报的内容、不知晓警情的严重性、不采取所期望的响应行动，则预测预警的最终目的也没有达到。

以往，人们特别强调预测预警中的技术因素，突出科学知识与技术的重大作用，表现出很强的科技中心导向。但是，预测预警还具有不容忽视的制度和社会维度。如果警报的内容不容易为人所理解，如果人们的风险意识薄弱或决策产生偏差，人们就不会采取适当的行动，预测预警的最终目的也就无从实现。而且，先进的技术也是要为人服务的。所以，我们在建设预测预警机制时，一定要以人为核心，而不是以技术为核心。

辽宁海城大地震：以人为本的预警

1975 年 2 月 4 日 19 时 36 分，辽宁海城、营口一带发生 7.3 级地震，震源深度 16 千米，震源强度为 9 度。地震发生在经济发达、人口稠密的辽东半岛中南部。在地震烈度 7 度的区域范围内，有鞍山、营口、辽阳三座较大城市（人口 167.8 万）以及海城、营口、盘山等 11 个县（人口 667 万）。辽宁省是我国重工业基地，鞍山是著名的“钢都”。地震发生地区公路、铁路网络密集，是东北重要的交通枢纽。此外，该地区有大型水库 1 座，中小型水库 109 座。由于震前成功地发布中期和短期预报，人员伤亡被有效地减少，仅有 1 300 多人死亡。这是世界历史上首次对 7 级以上地震进行的成功预报。

1974 年 6 月，国务院转发中科院 69 号文件，锁定京、津、唐、渤、张为可能发生地震的地区，要求“立足有震，提高警惕，防备六级以上地震的突然袭击……”。此后，营口地区不断出现地震前兆。1975 年 1 月，辽宁省革委会发布了地震情况通报：丹东、营口、旅大、盘锦地区有可能发生 5～6 级地震。从 2 月 1 日起，营口地震台地震仪的指针开始摆动。2 月 3 日，小震增强。

2 月 4 日早 7 时 50 分，营口发生 4.8 级地震。出于责任感，在营口探亲的中科院地球物理所工作人员李志永来到营口市科技局和地震办，参与相关工作，并在当天中午推测：2 月 4 日晚 12 时左右可能会发生 7 级以上地震。当天下午，营口市地震紧急会议传达了这个推断，并通过街道办等基层组织传达给市民。公众被要求，睡觉不能关灯锁门。有的地方通知放映露天电影，建议居民不要进屋睡觉。

在接到预警信息后，相关部门组织群众采取应急预防措施。营口市要求：城乡停止一切会议；工业停产，商业停业；医院用战备车将一般患者送回家，少数重病患者留在防震帐篷里就地治疗；城乡招待所、旅社动员客人离开；城乡文化娱乐场所停止活动；各级组织采取切实措施做到人离屋、畜离圈，重要农机具转移到安全地方；各街道、乡以高音喇叭、干部住户相告等方式动员公众撤离。由于预警以人为本，公众采取正确避灾行动。海城地震的人员伤亡程度被降至最低，堪称一个奇迹。

资料来源：平凡．震惊世界的 20 大灾难．北京：民主与建设出版社，2010：165-171.

4.2 预测预警系统

预测预警系统是一个有组织的过程以监测致灾因子、快速传播关于威胁及适当保护措施的信息。具体而言，它主要包括相互联系的四个要素：风险知识（risk knowledge）、监测与报警服务（monitoring and warning service）、传播与沟通（dissemination and communication）、响应能力（response capacity）①。预测预警系统的有效性取决于以上四个要素的共同作用。

因此，预测预警系统的有效性表现在以下四个方面：风险评估，能够了解有关致灾因子及人与社会的脆弱性；监测预警，对致灾因子的征兆进行技术监测，预报致灾因子的演变，并发出警报；警报传播，将清晰的警报信息及相关的准备信息发送给可能受风险影响的受众；响应行动，使受到威胁的受众能够理解风险并及时采取有效的行动，准备应对风险。第 2 章中已经讲过风险评估，在此不再赘述。

4.2.1　监测预警

监测预警处于预测预警体系的核心，实际上是一个情报收集的过程。“情报（intelligence）是决策之基础、成功的关键。情报也是一种力量的形式，没有情报的政策是盲目的，而没有政策的情报是无能的。”②

危机风险监测主要是对于致灾因子的预测预报，这需要以科学技术为基础，全天候地持续进行，因为持续性地对致灾因子的参数和先兆进行监测是及时地发出准确警报的前提。不同部门所开展的报警服务可以通过制度、程序、沟通等方面统一整合，以适应重大公共危机诱发因素的复合性与事态演变的复杂性。为此，建立有效的监测预警必须突出以下几个方面的内容：

第一，全方位整合预测预警资源。在发达国家，监测预警活动的参与力量是多种多样的，涵盖了不同的层面：联合国减灾机构、世界粮农组织、世界气象组织、联合国教科文组织等；地区预警技术中心；国家气象、水利等与灾害预警密切相关的部门；专业观测台站及预警中心；大学及研究机构；通信部门；提供预警设备的私人企业；公民个人，如质量管理专家；等等。这些力量都在为公共危机的监测预警提供着自己的服务，贡献着自己的力量。而且，不同主体所提供的各种服务可以通过一定的渠道和手段加以整合，必将为公共危机管理机构的决策提供更加全面翔实的参考信息。

第二，实现监测预警的标准化。随着时代的发展，科学技术，特别是信息技术在公共危机监测预警中发挥着越来越重要的作用，危机管理对监测预警的时效性、准确性都提出了很高的要求。现代科技手段的应用恰恰可以满足这一要求。比如，气象卫星的应用极大地提高了气象预报的准确性；河道水文测量系统能及时地将水位数据传输到监测指挥中心，通过对上游数据的分析，可准确预测下游洪峰到达的时间；卫星遥感技术能全天候监控森林火灾情况，及时发出警报；等等。

我们要借助方便、快捷的信息技术及其他技术，实现公共危机监测预警机制的标准化，进而提高公共危机监测预警的效率。具体措施包括：建立标准化的监测预警指标体

---

① Reid Basher. Global Early Warning Systems for Natural Hazards: Systematic and People-centered. Phil. Trans. R. Soc. A., 2006: 2170.

② 朱爱群. 政府风险管理与危机处理：实例系统分析. 桃园：“中央警察大学”出版社，2011：221.

系，规范监测预警信息的表述语言，确立监测预警信息的统一发布程序，构建不同监测预警主体之间的合作伙伴关系，等等。

第三，保持全天候持续监测。监测预警是需要持之以恒、常备不懈的工作。公共危机的风险是动态演进、瞬息万变的，监测预警工作必须对其进行持续性的动态跟踪，及时分析、研判。唯有如此，当风险达到警戒的阈值时，才能在第一时间及时地发出警报。

第四，分级进行预警。警报发出后，人们会对预警情况做出响应，社会的正常生产、生活秩序会受到一定程度的影响。因此，预警要分级。这样，预警信息更加明确，人们也就能够有针对性地采取适当的响应行动，避免响应不足或响应过度的问题。

美国的公共危机预警级别从高到低依次分为五级，对应的颜色是：红色、橙色、黄色、蓝色和绿色。我国《突发事件应对法》第四十二条规定："国家建立健全突发事件预警制度。可以预警的自然灾害、事故灾难和公共卫生事件的预警级别，按照突发事件发生的紧急程度、发展势态和可能造成的危害程度分为一级、二级、三级和四级，分别用红色、橙色、黄色和蓝色标示，一级为最高级别。预警级别的划分标准由国务院或者国务院确定的部门规定。"①

由于公共危机种类繁多，预警分级的标准很难实现统一。预警分级并以颜色标识，初衷是方便社会公众及时做出响应。但是，在实践中，社会公众往往不知道在具体的灾害预警中各种颜色意味着什么，也不知道该采取哪些相应的措施。为此，公共危机管理部门要加强公共安全教育，可根据风险评估的结果，以通俗易懂的大众语言而不是深奥晦涩的科学语言向社会公众普及公共危机的监测预警知识。

第五，重点监测"三敏感"事件。所谓"三敏感"事件，是指发生时间敏感、发生地点敏感、性质敏感的事件。由于时间、地点和性质的敏感性，公共危机风险的影响程度可能会急剧升级，影响范围可能会急剧扩散，因而需要重点加以监测。

4.2.2 警报传播

预测预警能否真正地发挥作用，这不仅取决于所传递信息自身的准确性，也取决于传播的有效性和快捷性。因此，警报传播是预测预警的又一个关键环节。在警报传播的过程中，我们要特别注意以下几个方面：

首先，警报传递信息。警报所传递的信息要充分考虑到人的特定需要，实现以受众为导向。受众的情况千差万别，拥有不同的教育水平、不同的经济实力、不同的民族身份与信仰、不同的母语、不同的健康状况、不同的灾害经历等，这些都应成为警报传播过程中须特别关注的内容。

警报的语言必须简洁、清晰、易懂，避免使用冗长、晦涩的专业性语言；警报的内容一定要表述清楚可能发生的公共危机将会带来的威胁和影响，考虑到受众的价值判断与利益权衡等因素，对社会公众采取有针对性的响应措施提出建议；警报发布的对象仅限于可能受到公共危机影响地区的公众，以免出现警报扰民的现象；警报的发送应该考

① 李飞.《中华人民共和国突发事件应对法》释义及实用指南. 北京：中国民主法制出版社，2007：175.

虑预期受众的文化、社会、性别、语言、教育程度等背景的差异，做到有的放矢。因此，我们需要研究人们获取警报的具体途径以及不同群体阐释警报的方式，在警报传播的过程中充分考虑到人的特定需要。

其次，警报传递手段。警报传递手段必须是有效的，要具备以下特征：第一，多样性。警报传播媒介既包括报纸、广播、电视、网络等大众传媒，也包括奔走相告等人际传播方式，还可以借助无线电爱好者等特殊群体的特殊传播渠道。当然，也可以多种手段并用。第二，针对性。警报传播要针对不同的群体采取不同的手段，如在广播、电视信号无法接收的情况下，可采取发出警报或奔走相告的方式。第三，全覆盖性。警报的传播要确保可能受到公共危机影响的所有公众都能知晓警情。通常，危机管理部门应保持对特定群体发布警报手段的稳定性和经常性，使其能够密切关注相关信息。第四，互动性。警报传递手段最好具备双向可达性，以便社会公众及时反馈警报接收信息。

人们在选择警报传递的手段时可考察以下几个指标：一是精确性，即是否可将警报传递给精确锁定的受众，而不会影响其他公众；二是渗透力，警报引起风险承受主体的关注程度；三是具体程度，即警报描述威胁、脆弱性等内容的详细程度；四是易被扭曲的程度；五是传播速度；六是发送和接收的资源需求①。

最后，警报传递制度。通常，警报信息传递由社会公众所信赖的权威机构完成，如气象局发布天气灾害预警、卫生局发布公共卫生事件预警等。但是，社会组织、志愿者机构等社会力量经过必要的培训后，也可以在警报传递的过程中发挥十分重要的作用。它们具有庞大的组织、联系网络，能够及时地将警报传递给自己的成员；它们具有很强的亲和力，能够使所传播的信息为广大社会公众所理解和接受。

一般而言，政府要负责警报原始信息的发布，以保证信息的真实性和权威性，杜绝流言和谣言。在警报传播的过程中，多个主体可以参与其中。但是，政府必须制定相关的法规，约束其他主体的传播行为，严禁故意发布虚假警情或故意夸大、缩小警情，避免有人趁机造谣惑众。

不仅如此，公共危机发生变化，警报也要相应地进行调整。对此，我国《突发事件应对法》第四十七条规定："发布突发事件警报的人民政府应当根据事态的发展，按照有关规定适时调整预警级别并重新发布。有事实证明不可能发生突发事件或者危险已经解除的，发布警报的人民政府应当立即宣布解除警报，终止预警期，并解除已经采取的有关措施。"②

4.2.3　响应行动

社会公众根据所接收的警报而采取必要的响应行动，减少公共危机所造成的损失，预测预警的目的才最终达到。也就是说，预测预警既要通过警报给特定的社会公众以一定的刺激，也需要社会公众对警报做出相应的适当反应。在"卡特里娜"飓风事件中，

① Ronald W. Perry，Michael K. Lindell. Emergency Planning. New York：John Wiley &Sons Inc.，2007：322-323.

② 李飞.《中华人民共和国突发事件应对法》释义及实用指南. 北京：中国民主法制出版社，2007：16.

美国气象部门对风速、降雨量等预测很准确，并在几个小时之前就已经发出预警。但是，由于种种原因，公众和政府对飓风预警响应不足，最终导致1 000多人丧生。

社会公众对警报做出适当响应的概率受两个因素的影响：一是对警报可靠性的评判，二是对风险的认知。如果公众认为警报不可靠，那么，他们就不会采取行动；如果公众低估或高估了风险的严重性，那么，他们就会响应不足或响应过度。一般而言，社会对警报采取响应需要经过一个过程，表4-1所示的八个步骤至关重要。

表4-1　警报阶段和行动

步骤	活动	问题	结果
1	风险识别	是否存在需要我注意的现实威胁？	威胁判定
2	风险评估	我是否需要采取防护行动？	防护动机
3	防护行动寻求	怎样才能实现防护？	决策（替代行动）
4	防护行动评估	最好的防护方案是什么？	适应性计划
5	防护行动实施	现在需要采取防护行动吗？	威胁响应
6	信息需求评估	我需要哪些信息来回答我的问题？	识别信息需求
7	沟通行动评估	我可以从哪里以及怎样才能获取所需信息？	信息搜寻计划
8	沟通行动执行	我现在需要信息吗？	决策信息

资料来源：Michael K. Lindell，Carla S. Prater，Ronald W. Perry. Introduction to Emergency Management. New York：John Wiley & Sons，Inc.，2007：83.

为了增强警报的可靠性，我们首先需要确保警报的原始发布由公众所信赖的权威机构完成，并在警报传递的过程中注意维护其真实性，防止被扭曲。其次，由于公共危机风险具有高度的不确定性和动态演变性，错误警报的发布与传播在所难免。但是，有关部门必须尽最大努力，减少错误警报的发生概率，并进行持续性的改善，以保持社会公众对于预警的信任。

同时，为了提高社会公众对风险的认知能力，我们必须加强公共安全教育，增强社会公众的危机管理意识和技能，具体措施包括：向社会公众传播有关警报传播的知识和鉴别警报来源可靠性的技能；在学校教育中设计公共安全的课程，增强社会公众的风险意识；等等。

此外，社会公众在公共危机预警后的响应能力还取决于应急准备与响应计划的完备程度。应急计划，即应急预案，必须具有针对性、可操作性和持续改进性。否则，就不能发挥作用。

具体而言，所谓针对性，是指灾害准备与响应计划是根据某个单位或社区的具体需要，参照风险评估的结果而编制的；所谓可操作性，是指灾害准备与响应计划具有较高的应用价值，可以在接到警报后明确“什么事”“怎么办”“找谁办”等基本问题，并经常性地举行演练以验证计划的有效性；所谓持续改进性，是指不断地对已发生的灾害事件及响应行动进行分析和总结，并将所得出的经验和教训纳入应急准备与响应计划。

在预测预警的响应行动中，社区的作用十分重要。社区要经常进行响应能力的评估，开展志愿者培训活动，发展社区公共安全教育，不断加强社区响应能力。

北京“7·21”暴雨中的预警：为何不管用?

2012年7月21日，北京城遭遇特大暴雨袭击。截至22日2时，全市平均降雨量164毫米，为61年以来最大。城区平均降雨量212毫米，发生严重内涝，城市运行陷入瘫痪。在远郊区县，山洪泥石流灾害造成的损失严重。此次特大暴雨共造成北京79人遇难，直接经济损失161亿元人民币。在7月21日一天内，北京市气象台连发五个预警，暴雨级别最高上升到橙色。但是，社会公众并没有采取有效的避险行动，体育赛事、演唱会依旧在进行。

7月21日10时左右，部分地区开始出现降水，并自西南向东北扩散。早上9时30分，市气象台发布第一次气象预警，当时只是暴雨蓝色预警信号。到了午时，市气象局和市国土资源局联合发布了地质灾害黄色预警。雨势在预警发布后迅速加大。下午，城区多次出现短时强降水。市气象台在14时将暴雨蓝色预警信号上升到了暴雨黄色预警信号，并在15时30分继续发布。18时30分，市气象台将预警信号再次提高，升到了暴雨橙色预警信号。这是北京市气象台自2005年建立天气预警制度以来发布的第一个暴雨橙色预警。气象专家表示，随着雨情发展，不排除发布最高级别暴雨红色预警的可能。

暴雨预警信号界定标准是：蓝色预警：12小时内降雨量将达50毫米以上，或者已达50毫米以上且降雨可能持续；黄色预警：6小时内降雨量将达50毫米以上，或者已达50毫米以上且降雨可能持续；橙色预警：3小时内降雨量将达50毫米以上，或者已达50毫米以上且降雨可能持续；红色预警：3小时内降雨量将达100毫米以上，或者已达100毫米以上且降雨可能持续。

7月25日，中央气象台发布了最低级别的暴雨预警，预计25日14时至26日14时，京津等地的部分地区有大雨或暴雨。当晚，北京市民纷纷避免出行，躲避暴雨。北京城成了“空城”。但是，预报中的暴雨并没有如期而至。

反思“7·21”，有网友质疑称，气象部门为何不通过短信将预警信息送达所有市民手中。北京市气象局此前回应称，手机预警信息发送尚有技术障碍。对此，手机网络运营商回应称，全网群发短信此前存在先例。

“7·21”特大暴雨让北京城市公共安全成为世人瞩目的焦点问题。其中，预警是热点中的热点。北京市在2012年7月21日当天接连发布5次预警信息，可“时间依旧流逝，街市依旧太平”，社会公众没有采取有效的避灾行动。其原因值得人们进行深刻的反思。

首先，预警信息发布的前提是进行科学的风险评估。风险是致灾因子与脆弱性共同作用的结果。气象部门可以依据科学手段，对致灾因子即天气状况进行持续监测。但是，气象部门不能对北京市的脆弱性进行有效分析。所以，天气预报预测的只是致灾因子，而不是风险。

其次，天气预报是不是天气预警？不是。一个预警信息包括：即将发生什么？影响多大？公众应采取何种避险行动？北京市气象部门发布的预警信息没有告诉公众影响多大、公众应采取的避险行动。这不是其不为也，而是不能也，因为对城市脆弱性的分析不是气象部门所能做得到的。还有，预警信息要以人为中心，即考虑到公众的接受能力。

颜色预警是抽象的，降雨量是冷冰冰的，普通公众不知道蓝色、黄色、橙色、红色意味着什么。

再次，暴雨过后，人们防灾意识增强。面对 7 月 25 日的暴雨预报，公众本能地采取避险措施。但是，天气与北京城开了一个玩笑。一切准备完毕，但风雨并未到来。公众都知道，天有不测风云。对于虚警，公众可以理解。问题是相关部门应向公众解释、说明、致歉。这是和公众沟通、增强公信力的必要环节。否则，没有公信力，预警信息就不会为社会公众所恪守。公众不采取有效避灾行动，一切预警的意义都是零。

最后，气象部门和手机网络运营商就手机短信预警的争执也耐人寻味。人们都相信，现代信息技术高度发达，通过手机短信发布预警信息无疑具有便利、快捷、覆盖面广的特点，从操作技术上讲应该没有问题。但是，能与不为的矛盾根源在于预警制度建设。政府可以借助通信运营商来发布预警信息，但双方在相关补偿问题上必须达成协议。

4.3 预测预警的方向

在公共危机的预测预警中，我们离不开先进的技术，特别是先进的信息技术。但是，我们也必须防止另外一个倾向：科学主义。从国际眼光来看，预测预警以人为核心的理念越来越得到人们的接受与认同。公共危机预测预警依靠的是制度，科学技术服务于制度。习近平总书记在浙江工作期间要求抗旱要“目中有人”。其实，公共危机预测预警更要目中有人、以人为本。

4.3.1 以人为核心

从预警系统的发展演进历史看，它首先经历了两个时期：“两阶段”时期和“三阶段”时期。在“两阶段”时期的预警系统中，科技人员对警兆进行测量，并预测是否会有公共危机发生。如果结论是肯定的，则发出警报。

后来，“两阶段”时期的预警系统因没有考虑到公众的响应受到人们的质疑，演进到“三阶段”时期。在这个时期里，预警系统是一个“预警链条”，从观察、监测到报警，最终将警报信息传递给受众，启动社会的响应系统。这种预警系统比起前者，是一个巨大的进步。其核心原则为：阐释致灾因子的现象及其影响，预测未来将发生什么，建议人们采取何种行动来加以应对。它的特点是：以致灾因子为核心；从点到点，为线性的；自上而下地由技术专家驱动，缺少最终用户，即社会公众及其代表的参与。其中，科技专家占据绝对的主导地位。

这种预警系统也存在着巨大的缺陷：第一，过分强调致灾因子，忽视脆弱性，这样，不能客观、全面、正确地评估风险，因为风险是致灾因子与脆弱性的乘积；也不能充分地促进响应责任的落实和响应水平的提高，因为人对致灾因子的作为空间比较小，而对脆弱性的作为空间比较大。也就是说，人更有能力通过做好响应准备来降低脆弱性，减少公共危机的风险。

第二，过分强调致灾因子，不利于不同预警机构之间的信息共享、沟通协作。由于不同的致灾因子需要不同的监测技术，不同的预警技术机构彼此之间缺少协同与合作，不能有效地应对现代社会多种风险相互叠加、耦合所形成的复杂局面。特别是，对于不能以线性方式应对的极端事件，这种预警系统的有效性更是大打折扣。

第三，技术专家占绝对主导地位。这导致社会公众不能参与预警系统的设计与运行，对预警信息的理解困难，对专家和权威的信任不够。同时，核心专家圈外的研究成果很难被推广，预警技术进步受到影响。还有，由于社会公众的参与程度低，人们对预警系统的认识不够，欠缺对预警系统发展的支持。

2010 年印度尼西亚地震海啸：预警技术不是万能的

2010 年 10 月 25 日晚，印度尼西亚西苏门答腊省明打威群岛附近海域发生里氏 7.2 级地震，继而引发海啸。西苏门答腊省灾难管理局 10 月 28 日宣布，海啸造成的死亡人数已经上升至 343 人，仍有 338 人失踪。

印度尼西亚亚齐地区 2004 年遭遇 7.9 级地震，触发印度洋海啸，波及 19 个国家，致使 20 多万人死亡、50 多万人无家可归。那场海啸后，印度尼西亚着手建立海啸预警系统，由德国提供资金和技术支持，最终于 2008 年建成。但是，明打威群岛的居民说，他们这一次没有听到警报。

印度尼西亚危机处理中心监控室总监阿戴·爱德华说，一般来说，海啸的形成会经历三个阶段，即地震—海水水位后退—海啸，但与以往不同的是，此次海啸发生前，并未监测到海水水位后退，因此海啸发生时没有任何预警。

但是，印度尼西亚媒体却称，由于缺乏维护，海啸预警系统在此次海啸中并没有发挥恰当的作用。政府官员也承认，这套海啸预警系统一个月前失灵。印度尼西亚气象局主任哈里约诺证实，预警系统中部分设备已失窃，“我们的一些仪器被偷了，例如地震仪和太阳能电池等，但每 100 个仪器中不见的只有两三个。整个预警系统仍然运作良好”。印度尼西亚技术评估和应用局官员查马鲁丁表示，明打威群岛有两个预测海啸的海上浮动探测器遭破坏。救援评估部门官员里达万·贾迈勒丁也说，明打威群岛海域两座监控浮标“遭到破坏”。

此外，联合国灾害专家博纳帕斯表示，警报传递是工作难点，而此次的海啸又正好发生在偏远群岛。印度尼西亚总统府发言人帕沙认为：“也可能是海啸来得速度太快，使预警体系来不及发挥作用。”

在预警系统中，致灾因子的监测需要高新技术的有效支撑。但是，技术不是预警系统的全部。预警系统要发挥作用，还必须依赖于有效的应急制度建设和公共安全文化建设。2004 年印度洋海啸后，印度尼西亚开展海啸预警系统建设，但这套体系只是海啸预警的技术体系，缺少制度建设和文化建设。在 2010 年海啸中，预警的失败或许因为技术本身的局限，或许因为预警系统组件失窃。不论哪一种原因，都说明：预警不能奉行技术至上主义。

资料来源. 印尼连续灾害致 370 人死：海啸预警失灵或系人为. 北方网，2010-10-29.

“两阶段”时期与“三阶段”时期的共性是：首先，不论以技术为中心，还是以致灾因子为中心，其结果都会导致技术专家占据预警系统的主导地位，造成风险预警部门之间各自为战，全风险预警难以实现；其次，两者均没有实现以人为核心、将人的需要作为预警系统建设的最终指针。

以人为核心的预警系统必须以人的需要为出发点，预警应该不遵循线性规律，可以横跨从致灾因子和脆弱性认知到准备、响应的全过程，主要包括：确认预警的目标人口，特别是弱势群体，与其交流、互动，确定人口的预警需要和响应能力；将社区吸纳到风险源普查、制订响应计划的过程中；在社区，开发监测、预警系统，增强其应对本地风险的能力；等等。

因此，国外学者提出了“整合式的预警系统”（integrated early warning systems）的概念。这种模式的预警系统主要强调：有效预警与响应所需的各要素之间的互联与互动；凸显人的因素作用，进行完整的风险评估与管理，而不仅限于对致灾因子发出警告；社区及有关科研机构在预警系统中发挥重要作用；预警系统包含各种联系及反馈路径。

此外，以人为核心的预警系统还要体现受众导向的特点，需要开展对预警技术的绩效评估，并对公众安全意识和预警服务满意度实施测评，等等。预警系统要围绕“以人为核心”的理念，组织、协调多样化的预警组织。绩效是衡量预警系统有效性的唯一标准。它是指可否对处于风险威胁中的人提供强有力的保护。

从国外公共危机预测预警的发展来看，以人为核心是预测预警制度创新的一个重要表现，从中我们可以获得以下启示：

第一，建立统一的全致灾因子的预警系统是必要的。不同的预警系统大量存在，彼此之间互不兼容；而且，许多政府机构发布的警报在术语上缺少规范，容易引起歧义，导致社会公众不能及时采取有效的响应措施。为此，我们有必要整合不同的预警资源，形成一个统一的全致灾因子的预警系统，以提高综合预警的效能。

预警系统最为有效的结构就是整体化的结构，尤其突出的两个特点是：系统的最终目的是确保准备和有效响应的进行，系统的一体化要求子系统之间建立并维持和谐的关系①。

第二，公共危机的预测预警需要多种力量共同参与。政府、企业、社会组织、公民个人等都应该成为预测预警的行动主体。特别是，社区在公共危机的预测预警中更是发挥着特别重要的作用。“以社区为基础的预警系统将地方社区纳入绘制风险图、进行科学监测、制定应急规划中来，比高技术系统更有效率。”②

此外，企业在公共危机的预测预警中也可能做出巨大的贡献。比如，警报可以通过电话、计算机及其他个人有线和无线的通信设备发布。政府可为相关工业确立一个国家标准，使得这些设备具有公共危机的警报接收功能。

第三，公共危机的预测预警必须以科学技术为基础。但是，在增加对预测预警的科技投入的同时，不能偏离满足人的需要这个预测预警的终极目标。在某种意义上说，制

---

① John C. Pine. Technology in Emergency Management. New York：John Wiley &Sons Inc.，2007：196.

② Parliamentary Office of Science and Technology. Postnote，2005，239：3.

度比技术更重要。

仅有预警系统是不够的。“以技术为基础的系统不会在发展中国家产生影响，除非它们同时有风险削减战略、公共教育计划、国家和地方的清晰的制度责任与能力、有效的传播方式。”①

4.3.2　社区的预测预警

作为一种社会关系的整合，社区不仅是社会的有机组成部分，更是一个“小型的社会”。社区在公共危机管理，包括预测预警中扮演着不可或缺的重要角色。“因为所有的灾害都是地方的，预警的效果取决于地方当局和居民如何对迫在眉睫的威胁做出响应。根据经验，灾害易发社区的居民熟知当地经常出现的风险，他们形成了灾害文化。……如果他们在危险发生之前保持警觉，当警报发出时，他们就能做好准备。”②

20 世纪 90 年代，联邦应急事务管理署推出了一个以社区为基础的灾害减缓计划，即“影响工程：建设抵御灾害的社区”。它要求建立包括各利益相关者在内的伙伴关系，识别并减少风险。商业部门首次被融入伙伴关系的范畴之内，这体现了全民参与的思想。该工程的目的是：把风险及风险规避决策纳入社区日常决策中来，促进社区经济的可持续发展，保护自然资源，确保公民的生活质量。事实证明，这种以社区为基础的灾害减缓计划起到了理想的防灾、减灾效果。这是因为：

第一，社区是因地缘关系而组成的社会生活共同体。在公共危机来临时，社区中的公众是最直接的承灾主体。由于公共危机与公民切身利益密切相关，社区公众具有很高的防灾、减灾意识与热情，会自觉地关注、监视周围环境中蕴藏的风险。

第二，社区公众对社区具有一定程度的认同感和归属感，经常在警报传播的过程中奔走相告，使得预测预警的作用能够切实体现。而且，一旦社区形成重视公共安全的文化，人们对警报的认知、理解能力将大大提高。这有助于文化背景不同、宗教信仰多样的社区采取有效的避险行动，也有助于加强对妇女、儿童和老人等弱势群体灾时的关爱与保护。

第三，从某种意义上讲，社区的准备与响应能力决定着危机管理的成败。台湾“中央警察大学”教授李宗勋认为，“‘灾害是地方的’是普遍的共识，防灾的机具与资源也将近九成是掌握在民间中”③。社区中蕴含着可资调配使用的大量人力、物力和财力。

就我国而言，农村社区同质性强，成功的社会动员容易产生一呼百应的效果；城市社区异质性强，虽然整合需要一定的努力，但公众的社会交往广泛，与外界联系密切，可以在紧急状态下大量地获取、调配各种资源。健全的社区准备与响应机制可以将这些应急资源调动起来，根据预测预警情况，采取相应的紧急措施，避免社会公众的生命、健康与财产损失。

---

① Parliamentary Office of Science and Technology. Postnote，2005，239：4.

② Zhang G. Delica. Community Mobilization for Early Warning in the Philippines//Jochen Zschau，Andreas K. Kuppers. Early Warning Systems for Natural Disaster Reduction. New York：Springer-Verlag Berlin Heidelberg，2003：39.

③ 李宗勋. 风险、安全与灾害防救安全管理非政府化的观点与个案探讨. 研习论坛，2005（77）.

“社区参与是社区的根本功能，如果社区成员和社区本身处于健康的社会且有权能（competence），那么就允许和要求其成员参与社区的生活和治理。”① 社区参与不单单是民主的重要体现，而且是预测预警以人为本的重要体现。

社会组织作为一种草根组织，也应积极参与社区的预测预警活动，如提供灾害信息咨询活动，开展危机管理培训，灾时协助社区公众疏散，分发食物、药品、衣服等。从总体上说，国际性的社会组织因为人力和财力充沛，在社区预测预警中的贡献较大。但是，地方性的社会组织熟悉当地情况，更能在社区预测预警方面有所作为，其中包括：传播预警信息，提升社区公众的安全意识；提高社区灾害响应的准备能力；监测和评估灾害；促成灾害的利益相关者建立伙伴关系；建立社区与决策之间的联系机制②。

世界许多国家在公共危机管理过程中都突出“减缓”与“准备”功能，力争使公共危机被消灭在萌芽状态。而中国的公共危机管理在某种程度上却存在着“重救轻防”的倾向。由于预测预警存在着一种科学主义的倾向，社会公众的参与程度很低，预测预警成为科技人员的“专属领地”，社会公众对其望而生畏。在这种情况下，预测预警的正常失误不为社会公众所理解，久而久之，预测预警的公信力降低，“重救轻防”的现象加重。

社区参与预测预警，不仅有助于扭转“重救轻防”的倾向，而且有利于从源头上预控、防止公共危机的发生。比如，社区承担着一定的社会化功能，在社会化过程中，人们习得社会认可的价值观念和行为模式。一个人如果在社会化过程中出现偏差，就容易表现出反社会的倾向，产生恐怖袭击等暴力举动。

4.4 预测预警机制

随着我国改革开放事业的不断深入，影响公共安全、国家安全、环境安全和社会稳定的风险因素不断增多，并呈现出相互交织、叠加的态势。我们必须坚持公共危机管理以预防为主的原则，加快突发公共事件，特别是重大公共危机的预测预警机制建设。

4.4.1 预测预警机制的构建原则

2005 年 7 月，温家宝同志在全国应急管理工作会议上指出，建立健全社会预警体系，加强应急管理工作，就是要提高国家保障公共安全和处置突发公共事件的能力，预防和减少自然灾害、事故灾难、公共卫生和社会安全事件及其造成的损失，保障国家安全、保障人民群众生命财产安全、维护社会稳定。我们在构建预测预警机制的过程中，一定要围绕这个目标，体现以下三个原则：

（1）及时性原则。公共危机预测预警机制功能实现的前提是：在公共危机发生之前，

---

① 夏建中．社区工作．北京：中国人民大学出版社，2005：7.

② Monica Omulo. Natural Disaster Early Warning：The Role of NGOs//Jochen Zschau，Andreas K. Kuppers. Early Warning Systems for Natural Disaster Reduction. New York：Springer-Verlag Berlin Heidelberg，2003：34.

识别存在的各种威胁。在此基础上，采取适当的措施发出警报，敦促社会公众采取行动，避免公共危机的发生或者最大限度地减轻公共危机的影响。预测预警机制如果不能及时发现潜在的风险并传递相关的警情，也就不能为提前采取响应措施赢得宝贵的时间，其存在也就失去了意义和价值。

《国家突发公共事件总体应急预案》规定："各地区、各部门要针对各种可能发生的突发公共事件，完善预测预警机制，建立预测预警系统，开展风险分析，做到早发现、早报告、早处置。"这就体现了及时性原则。

（2）准确性原则。准确性原则要求公共危机预测预警机制必须从客观实际出发，尊重历史和现实资料，分析公共危机相关因素之间的本质联系以及公共危机的演化、发展趋势，进行准确的预测和报警。警报一旦发出，公众采取应对措施，这会发生一定的成本。如果预警不准确，付出的成本就不会带来预期的收益。长此以往，社会公众对预测预警的信任度就会降低，进而导致人们对预警信息的熟视无睹，预测预警机制名存实亡。

（3）全面性原则。全面性原则要求预警信息覆盖所有的利益相关者，不能挂一漏万、顾此失彼。在公共危机中，损失的降低程度通常与获得警报的人数成正比。为此，在预警信息的传播中，我们要调用多样化的信息传递渠道，不仅要运用现代化的信息手段，如电视、广播、互联网、手机等，也要兼顾传统的预警方式，如高音喇叭、鸣锣敲鼓、奔走相告等。同时，传播预警信息要特别关注弱势群体，鳏寡孤独者、残疾人、语言不通的外国人、老人、妇女、儿童等。

能否落实公共危机预测预警机制构建的上述三个原则，直接影响着预测预警的效果。我们可以用这样一个公式来表述，即预测预警的效果＝及时性×准确性×全面性。换言之，预测预警的效果与其及时性、准确性和全面性成正比。预测预警越及时、越准确、越全面，预测预警的效果越好。

此外，在公共危机预测预警机制的构建中要特别处理好三对关系：一是以人为本与依靠科学的关系。预测预警必须依靠科学，但更要以人为本。科学是手段，人的需要才是目的。我们在构建预测预警机制时，必须以公众的需求为转移，以最终效果为导向。预测预警多一些人性化的关怀，预测预警的效果将会更加突出。比如，《国家突发公共事件总体应急预案》规定："预警信息的发布、调整和解除可通过广播、电视、报刊、通信、信息网络、警报器、宣传车或组织人员逐户通知等方式进行，对老、幼、病、残、孕等特殊人群以及学校等特殊场所和警报盲区应当采取有针对性的公告方式。"

二是政府主导与公众参与的关系。在中国这样一个政府主导型的社会中，公共危机管理预测预警机制的构建和运行都离不开政府。但是，预测预警机制要为社会公众的参与预留一定的空间。社会公众的参与不仅可以分担政府在预测预警方面的负担，而且可以促进人防与技防相结合的局面，提高预测预警的效率。

《国家突发事件应急体系建设"十三五"规划》指出，要健全完善突发事件风险管控体系，加强城乡社区和基础设施抗灾能力，完善监测预警服务体系，强化城市和基层应急管理能力建设，提升应急管理基础能力和水平。监测预警服务体系不仅包括社会公共危机预警，更强调全社会参与预警，进而提升基层应急管理能力。

四川达州灾害预警系统建设

四川达州地处亚热带季风气候区，暴雨频繁，灾害频发。不仅如此，达州地形复杂，气候区域差异大。2005 年前，达州全市仅有气象观测台站 6 个，密度低，分布极不均匀，不能准确、全面地对灾害性天气实施有效监测。乡镇气象雨量站点多以人工观测为主，自动化程度不高，难以满足防灾减灾与多层次气象保障服务的需求，对灾害性天气的监测能力有限。在达州地区，暴雨、冰雹等强对流天气发生的水平范围小，一般只有几千米到几十千米。只有在全市大量建设中小尺度灾害性天气自动气象监测站，才能进行有效监测，保障气象预测预报的准确。

2004 年、2005 年，达州连续遭受特大洪灾袭击，为此，达州市下定决心，用 3～4 年的时间，全面建成自动气象灾害监测网络系统。2006 年，达州市将自动气象站建设和多普勒雷达系统建设纳入“为老百姓办十三件实事”之一；2007 年，将其再次纳入“十大惠民行动”之一。

经过努力，达州市建成自动气象监测站 134 个，其中包括国家大气监测站 6 个，区域自动气象站 128 个，建设规模在四川省仅次于成都市。这些建成了一个结构合理、布局适当、功能齐备的综合气象观测系统，除可以监测基本气象要素外，该系统还能监测暴雨、冰雹、大雾、高温、低温冷害、雪灾、寒潮、雷电、大风等气象灾害。为保障全市自动气象监测站和新一代多普勒雷达的正常运转，达州市气象局抽调全市网络、仪器、雷达等方面的专家和技术人员，组建了大气探测中心。自动气象监测站为达州市委、市政府指挥抗洪救灾提供了重要的雨情信息。

2009 年 7 月 9 日至 13 日，达州市连续遭遇两次区域性大暴雨袭击。其中，万源市井溪镇的降雨量达 526.3 毫米，大暴雨造成直接经济损失达 12.1 亿元。自动气象监测系统以准确的预报为防灾减灾做出了重要的贡献。

7 月 8 日，昼夜监测天气的四川省气象台和达州市气象台相继发布重要天气消息。“达州有大暴雨”的信息迅速传送到各级党政部门，发送到千家万户。收到天气消息后，达州市委、市政府立即发出紧急通知，要求各地各有关部门密切关注雨情、水情，及早做好防洪减灾准备。

暴雨如期而至。11 日，暴雨引发的洪水汹涌而来，流经达州市区的州河洪浪滔天，水位不停上涨。7 时 30 分，在与省气象台紧急会商后，达州市气象台发布了暴雨橙色预警信号。8 时 20 分，市气象台又将暴雨橙色预警提升为暴雨红色预警。9 时许，达州市委书记李向志在听取气象、水文汇报后，宣布全市进入防汛紧急状态，沿河场镇立即组织人员疏散，全市电厂、水厂进入防汛状态，公安、武警随时待命。当天，州河第二次、第三次洪峰先后涌至。由于提前做好了防灾避险准备，达州城区有惊无险。

13 日，暴雨在短暂的停息之后，突然发起了更猛烈的攻势。当日凌晨 0 时 18 分，达州市气象台发布预警信息，并建议江口电站提前泄洪。达州市委立即采纳了气象部门的建议，要求江口电站水位由 327.45 米降至 325 米以下。

暴雨橙色预警信号从气象局发出。面对暴雨洪涝的再度袭击，各地党委政府依据气象、水文信息，全力开展防灾救灾工作，及时转移受洪水威胁的群众和物资，最大限度地减少了灾害损失。

达州市建立的自动气象监测网络系统在监测覆盖面、监测区域划分、监测网点设定、人员设备配备配置等方面达到了较高的水平，发挥了重要的作用。本案例表明，为了做好突发事件应急准备工作，最大限度降低突发事件可能带来的损失，各级政府必须加强突发事件监测系统建设。这项事业的前期投入较高，但回报率也较高。

三是常态与非常态的关系。非常态下的精确预警是要以常态下的持续监测为基础的。不仅如此，预测预警的最终效果还要取决于公众是否接受了报警信息并采取了响应行动。这与人们在常态下接受公共安全教育的程度、社会的准备与响应能力是分不开的。因而，我们要处理好常态与非常态的关系，在常态下为迎接非常态的挑战做好全面的准备。

4.4.2　我国预测预警的现状

从横向上看，监测机构呈现出部门分割的特点。就目前来看，我国的公共危机监测机构分散在气象、水利、卫生、地震、环保等各个不同的部门，这些部门基本上是按照监测对象进行划分的，彼此之间很少沟通与协作。与此同时，多部门监测相同对象、监测网点重复建设的现象依然存在。比如，气象与水利部门各自组建雨量监测站，造成资源的重复配置与浪费。

凉山州白鹤滩镇矮子沟泥石流灾害：双重预警为何失效？

2012年6月27日20时至28日6时许，四川凉山州宁南县白鹤滩镇矮子沟遭受局部特大暴雨，降雨量高达236毫米，导致三峡公司白鹤滩水电站前期工程施工区矮子沟处发生特大山洪泥石流灾害。这次灾害造成40人遇难，遇难者全部居住在矮子沟沟口一栋三层楼——晏子酒家内，为水电施工人员及其家属和民工。令人惊讶的是，在此次灾害发生前的10多个小时，有关方面已经对其发出预警，矮子沟沿岸村民全部撤离，无一人死亡。晏子酒家几乎全军覆没，而村民无一死亡。其中，究竟有何蹊跷？

白鹤滩向来地质灾害多，两年前就发生过一次泥石流，距矮子沟只有数百米。2012年入夏后，持续一个月的降雨让白鹤滩镇政府干部高度警觉。6月26日，镇党委书记张振宇带干部去山里查看，发现异常现象：土里在往外冒水，几个地方发生了小型塌方。于是，6月27日5时05分，宁南县国土资源局给各乡镇发出一条预警短信："据县气象局预报，我县未来24小时有中雨天气，局部地区有暴雨、强雷暴、冰雹，地质灾害为'可能性大的'4级。"白鹤滩镇干部随即通过短信、电话，告知各村干部、监测员，由村通知到组，由组通知村民。

28日清晨5时多，白鹤滩降雨突然加大并伴有电闪雷鸣。矮子沟沿线的和平村干部和监测员奔出家门，通过电话、敲锣打鼓、奔走相告的方式，动员公众紧急撤离。6时刚过，巨大的泥石流呼啸而至，117户、557名村民全部按照一个月前演练的路线安全撤离，这是一个奇迹。

但是，晏子酒家里的工人却没有被疏散，原因是没有接到预警。6月27日下午6时半，白鹤滩镇镇长江浓华以镇政府名义，将预警短信转发给了白鹤滩工程建设筹备组的胡念初，还特别加上一句："请贵公司加强高线路和电站建设影响区的监控。"白鹤滩水电站前期工程启动以来，负责与镇政府接洽的始终只有胡念初。也就是说，只有他，才可能从地方政府接到预警信息。然而，胡念初接到预警短信后，删掉了。这是为什么？他提出两点理由：第一，那只是一条一般的公用气象短信，太笼统，没多大意义；第二，他与镇政府的工作联系仅限于征地，防汛不是他的职责，他没有义务去转发。

对此，白鹤滩镇干部并不认可。2012年5月15日至16日，镇政府组织联合检查组，对境内地质灾害隐患点及因工程建设新增隐患点摸底排查，胡念初作为三峡集团公司白鹤滩筹备组代表参加。6月26日，镇里发现地质险情后也请胡念初来实地查看。

此外，白鹤滩工程业主方三峡公司也有一套安全体系。白鹤滩水电站是规划装机规模仅次于三峡的巨型水电站。三峡公司设立了正规的筹备机构，其下属的金沙江水文气象中心经常性地提供气象预警信息，传递给各建设管理单位负责人、部门负责人、施工承包商以及安全部门。

6月27日晚至28日，金沙江水文气象中心曾8次发出预警短信。其中，在泥石流之前发出的有4次，最早一条是凌晨3时多，都提到了"未来有大雨"。发送范围是69个各方面工程负责人，其中就有水电四局白鹤滩施工局的3个副局长。第一负责人、水电四局白鹤滩施工局常务副局长龙章鸿当时正在云南昆明出差，他看到短信是在早上睡醒之后，当时惨剧已经发生。另外两个副局长说根本没有收到短信。

幸运的是，在这次灾害中，住在矮子沟上游导流洞工棚内的38名白鹤滩工程人员在当地村民的帮助下安全撤离。就在晏子酒家被淹之时，仅六七十米外山坡上的一户农家里正睡着约20个施工队员及其家属。警觉的房东夫妇用脚踹开门，把他们从床上拉起来之后，他们竟不知逃生，还好奇地爬到房顶上面去。

白鹤滩水电站矮子沟泥石流灾害的教训是深刻的，这主要反映出企业与地方在应急预警制度建设方面存在着协调、沟通不够的问题。凉山州的地质条件非常复杂，山洪、泥石流灾害频发。也许，三峡公司对此并不了解或了解得不够深入。但是，条条管理的企业与块块管理的地方政府应该在公共危机管理方面建立无缝隙的伙伴关系，因为灾害是不认同条块管理的界限的。

白鹤滩地方政府履行应急属地管理职责，向水电施工方发布预警信息，但相关人员却一删了之。这说明，企业防灾体系建设尚存在不足，责任有待于进一步落实。此外，预警信息的编制也存在问题，没有做到清晰传递完整信息，如将会发生什么、影响如何、怎样避险等。

三峡公司内部也有短信预警。但是，预警的目的是促使相关人员疏散，预警应成为双向的交流，而不是单向的信息发布。在没有得到回复的情况下，预警部门无疑应该以电话等方式沟通，以得到及时反馈，确保预警信息被接收。

还有，社会公众的公共安全教育是预警成功的基础。从案例中，我们不难发现，白鹤滩当地公众防灾意识较强，而企业的防灾意识较弱。长期以来，企业只关心内部的安全生产事故，而不关心社会突发事件的影响，这也是白鹤滩矮子沟泥石流灾害促使人们深刻反思之处。

现代社会是一个开放、复杂的巨大系统，各要素之间相互联系非常紧密，存在着牵一发而动全身的现象。比如，大城市发展带来了“城市热岛效应”，城区气温上升，持续高温天气增加，雷电灾害不断，局地强降雨的概率提高等，并引发连锁反应，如供水、供电等系统的运转负荷增加，挑战城市基础设施的运行；细菌滋生、繁衍，传染病流行，城市居民的生命健康受到影响。

所以，我们在强调专业化监测的同时，必须厘清不同监测部门之间的关系，减少重复建设与投入，加强不同监测部门之间的信息共享和综合分析，提高信息的全面性和分析的准确性。

从纵向上看，预测预警各个环节表现出衔接不足的问题：一是各个监测部门只监测致灾因子，综合脆弱性以进行全面风险分析的能力低下；二是除了气象等部门外，许多监测部门预警信息的发布没有实现定期化、常态化，且渠道单一，语言晦涩，公众理解困难；三是预警信息发布没有与社会的准备和响应相互结合，更没有体现以人为核心的特点。

不仅如此，我国公共危机的预测预警受科学主义的影响严重。这主要表现在两个方面：一是预测预警重技术设施的投入，轻制度、政策的发展；二是预测预警的对象侧重于可以用技术指标来衡量的自然灾害、事故灾难、公共卫生事件，而对恐怖主义袭击等社会安全事件的预测预警不足。应该说，预测预警的科学主义造成了“隔行如隔山”的倾向，加剧了部门分割的局面，也导致了预测预警中风险评估片面强调对致灾因子评估的问题。

还有，我国公共危机的预测预警重心太高，基层社会单元预测预警的动力不足。预测预警离不开信息。越接近基层，信息传递就越快、越直接。因此，我们有必要在社区建立基层预测预警中心，发挥社会组织的作用，将矛盾、问题化解在基层，遏制公共危机的发生，防止一般性公共危机演变为重大公共危机。

最后，我国的预测预警尚没有体现以结果为导向，预测预警与公众响应两个环节存在脱钩。其中的一个重要原因是公共安全教育欠缺，社会公众对预警信息的理解与响应能力有待进一步提高。

4.4.3　我国预测预警机制的建设

1. 建立科学的监测指标体系

指标体系是公共危机管理的一个重要测量手段和工具。它依据科学的方法，对公共危机的演进过程进行分析，找出各种测量公共危机的敏感因素，识别并确认社会风险、监测公共危机危险源、评价事件发生的可能性。

2. 综合分析监测信息

我们要本着全风险预测预警的原则，建立统一的预测预警信息平台，将气象、地震、水利、森林防火等部门的监测机构通过技术手段汇总起来的信息综合加以分析、研判。

3. 规范风险管理流程

我们要认真地完成风险监测、风险识别、风险评估、风险排序、风险控制和风险沟通等各个环节的工作，特别是要同时兼顾致灾因子与脆弱性两个方面，考察其交互作用的结果。

4. 加强预警信息传播

我们可将媒体、社会组织、社会公众等力量都纳入风险管理中来，实现多手段、多途径、多渠道传播预警信息，做到动态监测、综合分析、科学预警、有效报警。

5. 降低预测预警的重心，发挥社会基层单位，特别是社区的作用

每个社区都具有一定的特征。社区应该根据这些特征，进行科学的风险分析与预测，编制应急预案，并通过演练不断地加以修正。同时，成立社区应急领导组织及救援队伍，避免公共危机来临时群龙无首的状况。社区应对区内居民情况分门别类地进行登记，为经过一定培训的居民进行公共危机管理业务资格认定，组织居民签订灾害互助协议等。此外，社区要考虑根据自身风险情况，配备一定的应急硬件设施。这样，社区就能够根据警报的信息，及时、有效地做出响应。

本章小结

在公共危机管理中，做好预测预警可为有效地进行危机响应创造良好的条件。作为全书的第 4 章，本章主要围绕危机管理中的预测与预警展开详细讨论。第一节介绍了预测预警的内涵与功能，首先清晰地界定了预测预警的内涵和阶段，其次分析了预测预警的关节点。第二节对预测预警系统的构成进行了分析。第三节重点讨论了预测预警的方向。第四节结合我国现状，分析了预测预警机制的构建。通过本章学习，读者应该着重理解预测预警的内涵，掌握如何建立成功的预测预警系统。

关键术语

危机预测　危机预警　监测　警报　警示　三敏感　预警系统　社区　社会预警

复习思考题

1. 危机管理中，预测预警的含义是什么？
2. 预测预警有哪些重要的功能？

3. 建立有效的预测预警必须突出哪几个方面的内容?
4. 预测预警中怎样实现“以人为核心”以及重视社区的预测?
5. 预测预警机制的构建原则有哪些?
6. 结合我国预测预警机制建构的现状,谈谈如何建立有效的预测预警机制。

第 5 章

公共危机应急响应

2020 年 10 月 10 日，习近平总书记在中共中央党校（国家行政学院）中青年干部培训班开班仪式上强调："年轻干部要提高应急处突能力。预判风险是防范风险的前提，把握风险走向是谋求战略主动的关键。要增强风险意识，下好先手棋、打好主动仗，做好随时应对各种风险挑战的准备。要努力成为所在工作领域的行家里手，不断提高应急处突的见识和胆识，对可能发生的各种风险挑战，要做到心中有数、分类施策、精准拆弹，有效掌控局势、化解危机。要紧密结合应对风险实践，查找工作和体制机制上的漏洞，及时予以完善。"应急响应、化解危机既是一门科学，也是一种艺术。

《孙子兵法》中有一段话："故用兵之法，无恃其不来，恃吾有以待也；无恃其不攻，恃吾有所不可攻也。"就是说，用兵的要诀要立足于自身的有备无患，而不是寄希望于敌人放弃进攻的计划。在公共危机管理中，尽管人们采取有效的减缓措施、进行精心的准备，但这并不能完全避免危机的发生。当危机即将发生或已经发生后，我们要在时间、资源、资金、能力有限的情况下，根据危机的性质、特点和危害程度，对危机进行有效的响应，以降低社会公众生命、健康与财产遭受损失的程度。

5.1 危机应急响应的活动与功能

根据美国 2008 年 1 月发布的《国家应急响应框架》，响应就是指"立即采取行动以挽救生命、保护财产与环境、满足人的基本需要。响应还包括实施应急预案及支持短期恢复的活动"。所谓响应活动，就是指人们主要展开的应急响应行动；所谓响应功能，就是指响应活动预期的目标和作用。

5.1.1 危机应急响应活动

响应活动是在危机的事态趋于稳定前所采取的一系列紧急处置措施，其具体目的有三个：保护公众，减轻原生灾害的损失，最大限度地减轻二次灾害的损失。公共危机应急响应不仅要解决迫在眉睫的问题，如开展急救、搜索与救援、提供应急避难场所，而且要为解决这些问题进行协调与支持行动。此外，关键基础设施的快速恢复也属于应急响应的范畴，如打通交通干线、恢复供电与通信等。

应急响应并非开始于危机发生之后。当危机即将来临、呈现不可避免之势时，应急响应就应该开始。此时，公共危机管理者所采取的主要措施有：（1）预警与疏散。应急部门应向可能受到危机影响区域内的社会公众发出警报，督促其进行最后的准备活动或采取正确的避灾行动，包括按照一定的路线将民众安全地疏散到应急避难场所。（2）预置资源和装备到受灾害影响的区域。例如，在灾害发生之前，将救灾装备、医疗设施、药品、食品、衣服等运输到应急现场。（3）补充性减缓或准备措施。例如，在洪峰来临之前，加固堤坝。

当危机发生后，救人应成为响应活动的重中之重。在此过程中，响应活动包括：（1）搜索与救援。搜救可分为农村搜救、城市搜救、水上搜救及空中搜救，主要目的是寻找被困者，并将其转移到远离危险的地带。具体活动包括：寻找失踪者；确定被困者位置；制定、实施搜救战略，将其安全解救出来；提供初步的急救处理；将被困者转移到安全地带，进一步治疗。（2）医疗急救。在伤者众多、医疗资源有限的情况下，公共危机响应者应对伤者进行检伤分类（见表5-1），分轻重缓急，予以救治。（3）进行疏散。疏散要求人们预先指定集结地点，沿着安全的疏散路线进行，到达安全的避难场所。（4）开展灾害评估。包括灾情评估和需求评估。公共危机管理者在响应阶段必须经常进行损失评估，以便协调装备及物资，并将其送达最需要的地方。此外，公共危机响应者需要对恢复阶段进行前瞻，根据损失评估，确定恢复阶段的资金、政策需求。（5）处置危险源影响。例如，灭火、抗洪、除雪铲冰等。（6）提供水、食品及避难场所。（7）进行卫生管理。包括对人与动物尸体进行妥善处理，防止传染病疫情发生。（8）维持治安。包括维持社会秩序，避免出现趁火打劫等刑事犯罪案件。（9）提供社会心理咨询服务。危机发生后，人的情感、认知、生理及人际关系都会出现问题，如恐惧、易怒、焦虑、不自信、疲惫、头痛、人际冲突增多等。公共危机响应者应提供心理咨询服务，解决这些问题。（10）恢复关键性基础设施。交通、通信、供水、供电、供气等基础设施的服务应尽快复原。（11）对捐赠进行管理。（12）协调。公共危机管理者需要与专业人员、志愿者进行良好的合作，形成公共危机响应的合力。

表5-1　医疗急救检伤分类表

颜色	优先次序	描述
黑色	第一优先	伤势严重，会死亡
红色	第二优先	伤者可能存活，但必须手术或接受其他救治
黄色	第三优先	伤者需要医疗救护，但可以等待几个小时或几天
绿色	第四优先	伤者只需要简单的急救

应急响应活动除了对危机造成的直接影响进行紧急处置外，还要预防与控制次生灾害。原生灾害所引发的灾害就是次生灾害，如地震引起的有害物质泄漏，它不同于最初影响。地震后的余震、火山的重复喷发之类的重复影响不属于次生灾害。在公共危机响

应中，扑灭震后的城市火灾、净化洪水过后被污染的供水等都属于消除次生灾害的行动。

5.1.2 危机应急响应的功能

危机应急响应的主要功能包括四个方面：应急评估、影响处置、安全保护、调度资源。所谓应急评估，是指响应要在对可能受到的威胁进行探查的基础上，预测其潜在的影响，决定如何进行应对；所谓影响处置，是指响应要采取适当的行动，限制灾害影响的范围，避免危机的扩大、升级；所谓安全保护，是指响应要采取保护性措施，最大限度地避免人员的伤亡；所谓调度资源，是指动员、调度各种资源，对危机进行处置。

1. 应急评估

应急评估主要包括灾情评估和需求评估两类。灾情评估又称为损失评估，主要显示危机的影响结果，内容包括：影响范围，影响人数，伤亡人数，伤病类型，影响特征与条件，医疗、健康、营养、水、卫生情况，风险源影响，基础设施与关键设施的损坏程度，民宅及商业建筑的损失，农业及食物配送系统的损失，受灾公众的脆弱性，正在进行的响应行动，等等。

需求评估主要表现为应对危机所需要的服务与资源。需求评估的主要方法包括：收集内部信息；观察，包括使用卫星图像、航拍、驱车巡视等手段；抽样调查，访谈受灾公众代表；监测，某些灾害特征或预警信号预示着更大的风险；持续访谈，指定专人不断收集支撑评估的数据；采访信息员，一些受灾人士可以提供有关灾情和需求的信息，可以充当信息员，其职责是经常报告掌握的最新情况。

经过灾情评估和需求评估，公共危机决策者可以对危机的情势有正确的把握，从而做出清晰的判断和公共危机决策。对于危机决策者而言，正确响应比快速响应更加重要。所以，危机管理应根据评估结果，不断矫正行动方向，切不可一意孤行，只顾蛮干。2013 年 4 月 20 日，雅安芦山发生 7.0 级强震。危机发生后，党中央、国务院要求抓紧时间查清灾情，在此基础上科学施救。从总体上看，雅安地震救援科学有序。但是，灾情评估工作还有待进一步完善。雅安地震灾区多低矮建筑，垮塌后伤人较多，没有形成汶川特大地震那样的大面积城市废墟，在道路交通不畅的情况下，医疗救援力量应优先进入灾区，而大型救援设备需求较少。但是，地震发生后，一些企业将大型救灾设备开往灾区，不仅加剧了道路拥堵，而且不利于医疗施救的开展。

2. 影响处置

影响处置是指对危险源的影响进行处置。一般来说，危险源的影响可分为三类：在响应活动开展前，影响已经结束，如地震；影响持续，但响应活动不能限制或消除影响，如寒潮或热浪；影响持续，但响应活动可以对其进行限制或消除。影响处置就是应对第三类影响。

3. 安全保护

在公共危机响应中，人们采取的保护性措施主要包括：（1）选择采取何种类型的保护性行动。例如，在危机发生时，确定不同地区的居民应该原地避险，还是转移。（2）向可能受到影响的公众发出警报。确保信源的权威性、传播渠道的多样性和信息的简洁、通俗性。（3）实施保护性的行动。（4）对危险区域进行封锁、控制，主要目的是防止危机影响扩大，并为顺利处置创造有利的环境。（5）开展搜救行动。为了避免发生次生灾害，搜救应由专业人员携带专业装备进行。（6）接收、照顾灾民，解决灾民的食物、饮水、衣服、住宿、医疗问题，保证他们有饭吃、有水喝、有衣穿、有地方住、有病能看医生。（7）远离危险源。社会公众与应急响应人员要尽量远离危险源，采取防护措施，避免产生更多的损失。（8）减轻环境影响，确保环境污染得到消除，防止社会公众健康受到损害。

4. 调度资源

应急响应需要多个部门之间的协调，动员外部资源，形成合力。因而，应急资源的动员与调度非常重要。其主要活动包括：通知与动员相关的机构、动员有关应急装备和设施、沟通、分析或规划、内部指挥与控制、公共信息发布、财务保障、后勤、外部协调。

海地地震中的混乱

2010 年，海地太子港 7.3 级地震使这个积贫积弱的国家受到沉重打击，25 万人死亡，30 万人受伤，170 万人无家可归，太子港机场陷入瘫痪。地震发生后，美军派出 1.6 万人救灾，5 000 名海军陆战队员控制了太子港机场。同时，美国在佛罗里达州南部建立了飞行控制中心，以协调各国运送救援队伍及物资的航班。

但是，海地救援依然出现混乱现象。灾区刑事案件频发，哄抢救援物资的现象时有发生。更为严重的是，资源调度与配置出现严重的问题。比如，海地医院床位紧张，护士数量不足，各国外科医生大量涌入海地却不能完全发挥作用。

一般而言，资源动员与调度的主要流程如下：（1）接收信息，查明情况。危机信息来源渠道多样，最先得到信息的部门应核实消息，进一步查明情况，包括：危机的类型、事发地点、损害程度、危险源、死伤人数、被困公众、应急服务需求等。（2）通知主要响应部门，启动应急预案。接到报警的部门在初步核实危机情况后，应立即通知主要相应部门，采取行动，避免影响范围的进一步扩大。有关部门应对危机现场采取封控措施，疏导交通，确保响应部门顺利及早进入现场。（3）建立现场指挥部。现场指挥部应靠近危机现场，但要远离危险地带、位置明显，且不会造成交通拥堵。主要公共危机管理人员应佩戴明显的标志。（4）现场指挥部应根据现有信息，评估危机的情势，制定现场处置方案，包括任务、手段、任务安排、安全须知、后勤保障、通信联络等。（5）现场指挥部向后方应急指挥中心及参与应急响应部门的指挥人员通报现场处置计划。（6）对危机现场进行管理。设计响应队伍的进出路线，对现场进入进行控制，设计车辆调度及集中区域，设计检伤分类区域及救护车装载区域，设计休息、就餐区域，设计临时停尸房，建立与媒体的联系，撰写突发事件日志。（7）宣布响应结束之前，组织相关人员对事件进行总结。(8) 应急响应人员撤离现场。(9) 撰写危机报告，进行应急调查与评估。

在应急响应阶段，响应者要制订现场响应计划，全面考虑应急响应的需求（见表5-2）。

表 5-2 现场响应计划的内容

情势	危机区域，受害者，应急资源与分布
任务	需要去做什么
执行	响应行动的目的与战略；任务优先次序及响应力量的任务分配；任务完成的时间；如果出现风险，采取何种行动；完成任务后所采取的行动
管理与后勤	交通，燃料供应，食宿安排，装备补充
控制/协调与沟通	谁向谁报告，谁负责具体的工作，团队之间如何合作，报告时间与位置，倒班时间，如何进行沟通联络

5.2 危机应急响应的一般原则与流程

危机发生后，其演进的过程是千变万化的。公共危机管理者需要根据危机的发展变化来调整处置措施。但是，公共危机管理者在发挥创造力、进行临机决断的同时，也必须遵循一定的处置原则和处置流程。

5.2.1 危机应急响应的一般原则

1. 以人为本，减轻危害

《论语·乡党》中描述了这样一个情景："厩焚。子退朝，曰：'伤人乎?'不问马。"这段话体现了孔子以人为本的思想，被广为传颂。公共危机会产生多种威胁，造成多种损失，因此，应急处置可能会面临多重价值目标的选择。我们要坚持"先救人，后救物"的原则，把挽救生命与保障人们的基本生存条件放在首要位置，而不是舍本逐末。同时，危机现场安全情势很不稳定，我们必须高度关注救援人员的人身安全，有效地保护应急响应者，避免次生、衍生灾害的发生，这也是危机处置"以人为本"的当然表现。

2. 统一领导，分级负责

危机应急处置工作需要跨部门，甚至跨地域调动资源，因而必须形成高度集中、统一领导与指挥的公共危机管理指挥系统，实现资源的整合，避免各自为战，确保政令的畅通。其中，统一领导关键要在各级党委的领导下，发挥政府的主导作用，调动全社会的力量，形成公共危机应对的合力。在我国，党管干部的原则和党的网络化组织是我们应对危机的法宝。同时，应急处置要坚持分级负责的原则，即按照公共危机的分级，依据各级各类应急预案要求，由相应级别的应急指挥机构做出果断决策，具体进行处置。

3. 社会动员，协调联动

危机往往因涉及范围广、社会影响大，会超出某个政府部门，甚至某级地方政府的控制能力，需要开展社会动员、实现协调联动。一是整合政府、企业和第三部门的力量，形成共同治理危机的网状化格局，发挥整体效能；二是危机发生地政府同周边地区政府建立应急互助伙伴关系，统筹调动人力、物力、财力资源；三是要充分发挥武装力量在救援中的突击队作用，体现军民结合、平战结合的精神。实际上，参与容易、联动难，关键是要打破常规思维和隶属关系。我国公共危机应对常犯的一个错误就是以常态思维思考危机，以日常职责界定确定自身在救援中的角色，没有做到特事特办。

4. 属地先期处置

司马迁《史记·齐悼惠王世家》中说："失火之家，岂暇先言大人而后救火乎!"家里失火，万分紧急，扑火是不容延宕的首要任务，而不是先向大人汇报。在公共危机发生时，属地政府要及时地展开先期处置，以防止危机事态进一步扩大、升级，尽可能地减少危机给社会公众生命、财产和健康带来的损失。这是因为属地是危机的事发地，熟悉当地的周围情况；属地政府可以在第一时间赶赴危机事发现场，有助于把危机消灭在萌芽状态。

在先期处置的同时，属地政府应边处置、边报告，以便在危机放大升级时，获得外部救援资源的支持。为配合外部救援力量到现场，属地政府应扮演道路引导员的角色。当外部力量到现场后，属地政府应做情况说明员、秩序维护员、后勤保障员。

5. 依靠科学，专业处置

在公共危机处置过程中，我们要充分利用和借鉴各种高科技成果，发挥专家的决策智力支撑作用，避免不顾科学的蛮干。同时，我们也要充分利用专业人员的专业装备、专业知识、专业能力，实现公共危机的专业处置。危机的救援可以是综合性的，但处置必须尊重科学，体现专业处置的原则。否则，危机的危害就有可能进一步扩大，甚至伤及应急救援者。坚车能历险，渡河不如舟，科学调配资源，用其所长，就能够发挥事半功倍的作用。否则，不尊重科学就有可能引发二次灾害，造成不必要的损失。

我们必须落实"科学应急"的原则，充分发挥应急专家"外脑"的作用，使危机处置能够依法、科学、有序地进行，进而减少不必要的生命、财产损失。专家的作用在谋，决断权属于公共危机管理者。

6. 鼓励创新，迅速高效

《吕氏春秋·察今》中说："世易时移，变法宜矣。譬之若良医，病万变，药亦万变。病变而药不变，向之寿民，今为殇子矣。"医治病患如此，处置公共危机何尝不是如此?由于危机的演化瞬息万变、不确定性强，要求我们可根据实际需要，打破常规，大胆创新，务求应急处置的迅速和高效。在危急关头，公共危机管理者要行使行政紧急权，在紧急状态下特事特办，简化应急处置程序，以迅速控制事态发展，最大限度地减少危机造成的损失，挽救更多人的生命和财产。当然，在应急处置的过程中，我们必须既维护公众秩序、保证公共安全，又维护公民权利、保障基本人权，防止行政紧急权的滥用。

只有鼓励创新，危机管理者才能迅速、高效地进行处置。“司马光砸缸”的故事尽人皆知：“光七岁，凛然如成人，闻讲《左氏春秋》，爱之，退为家人讲，即了其大旨。自是手不释书，至不知饥渴寒暑。群儿戏于庭，一儿登瓮，足跌没水中，众皆弃去，光持石击瓮，破之，水迸，儿得活。”如果将儿童溺水视为一场危机，则司马光成功处置这场危机的原因就是创新性的响应。试想，如果司马光向大人请示如何响应，恐怕落水儿童早已撒手人寰了。兵无常态，水无常形，应对公共危机必须随机应变。一线响应人员可以“途有所不由，军有所不击，城有所不攻，地有所不争，君命有所不受”。

此外，公共危机响应行动的速度与方向、适当响应与快速响应同样重要。适当的含义有两层：一是行动方向正确，不会犯南辕北辙的错误；二是适度响应，响应过度与不足同样都会不利于公共危机的处置。

南辕北辙

魏王欲攻邯郸，季梁谏曰：“今者臣来，见人于大行，方北面而持其驾，告臣曰：‘我欲之楚。’臣曰：‘君之楚，将奚为北面？’曰：‘吾马良。’曰：‘马虽良，此非楚之路也。’曰：‘吾用多。’臣曰：‘用虽多，此非楚之路也。’曰：‘吾御者善。’此数者愈善而离楚愈远耳。今王动欲成霸王，举欲信于天下。恃王国之大，兵之精锐，而攻邯郸，以广地尊名，王之动愈数，而离王愈远耳。犹至楚而北行也。”

这个故事说明，行动不能犯方向性错误。在公共危机响应过程中，快速不一定意味着高效。只有以正确为前提，快速才与高效同义。

5.2.2 危机应急响应的一般流程

为了科学、高效地处置危机，我们必须为危机处置确立一个工作流程。危机的一般响应程序包括以下 10 个重要的环节：

1. 接警与初步研判

应急管理部门及 110、119、120、122 等单位的值班人员在接到事发地有关部门或社会公众的报警后，应详细询问、记录有关危机的情况，包括事件发生的时间、地点、性质、规模及人员伤亡或财产损失情况。之后，接警人员应视危机的严重程度，向相关领导及时报告。有关领导在接到报告后，应尽快组织相关工作人员，对危机的级别和管辖范围进行初步的研判。危机超出自身管辖范围时，应迅速向上级机关报告。

危机处于不断的演变之中，并且社会安全事件的演进不遵从线性发展的规律。因此，危机初始阶段的研判往往并不准确，需要领导干部具有把握全局、审时度势、高瞻远瞩的素质和决断力。一般情况下，在危机损失情况不明的情况下，对级别的判断应本着

"就高不就低""宁可信其有，不可信其无"的原则。同时，对于敏感时间、敏感地点发生的危机或性质本身就非常敏感的事件，应急管理部门应给予特别的重视，分级要从高。

2. 先期处置

我国公共危机管理体制的特点之一是属地为主。不论是哪一级发生危机，事发地人民政府在迅速上报的同时，应派人迅速赶往危机现场，核实、观察危机的情况和发展态势，并就近组织应急资源进行先期处置，防止危机扩大升级。与此同时，现场工作人员应边处置、边汇报，不断将危机的最新信息传递给应急管理部门。

在先期处置的过程中，公共危机管理人员应该先避险，再抢险，组织事发现场周围的社会公众进行有效的应急疏散。在确保危机不会对周围社会公众造成新的损害后，现场公共危机管理人员再开展抢险救援。在遇险群众危在旦夕的情况下，公共危机管理人员也可同时进行周边公众疏散和抢先救援，但前提是确保周边公众不会受到伤害。

如果危机性质比较特殊，例如核辐射事故发生，需要专业救援人员进行专业处置。现场公共危机管理人员应着力做好周边公众的转移工作，维护现场秩序，进行力所能及的处置，等待专业救援队伍的到来，切不可冲动蛮干。当专业应急救援队伍到来后，现场公共危机管理人员应做好道路引领、秩序维护和后勤保障的工作。

对于基层管理者而言，在危机应对的过程中，除了要做好先期处置、信息报送的工作外，还要扮演好几个角色：第一，道路引导员，疏导交通，引导外部救援力量迅速到达现场；第二，情况说明员，全面、翔实地介绍现场情况；第三，秩序维护员，设立警戒线，防止现场出现人员聚集引起的混乱；第四，后勤保障员，为应急救援提供必要的饮食、休息等服务。

3. 启动应急预案

当危机的级别被确定后，按照分级响应的原则，拥有相应管辖权的人民政府应启动应急预案，调集应急救援队伍、应急救援物资，派出应急协调人员和专家赶赴危机现场，并成立危机的现场指挥部。交通部门应全力保障救援队伍和救援物资到达事发现场。当然，在危机继续扩大升级的情况下，所启动预案的级别也应相应地做出调整。

4. 现场指挥与协调

现场指挥部应由有关部门、军地领导、专家学者联合组成，履行对危机处置进行协调的职责。指挥部选址应遵循安全、就近的原则。现场指挥部应根据危机的现状和趋势，科学、合理、果断地确定应急救援方案。

现场指挥部一经确定，就必须被赋予现场救援的完全管辖权。各级领导可对现场指挥提出建议，但是，公共危机管理的实践要求我们必须是"谁拍板，谁负责"。对于性质特殊的危机，专家应发挥辅助决策的作用，向现场指挥部提出自己的建议。《孙子兵法》说："故君之所以患于军者三：不知军之不可以进而谓之进，不知军之不可以退而谓之退，是谓縻军；不知三军之事而同三军之政者，则军士惑矣；不知三军之权而同三军之任，则军士疑矣。”这段话反映出孙武对君主干预军中事务的担忧，也指出了“瞎指挥”的危害。因此，领导干部在危机响应过程中应正确站位，不要独揽指挥权，而要相信具有专业知识的属地官员。

在危机响应的过程中，高层次领导不应靠前指挥，可以视情况靠前协调。《韩非子·外储说右下》中说：“救火者，令吏挈壶瓮而走火，则一人之用也；操鞭箠指麾而趣使人，则制万夫。是以圣人不亲细民，明主不躬小事。”在火灾发生时，官吏最好不要亲自灭火，而应指挥万夫。高层次领导不要靠前指挥，而应纵览全局。有时，靠前指挥会给一线响应人员带来不必要的麻烦。

菅直人的靠前指挥：受累不讨好

2011 年 3 月 12 日，东日本大地震发生后的第二天清晨 6 时多，日本首相菅直人在内阁府原子能安全委员会委员长班目春树的陪同下，乘坐日本自卫队直升机视察了福岛第一核电站。对此，在野党和部分人士批评菅直人在核泄漏初期应对失当，贻误战机。3 月 12 日凌晨 1 时半，政府就向东京电力公司下达了排气的指令。上午 7 时 10 分，菅直人一行抵达核电站，视察 50 分钟后离开。东电着手排气已经是菅直人离开后的 9 时多。有人认为，菅直人的“政治作秀”行为影响了现场排气工作，滞后了海水注入时间，导致 1 号机组的氢爆炸。菅直人靠前指挥、影响救灾的行为备受指责。

5. 抢险救援

在应急救援的过程中，相关部门应各司其职、密切协作，有关队伍应服从指挥、相互配合。公安干警应封锁现场，设立警戒区域，进行交通管制，维护现场秩序，确保道路交通的畅通，并防止刑事案件的发生；医疗卫生部门应派出医护人员赶赴现场，救治、转运伤员；环保部门应对事故现场进行环境监测；专业救援队伍应携带专业救援装备赶赴现场救援。必要时，人民解放军、武警部队和民兵预备役部队也可投入应急救援。需要强调的是，抢险救援必须对现场的危险源进行监测，保护受困人员和救援人员的安全，防止次生、衍生灾害的发生。

在应急救援的过程中，抢险救援人员还应该先救人，后救物。这是因为：首先，人的生命是不可复制的，而物质财富是可以再创造的；其次，被抢救出来的人可能会成为应急救援的补充力量。当然，如果可以判别，救援人员应先救医务工作者和青壮年。获救后，他们可成为应急救援的有生力量，救助更多的人。

6. 扩大应急

在进行危机处置时，如果事态恶化、难以遏制，危机现场指挥部应启动扩大应急机制，及时向上级人民政府请求支援，加大应急救援队伍、物资、装备、资金等方面的投入力度，防止危机进一步恶化。

7. 信息沟通

危机现场指挥部应将危机的发展情况和处置的信息及时上报给有关政府领导。同时，还应建立新闻发言人制度，将处置的最新信息发布给社会公众，以避免谣言和流言，做好社会舆论的引导工作。

8. 临时恢复

在救援活动结束后，环保部门也要对受危机影响的地区进行监测，卫生防疫部门要对疫病的流行进行监控，防止次生、衍生灾害的发生。同时，有关部门要清理现场和废墟，进行人员清点和撤离，解除警戒，开展善后处理和事故调查等。

9. 应急救援行动结束

现场指挥部撤销，应急预案关闭，应急救援行动结束。当危机的威胁和危害得到控制或消除后，履行统一领导职责及组织处置工作的公共危机管理部门应当即刻停止已采取的应急处置措施。

10. 调查评估

对危机的起因、性质、影响、责任、经验教训等问题进行调查评估，并依法追究相关人员的责任。

以上 10 个环节虽然并非完全按照危机应急处置的时间顺序排列，但确反映了危机应急处置所需要重点关注的问题和步骤。比如，信息沟通要伴随危机处置的全过程。应急管理是应急管理者与危机之间的动态博弈。它要求应急管理者不仅应遵循既定之规，还应具有一定的临机决断能力和创新能力。

通常，危机管理者会设置一个响应行动的作业程序。但是，它仅仅是一个大致的行动蓝图。响应者可根据危机应对的实际需要，进行灵活的调整，切忌墨守成规。但是，危机应对中多元参与主体如果各行其是、灵活过度，就有可能导致彼此之间相互冲突、掣肘。所以，事先的彼此磨合以及事中的信息共享与沟通至关重要。

5.3 公共危机处置的措施

危机处置是一种强制性行政应急措施，目的是为处置与救援工作的顺利开展创造条件，维护公共安全和社会秩序。危机的处置往往会限制部分公民或组织的人身、财产等权利，但前提是更加有效地保护更大范围内更多公民和组织的生命、健康和财产。因此，危机的处置必须依法进行。

5.3.1 一般性措施

自然灾害、事故灾难和公共卫生事件的处置措施主要涉及一般性措施，包括六个方面：救助性措施、控制性措施、保障性措施、预防性措施、动员性措施和稳定性措施。其具体情况如下：

1. 救助性措施

我国危机处置坚持“以人为本”的原则，将社会公众的生命安全放在首位。在危机已经发生或即将发生时，公共危机管理部门必须有效地组织人员对伤者进行救治，组织受到或可能受到危机影响的社会公众进行安全疏散，并予以妥善的安置。因此，我们在危机的处置过程中要先避险，后抢险；先救人，后救物。

2. 控制性措施

危机发生后，公共危机管理部门应当对危险源、危险区域和所划定的警戒区逐层实施有效的静态控制，同时进行交通管制以实施有效的动态控制。这样，应急处置活动就会有一个比较有利的外部环境，危机的扩散和升级就能够得到有效的控制，应急救援队伍、装备和物资也能够顺利地到达事发现场。

3. 保障性措施

危机发生后，基础设施部门应当及时修复被灾害损毁的公共设施，如公路、机场、码头、铁路等。现代社会的正常运转高度依赖基础设施，为了恢复社会生产、生活的正常秩序，基础设施在应急处置过程中应该被格外加以重视。不仅如此，基础设施的修复还可以稳定社会公众情绪，并为应急救援队伍、装备和物资的运输创造有力的保障条件。

此外，在处置的过程中，公共危机管理部门还要确保食品、饮用水、燃料等基本生活必需品的供应，使社会公众有水喝、有饭吃、有地方住、患病可及时得到医治，实现大灾之后无大疫。这些都是灾时民生保障的基本措施，可防止受灾地区社会矛盾激化。2020 年武汉市发生新冠肺炎疫情期间，保证水电油气供应的政策有效地防止了危机的扩大升级。

4. 预防性措施

在危机处置的过程中，公共危机管理部门不仅要着力减轻已经造成的损害结果，还要对有关的设备、设施以及活动场所潜在的风险进行排查，并采取有效的预防性措施，防止社会公众蒙受新的损失。比如，伦敦地铁爆炸案发生后，在场的公共危机管理人员要求禁止使用手机，防止手机信号引爆未被发现的炸弹。

人员的密集活动和某些生产生活活动可能会加剧危机的影响或成为危机新的诱因，比如传染性疾病的扩散。为此，我们在必要的情况下，可取消、中止人员密集活动或停止某些生产活动。比如，在 2020 年初新冠肺炎疫情暴发期间，为减少人员聚集，阻断疫情传播，临时性地延长了春节假期。2018 年，当长春长生生物科技有限责任公司的冻干人用狂犬病疫苗被发现存在问题后，政府部门责令其停止生产并要求召回该产品。此外，公共危机管理部门还要注意防止各种次生、衍生事件的发生，比如自然灾害引发的群体性危机。

5. 动员性措施

危机的处置不能缺少强有力的资金、物资和人力保障。公共危机管理部门需要启用本级政府的财政预备和应急物资储备。必要时，公共危机管理部门可开展社会动员，紧急征用企业、社会所储备的物资、设备、设施、工具。当然，应急活动结束后，政府应给予被征用单位适当的补偿。这样，紧急征用活动才具有可持续性。此外，社会公众有义务参与危机处置工作，特别是有特定技术专长的公众，更应在危机处置过程中发挥自己的独特作用。

6. 稳定性措施

危机发生后，商品供应可能出现短暂性的奇缺。一些人可能会囤积居奇、哄抬物价、制假售假，扰乱市场秩序。还有些不法分子会趁火打劫，可能利用危机造成的混乱局面进行违法犯罪活动。这些都会造成不必要的社会混乱，干扰应急处置工作的开展。因此，公共危机管理部门应协调国家执法机关，采取有效的稳定性措施，严厉打击违法犯罪活动，为危机的应急处置创造一个良好的外部环境。

5.3.2　社会安全事件响应的特殊性措施

社会安全事件处置的措施包括五种：强制隔离措施、保护控制措施、封锁限制措施、重点保卫措施和其他合法措施。

1. 强制隔离措施

当社会安全事件发生时，公共危机管理部门应协调公安机关根据事件的性质和危害程度，依法采取果断行动，进行强制干预，将冲突双方隔离，有效地控制现场事态，维持正常的社会秩序。

2. 保护控制措施

社会安全事件发生后，特定区域内的建筑物、交通工具、设备、设施等可能会成为破坏对象，需要进行重点保护。燃料、燃气、电力、水等供应关系着千家万户，涉及国计民生，公共危机管理部门应协调公安部门，采取必要的保护性措施，避免社会安全事件影响的扩散。

3. 封锁限制措施

社会安全事件发生后，公安部门要实施现场管制，对出入封锁区域人员的证件、车辆、物品进行检查，限制有关公共场所内的活动。这有助于维持处置现场秩序，抓获犯罪嫌疑人，避免新的社会安全事件的发生。

4. 重点保卫措施

国家机关、军事机关、国家通讯社、广播电台、电视台、外国驻华使领馆是易受社会安全事件冲击的关键部门。在现实中，这些部门经常是群体性危机中公众表达利益诉求、发泄不满情绪的对象，如日本驻华使馆就是涉日游行的众矢之的。不仅如此，它们还因具有较高的象征性价值，是敏感地点，容易成为恐怖袭击等暴力活动的对象。为此，在处置社会安全事件的过程中，要重点加强对以上机关的保卫工作。

5. 其他合法措施

由于社会安全事件千差万别，《突发事件应对法》规定，在必要的情况下，我们可依照法律、行政法规和国务院的规定，采取以上四个措施之外的其他措施。

金融危机可以被视为严重影响经济运行的事件，因而可将其看成社会安全事件的一种。2008 年金融危机对我国经济社会的影响逐渐显现的时候，各级政府都采取了保障和控制等应急措施。《突发事件应对法》第五十一条规定："发生突发事件，严重影响国民经济正常运行时，国务院或者国务院授权的有关主管部门可以采取保障、控制等必要的应急措施，保障人民群众的基本生活需要，最大限度地减轻突发事件的影响。"

但是，我们对严重影响经济运行的危机还缺少充分的研究。有些人甚至认为，这类事件能否被列入社会安全事件还需要打个问号，因此，《突发事件应对法》对这类危机没有做出较为具体的规定。

5.4 危机响应中的重要问题

在危机处置的过程中，避免次生灾害、保护应急救援队伍和现场指挥所是公共危机管理者必须面对的重要问题。只有解决好这些问题，应急处置才能实现高效、有序。

5.4.1 次生灾害的防范

在汉语中，次生是指"第二次生成的，间接造成的，派生的"。灾害链中最早发生的起主导作用的灾害被称为原生灾害，而由原生灾害所诱导出来的灾害则被称为次生灾害。例如，"5·12"汶川地震为原生灾害，地震导致的山体滑坡和泥石流则为次生灾害。

在现代社会里，危机的危害具有很强的连带性和扩散性。在处置过程中，我们必须以动态发展和普遍联系的眼光来观察危机。这就要求我们处置危机时必须实现部门之间的协调。比如，新冠肺炎疫情暴发后，医护人员的卫生防护任务繁重。正是由于我们对医护人员防护工作做了完备的准备工作，才未出现大规模医护人员感染的情况，抑制了次生灾害。

根据应急处置实践，我们不仅要具备系统性、前瞻性的思维，还必须注重寻求安全过程中的风险。比如，我们在疏散社会公众的过程中必须考虑疏散路线及应急避难场所是否安全，避免社会公众受到二次伤害。

为了预防次生灾害，必须打破各自为战的局面。在现实中，各自为战的结果可能就是次生灾害的发生。我们经常在处置一种灾害的过程中又引发了另一种灾害。例如，在南方暴风雪灾害处置的过程中，由于抗冰保交通任务迫在眉睫，使用了大量的氯盐融雪剂，没有综合考虑其对环境的破坏作用，京港澳高速公路边的一些村镇的水源就因此受到污染。

我们为了避免在处置危机的过程中发生次生灾害，必须反思“不惜一切代价”的口号，在应急预案的制定过程中就要考虑各类危机可能引发的次生灾害。在具体处置的过程中，现场指挥部要加强各相关部门的协调，防止“处置一场灾害，却引起另外一场灾害”的现象。危机会对环境造成长久的影响，因此应在应急处置的过程中多听取环保专家的建议，环保部门应是危机处置的最后撤出部门。

5.4.2 应急响应者的保护

危机处置是一项高风险的工作。在实际工作中，公共危机管理者必须注意保护应急救援队员。近年来，应急救援队员因公殉职的现象屡有发生，给我们敲响了警钟。保护应急响应者，是突发事件处置的一项重要任务。例如，衡阳大火造成消防官兵遇难，2019 年木里县森林火灾造成 30 名扑火人员遇难，等等。

衡阳大火中的次生灾害

2003 年 11 月 3 日凌晨 5 时 40 分，衡阳市珠晖区一八层四合院商住楼一楼大厅浓烟滚滚，值班保安拨打 119 报警。衡阳消防支队官兵迅速赶到现场灭火，疏散 2～8 楼的居民。20 多分钟后，珠晖区交警大队的交警赶到现场，对附近路段进行交通管制。8 时 30 分左右，大厅火势越来越猛，楼上的部分房间着火，大厅水泥墩表皮剥落，10 多米外就能感到滚滚热浪。消防官兵控制了外围的火势，向纵深推进。8 时 37 分，东、北、西面的一小部分楼房坍塌，20 名消防官兵遇难，11 名消防官兵、4 名新闻记者和 1 名保安负伤。

保护应急响应者，首先需要我们多一些“以人为本”的意识，在鼓励应急救援队员赴汤蹈火的英雄主义精神的同时，也要大力提倡珍惜生命、科学救援。在实际处置工作中，公共危机管理者应注意救援队员的轮换和劳逸结合，不能使个别队员过分透支体力，并需要根据队员的个人特点分配不同的救援任务。

平时多流汗，战时少流血。我们应尽快建立应急救援队员的资格考评与分类体系，在平时的训练中对应急救援队员严格要求，增强其自我防护的意识和技能。同时，也应该为应急救援队员配备必要的防护装备和通信工具。

保护应急救援队员，也包括对应急救援队员及时地进行必要的心理干预。在危机处置的过程中，他们可能会长时间目睹惨烈的灾害场景，心理受到一定的影响是正常的。问题的关键是相关部门应该认识到，应急救援队员也需要一定的心理干预来舒缓和释放心理压力。

5.4.3 应急现场的指挥

在危机的处置过程中，现场指挥部应该被赋予全权。近年来，我国公共危机管理推行问责制，引发了一场场“官场地震”。一些地方的官员称，做官如履薄冰，战战兢兢。危机发生后，各级、各部门领导纷纷赶赴事发现场，靠前指挥，发布指示。这经常会导致现场秩序混乱、令出多门，令现场指挥人员无所适从。而众多领导的指示往往又不统一，甚至相互矛盾。有时，事发地政府和现场指挥部还不得不在百忙之中抽身接待各级领导，给现场处置带来了诸多的不便。

危机应急处置是一项技术含量很高的具体工作。罗伯特·卡茨（Robert Katz）认为，领导者必须具备三种技能：技术技能（业务能力）、人际技能（处理人际关系的能力）和概念技能（抽象和决策能力）。为了有效地监督和指导具体工作，领导者的层次越低，对技术技能的要求就越高。为此，高层领导一般应做到“帅不离位”，对具体的应急处置工作可给予方针、原则方面的指示，但不应干预现场处置工作。其实，在危机处置中，各相关部门之间的应急协调是很难解决的问题。这时，高层领导干部需要着力加以协调。

当然，在群体性事件处置的过程中，高层领导干部需要直接与社会公众对话。就目前情况来看，我国群体性事件多是社会公众合理利益诉求与非理性表达方式的交织。群体性突发事件的根源是社会矛盾与问题，解决的根本途径在于出台合理的公共政策。在此情形下，高层领导干部因掌握更多的权力，可审时度势做出决策，安抚社会公众情绪，化解群体性危机。

危机处置要发挥管理专家和技术专家的作用，发挥其“外脑辅助决策”的作用，以增强决策的科学性。但是，现场指挥不能唯上是从，也不能唯专家是从，因为专家只是决策的辅助和支持力量。

总之，在应急处置的过程中，现场指挥部要被赋予充分的权力。公共危机管理人员在广泛听取各方面意见的基础上，要发挥自身的智慧和创造精神，果断做出决策。其实，应该在确保决策者和指挥者对公共安全负责的同时，给予他们更为宽松的决策环境。美国在“卡特里娜”飓风过后反思处置不力的教训时，就特别强调公共危机管理人员的“想象力”（imagination）。公共危机管理者没有宽松的决策环境，就没有想象力，也就没有创新性的决策。在危机不确定性极强的今天，创新对于公共危机管理人员来说是必不可少的。

5.5 危机决策

在国外，关于灾害响应与日常程序的关系，学者们有两种针锋相对的观点：一种观点认为，“良好的灾害响应只是良好的常规、日常紧急程序的延伸”；另一种观点认为，灾害与常规、日常的紧急事件不同，两者的应对方法未必完全相同[①]。我们认为，常规

---

① Erik Auf der Heide. Disaster Response: Principles of Preparation and Coordination. St. Louis: C. V. Mosby Company, 1989: 52.

应急工作高效处理无疑会有助于灾害的应对，但是，也必须重视灾害响应的特殊需求：一方面，要做好应急规划，为可能到来的危机做好准备；另一方面，要针对灾害影响的特点，培养公共危机管理者的应急决策能力。两者相辅相成，不容偏废。

我们生活在一个高度不确定的时代，极端事件频繁发生，不应过分强调危机的可预见性，更不能过度夸大应急规划的作用而忽视应急决策。“详细的规划方法通常人为地把复杂问题过度简化：将不确定的情境简化为一套规则和步骤，被察觉的风险缩小了，世界变得更加具有可控性。”①

5.5.1　危机决策的特点

所谓决策（decision-making），就是对即将采取的处置行动的方向、目标及其实现原则、方法进行的分析与选择。危机决策作为一种非常规决策，是在信息高度不确定的状态下进行的，是一种挑战大、难度高的决策，伴随公共危机管理的全过程。从这个意义上看，危机决策既包含着常规决策的内容，也包含着非常规决策的内容。其中，危机的事中决策是非常规决策，事前与事后决策都是常规决策。

公共危机管理可以被看作一个问题解决的过程，即系统地分析危机情境，并在此基础上制定、实施与评估问题解决方案的过程。危机决策就是一个机制，其作用是在问题解决过程的每一步骤，进行选择。问题解决的一般流程为：识别问题、探讨解决问题的方案、选择方案、实施方案、评估情境。

1. 识别问题

识别问题的过程就是界定与分析问题的过程。在这个过程中，我们要进行以下思考：面临的问题是否为全新的？问题是否被清晰、准确地描述？我们准备如何处理问题？如果不作为将会发生什么？问题可否以其他方式描述？我们可以获得哪些有关问题的数据？信息是否准确？问题解决是否有先例可循？分析问题还需要哪些事实？是否可能以其他方式来阐释实施？谁来进行决策？

2. 探讨解决问题的方案

其主要内容是：制定问题解决的备选方案，对方案进行评估。“多谋善断”是危机决策的必然要求。所谓多谋，就是指要有多种备选方案，避免“霍布森选择”。在制定问题备选方案时，可以采取以下技术方法：（1）头脑风暴法。它需要建立一个宽松、自由的环境，鼓励参与者尽情地发挥，表述各种创造性的思想，并记录下来。这个过程结束后，开始评估各种想法。（2）调查法。就问题及替代方案，向众多的公众咨询，开启公众的智慧。（3）小组讨论法。直接参与决策者组成一个小组，讨论各种方案。小组成员应该具有广泛代表性，避免先入为主，探讨要以问题为核心，切忌天马行空、漫无边际。

---

① Dawn R. Giplin，Priscilla J. Murphy. Crisis Management in a Complex World. New York：Oxford University Press，Inc.，2008：5-6.

在问题备选方案确定后，我们应该对其进行评估，关键点包括：（1）识别约束因素，即找到妨害问题解决的因素，如技术因素（有限的设备与技术）、政治因素（法律限制）、经济因素（成本或资金限制）、社会因素（特殊利益群体的限制）、人力资源限制、时间限制。（2）确定方案的适当性，确保解决方案与解决问题的条件相符。（3）确定方案实施的价值，确保方案实施具有足够的价值。（4）评估效用，即评判选择方案是否可实现目标。（5）评估效率，即评判选择方案的成本与收益之比。（6）确定负面影响。

3. 选择方案

按照成效最大化、影响最小化的原则，在各种备选方案中选择最优方案。在此过程中，我们需要考虑政治因素、安全因素、资金因素、环境因素、伦理道德因素。

4. 实施方案

在实施方案的过程中，以下五个问题特别值得关注：（1）制定行动预案。预案要规定谁用什么资源、在什么时间、做什么、达到什么目标，确定谁要知晓决策。（2）确定目标。目标应为可以衡量的，建立在对紧急情况分析的基础上，作用是监督方案实施过程，确定步骤的优先次序。（3）确定所需资源，包括人、信息及装备等。这要求我们明确需要什么资源、资源在何处可以获取、获取资源需要多长时间、其他人可以提供什么资源、资源有无特殊的要求。（4）形成文字性计划，并分发给相关各方。（5）实施计划。

5. 评估情境

评估情境包括两个方面的工作：一是对整个问题解决的进程进行监督，关注以下问题：情境是否发生变化？是否需要更多或更少的资源？是否需要一个新的方案？实际上，这是一个动态监督决策结果的过程，对于及时矫正决策问题非常重要。二是要评估决策的结果，主要关注的问题有：决策是否起到作用？决策及行动方案是否有效利用了现有的沟通渠道并产生反馈？反馈是否检验了决策的效用？反馈是否足以反映不断变化的环境及条件？解决方案是否实现了自己的目标？信息是否及时传递给了操作、管理及政策部门？

危机状态下的巨大压力给决策者提出了巨大的挑战。情态紧急，决策者要面临巨大的时间压力；任务繁重，决策者要面临巨大的心理压力；危机具有政治化特征，决策者要面临政治压力。危机表现出极强的不确定性。在不确定的状态下，信息匮乏或信息冲突现象突出。因此，危机决策者可能会产生认知扭曲或判断失误，为纷繁、凌乱、真假难辨的信息所困，忽略真正重要的信息，也容易导致与其他危机处置者沟通不畅、矛盾不断。

日本驻秘鲁使馆人质危机中的决策

1996 年 12 月 17 日晚，日本驻秘鲁使馆灯火辉煌，日本大使青木森久正为日本明仁天皇的寿辰举行一年一度的庆祝宴会。各国外交官和秘鲁政要欢聚一堂。“图帕克·阿马鲁革命运动”恐怖组织的22名成员将馆内540余人劫持为人质，秘鲁总统藤森的母亲、妹妹、弟弟也在其中。恐怖分子的要求是释放狱中的460名同伙。

面对突如其来的危机，藤森当时肯定压力很大。强硬还是妥协，这是一个问题。秘鲁政府一方面安抚恐怖分子，以谈判缓解危机，以拖待变，把急事变成不急事；另一方面与相关国家的反恐精英密切合作，做好武力解救人质的充分准备，以期达到快刀斩乱麻的效果。

1997年4月21日，秘鲁特种部队通过挖好的地道进入使馆，发动攻击。14名恐怖分子被击毙，72名人质除1人因心脏病死亡外，其余都安全转移。38分钟的激战解决了持续126天的危机，这与秘鲁政府的成功决策是分不开的。

资料来源：翟伟佳. 人质危机与解放. 北京：国防大学出版社，2004.

此外，危机管理者还可能受到心理影响，容易犯以下错误：第一，对模糊性缺少包容，本着“宁可信其有，不能信其无”的态度，做出过度的响应决策。第二，在重压下，危机决策者攻坚克难、完成急难任务的能力下降，工作效率降低。第三，危机决策者心理发生变化，攻击、逃避行为可能发生。第四，急功近利，只关注迫在眉睫的任务，而忽略长远的目标。第五，冒险心理强化，做无谓的努力和牺牲。第六，目光局限，不能从全局思考问题。第七，陷入群体盲思。

在时间、条件允许的情况下，可以进行群体决策，以规避个人心理偏好给决策带来的负面影响。但是，群体决策必须注意克服“群体盲思”，也称“团体迷思”。它由美国心理学家詹尼斯提出，认为人们在群体决策过程中，往往会为了维护团体的和谐和凝聚力，弃事实真相于不顾，盲目追求与他人一致，这对于决策思考能力会产生致命的影响。导致群体盲思的因素包括：过高估计群体的能力，使成员自我满足，无视危险；内团体与外团体的划分，过分强调决策的理性化；达成一致性的压力；等等。在危急时刻，群体盲思很容易发生，因为时间压力要求快速决策。

切尔诺贝利核电站事故中的群体盲思

1986年4月26日，乌克兰切尔诺贝利原子能发电厂的4号反应堆发生爆炸，放射性污染殃及整个欧洲。事故发生时，反应堆正在进行年度检修，预计在五一国际劳动节之前完成。

由于受到时间压力，操作员违反安全操作规程。之所以如此，是因为操作员屡有所犯，但均安然无恙。

群体盲思是切尔诺贝利核电站事故中值得人们反思的一个问题。“乌克兰反应堆的操作员队伍是一个由很受尊敬的专家组成的有经验的工作组，他们因反应堆长时间不间断给电网供电而刚刚获奖。该工作组非常自信，这无疑是一个肇因。他们不再是依靠分析而凭‘直觉’操纵反应堆。他们认为自己知道在干什么，也许还认为自己已不受那些

‘可笑的’安全规程约束，那只是为反应堆操作新手拟订的，而不是为有经验的专业人员队伍而设立的。一个专家小组相互加强信念，坚信自己所做的一切都是正确的倾向，在小组内施压压制自我批评的倾向”，这是非常可怕的群体盲思。

资料来源：德尔纳．失败的逻辑：事情因何出错，世间有无妙策．上海：上海世纪出版集团，2010：27-31.

为了避免群体盲思，我们在决策过程中要允许每个人表述自己的观点，特别是反对和质疑；描述问题时，要不透露解决方案；让团体分成小组，要求每个小组对问题进行评估；要求外部专家，挑战群体决策；要求成员轮流提出反对意见。特别是在危机状态下，我们要鼓励不同声音的存在，激发危机决策的创造力。

常规决策是理性决策。在常规决策环境下，人们可以选择最优方案、实施同步评估，而这在危机决策中几乎是不可能做到的。从本质上看，危机决策是一种有限理性决策。危机决策是一种非常规状态的非程序化决策，具有紧急性、主观性、有限性、渐进性和时效性等特点（见表5-3）。通常，影响危机决策的不利因素包括：“界定不清的目标及结构不良的任务，不确定性、模糊性和缺失的数据，不断变换及相互竞争的目标，动态的、持续变化的条件，行动反馈循环（对变化了的条件做出实时的反应），时间压力，高风险，多重主体（团队因素），组织目标与标准，经验决策者。”①

表5-3　常规决策与危机决策的差异

常规决策	危机决策
无限制时间，问题需要解决，但不会同时具有重要性及危机特征	有限时间，面临严重困难，需要立即行动
程序化决策，融入日常之中，重复，结构良好，采用预设规则的情境	意想不到的决策，预设的规则不切实际，因为情境是全新的或结构不良的
满足，个体无视或忽视危险的迹象或机会	防御性规避，个人在此情境下否定威胁或机遇的重要性，不承担采取行动的责任
果断决定，决策者在响应中接受问题决策可能带来的挑战，遵从有效的决策过程	恐慌，个人的反应令人忐忑，疯狂地寻找解决问题的办法
可以控制的情境	情境存在升级的可能

资料来源：Karen A. Mingst. Essentials of International Relations. New York：W. W. Norton & Company，2004：55；Charles W. Kegley. World Politics. 8th ed.. Hong Kong：McMillan Press Ltd.，2000：127-130.

危机决策者所处的环境与常规决策者不同。在危机决策环境中，信息来源于多个渠道，既模糊不清，又残缺不全，且变动不居。不仅如此，决策者面临巨大的时间和心理压力，追求令人满意的目标，而不是最优的目标。

国外学者叶海卡·德罗尔认为，在灾害背景下，理性决策由于以下原因难以实施②：

（1）面对逆境。灾害以伤亡及破坏为特征，这要求公共危机管理者立刻给予关注。

① Uriel Rothenthal，Arjen Boin，Louise K. Comfort. Managing Crises：Threats，Dilemmas，Opportunities. Springfield Illinois：Charles C. Thomas Publisher，Ltd.，2001：109.

② Yehezkel Dror. Decisionmaking under Disaster Conditions//Louise K. Comfort. Managing Disaster：Strutegies and Policy Perspectives. London：Duke University Press，1988：255-256.

此时，任务繁重，如果应急部门不能成功应对，后果将非常严重。

(2) 制造假象。在灾害发生期间，人们获得的信息可能来自媒体、最初响应者以及其他渠道。人们所传递或接收的关于灾害的感觉是不准确的，例如，新闻媒体可能只是发表来自一个区域的图片，但没有显示相邻区域所受到的灾害情况。

(3) 被压缩的时间。由于人的生命与福祉受到灾害的威胁，决策者面临压力，必须快速行动，甚至提前行动。但是，在对灾害不确知的情况下，有时过早行动也会产生问题，如使危机响应者受到威胁。

(4) 悲剧性选择。在灾害情境下，决策总是带有缺陷。例如，在医学检伤分类之后，对一个人实施救护可能会导致另外一个人死亡。

(5) 模糊博弈。响应行动中的决策充满挑战性，因为不确定性是灾害的重要特征。灾害在发生后的很长一段时间内情势不会清晰，信息要么过多，要么不足。危机演进是不确定的，这妨碍了决策及未来政策的发展。

(6) 紧张与压力。人们在身体和情感上面临着过大的压力，这会对决策产生不良影响。灾后行动是长时间的繁重工作，创伤与压力也会影响判断，令人不堪重负。

(7) 群体过程。在决策过程中，个人和组织互动通常会导致次优结果，如不能达成一致，将延缓危机响应与恢复的进度。屈从领导或公众可能会产生负面效应。

人们经常说："谋事在人，成事在天。"再周密的危机解决计划也可能因为一个微小的失误或外部客观条件的变化而不能执行。危机决策是科学，但更是艺术。这就是危机决策的魅力所在。

美国特种兵营救人质的失败

1979年11月4日，美国驻伊朗使馆的66名外交官和平民被劫持为人质。美国卡特政府为此进行了武力解救人质的准备。"三角洲"部队来到亚利桑那州尤马沙漠进行集训。天气预测小组认为，11月至4月是解救人质的最佳时机。

1980年4月24日，120名特战队员分乘6架C-130运输机从阿曼马西拉岛出发，超低空飞行，进入伊朗境内。同时，在伊朗附近游弋的美国尼米兹号航空母舰甩掉苏联监视船。8架"海上种马"直升机从航母上起飞，与C-130运输机在"沙漠一号"会合。这次解救人质的行动代号为"鹰爪"。

但是，突如其来的哈布风暴使得美军特种作战行动失败。在阿拉伯语中，"哈布"是狂风肆虐的意思。直升机比指定时间晚了两个小时到达会合地点。不仅如此，因为风暴，途中1架直升机迫降、1架直升机被迫返航。其余6架到达会合点后，1架直升机出现故障。按照作战方案，完成解救人质任务的直升机至少要有6架。"鹰爪"行动被迫取消，美军开始撤离。在撤离过程中，1架直升机撞上了1架C-130运输机的机舱，导致8人死亡。

美军"三角洲"部队的准备看似天衣无缝，但即使再周密的部署也难免有疏忽。后来，由于经济制裁、巴列维国王的病逝、两伊战争的爆发，美国大使馆人质事件在第444天终于得到解决。

5.5.2 危机决策的要求

在公共危机管理过程中，危机决策者应做到临危不乱、多谋善断。国外学者指出，危机决策者为提高决策水平，应注意以下方面的事项：（1）增强情境意识。情境意识要求人们对环境与背景给予高度关注，重视灾害中线索、信号以及备选方案。（2）倾听别人提供的信息，对语音、语调给予特别的重视。借助直觉、现代技术及其他支持系统进行抉择。（3）判断自己的感觉是否正确，判明自己是否随着事态的发展正确理解了灾害。（4）从不同的视点审视灾害。定期自我省察或询问别人：自己是否犯了错误？是否解决了目前与将来的紧急问题？（5）满足生理需求。充分休息，保证营养充足，保持机敏和睿智。（6）满足应变需求，富有创造力。在灾害发生时，人们存在一种倾向，即严格遵循预案、既定的规则和公认的规范。这不利于响应与恢复行动的展开①。

为了提高决策水平、避免决策失误，公共危机管理者可以尝试采取以下两种方法：设计更优模型法：公共危机管理者对具体情境或问题进行研究，判别目标与现实之间的差距，并进行干预，以达到预期效果；排除法：公共危机管理者对危机的演进过程进行密切跟踪与观察，并随着情境的发展消除决策过程中的短板与错误。

1913 年，荣格（Carl Jung）提出了心理类型理论。通过对人的行为进行观察，荣格发现人在与周围环境接触时会产生两种态度：内向与外向。后来，荣格又提出思考的四种类型：（1）思考型（thinking）；（2）直觉型（intuition）；（3）感觉型（sensing）；（4）情感型（feeling）。根据荣格的理论，人们在如何使用心智、思考问题、认识世界方面天生就存在差异。不同的人接收信息、组织信息、进行判断的方式不尽相同，表现出不同的决策偏好（见表 5－4）。

表 5－4 心理偏好与决策

类型	特点	偏好	决策要求	典型问题
思考型	借助逻辑概念，冷静、客观地对待周围环境	效用	决策必须客观，符合逻辑	有利与不利因素、原因与结果是什么
直觉型	应用粗略的判断对周围环境做出反应	创新	决策应利用新的机遇，富有创造性	模式及可能的解释是什么
感觉型	应用感官体察外部世界	稳定	决策必须建立在以往经验的基础上	事实、成本、收益是什么
情感型	只强调主观看法，不注意思考	品德	决策应该考虑人的价值与需要	对相关者的影响如何

良好的决策应该是借助感觉和直觉去搜集各种相关信息，借助思考和情感权衡各方面的因素。但是，我们只依赖一种偏好时，决策很难有效。危机决策的非常规性决定了公共危机管理者需要虚怀若谷，察纳雅言，取人之长，补己之短。他们应具有以下方面的素质：既要善于集思广益，又不能优柔寡断；既要果敢决绝，又不能刚愎自用；既要

① David A. McEntire. Disaster Response and Recovery：Strategies and Tactics for Resilience. New York：John Wiley & Sons Inc.，2007：277.

善于积累、汲取既往的经验，又要推陈出新、敢于创新；既要具备强烈的规则意识，又不能墨守成规、僵化呆板。

危机决策者应该具备的素质

(1) 知识。对成功决策而言，最重要的条件是决策者的知识。决策者应能够深刻理解影响决策的所有要素。

(2) 主动。成功的决策者应敢于担当责任，开启决策过程并全程监控，积极推动危机情势的好转。

(3) 善纳人言。成功的决策者知道自己需要别人的帮助，了解谁能为决策做出贡献，并向其咨询。

(4) 选择能力。成功的决策者能够寻找相关数据，并避免陷入过量的数字之中。

(5) 综合。成功的决策者关注并认真对待所有可能的备选方案，以便做出最优选择。

(6) 与时俱进。成功的决策者注意探查当前所处情境，抓住所有的机会。

(7) 灵活性。成功的决策者对于新概念、新理念心态开放，愿意尝试不同的方法。

(8) 良好的判断力。成功的决策者并不墨守成规，在对危机情境判断方面，表现出强大的能力。

(9) 有选择的风险承受能力。成功的决策者可以权衡各种备选方案，有限责地接受其消极后果。

(10) 自知。成功的决策者知道自己的能力、偏见与局限。

在实践中，危机决策者应注意培养的重要能力包括以下几项：

第一，洞察与倾听能力。在危机的演进过程中，公共危机管理者必须对事态发展进行跟踪，做到明察秋毫、洞若观火。同时，公共危机管理者必须是一个沟通的高手，不仅要善于从别人提供的信息中获得决策的支撑，也要善于从别人的评价中了解决策的效果、矫正决策的失误。

芝加哥热浪：迟到的危机决策

1995年7月中下旬，美国城市芝加哥遭遇热浪袭击，共导致739人死亡。穷人、老人、病人、黑人成为最脆弱的群体。紧急求助电话接连不断，医院人满为患。为了缓解酷热，消防部门打开了街头的消防栓，却导致高层断水。空调等用电量的增加导致停电时有发生。许多人不知道城市中热浪避难所的位置。即便电力供应正常，生活在贫困社区内的公众也无力支付高额电费，并因对社会治安的忧虑不敢开窗。

芝加哥热浪是一场逐渐演进的危机。事发之初，芝加哥市长正在度假，并没有给予足够的重视。在第三天，他甚至调侃地说："芝加哥就是一座容易走极端的城市。"芝加哥在热浪来袭的第六天才宣布进入紧急状态。在芝加哥热浪中，城市领导者缺少足够的洞察能力。与此同时，由于脆弱群体的呼声不能为决策者所倾听，危机后果不断放大。

不过，进入紧急状态后，芝加哥的应急措施还是值得嘉许的。消防部门提供了应急服务，城市开放了更多的纳凉场所，200 多名志愿者参与应急服务，政府与出租车公司签约免费接送老人。

第二，决断与创新能力。危机往往是突然发生的并会对社会公众的生命、健康与财产安全造成严重的威胁，同时，危机的起因、演进路线和未来的发展方向也不明朗。在这种情况下，危机决策者不能通过民主协商的方式反复斟酌，必须当机立断，做出抉择。也就是说，在紧急状态下，危机决策者具有较大的自由裁量空间。决策正确与否不仅取决于决策者的经验，还取决于决策者的胆识和创新精神。在危机处置的过程中，公共危机管理者切不可唯唯诺诺，一味上交决策权以推卸责任，也不能因循守旧，照搬预案。否则，会在游移不定中贻误战机。

第三，前瞻与推断能力。危机的决策关系到社会公众的生命健康与财产安全，也关系到公共危机管理决策者自身的前途与命运。但是，决策者掌握的信息和时间都非常有限，并且决策的后果也难以预料。朱利安尼在《领导艺术》一书中说："在危机降临之际，个人的经验是无法替代的，因为时间不允许你慢慢琢磨。日常生活养成的智慧，遇到危机时将扮演前锋角色。"但是，在危机决策过程中，经验难以完全复制，基于经验的前瞻与推断能力是至关重要的。

第四，灵活应变能力。危机的情势在不断变化，这要求公共危机管理决策者要灵活、机动，具有很强的权变决策能力和临机决断能力。

旧金山大地震：用啤酒灭火的启示

1906 年 4 月 18 日早 5 时 15 分，旧金山发生里氏 8.3 级大地震，造成该市 2 500 多人死亡，2.8 万栋楼房被毁，20 万人无家可归。地震引发了旧金山城市的多处火灾。大火燃烧了三天三夜，过火面积大约 10 万平方千米。

1906 年 5 月 6 日，著名作家杰克·伦敦在一篇报道《旧金山完了》中说："旧金山完了！除了郊区边缘住宅，其余都消失在记忆中。工业区已被夷为平地，社区与住宅区已成为废墟。工厂和仓库，大型商店和报馆，旅馆和富豪巨邸都化为乌有。一分钟后，到处烈焰冲天。火势在市场街南方的十几处不同地区、工人贫民区蔓延，还有无数工厂在燃烧，一发不可收拾。组织瓦解，通信完全中断。这座 20 世纪的城市，一切精致的新建筑物都被地震粉碎了。街道有的隆起，有的下陷，堆满断壁残垣的碎片，所有精妙的设计与人类遮风避雨的处所，都在 30 秒的地壳翻滚中东倒西歪。全市的心脏地带已有一半成了废墟。"

当时，旧金山市拥有大量的 19 世纪保留下来的木结构建筑，供水设施老化，相对于火灾非常脆弱。消防局只有 585 名消防员，人手紧缺。地震破坏了地下供水管网，消防用水无从保障。居住在特里格拉夫山周围的意大利侨民别出心裁，从地窖中搬出啤酒桶，用啤酒灭火，他们共使用了大约 1 000 加仑啤酒。

用啤酒灭火在消防史上是独一无二的。这给危机决策者带来的启示是：在不确定性极强的公共危机应对中，不拘一格、灵活应变，甚至剑走偏锋都是必要的。

资料来源：高丹．灾难的历史．哈尔滨：哈尔滨出版社，2009.

危机处置对决策者个人的要求非常高，要求我们注重学习公共危机管理的基本知识，积累处置危机的经验，提高个人方方面面的素养。只有这样，才能在危机处置中，做到临危不惧、处变不惊、多谋善断、灵活果敢。

决策模式包括：(1) 个体决策。领导者单独决策，其他人只是收集相关信息。(2) 协商决策。领导者与他人讨论问题，征集他人的意见、想法，最后做出决策。(3) 群体决策。领导者与他人通力合作，相关方面的观点和建议均被采纳，最终达成一致。(4) 授权决策。领导者设定标准，允许、支持他人做出最终决策。

在危机决策中，我们选择决策模式需要考虑以下因素：(1) 是否有充足的决策时间；(2) 领导者是否有足够的专业知识；(3) 群体是否有足够的专业知识；(4) 其他参与者是否认同组织为解决问题而确立的目标；(5) 决策是否是有多种解决方案的复杂决策；(6) 其他人的决策承诺是否很重要；(7) 决策是否会导致受影响者之间产生严重的冲突；(8) 决策是否会影响许多机构、个人或社区成员；(9) 决策是否会直接影响少数特定人群。根据对以上问题的回答，我们可以选择相应的决策模式。例如，如果领导者没有充足的决策时间，个体决策是较好的选择；如果领导者没有足够的专业知识进行决策，最好是进行协商决策或授权决策。

公共危机管理可被看作公共危机管理者与危机之间的博弈。一方面，没有预案就没有行动指南，我们必须加强应急预案的建设；另一方面，完全照搬预案也很难奏效，应对危机还需要赋予公共危机管理者一定的临机决断权力和创新能力。在遵照预案与发挥创新能力之间形成一种动态的平衡，是我们成功应对危机的关键所在。

我们说危机决策需要临机决断能力，这绝不是说不要预案。预案可以使公共危机决策者有案可据，起到减缓心理压力、缩短决策时间的作用。同时，应急预案也可以保障危机决策的制度化和规范化。

预案为紧急状态下的决策奠定了良好的基础。其实，预案制定的过程就可以被看作决策的过程。预案要清晰地回答以下问题：(1) 谁负责什么，谁进行决策；(2) 在响应与恢复过程中，应该动用哪些组织；(3) 采取每一种行动的条件是什么；(4) 沟通如何进行；(5) 在何种情况下开始疏散；(6) 公众救助的准备如何开展。

与紧急状态下的决策相比，应急规划过程中的决策具有很大的优势：(1) 在非紧急状态下，决策可以深思熟虑、仔细推敲，而没有紧张、压力。(2) 没有时间因素的制约，可以运用群体决策的方式，多元参与，集思广益，达成共识。人们可以充分思考各种紧急情况，权衡各种可能的响应方式。(3) 应急规划可以赢得各利益相关者的支持，对预案进行培训和演练，教育社会公众如何在紧急状态下采取正确的避险行动。

此外，在极端危机、系统性危机频发的背景下，我们应提倡建立高可靠性组织 (high reliability organization)，提高决策效能。韦克与萨克利夫 (Weik and Sutcliffe) 认为，其主要特征为：(1) 关注故障，认为每一次微小的差错都是系统问题的征兆，鼓励人们报告失误，从最近的危机中学习，永不自满；(2) 拒绝解释的简单化，认为世界是复杂、不稳定、不可预测的，鼓励个人看得更远，对人们所公认的智慧提出质疑；（3）运行的敏感性，检验正常运行以在监督的过程中暴露瑕疵，检验安全程序、培训、致灾因子识别等，鼓励持续性的调整以防止错误的累积与扩大，鼓励人们说出自己的隐忧；（4）重视弹性，不仅形成检测问题的能力，而且能够在故障发生时继续工作；（5）尊重专家，决策权授予处于一线并在相关领域具备最权威专业的知识者①。高可靠性组织的建设有助于我们提升整个危机管理体系的弹性，做出高质量的复杂决策。

本章小结

本章主要论述了危机响应的相关理论与实践。第一节介绍了危机应急响应活动的内涵以及危机应急响应的功能，包括应急评估、影响处置、安全保护和调度资源四个方面。第二节分析了危机应急响应的一般原则与流程，进一步明确了危机响应的活动。第三节深入探讨了公共危机处置的措施。第四节着重讨论了危机响应中的几个重要问题，即次生灾害的防范、应急响应者的保护、应急现场的指挥。第五节详细论述了危机决策的特点和要求。读者在阅读本章时需要重点把握危机响应中的原则，明确危机处置的措施，注意危机响应中的各类问题。

关键术语

危机响应　危机响应者　调度　救助性措施　控制性措施　保障性措施　预防性措施　稳定性措施　动员性措施　危机处置　次生灾害　危机决策　高可靠性组织

复习思考题

1. 危机响应的含义是什么？包含哪些重要功能？
2. 危机响应的一般原则是什么？
3. 一般性措施具体指哪些措施？这些措施各自有什么特点？
4. 常规决策与危机决策有什么差异？
5. 危机响应者应注意危机响应中的哪些问题？请结合案例谈一谈。
6. 危机决策者应注意哪些方面的重要能力的培养？
7. 高可靠性组织的特点是什么？

---

① Lynn T. Drennan，Allan McConnell. Risk and Crisis Management in the Public Sector. New York：Routledge，2007：50.

第6章

公共危机恢复

2013年5月2日，习近平总书记就四川雅安芦山地震抗震救灾工作做出重要指示。他指出：“要坚持抗震救灾工作和经济社会发展两手抓、两不误，大力弘扬伟大抗震救灾精神，大力发挥各级党组织领导核心和战斗堡垒作用、广大党员先锋模范作用，引导灾区群众广泛开展自力更生、生产自救活动，在中央和四川省大力支持下，积极发展生产、建设家园，用自己的双手创造幸福美好的生活。”2015年1月19日，他在看望鲁甸地震灾区干部群众时又说：“天灾无情人有情。老天爷把大家的家园毁了，党和政府一定要帮助大家建设一个更加美好的家园！我们13亿多人民就是一个大家庭，全国各族人民就是一个大家庭，一方有难、八方支援。只要大家一条心，有党和政府支持，有全国人民支援，再大的坎都能迈过去。大家要增强对美好生活的信心，不怕灾害，不怕困难，用自己勤劳的双手，把新家园建设得更好！”恢复重建不仅意味着要恢复原貌，也意味着除旧布新。

传说天方国有一对神鸟，雄为凤，雌为凰。满500岁后，集香木自焚，复从死灰中更生，从此鲜艳异常，不再死。这就是“凤凰涅槃”。人类经历了一场场重大公共危机后又一次次从灾难的废墟上崛起。公共危机的恢复就是一个浴火重生的过程。《史记·苏秦列传》中有言：“智者举事，因祸为福，转败为功。”经历了灾难的洗礼后，恢复阶段的行动决定着转危为机的理想是否能够变成现实。

6.1 恢复的概念与原则

公共危机的发生干扰了社会生产生活秩序，使社会公众的生命、健康和财产遭受巨大损失。一般认为，在危机的事态基本上得到有效控制后，公共危机管理应从响应阶段过渡为恢复阶段。但是，实际上，响应与恢复之间的界限比较模糊。在响应过程中，交通、通信、供水、供电等关键性基础设施的恢复对于抢险救灾至关重要，需要优先考虑。因而，恢复活动在响应阶段就已经开始了。

恢复不仅是要尽快恢复灾损设施，实现社会生产与生活的复原，将灾害影响降到最低，而且是要贯彻可持续发展的理念，把恢复重建作为增强社会防灾、减灾能力的契机，整体提升全社会抵御风险的水平。所以，恢复中还包含着减缓的因素。

6.1.1 恢复的含义

在英语中，与“恢复”（recovery）一词同时使用的还有“复旧”（restoration）、“复兴”（rehabilitation）、“重建”（reconstruction）、“复原”（restitution）。但是，这些词汇都不足以完整地表示恢复的含义：“复旧”主要是指回复到灾前的水平，“复兴”突出“改进”的含义，“重建”主要指物理环境与建筑物，“复原”突出法律意义。我们所使用的“恢复”一词具有恢复原状的含义，也有加强与改进的含义，既包括物理上的重建，也包括经济、环境、社会、心理影响的消除；既关照了法律责任与义务，也包含了社会道义的约束。

根据美国联邦应急事务管理署在《全风险应急运行规划指南》中的定义，恢复是指“使社区的基础设施和社会、经济生活恢复到正常的活动，但它应当将减缓作为一个目标”。在短期内，恢复意味着将重要的“生命线”系统（例如，供电、通信、供水、排水、交通）恢复到可接受的水平，同时满足人的基本需要（例如，食物、衣服、住宅），确保人和社区的社会需求得到满足（例如，维护法治，提供危机咨询，展示人与人的关爱及援助正在到来）。在一个行政辖区，一旦实现社会基本稳定，就开始了长期的恢复努力，复原经济活动，重建社区设施和家庭住房，并关注长期的减缓需求。

从这个定义中，我们可以看到以下两对关系：（1）恢复与重建。“恢复”之中就包含着“重建”的意思。在汉语里，我们习惯于将“恢复”与“重建”放在一起使用。恢复重建是消除危机短期、中期和长期影响的过程。它主要包括两类活动：一是恢复，即使社会生产生活运行恢复常态；二是重建，即对于因灾害或灾难影响而不能恢复的设施等进行重新建设。所以，重建也是恢复的一部分。

（2）恢复与发展。恢复重建不仅意味着补救，而且意味着发展，因为恢复重建要在消除危机影响过程中除旧布新。从这个意义上看，恢复重建既包括挑战，也蕴藏机遇，是危机处置过程中实现转“危”为“机”的关键环节。国外有学者这样定义“恢复”：“使受灾害影响的社区回到灾前状况或最好成为状况改善的社区的活动。”

灾害恢复的“破窗理论”

法国19世纪著名的经济学家巴斯夏说，假设一个人砸碎了理发店的玻璃窗，这将为玻璃生产商提供商机。玻璃生产商赢利后购买其他生产商的产品，发生经济上的乘数效应，创造更多的财富与就业机会。

当然，巨灾给灾区造成的损失不是“一块玻璃”那么微不足道。抛却道德上的考量，灾害经济学认为，灾害在特定的条件下也可能为灾区经济的发展创造良好的条件。1964年，美国发生阿拉斯加地震，大量资金涌入灾区，政府提供巨额补贴和贷款，恢复重建活动使阿拉斯加人更加富裕。1992年的“安德鲁”飓风和1994年的加利福尼亚州北岭地震过后，恢复重建也使得建筑等行业繁荣，就业机会增加，带动了地方经济的发展。

通常，恢复重建的活动主要包括：维修和重建灾毁的公共设施（道路、桥梁、城市建筑、学校、医院等），废墟的清理与运输，临时住房及其他提供给灾民及其家属的帮助，帮助个人和企业进行长期重建、采取减缓措施的低息贷款，恢复公共服务（电力、供水、排水、电话等），危机心理咨询与精神健康，解决灾害失业问题，规划长期的经济稳定、社会恢复与风险减缓。它们可以被进一步归纳为以下四种类型：第一，最大限度地限制灾害结果的升级；第二，弥合或弥补社会、情感、经济和物理的创伤与损失；第三，抓住机遇，进行调整，满足人们对社会、经济、自然和环境的需要；第四，减少未来社会所面临的风险。也就是说，恢复重建要尽量减轻灾害的影响，使社会生产生活复原，推动社会进一步发展，提高社会的公共安全度。可见，恢复重建要以消除危机为基础，以谋求未来发展为导向。

6.1.2 恢复的原则

恢复并不仅仅意味着使社会经济恢复到灾前状态。如果危机的发生是由于减缓方面出现问题时，恢复更应体现出巨大的超越性，减少致灾因素。比如，日本在阪神-淡路大地震发生后，基础设施和房屋不仅仅是恢复原状，而且增强了抗震能力。

危机发生后，由于资源有限，人们为解决燃眉之急而实施的某些措施可能不利于长远的恢复重建。比如，震后临时住房占用耕地，这从长远来看将对经济恢复产生负面的影响。所以，恢复重建既要立足于现实，又要着眼于长远，不能饮鸩止渴、竭泽而渔。除了要处理好恢复与减缓、眼前与长远的关系，恢复重建还需要遵循以下原则：

1. 政府主导，公众参与

根据灾害的社会政治-生态理论（sociopolitical-ecology），灾害对社会互动产生了巨大的扰动。人的系统内部所存在的互动对恢复有着较大的影响。人需要资源进行恢复，但资源是有限的。恢复过程存在着因争夺稀缺恢复资源而产生的冲突与竞争，强势群体可能会阻止弱势群体获得救助。因而，解决的办法是改变权力安排，不让歧视、贫困和腐败影响恢复。灾区公众全方位的参与是非常重要的。

此外，紧急规范理论（emergent-norm theory）提出，灾害使得正常的官僚结构不能正常运行。新型的灾害可能在未来出现，但官僚组织没有为其做好充分的准备。同样，新的未能满足的需求可能在恢复阶段出现。新出现的组织可以有效应对这些未能满足的需求。

在危机的恢复与重建过程中，政府要起到主导作用，组织、协调有关部门，调动各种资源，尽快恢复灾区的生产、生活秩序，消除灾害带来的影响。同时，政府在恢复重建阶段要积极开展社会动员，鼓励灾区社会公众参与开展灾后的自救互救，号召其他地区的社会公众向灾区捐款捐物。

2. 全面恢复，突出重点

恢复重建不仅要整体规划，全面消除灾害对社会、环境、经济乃至社会公众心理的影响，也要分步实施，突出对灾区状况复原至关重要的“生命线”系统，这是因为重要的“生命线”系统关系着千家万户，也影响着恢复重建的总体进程。例如，道路交通如果不能恢复，建筑材料就不能运抵住房重建现场。

汶川地震救援中的抢通：打开生命之门

汶川特大地震中映秀镇被夷为平地，数千人被埋在废墟中。公路不通，通信中断，救援队伍无法进入灾区。进入汶川的公路严重受损，多处桥梁崩塌，94 千米的道路有塌方和泥石流 300 多处。加上降雨导致天气恶劣，军用直升机无法伞降和机降。

在此情形下，抢通道路成为打开生命之门的钥匙。地震发生后，各路人马从各个方向抢通通向汶川的公路，由 400 多台机械、5 000 多人组成的抢通队伍 24 小时不间断地从东、西、南、北四个方向朝着汶川推进。

5 月 17 日 16 时 50 分，都江堰至映秀的国道 213 线贯通，南线抢通取得重大突破。汶川映秀镇的大量伤员通过这条“生命线”被紧急送往成都，救灾物资也源源不断地被输送到受灾严重的乡镇。

资料来源：郭伟．汶川特大地震应急管理研究．成都：四川人民出版社，2009：306-307.

3. 公平公正，关注弱者

灾害的脆弱性理论（vulnerability theory）认为，人不能改造自然，尽管人类希望通过努力来防止堤坝溃决、建筑倒塌等事件，但其结果具有很大的不确定性。人的生命安全、健康和财产最容易遭受损失。同时，风险的社会分布是不均衡的，救援与恢复期间的风险所产生的后果是不同的。恢复阶段要关注不同群体因收入、发展状况、性别、种族、身体状况而承受的不同风险。

在恢复重建中，我们一定要遵循公平公正的原则，对灾区社会公众进行救助。不同的地区、不同的人群面对同样的灾害，因为脆弱性高低不一，其受损程度是不同的。因此，老人、儿童、残疾人等弱势群体，经济欠发达地区、受灾严重地区在恢复重建中得到的救助应该更多。

4. 生产自救，多样补偿

在恢复重建中，灾害损失补偿是非常必要的。一是通过经济补偿来保证受灾人民的基本生活权益，避免灾民因灾陷入困境；二是通过经济补偿来保障社会再生产的顺利进行，避免生产因灾中断；三是通过经济补偿来恢复被灾害打乱的生活与工作秩序，避免社会失控；四是通过经济补偿进一步增强抵御各种灾害的能力。我们要鼓励灾区民众自力更生，自觉地展开生产自救，避免一味依赖政府救助的倾向。同时，我们要启动社会化的补偿机制，通过商业保险、社会保险等多样化的补偿形式，使灾区尽快地恢复生产、生活秩序。

5. 防灾减灾，寻求发展

根据灾害的系统理论（system theory），物理环境、人的环境与建设环境之间的不匹配形成了灾害。物理系统包括大气等自然系统，建筑环境包括建筑、道路、桥梁、港口、设施等。当自然、建筑与人的系统的联系出现扰动时，灾害发生。因而，在恢复重建过程中，人们要尊重自然环境的力量，同时创造更加具有抗灾能力的建筑系统及人的系统。

我们在恢复重建的过程中，不能仅消除某一次危机的消极影响，还应该总结经验、吸取教训，与自然合作，增强社会的防灾、减灾能力。同时，我们还要善于抓住机遇，放眼未来，使灾害成为灾区经济社会发展的新起点。

汶川特大地震恢复重建与水磨镇产业的升级换代

在汶川特大地震中，汶川县水磨镇距离震中仅8千米，受灾严重。死亡90人，重伤92人，轻伤2 980人。水、电、道路、通信等基础设施全部被毁，2009户住房严重受损，占全镇房屋的55%。除了阿坝水泥厂、鑫通新材料有限公司、阿坝州碳素制品有限公司、众成冶炼有限公司、立敦电子科技有限公司等受损较轻外，其他工业企业受损严重。在恢复重建的过程中，水磨镇抓住机遇，实现了产业的升级换代。

在汶川地震发生前，水磨镇是阿坝的工业重镇，聚集了63家高能耗、高污染的企业，自然生态环境遭受了较大污染和破坏。根据《汶川地震灾后恢复重建总体规划》，阿坝州确定了工业"北上外联"的结构调整战略，即将水磨镇等地工业集中迁至茂县工业园区，并在阿坝州以外建立一块工业"飞地"。水磨镇腾笼换鸟、重新定位，发挥自身优势，着重发展旅游、商贸、休闲、文化教育产业，带动灾区经济快速复兴。

6.1.3 国外的"总体灾害恢复"理念

"总体灾害恢复"（holistic disaster recovery）理念是国外学者提出的。它是指人们在灾害恢复与重建活动中，要改善生活质量、维护公共安全、抓住经济发展机遇、保护生态环境、减轻自然灾害风险。可持续性的六个原则是：提高公众的决策参与度、保持和提高生活质量、增强地方经济活力、维护社会平等和代际公平、确保环境质量、提高灾害弹性。

恢复重建事关民生。提高公众的决策参与度，就是要在恢复重建的过程中吸纳所有危机的利益相关者参与决策，集思广益，准确地识别亟待解决的问题，并解决问题。

危机，特别是重大自然灾害，往往会摧毁基础设施，导致断水、断电、断路、断气，通信不畅，学校、医院等公共设施关闭，灾民无家可归，环境遭到破坏，污染严重，等等。这些都对社会公众的生活质量产生了严重的消极影响。由于生活质量是社会、卫生、经济和环境因素共同作用的结果，因而恢复重建必须综合协调、多管齐下，以保持社会公众的生活质量为最低纲领，以提高社会公众的生活质量为最高纲领。比如，在灾后恢复重建中，不仅要追求城市社区功能的恢复，也要力争实现城市社区的宜居性，修建游泳池、运动场，栽植景观林，等等。

经济活力是恢复重建的“发动机”。在大灾之后，灾区往往会陷入一个经济衰退的恶性循环，缺少经济活力就很难打破这个循环。在灾后恢复重建的过程中，灾区要合理利用政府的支持和社会各界的资助，同时塑造良好的形象，积极寻求外来投资与技术援助，振兴灾区的经济。在亚洲金融风暴中，韩国的金融体系几近瘫痪。危难时刻，韩国民众无偿捐献个人的黄金储备，妇女、老人甚至变卖首饰以帮助国家渡过难关。这种伟大的民族凝聚力感染了世界，为韩国迅速走出危机做出了重要的贡献。

恢复重建不可避免地要涉及救助资源和发展机遇的重新分配。在此过程中，社会公众不能因民族、种族、宗教、性别等因素而受到歧视性的待遇，这体现了恢复重建的社会公正性。否则，被边缘化的弱势群体将产生对政府的极大不信任。在“卡特里娜”飓风中，因黑人不能得到有效的救援与救助，美国掀起了一场关于“灾害与种族主义”关系的讨论。同时，在恢复重建的过程中，人们还要充分考虑到未来的风险，替子孙后代着想，体现代际平等。

确保环境质量，就是要在恢复重建中保护自然资源，维持生物多样性，预防、处置环境污染。比如，灾区政府依靠专业人员，在社会公众的支持下，封山育林，禁止狩猎，安置濒危物种，大力开展植树造林等。

格林斯堡飓风后的绿色发展

2007 年 5 月 4 日，美国堪萨斯州的小城格林斯堡（Greensburg）遭遇 EF5 级龙卷风。根据藤田级数，这是最高级别的龙卷风，可导致房倒屋塌，汽车被吹到空中，树皮剥落。格林斯堡当时的人口约为 1 400。当晚 9 时 25 分，龙卷风预警信息发布。20 分钟后，直径为 2.7 千米的龙卷风以每小时 320 千米的速度袭击了格林斯堡，造成 95%的房屋被摧毁。具体来说，916 座房屋和办公楼垮塌，216 座建筑严重受损。由于预警及时，特大龙卷风仅导致 10 人死亡。

飓风过后的 5 月 5—6 日，得克萨斯地区遭遇了 111 股龙卷风。它们虽然没有直击格林斯堡，但带来的强降雨却延缓了应急救援过程。面对断壁残垣，格林斯堡的公众没有屈服。他们提出重建节能型绿色城市的理念，打造绿色社区。人们利用风力资源发电，变害为利。重建的街道向两边倾斜，以便用蓄水池收集雨水后进行灌溉，解决水资源不足的问题。在重建过程中，新格林斯堡还特别重视安全设施的建设。

2008 年汶川地震后，格林斯堡与四川绵竹市建立了绿色合作伙伴关系，以共同推动灾后的绿色安全发展。

恢复重建的过程应该是灾区弹性不断增强的过程，如增强建筑物的抗毁损能力，把公众从灾害多发区转移出去并妥善安置，严禁在灾害易发地带选址开展重建工程，等等。

这体现了恢复重建着眼未来防灾、减灾需求的思想，是一个值得深入思考的问题。

可见，总体灾害恢复实际上就是要将恢复重建纳入可持续发展的大视野进行考量，实现灾区经济、社会的可持续发展。所以，我们应该在认识危机的恢复重建问题时借鉴这一理念，以更加前瞻、全局的视角规划灾后公共危机管理。但是，总体灾害恢复在实施的过程中依然面临着一系列的障碍，需要人们去加以克服。

总体灾害恢复的九大障碍

● 灾害给社会带来的损失程度。有时，建筑物要进行重建；有时，建筑物要修补。相比之下，后一种情况比前一种情况更能引起人们对风险削减的重视。

● 规章制度与政策。在许多情况下，灾害救助资金的提供附加了一定的要求。为了符合这些要求，恢复规划制定者的灵活性与创造性受到局限，不利于恢复重建的顺利进行。

● 其他涉及资金的问题，如财产、权利、开发、保险、土地使用和不符合标准的住房，这些交织在一起的问题影响了恢复的决策。例如，洪灾过后，许多遭灾的公众仍然希望回到河边重建房屋。

●"回复到常态"的倾向。灾害发生后，改变土地用途、强化建筑法规、改变人口密度等措施常常会遇到阻力。

● 发展机遇意识缺乏。

● 政府官员角色的转换。灾害过后，政府官员可能会重新投入日常事务。

● 特别事务特别处理的方式。大多数看似特别的问题实际上都是政府需要日常处理的，如清理废墟、建筑监察、批准新的开发项目、管理贷款。如果政府不能以标准化的程序解决这些问题，却以特别的方法来对待，事情早晚要受到延宕。

● 决策者、各个部门及利益相关者缺少系统的沟通。恢复决策对危险脆弱性、经济活力、环境保护、社会公平等都产生影响，需要系统的沟通机制。

● 缺少敢于担当的政治意志。在短期目标与长远发展相矛盾时，政府官员应该站在保护社会公众健康、安全与福祉的立场，避免受短视的权力影响。

资料来源：Natural Hazards Research and Application Information Center，2001.

6.2　恢复的分类与维度

危机的恢复可以分为短期恢复与长期恢复两类，恢复的主要目的是消除危机的影响。危机的影响可以分为社会、环境、经济、心理等维度。相对而言，环境、心理恢复是更为长期的任务。

6.2.1　短期恢复与长期恢复

恢复重建工作短则持续数月，多则持续数年。灾害恢复包括使重要的生活支持系统回复到最低运行标准的短期活动，也包括使生活达到正常或更高水平的长期活动。可见，恢复重建包括短期的恢复重建，也包括长期的恢复重建。

短期恢复在危机发生后很快展开，与应急响应常常重合。它包括提供基本公共卫生及安全服务，恢复受损的设施及其他基本服务，重新开通交通线路，为灾民提供食物和住宅等。虽然称为短期恢复，有的活动也可能会持续数周。长期恢复可能会持续数月或数年，主要目的是使生活全面恢复到灾前状态或更高水平。

一般来说，短期的恢复重建在危机处置活动结束后立刻实施，并可在短期内起到立竿见影的效果。比如，灾害影响区安全与返回、临时避难所/住房、关键基础设施恢复等（见表 6－1）。

表 6－1　短期恢复的主要工作

项目	主要工作
灾害影响区安全与返回	在确保居民安全的情况下，允许人们返回受灾害影响的区域
临时避难所/住房	为受灾害影响的社会公众提供最基本的生活条件
关键基础设施恢复	对管道、电线、街道、桥梁、路标、路灯进行检查与维修，修复医院、警察局、消防站等关键设施，恢复水处理厂、公交运输候车亭、公共工程装备停车场、政府办公室的运转，帮助电站、电视和广播台设施、电话交换设施重新正常运作
废墟管理	废墟管理应指定临时场所，把可回收物与不可回收物区分开来，并将不可回收物转运到永久性处理场所
应急拆除	对严重损害、可能倒塌的建筑进行评估，决定是否对其进行加固、重建或拆除
维修许可	恢复计划应该对其他地区参与重建的建筑承包商进行监督并登记
捐赠管理	对捐赠品接收、分类，做好运送、分发的准备
灾害援助	最大限度地解决灾民办事缓慢的问题，招募和培训足够的工作人员

资料来源：Michael K. Lindel，Carla Prater，Ronald W. Perry. Introduction to Emergency Management. New York：John Wiley &Sons Inc.，2007：371－374.

当开始重修道路、桥梁、商店、住宅等设施时，长期的恢复重建活动开始。长期的恢复重建活动一般着眼于长远，也需较长时间的努力，如危险源控制与区域保护、公共卫生/精神健康恢复、经济发展等（见表 6－2）。

表 6－2　长期恢复的主要工作

项目	主要工作
危险源控制与区域保护	在受灾害影响地区，改变土地利用和建筑规范，降低社会脆弱性
公共卫生/精神健康恢复	确保生理、心理健康不受突发事件影响
经济发展	制订灾区经济复兴计划，促进灾区的经济增长
基础设施的弹性	减少基础设施的脆弱性，增强基础设施的抗灾毁能力
历史遗迹保护	保护历史性建筑
环境修复	消除突发事件给环境造成的影响
灾害纪念	纪念遇难者，安抚社会公众，培养社会认同感

资料来源：Michael K. Lindel，Carla Prater，Ronald W. Perry. Introduction to Emergency Management. New York：John Wiley & Sons Inc.，2007：375－378.

在长期的恢复重建中，人们往往要从经济社会整体发展的高度，进行全面的规划，以期促进灾区经济发展，增强防灾、减灾的能力。从这个角度讲，我们需要辩证地看待危机的影响，积极预防、处置危机，尽量减轻危机的影响。一旦危机发生并造成严重的后果，我们在长期的恢复重建工作中要因势利导，努力消除负面影响，同时放眼未来，弃旧图新，在新的更高起点上促进灾区经济社会发展。这完全是有可能的，原因如下：

第一，社会公众及政府决策者通过反思危机的教训，对防灾、减灾问题更加重视。由于危机具有偶发性，社会公众经常容易忽视公共安全问题，政府决策者也经常不将防灾、减灾问题置于各项议程的首要位置。因而，危机有一定的警示作用。

第二，危机摧毁了不安全的建筑和设施。经常，人们发现一些建筑物或设施存在着风险和隐患，但因为拆除它们会导致其一部分使用价值的消失并会产生一定的成本，所以，在麻痹思想和侥幸心理的作用下，人们往往会犹豫不决。危机以极端的形式摧毁了这些不安全的建筑和设施，为未来实施统一的安全建筑标准提供了“一张白纸”。

第三，如果危机造成了巨大的财产损失，导致工农业生产停顿，政府将会对灾区提供技术支持、专业支持或金融支持，并鼓励灾区发展新项目。灾区可以此为契机，实现产业发展的转型升级，进而推动地方经济的进步。

第四，危机发生后，政府与社会公众将对灾害的起因、预防与处置进行深刻的反思，并制订出更为周详的防灾、减灾计划，增强经济社会发展的可持续性，提升社会、经济及环境对于各种风险的弹性。

6.2.2 恢复的维度

从总体上看，危机的影响主要可分为四类：社会影响、环境影响、经济影响和心理影响。由于恢复重建的使命主要在于消除危机的影响，恢复也具有社会、环境、经济和心理四个维度。

1. 社会影响与恢复

为了消除危机的社会影响，恢复重建需要恢复社会生活秩序，为社会公众提供基本的民生保障，使整个社会呈现常态运转的态势，如修复卫生设施、为灾民提供临时住宅和必要的生活物品等。在此过程中，恢复重建要注意三个方面的问题：一是严防次生灾害的发生，确保灾区公众的安全，如在拆除受损的建筑物时设立警戒线；二是保障灾后需求膨胀物资的供应，如药品等；三是特别关注老人、儿童、残疾人等弱势群体，满足其特殊的需要。

2. 环境影响与恢复

危机的环境影响可分为两类：人工环境影响和自然环境影响。从人工环境的角度看，恢复重建要完成的任务包括：修复或重建居民住房，尽快使灾民安居乐业；修复或重建商业设施或工业生产设施，确保商业和工业生产运转的持续性，保持受灾地区的经济活力和发展的连续性；恢复或重建农村基础设施，保证农业生产的顺利进行；恢复或重建关键性的公共设施，特别是从功能及象征意义两个角度看特别重要的设施，如灾区的地标性建筑；恢复或重建“生命线”设施，使水、电、气、热、通信、交通等基础设施及服务支撑系统的问题优先得以解决。

从自然环境的角度看，危机的影响主要包括：第一，生物多样性和生态系统受到严重的影响。灾难或灾害可能会使一些珍稀动物失去栖息地和赖以维持生命的食物，污染事件可能会损坏地方的生态系统，令某些物种濒临灭绝。第二，废物的处理及污染的管理是一个必须面对的挑战。特别是，在恢复重建的初期，危机及其应对活动所产生的废物和污染问题必须妥善加以解决，严防大灾引发大疫。比如，在强烈地震等危机中，物理破坏严重，清理废墟的工作繁重。而且，废物处理设施和场所有可能也因灾受损。这时，垃圾堆放的场所以及处理的方法必须经过环境保护部门的许可，避免给未来留下新的隐患。此外，社会在灾后持续运转的过程中不断产生的废物和垃圾也必须及时得到科学的处理。

3. 经济影响与恢复

危机对经济的直接影响非常大，间接影响难以评估。比如，“9·11”事件使美国作为世界投资“安全岛”的形象大打折扣。在国内公民消费信心指数下降的情况下，如果国外投资者纷纷撤资，那么，美国经济将发生“血崩”。同时，由于恐怖袭击，美国的民航、保险、旅游、餐饮等行业受到了致命的打击。再如，严重的旱灾可能会导致采石场、矿山或其他工业用水的紧张，生产停顿，进而引发灾区经济下滑，就业岗位衰减。

危机的经济影响可以从个人、企业、政府三个层面加以审视。

第一，个人在恢复重建中需要得到支持和帮助以维持生计，如确保就业安全等。同时，公众也可以通过购买行为，拉动地区消费，为灾区地方经济的增长做出贡献。

第二，在恢复重建中，有关部门要帮助企业尽快恢复或重建生产设施，最大限度地保护企业的财产安全，也要为企业提供有关决策与规划的信息，还可以通过刺激消费者信心增长的方式帮扶企业。

第三，政府在恢复重建过程中要发挥对宏观经济的调控作用，对灾区企业实施税收减免政策，为个体经营者提供小额贷款。同时，中央政府还可以为灾区企业积极拓展海外市场创造条件。

4. 心理影响与恢复

危机往往会给一定数量的社会公众造成负面的心理影响，甚至造成严重的心理创伤。对此，有关部门在恢复重建的过程中，要为这部分社会公众提供心理咨询服务，开展心理危机干预，进行心理辅导。在公共危机恢复过程中，我们不仅要关注普通社会公众的心理，也要关注领导、参与救灾的工作人员的心理。

如果缺少必要的心理干预，一些受危机影响的公众就会患上“后危机综合征”，在生理、认知、情感等方面出现问题，产生人际交往困难，与他人产生冲突，甚至产生反社会的非理性行为，影响社会的和谐。

北川干部的灾后心理恢复

汶川地震中，北川县干部遇难466人，受伤住院212人，重伤61人。全县22.7%的干部遇难，10.3%的干部受伤住院，13.7%的干部有子女遇难，19%的干部成为单身，90%以上的干部家庭有亲人遇难。他们以忘我的救灾来忘却心头的伤痛，却产生了严重的心理问题。2008年10月3日，北川县农办主任董玉飞自杀，年仅39岁；2009年4月20日，北川县委宣传部副部长冯翔自杀，年仅33岁；2010年5月21日，北川县农业局科员魏宏自杀，年仅33岁。干部的心理恢复成为一个不容回避的艰巨任务。

2008年10月10日，北川县委办和政府办发出《关于调整作息时间的通知》，北川实行双休日。10月17日，县委办印发了《关于进一步深化干部关爱工作的实施意见》，提出定期组织干部培训疗养，要保障干部正常休假。

2009年4月，北川县委组建了干部关爱工作领导小组，形成了“两办一中心”的工作模式：县关爱办负责全县干部关爱工作，县关怀办负责全县群众的关爱工作，县心理卫生服务中心负责全县干部群众心理卫生服务相关工作。

此外，北川县还采取岗位调整与轮换、开展健康体检及专业心理援助、重建干部的社会支持系统等措施，缓解干部的心理压力，取得了良好的效果。

6.3　恢复的过程与管理

不同的危机有着不同的恢复过程。但是，我们可以从中抽象出一些具有共性的步骤。在恢复的过程中，管理起着非常重要的作用。有效、科学的管理可以加快恢复的进程；反之，无序、低效的管理则会影响、延缓恢复的进程。

6.3.1　恢复的过程

恢复重建步骤可分为：准备阶段—计划阶段—实施阶段—验收阶段—反思阶段。中国的恢复重建是自上而下纵向展开的，由恢复重建领导小组组织、实施；在美国等发达国家，恢复重建是在水平方向横向展开的，吸纳社会公众广泛参与。

在响应阶段，所有的行动都围绕一个中心。相比而言，恢复的功能或过程包括一系列的问题和决策。这些决策需要由个人和社区共同做出。恢复包括的决策和行动涉及重建家园、除旧布新、恢复就业和企业、永久性地修复和重建基础设施。恢复重建具有七大功能：信息收集与评估，组织安排，资源动员，计划、管理与预算，管制与批准，协调与组织之间的关系，监督与评估。

因此，一般地说，恢复重建的过程要经过以下阶段：（1）准备阶段。建立危机恢复重建领导小组，主要负责对受灾地区的状况进行全面的评估，并做出损失评估报告。（2）计划阶段。恢复重建领导小组根据第一阶段损失评估情况，制订具有针对性的恢复重建计划，并向执行部门和社会公众公布。（3）实施阶段。为恢复重建动员、准备、整合各种资源；实施恢复重建计划。（4）验收阶段。对恢复重建工作进行验收与评估。（5）反思阶段。站在公共危机管理整体的高度，对恢复重建工作进行反思，并将经验及教训纳入未来防灾、减灾的规划中。

6.3.2 恢复的计划与管理

虽然从时间逻辑上讲，灾后恢复重建一般在危机发生后进行，但随着公共危机管理的发展，人们越来越认识到事前的恢复计划也属于灾后重建的重要组成部分。因为在灾难袭来后，人们往往处于恐慌中，加上时间紧迫，很难科学地制订恢复计划。因此，事前的恢复重建计划应包括短期内如何安置避难者，长期内决策（比如财政上）如何支持重建，重建地址以及公共基础设施重建地址的选择。恢复计划能帮助政府官员在巨大压力下使社会恢复正常，有利于提高社会在无援助的情况下恢复重建的能力。

当危机发生后，公共危机管理部门还要根据影响评估报告，再次制订出更为详细的恢复重建计划。该计划执行完毕后，公共危机管理部门应及时反思，总结教训，制定新的防灾、减灾方案，并修改和完善准备阶段制订的灾害恢复重建计划。

可见，恢复重建并不是开始于灾后，而是开始于灾前。在危机发生前的准备阶段，公共危机管理部门要根据风险评估的情况，考虑制订灾后恢复重建计划。比如，如果某座城市附近火山有喷发的风险，那么，公共危机管理部门就要在准备阶段制订恢复重建计划，思考灾后如何处理火山灰。这体现了预事在先的原则，可以减轻政府在恢复重建过程中的压力，加快恢复重建的进程。

恢复计划制订的目的在于对恢复进行管理，加快恢复的进程。具体而言，恢复计划应该符合以下要求：（1）有利于实现恢复过程管理的正规化；（2）有利于加快恢复的进程；（3）有利于确定恢复活动的组织网络，明确每个组织的责任和任务；（4）有利于将各方面的力量，包括相应机构，吸纳到恢复进程之中，确保社区参与；（5）尽量简洁，但联系方式、资源列表要详细；（6）由提供恢复服务的各相关机构共同制订；（7）以各机构的日常职能为基础；（8）经常进行评估；（9）明确恢复管理的结构和过程；（10）规定适当的资源安排制度。

通常，恢复计划制订的流程包括：（1）授权，即获得制订计划的授权；（2）范围，即确定计划所涵盖的范围；（3）利益相关者，即确定计划制订的参与部门；（4）目的，即界定计划要达到的效果；（5）咨询/沟通，即与利益相关者协商，与社会公众沟通，争取广泛的理解、支持与参与；（6）计划制订，恢复计划至少要包括：启动机制、责任与任务，恢复服务，资源安排，管理结构与过程；（7）批准，恢复计划要得到有关部门的认可；（8）发布；（9）评估。

恢复管理的目标是增进恢复活动参与各方的合作与协调，向灾区提供有效的恢复服务，加快灾区的服务进程。恢复管理主要包括以下四个方面的内容：第一，进行恢复准备。公共危机管理部门要与各相关机构保持动态的联系，制订、不断更新灾害恢复计划，促使恢复活动参与人员随时保持待命状态。第二，促进协调。恢复阶段的任务繁多，涉及资源动员、捐赠管理、废墟管理等方面。公共危机管理部门要维持内部的有力指挥和控制，同时促进多机构的合作与协调。第三，管理资源。公共危机管理部门要在需求评估的基础上，保证恢复资源的供给充足，这涉及场地、装备、运输工具、资金、队伍等方面。第四，管理信息。在恢复过程中，公共危机管理部门要保持公共信息的及时更新和发布，特别要告知灾民恢复的政策和程序，同时也要向其他公民通报灾区恢复的进展。此外，公共危机管理部门还要收集、加工信息，为资源供给与需求搭建一个有效的平台。

6.3.3　恢复的主要措施

国外学者通过研究世界地震灾害恢复重建问题，归纳了以下九条经验：（1）社会、经济和健康问题应该得到特别的关注，有关部门应展开社会调查，确认灾害的利益相关者及潜在的损失；（2）吸纳利益相关者参与共同的决策过程，披露所有灾害信息；（3）以市场为基础，实行适当的补偿政策；（4）补偿政策应当覆盖所有受灾害影响的公众；（5）补偿政策应清晰地确认所有损失，包括土地、住房、商业、收入来源和迁居费用；（6）补偿应提供多种选择模式，如现金补偿、土地重新安置、小企业赠款、临时或永久的项目就业；（7）特别关注社会弱势群体，如单身母亲、残疾人以及少数民族；（8）建立强有力的组织，争取社区团体和社会组织的援助；（9）为补偿和重新安置建立有效的监督和评估制度。结合我国的国情，恢复重建的主要措施如下：

第一，做好灾民的安置工作。由于我国公众安土重迁的文化传统，灾区恢复重建应以原地安置为主、异地安置为辅。但是，对于原居住地灾后不再适宜居住或存在较大风险的情况，政府必须向公众耐心做思想工作，进行异地安置。但是，我们必须对由此可能引发的群体认同型冲突给予高度重视，做好协调工作，防止灾害移民与迁入地当地居民之间产生矛盾。

此外，在灾民安置问题上，灾区政府应广泛听取社会公众的意见，动员广大社会公众积极参与，做到群智、群策、群力，既要考虑未来的风险因素，也要照顾公众对既往生活环境的归属情怀，做到既合情，又合理。尤其是，恢复重建要特别考虑到少数民族的历史、风俗、文化、信仰，避免民族矛盾和民族冲突，同时要保护好历史古迹和文化遗产。

还有，灾区政府应鼓励社会公众不等不靠，开展生产自救，鼓励合作互救。同时，启动和完善社会化的补偿机制，通过商业保险、社会保险等多样化的补偿形式，使灾区尽快地恢复生产、生活秩序，并分散和转移未来可能发生的巨灾风险。

最后，灾区在恢复重建的过程中，还要实现补偿与安置的公开化与透明化。对于政府拨付的资金、物资及社会各界的捐助，要强化政府的内部监督和公众的外部监督，并就资金、物资的使用情况开展绩效评估，做到账目清、情况明，有据可查，有条有理。

第二，实现心理干预的长效化。灾后心理干预是一项长期而细致的工作，不可能一蹴而就。许多人灾后的心理疾患具有较长的间歇期，需要长期观察与关注。汶川地震、雅安芦山地震等重大危机造成社会公众大量伤亡，许多孤老、孤儿、孤残等弱势群体因被异地安置而可能出现心理问题。在日本，阪神-淡路大地震后许多老人因被迁入新社区而缺少人文关怀，甚至出现“孤独死”现象。因此，公共危机管理部门不仅要防止社会公众因灾致病、因灾致贫，还要防范心理问题带来的公众生活质量下降，甚至是因此而引发的反社会行为。

在中国，危机发生后，灾区可通过共青团中央、中国红十字会等部门，与心理救助志愿者建立长期的联系，有计划、有组织地接纳心理救助志愿者，建立心理干预的定向帮扶制度，使心理恢复成为灾后整体恢复重建的一项持之以恒的重要内容。

第三，加强未来的风险防范。在恢复重建的过程中，灾区在城市基础设施建设方面要统筹规划、合理安排，提高基础设施的建筑质量和抗风险能力，在城市的规划、建设与运行三个环节实现以公共安全为核心：不符合公共安全标准的规划，不能实施建设，返回重新规划；不符合公共安全标准的建筑设施，不投入运行，返回重建。由于城市关键性基础设施因相互依赖性强而非常脆弱，在重新规划和建设过程中要体现“依靠高技术，又不依赖高技术”的思想，增强其间的可解列性，避免灾时一损俱损。

在农村，灾区可结合社会主义新农村建设，增强农居的抗震性、抗毁性与实用性，避免“形象工程”“面子工程”。同时，我们要构建农村公共危机管理体系，注重应急避难场所的建设，彻底改变农村“基本不设防”的局面，提高农村的防灾减灾能力。例如，汶川地震灾区在恢复重建的阶段要认真查找校舍倒塌的原因，吸取教训，在新建校舍中严格推行安全标准，从源头上消除隐患，提高学校建筑抵御各种风险的能力。

第四，以恢复重建促进区域的发展。在恢复重建工作中，灾区要因势利导，不仅要努力消除灾害的负面影响，更要除旧布新，吐故纳新，在新起点上促进灾区经济社会发展。例如，在汶川地震后，灾区得到了国内外大量的技术支持和经济支持，可以此为契机，实现产业发展的转型、升级、换代，进而推动经济进步。比如汶川地震灾区的恢复重建应该是“发展导向型的恢复重建”。

第五，加强公共危机管理建设。由于公共危机的发生具有常态化趋势，灾区应进一步加强公共危机管理，避免各类突发事件干扰恢复重建进程。例如，雅安芦山地震后，灾区应防范暴雨、滑坡、泥石流等灾害的发生。在恢复重建中，灾区应及时、深刻、全面地总结经验和教训，完善公共危机管理体系建设，如结合当地情况，开展《突发事件应对法》的地方配套法规建设。特别是，灾区要加强基层社会单元的应急能力建设，为基层救援力量配置一定的应急装备和物资，提升社会公众自救、互救的技能。此外，灾区应适当保留地震遗址、遗物和照片资料，建设若干个公共安全教育基地，以警示后人、普及公共安全知识。

6.4 恢复重建中的重要问题

在突发事件的恢复重建过程中，人们往往会面临一系列关键而棘手的问题，主要包括恢复重建的选址、住房的恢复重建、经济的恢复重建、心理干预、灾害损失补偿等。这些问题能否得到有效的解决，关系着恢复重建活动的公平与效率，也关系着恢复重建的成败。

6.4.1　恢复重建的选址

恢复重建阶段是针对未来可能发生的灾害实施减缓措施的最佳时机。一个社会所拥有的经济资源是相对有限的。平时，人们往往对灾害的发生抱有一定的侥幸心理。而且，减缓投资也具有很高的机会成本。但是，灾害发生之后，人们面对巨大的生命与财产损失，容易在灾害减缓问题上达成共识。

恢复重建阶段面临的首要问题是选址。对于选址，人们可以做出三种决策：一是原地原址重建，二是原地异址重建，三是异地重建。抉择的标准就是灾害减缓，即选址是否有利于降低未来突发事件发生的可能性。其中，原地原址重建就是指不改变土地用途、完全在废墟上重新建设，原地异址重建就是指在灾害发生的区域内部分改变土地用途的重建，异地重建就是指在一个全新的区域所展开的重建。

原地异址重建与异地重建

1988 年 12 月 7 日，亚美尼亚西北部发生里氏 6.9 级地震，导致 2.5 万人丧生。列宁纳坎遭受灭顶之灾，医院被毁，许多医生丧生。当地土壤情况及建筑设计存在的巨大问题是地震损失严重的主要原因。在恢复重建的过程中，亚美尼亚制订了统一的建筑规划，严禁在危险地带重新修建医院。这是原地异址重建。

1964 年，北美阿拉斯加遭受里氏 8.4 级到 8.6 级地震，小城瓦尔迪兹受损严重。经过损失评估，人们发现瓦尔迪兹坐落的地带不稳定，未来可能会遭受更多的损失。美国联邦政府向该市提供经济援助，用了 4 年的时间将其迁往更加安全的地区。这是异地重建的典型。

相比较而言，异地重建比原地异址重建的成本更高。只有人们在原地生活或居住所面临的灾害损失巨大时，才会选择异地重建。

相比而言，原地原址重建的成本最低，但遭受未来灾害侵袭的风险也最大。不过，人们倾向于原地原址重建。米莱蒂帕认为，这是由于政治、文化、经济、心理等四个方面的原因：（1）政治原因。政治家希望尽快重建，消除灾害的影响。公众渴望恢复到正常状态，所有事物复原如初。（2）文化原因。公众习惯于自己以往的社区生活。从某种意义上讲，变化会带来社会扰动。许多人在迁徙问题上存在着困难。（3）经济原因。迁徙成本高。特别是，遭受灾害影响最为严重的弱势群体很难迁徙。他们不能在迁徙地购得便宜的住房。而且，许多小企业也难以承受迁徙的震荡。（4）心理原因。人们不愿意迁徙的心理原因是回避曾经遭受灾害这一事实。迁徙会导致社会关系网络受到破坏。

6.4.2　住房的恢复重建

在突发事件的恢复重建中，政府有责任采取积极主动的措施，减少和缓解突发事件所带来的有形物质损害，特别是关系民生的物质损害。其中，居有住所是重中之重。切实保障倒房户的基本生活，是恢复重建工作中首先要加以解决的重要问题。

美国学者认为，住房的恢复重建要经历四个阶段：(1) 应急避难场所 (emergency shelter)。应急避难场所是指社会公众在灾后紧急安身、躲避风雨的场所，如许多家庭在地震等灾害发生后暂时在汽车中休息。(2) 临时安置所 (temporary shelter)。临时安置所不仅能提供休息的地方，还能满足灾民饮食的需要。比如，灾民投亲靠友或在宾馆、体育馆中短暂安身。在国外，教堂经常成为灾民的临时安置所。(3) 临时住房 (temporary housing)。临时住宅带有避难场所的色彩，是多人共有的；而临时住房则是灾民个人拥有的、非长期的安身场所。许多时候，临时住宅的选址并不理想。(4) 永久住房 (permanent housing)。在理想的地址重建的长期住宅。在永久住房完工后，灾民乔迁新居。

在我国，自然灾害突发事件中多会有大量的房屋被摧毁，灾后的救助问题十分严重。一般而言，国外的住房恢复重建有四种形式：一是依靠自身力量，由受灾家庭自己出钱、出人、出材料进行重建；二是依靠亲情关系，由亲朋好友共同帮助受灾户重新建房；三是依靠救灾制度，也就是说，依靠政府与社会组织提供援助重新建房；四是依靠保险赔付，在灾后向保险公司提出理赔申请，以赔偿金重建房屋。我国的公众在灾后多无力单独进行房屋的修复重建。这时，政府要给予必要的救助。但与此同时，我们也应借鉴国外的经验，实现灾害损失补偿渠道的多样化，如大力推行灾害保险等。

6.4.3 经济的恢复重建

突发事件经常导致基础设施损毁、工业停产、商业中断、农业绝收等严重的直接经济影响。此外，还可能引发物价上涨、就业率降低、居民收入下降等难以估算的间接经济损失。特别是，重大自然灾害往往对农业、渔业、畜牧业、养殖业、林业带来灭顶之灾。因此，消除突发事件所造成的经济损失非常困难。

在突发事件中，历史悠久、财力雄厚的大企业往往要比小企业更加具有抵御风险的能力。而且，小企业的脆弱性更强，损失也更为严重，原因在于：第一，小企业不像大企业那样，在物理状况良好的场所办公；第二，小企业的安全措施不如大企业健全，缺少应对风险的计划；第三，突发事件发生后，如果小企业所在区域的居民大量远距离搬迁，企业的经营也不可避免地要受到影响。

由于现代社会的运转高度依赖基础设施，在灾后恢复重建中，我们首先要恢复关键性基础设施的运行。其次，对于工农业生产受到严重影响的灾区，政府要及时出台减免税收、提供低息贷款等一系列的优惠和扶植政策，帮助灾区实现恢复正常的生产秩序，甚至实现产业的升级。最后，政府及社会组织应及时收集、传递对恢复生产有用的信息，派出专家提供技术支持和指导，推动灾区经济的快速恢复与发展。当然，灾区也应发挥自身的主观能动性，自力更生，积极探索生产自救的有效方式。

6.4.4 心理干预

心理干预与辅导是恢复重建阶段的重要工作之一，因为突发事件会对受害者及其家属，甚至救援者的心理造成极大的影响，引起焦虑、恐惧、抑郁、强迫反应、脾气暴躁、过度警觉等心理及行为反应，有人还会因此留下终生挥之不去的心理创伤。

我国的危机心理干预与救助

1992年，中国心理卫生协会危机干预专业委员会成立。北京、南京、杭州等城市陆续成立由政府财政支持的灾后精神干预中心。1994年克拉玛依大火后，北京大学精神卫生研究所的专家应邀参与对死难者家属和伤员的心理救援工作，这是我国首次开展灾后心理创伤干预。此后，在1998年抗洪、张北地震，2000年洛阳东都商厦火灾，2002年大连空难等危机事件中，我国都开展了心理干预。

2002年4月，卫生部、民政部、公安部和中国残疾人联合会下发《中国精神卫生工作规划（2002—2010年）》，提出逐步将精神卫生救援工作纳入救灾防病和灾后重建工作。2003年，非典暴发，中国心理学者首次大范围、全方位地介入灾害心理救援工作。

2004年，卫生部、教育部、公安部、民政部、司法部、财政部、中国残疾人联合会发布《关于进一步加强精神卫生工作的指导意见》，提出要加强救灾工作中的精神卫生救援，措施包括："加快制订灾后精神卫生救援预案，从组织、人员和措施上提供保证，降低灾后精神疾病患病率。积极开展重大灾害后受灾人群心理干预和心理应激救援工作，评估受灾人群的精神卫生需求，确定灾后心理卫生干预的重点人群，提供电话咨询、门诊治疗等危机干预服务。"

2006年8月，浙江遭遇桑美台风袭击。浙江省组织相关方面的专家，成立心理救援队，赶赴灾区，进行为期半个月的"心理救灾行动"。这是中国首次以政府名义组织灾害心理救援队伍。

2008年汶川特大地震后，灾后心理救援得到了全社会的高度关注。政府、社会组织、个人志愿者等不同团体和个人纷纷参与对地震灾区的心理救援，其规模之大，前所未有。

2012年，卫生部发布的《中国精神卫生工作规划（2012—2015年）》（征求意见稿）提出，各级政府要将突发公共事件应急心理援助工作纳入自然灾害等突发公共事件应急救援工作内容，制定突发公共事件心理援助应急预案。教育部门应当按照有关法律要求制定政策，要求学校配备专职心理健康教育人员和机构，建立学生和教师的心理健康普及教育心理干预机制，并制定校园突发危机事件处理预案。

资料来源：梁茂春. 灾害社会学. 广州：暨南大学出版社，2012：140-141.

根据国外学者的研究，对于危机与心理问题的关系，我们必须注意以下几点：

首先，危机对人的心理有负面影响，也有正面影响。博林和博尔顿（Bolin and Bolton）在1986年发现，在得克萨斯巴黎飓风之后，灾害对受灾公众产生了负面影响，如缺少耐心、一些家庭关系紧张。但是，飓风也产生了正面的影响，如也有一些家庭关系变得密切，人们不再看重物质财富，家庭幸福感增强等。

其次，危机一般不会给人造成重大的心理问题，但许多人会出现中度的心理紧张，在恢复重建的过程中会感到沮丧。随着时间的流逝，大部分人会有很好的自我调节能力，心理压力趋缓。

再次，精神卫生部门应该特别关注的对象包括：灾前有精神疾病患者、目睹亲人死亡或严重受伤者、单身女性家长、儿童、参与艰难搜救任务的应急响应者、工作负担沉重的医务人员。

国际危机心理学者对“创伤后应激障碍”（post-traumatic stress disorder，PTSD）给予了高度的关注。它是指“个体对异乎寻常的、威胁性的、灾难性的生活事件的延迟出现或持续存在的反应，以再度体验创伤为特征，并伴有情绪的易激惹和回避行为。PTSD症状通常在创伤后立即出现，但也可以经过一段无明显症状的间歇期后才发病，间歇期可长达半年以上，一旦出现，则可持续1个月至数年”。

1999年8月，土耳其发生强烈地震，造成灾区人员重大伤亡。3年后，伦敦大学的精神病学家对当年土耳其地震的769名幸存者进行了调查。这些幸存者已经从震中地区迁居到了为无家可归者修建的永久住所中。81%的幸存者接受调查的时间距离地震发生3.1年，其余的为3.9年。调查结果显示，40%的人患有创伤后应激障碍，18%的人患有应激障碍与抑郁并发症。他们通过线性回归分析，得出结论：创伤后应激障碍与地震中受到惊吓有关，而抑郁与失去亲人有关。因此，危机的心理干预是一项长期而艰巨的工作。在美国，红十字会、救世军和其他志愿者组织以及教会等均在灾害应对与恢复阶段开展心理干预活动。

最后，危机由于经常导致群死群伤，应急现场救援人员也可能成为PTSD患者。因此，应急救援人员出现体重减轻、愤怒、抑郁、酗酒、愧疚、胸痛、头疼、记忆减退、失眠等症状，也许就是PTSD的信号和征兆。

在危机的响应与恢复阶段，公共危机管理部门应动员全社会的精神卫生资源，特别是发挥心理专家、红十字会及慈善组织的作用，对社会公众，特别是受害者家属进行必要的心理干预和疏导。一方面，通过媒体等对灾区公众的心理进行整体性的引导；另一方面，对重点人群，如应急救援人员进行特殊的心理干预。比如，我们可以采取“分享叙述法”缓解应急救援人员的压力。应急响应者在精神卫生专家的引导下，讨论关于突发事件处置压力的感受。宗教慈善组织以信仰为基础，可以在心理恢复过程发挥独特的人文关怀作用。宗教组织“不仅可以为灾难中的人们提供有效的救援，而且可以帮助人们调整心态，更好地面对灾难中的各种痛苦”①。

国外对于危机心理干预的理论研究比较成熟，在应急管理实践中的措施也比较具体。有利于应对心理震荡及心理创伤恢复的措施主要包括：（1）来自家庭成员、朋友及同事的有力的社会支持；（2）保持体魄强健；（3）平复从前的创伤，建立更为有力的应对战略；（4）事先的备灾培训；（5）灾害来临时坚守岗位；（6）归属于一个进行灾害培训的组织；（7）特别要对教育、卫生工作者进行培训；（8）确保接触伤者的工作人员进行倾诉或接受心理咨询；（9）对亲身接触灾害现场人士提供长期的心理支持；（10）注意员工的工作强度，确保休息时间，避免劳累过度；（11）避免吸烟或酗酒；（12）事件过后，

① 闵丽．灾难与人文关怀：第2辑．成都：四川出版集团，2012：180．

继续关注灾害给心理带来的影响；（13）关注家庭暴力问题①。

为此，我们需要采取以下措施：第一，将心理承受能力的培养作为公共安全教育的一项长期内容。通过公共安全教育，有效地增强社会公众的心理承受能力，减缓突发事件的冲击。第二，鼓励社会公众灾时开展自救、互救的活动。使人们之间相互激励，实现社会的集体理性，减轻突发事件对个体心理的震荡。第三，对突发事件中心理脆弱的群体给予物质和精神上的特殊关爱。特别是，我们要利用学缘、事缘、血缘、业缘、地缘的关系，疏导、安慰这些人，减少他们的精神压力，缓解突发事件所带来的心理伤害，帮助他们渡过难关。第四，开展专业心理咨询和治疗。公共危机管理部门应建立心理救援队伍，设立心理医生档案库。在突发事件发生后，利用专业人士的科学知识和技能，排解心理脆弱者的精神压力，帮助他们客观、冷静地看待现实。第五，做好长期心理恢复的准备。由于突发事件的心理问题可能会有很长的间歇期，因而对患者的干预必须持之以恒。

6.4.5 灾害损失补偿

灾害损失补偿主要有政府补偿、灾害保险和捐助三种形式。

1. 政府补偿

政府是公共危机管理的重要行为主体。在恢复重建过程中，政府下拨救灾款项以帮助灾区恢复生产生活秩序，这是灾害损失补偿的主要手段。古今中外，概莫能外。“9·11”事件发生后，美国联邦应急事务管理署、小企业管理局（SBA）和纽约州下拨了大笔的救灾款项，到2001年12月，总拨款额度已经超过了7亿美元。其中，以公共援助基金的形式拨款3.44亿美元，帮助纽约市修复受损的基础设施，恢复关键性的服务，清除、运输废墟；以赠款和贷款的形式，提供个人援助超过1.96亿美元，用于修建临时灾害住房等。

2. 灾害保险

灾害保险起源于1666年的伦敦大火。在那场大火中，伦敦城3/4的建筑被毁。在18世纪早期的美国，费城很重视消防，有7家灭火公司，并为建筑物确立了明确的规章。在富兰克林·罗斯福的领导下，费城人建立了美国第一家火灾保险公司。

灾害保险的优势包括：可集中全社会的力量对灾害损失进行补偿，具有转移风险的作用；灾害保险可以适应灾害补偿需求的波动，自我调适能力强。因此，灾害保险在灾害损失补偿中的作用非同寻常。在美国，社会公众、家庭和企业购买灾害保险的积极性很高。原因是：首先，并非所有的灾害都能得到联邦援助；其次，联邦援助所满足的只是基本灾害需求，且有一个限定条件——其他手段不能实现；最后，联邦援助可能以贷款的形式体现。

---

① Brenda D. Phillips. Disaster Recovery. New York：Taylor & Francis Group，2009：306-307.

灾害保险与公共危机管理有着非常密切的关系。灾害保险的作用主要体现在：第一，保险公司要评估投保者的安全状况，有利于风险评估的全面与深化；第二，保险公司积极推动安全文化建设，不遗余力地为应急建设做出贡献，有利于贯彻预防为主的原则；第三，分担灾害风险。

在“9·11”事件中，美国因世界贸易组织中心被炸而支付保险赔款总额在300亿～700亿美元，仅双子大楼倒塌而支付的赔付金额就高达35亿美元。这次事件对于美国保险业而言是一个“分水岭”。由于恐怖主义很难预测，美国政府于2002年通过了《恐怖主义风险保险法案》，由联邦来分担商业财产保险的部分赔付。

目前，我国灾害保险的作用尚未完全发挥出来。政府应与保险业合作，实行有选择的强制性责任保险，并通过财政、税收等方面的优惠政策，扶植灾害保险企业。

3. 捐助

这主要包括国内社会捐助与国际社会捐助两种。灾害发生后，国内外社会各界出于人道主义的立场，自发地捐款、捐物，这是灾害补偿的另一种手段。2001年1月26日，印度古杰拉特发生强烈地震，影响了7 904座村庄，2万多人死亡，16万多人受伤，损失超过21亿美元。灾害发生后，世界粮食计划署、联合国儿童基金会、国际劳工组织、世界卫生组织等国际组织以及世界许多国家都对印度伸出了援助之手，慷慨捐助，在印度灾后恢复重建中发挥了巨大的作用。此外，一些社会组织在灾害捐助中以其中立、人道主义色彩及草根性发挥着独特的作用，是恢复重建不可忽视的重要力量。

本章小结

危机之后，百废待兴，正如受伤的身体需要合理治疗才能得到痊愈。而危机的“痊愈”最为关键的步骤就是危机之后开展合理的恢复管理。本章第一节界定了恢复的含义，概括了恢复过程中的五条重要原则，介绍了国外的“总体灾害恢复”理念。第二节阐述了恢复的分类与恢复的维度。第三节探究了恢复的过程与管理，具体包括恢复的过程、恢复的计划与管理，以及恢复的主要措施。第四节讨论了恢复重建中的重要问题，包括恢复重建的选址、住房的恢复重建、经济的恢复重建、心理干预，以及灾害损失补偿等。读者在学习本章时，要注重宏观把握恢复的原则与过程，掌握管理的程序，以及注意在恢复过程中的若干重要问题。

关键术语

危机恢复　重建　总体灾害恢复　常态　短期恢复　长期恢复　灾民安置　心理干预　风险防范　创伤后应激障碍　政府补偿　灾害保险　捐助

复习思考题

1. 危机恢复的内涵是什么？有什么重要原则？
2. 如何理解国外的“总体灾害恢复”理念？
3. 短期恢复和长期恢复有什么不同？
4. 总体恢复中的九大障碍分别是什么？
5. 恢复重建的过程要经过哪些主要阶段？
6. 恢复计划应该符合哪些要求？
7. 结合我国的国情，谈一谈恢复重建的主要措施有哪些。
8. 灾害损失补偿分为几类？各有什么特点？

第7章 公共危机社会动员

2005 年 9 月 19 日，浙江省委书记习近平同志总结防台风的经验，写下《完善社会动员机制》一文。他认为："能否有效进行社会动员，是对执政能力的现实考验。我们在防台抗台斗争中演练出来、成熟起来并不断完善的社会动员机制，不仅对防灾避险至关重要，而且具有全局性的重大意义，对做好国防动员、处置公共危机，包括处理重大安全事故、疾病灾害、突发事件等，都有借鉴意义。我们要认真总结国内外的经验教训，探索规律，完善预案，依托基层，发动群众，加强日常组织和演练，不断完善社会动员机制，切实提高保障公共安全和处置突发事件的能力。"①

2016 年 7 月 28 日，习近平总书记在河北唐山市考察时强调："防灾减灾救灾事关人民生命财产安全，事关社会和谐稳定，是衡量执政党领导力、检验政府执行力、评判国家动员力、体现民族凝聚力的一个重要方面。"社会动员是我国应对公共危机的一个特色和优势。

晋代葛洪的《抱朴子·务正》中说："众力并，则万钧不足举也；群智用，则庶绩不足康也。"这段话的意思是只要众人齐心协力，万钧不足为重；只要开启民智，百业无不可为。千百年后，我们应对公共危机也不能无视民力与民智，要开展广泛的社会动员。

从世界主要国家的公共危机管理实践来看，政府起着至关重要的主导作用。但是，政府并非公共危机管理的唯一主体。为了迅捷、高效地应对公共危机并降低公共危机管理的行政成本，政府必须开展行之有效的社会动员，将企业、社会组织等力量凝聚起来，实现多元参与，形成强大的应对公共危机的合力。

7.1 社会动员概述

《突发事件应对法》第六条规定："国家建立有效的社会动员机制，增强全民的公共

① 习近平. 之江新语. 杭州：浙江人民出版社，2007：156.

安全和防范风险的意识，提高全社会的避险救助能力。”从理论上看，公共危机管理社会动员是一个尚需要深入探讨的问题。从国内文献研究来看，近年来，中国学者多从公共治理这一视角来研究公共危机管理社会动员问题，认为政府、市场与第三部门三种力量是平等协商的伙伴关系。

从国外文献研究来看，学者们所说的“社会动员”与我们的定义有较大的差异。比如，美国政治学家卡尔·多伊奇用社会动员来描述现代化过程中个人思想方式和行为方式的转变，亨廷顿把社会动员看作一种政治发展的手段。在国外学者视野下，社会动员是一个自下而上自发的过程。

从行政文化上看，中国是一个政府主导型的社会。行政文化的变迁需要一个漫长的过程，而建立公共危机管理社会动员机制却是刻不容缓的问题。因此，我们在探讨公共危机管理社会动员基本理论之前首先要明确这样一个认识：在中国，公共危机管理社会动员现阶段的主体是政府，即主要是“政府自上而下地对社会动员”。与此同时，从长远来看，我们要逐步提高全社会的公共安全意识，充分调动非政府力量参与公共危机管理的积极性和主动性，培育其自发动员的能力，即“由社会自下而上地动员”。

7.1.1　社会动员的含义

“动员”一词最初主要是指“战争动员”。最早起源于普鲁士，其基本含义是“集合、装备及准备出师作战”。后来，“动员”在军事领域主要指一个国家为赢得战争而采取紧急措施，由平时状态转入战时状态，统一调度人力、物力和财力的活动。

随着人类社会的演进，“动员”的概念从军事领域外延到社会领域，并形成“社会动员”这一概念。在发达国家，由于社会组织发育比较成熟，它主要是指自下而上自发地开展动员；在中国，主要是指各级政府发动社会力量广泛参与某一社会活动。

公共危机管理社会动员应该体现“预防为主”的精神，贯穿公共危机管理的全过程。它是指为预防和应对公共危机，各级人民政府、社会团体、企事业单位在政治、经济、科技、教育等方面统一组织的动员准备、实施和恢复活动。

在社会动员的过程中，各级人民政府与社会团体、企事业单位、公民个人等各种力量，必要时调动武装力量，通过一系列行政、法律、经济措施，整合全社会的人力、物力与财力，形成一种强大的危机管理合力，以成功地预防和有效地应对危机。

在我国，公共危机管理社会动员体现了“两个结合”：第一，自上而下与自下而上两个过程的结合。从中国的具体国情来看，它应该是以自上而下动员为主，即政府是动员的主体，而非政府力量是动员的对象。政府需要对非政府力量有序参与公共危机管理进行必要的引导。第二，常态动员与非常态动员的结合。我们既要重点研究灾害，特别是巨灾应对的社会动员，也要着眼于长远与长效，克服运动式、突击式动员模式的缺陷与弊端。

在公共危机管理社会动员的实践中，我们可以本着这样的思路来看上述“两个结合”的关系：在常态条件下，通过公共安全教育，建设公共危机管理社会动员体系，为非常态下政府进行社会动员奠定基础，同时增强非政府力量自发、有序参与公共危机管理的能力。

从本质上看，公共危机管理社会动员是政府资源与非政府资源以公共危机管理为导向的整合，也是社会公共危机管理潜力向社会公共危机管理实力的转化。所谓“社会公共危机管理潜力”，就是指社会所蕴藏的可用于公共危机管理的一切人力、物力和财力；所谓“社会公共危机管理实力”，就是指实际用于公共危机管理的人力、物力和财力状况。

在社会公共危机管理潜力既定的情况下，公共危机管理社会动员能力系数越高，其社会公共危机管理实力就越强。公共危机管理社会动员机制是决定公共危机管理社会动员能力系数大小的关键性因素。

恐怖袭击中美国的全社会参与

1995 年，美国俄克拉何马州联邦大楼发生爆炸事件，上百个公共组织、非营利组织、私人组织以及自发的志愿者参与其中。美国红十字会为公共危机管理人员提供食品和住所，为受害者及其家人提供帮助，私人公司也给予公共危机管理响应者以大力支持。

在“9・11”事件救援行动中，数百个组织、几千名志愿者参加。餐厅、食品企业、救灾组织为公共危机管理响应者和执法者提供食品；美国红十字会协调数万名志愿者的招募和部署工作；私人公司在物质上给予支持，为公共危机管理响应者提供从搜救装备到干净的袜子、内衣等物品，还在休息区配备了大屏幕电视、躺椅及按摩治疗师。美国禁止虐待动物协会、宠物救援和其他动物福利组织搜寻、救助那些因主人疏散而被留在公寓里的宠物。救援组织清理从塔楼上掉落的灰尘和废物所掩盖的公寓和企业。志愿咨询师在事后的几个月内为公共危机管理响应者、执法者以及受害者提供心理咨询。

我们研究公共危机管理社会动员机制的目的是探讨如何在党委的统一领导下，发挥政府的主导作用，将各种社会力量整合到社会动员体系中，形成全社会合作、协同应对公共危机的局面。

7.1.2 公共治理与社会动员

公共治理理念的核心是通过合作、协商实现对公共事务的管理。1989 年，世界银行首次使用“治理中的危机”（crisis in governance）这一术语来描述非洲国家的问题。此后，“治理”的概念被广泛地应用于公共行政之中，强调政府、企业和其他社会力量的共同作用。在公共治理的理念下，政府需要转变自身职能：从横向上看，要加强与市场、社会力量的联系、沟通与合作；从纵向上看，政府要向社会还权。通过转变职能，形成扁平化的行政组织架构和多中心治理的格局。

首先，在公共治理理念下，政府组织作为有限政府，不再是管理国家与社会事务的唯一中心，企业和其他社会力量与政府一起履行管理公共事务的职责。公共危机管理为社会公众提供的是公共安全服务，其主体不仅包括政府，也包括企业及社会力量。它们彼此之间是一种协商、合作、互动的关系，共同组成一个以应对公共危机为共同任务、以实现公共安全利益最大化为共同目标、以合理分工为基础的网络体系。公共危机管理参与主体的多元化是公共危机管理社会动员的先决条件。

不过，政府在这个公共危机管理网络体系之中占据着主导地位。“在突发事件面前，集中权力和强制行动是必不可少的，由一个法定的权力中心执掌危机状态下的统一是不必赘述的题中应有之义，即由国家和政府对资源和价值进行权威性分配，将各个网络节点围绕一个共同的政策目标而整合集成起来，并强化其整体行动的能力以发挥协同效应。”① 政府依旧是公共危机管理最终责任的承担者，但政府需要改变自身的公共危机管理行为方式，将企业和其他社会力量纳入公共危机管理体系之中。

其次，按照公共治理的要求，政府必须放松对社会的过度管制，探寻一种新型的国家与社会关系，特别是要培育一个成熟的社会组织。这是权力向民众回归，即还权于民的重要体现，也是实现社会良治（good governance）的必要条件。对于公共危机管理社会动员来说，活跃的社会组织是不可或缺的。

社会组织具有三个显著的特点：“其一是非官方性，即这些组织是以民间的形式出现的，它们不代表政府或国家的立场；其二是独立性，即它们拥有自己的组织机制和管理机构，有独立的经济来源，无论在政治上、管理上还是在财政上，它们都在相当程度上独立于政府；其三是自愿性，参加公民社会组织的成员都不是强迫的，而完全是自愿的，因此这些组织也叫公民的志愿性组织。”②

正是由于社会组织具有以上三个特点，其亲和力较强，因此为公民参与公共危机管理提供了一个有效的组织途径和渠道。一方面，它可以在政府与公民之间充当桥梁与纽带的作用，及时地反馈社情民意，进行舆情反馈，防止矛盾积聚引发群体性突发事件；另一方面，在危机来临时，它又可以有效地号召大多数社会公众积极参与危机的应对。不仅如此，社会组织还可以利用自身的国际联系，为应对危机争取更多的国际援助与支持。

海地地震中加拿大红十字会的物资分发

海地地震发生后，由于当地政府不能正常运转，国际红十字会组织在救灾中发挥了重要的作用。以加拿大红十字会为例，其工作人员将繁重的任务按照轻重缓急进行排序。当地人不相信政府和警察，对红十字会却比较信任。当地公众在焦急和攀比心理的作用下，经常哄抢物资，导致物资发放缺少秩序和公平。红十字会志愿者持有公平之心，但对当地情况不熟悉，因此，志愿者与当地社区委员会合作，共同发放物资。此外，红十字会志愿者特别注重与灾民的沟通和交流，尊重公众意愿，这使得物资分发逐渐呈现出有序的状态。

为了增强社会公众对政府公共危机管理行为的满意程度，政府明智、理性的选择就

① 刘霞，向良云. 我国突发事件网络治理结构：双重整合机制的构建. 东南学术，2006（3）.

② 俞可平. 治理与善治. 北京：社会科学文献出版社，2000：11-12.

是开展社会动员，让公民参与到公共管理中来，实现公共危机管理的全社会参与，因为这可以调动全社会的人力、物力与财力，减轻政府公共危机管理负担，提高公共危机管理效率；提高政府公共危机管理的透明度，保证社会公众对危机的知情权和对政府的监督权，坚定其对政府的信心；实现公众的自我救助，防止公众在公共危机中因过度恐慌而出现次生、衍生危机；增强社会的凝聚力，促进人与人之间的合作与信任，稳固维系社会稳定所需要的情感、道德基础。从总体上看，公共危机管理社会动员具有以下四个方面的意义：

（1）公共危机管理产出的公共产品性质需要全社会参与。从根本上说，公共危机管理提供的是一种公共产品，即公共安全。它具有受益的非排他性与效用的不可分割性。政府是这种公共产品的主要提供者，但并非唯一的提供者。由于危机的爆发具有突发性、超出政府的预测、控制能力，社会公众如果单纯依赖政府的应对与处置行动，可能会招致不必要的损失。社会动员可以使社会公众尽快地组织起来，形成自救、互救局面，以减轻危机所带来的影响。

（2）平复危机不可预测性所导致的管理需求波动，确保公共安全效益与经济效益。不确定性决定了政府很难对公共危机管理需求做出精确的计算，因为公共危机管理需求在常态之下与非常态之下有着较大的起伏与波动。当危机骤然降临或急剧蔓延时，公共危机管理需求大幅增加；当公共危机结束或呈现回落时，公共危机管理需求大幅减少。一个理性的政府一般不会不计成本地在平时储备过多的公共危机管理物资、设备等。为此，进行公共危机管理社会动员可以平复公共危机管理需求在常态与非常态之间的波动，实现经济效益与公共安全效益的“双赢”。

（3）将社会公共危机管理潜力转化为公共危机管理能力，降低公共危机管理成本。危机的危害可能会使社会正常运行的秩序被扰乱。在此情形下，政府的应对效率也可能会大打折扣。社会公众如果被有效地动员起来，就能做到群智、群力，进而战胜危机，渡过难关。有效的社会动员能够提高公共危机管理的效率，克服社会公众的恐慌情绪，增强社会凝聚力，实现自救、互救与政府公救的三结合，降低公共危机管理的成本，防止次生、衍生灾害，增强社会抵御各种危机的能力。

（4）实现公共危机管理的关口前移与重心下移。公共危机管理的最高境界是将危机消弭于无形状态，因此，公共危机管理必须关口前移，以预防为主。如果政府能够调动企事业单位、社会组织和公民个人等非政府力量的积极性，使其时时、事事具备很高的公共安全意识，就可能杜绝众多危机的发生。此外，我国公共危机管理的重心太高。基层是公共危机管理的关键，也是社会动员的重点，开展社会动员，有助于我们降低公共危机管理的重心，使危机在萌芽或始发阶段就得到有力的控制。

在转型期，社会构成多元化，异质性增强，传统的政治动员很难覆盖全社会。此外，它成本高，重救援，轻防范，重心高，缺乏灵活性和创新性，当危机严重，后果迅速显现时，如特大地震发生，自上而下的政治动员响应快、处置效率高。但当危机后果逐渐显现时，如旱灾发生，政治动员响应速度较慢。还有，在风险社会中，危机具有高度的不确定性与复杂性，应急的网络模式比等级模式更富有灵活性与适应性，它要求多元主体对突发事件共治，开展社会动员。

在社会动员中，我国政府为企业和其他社会力量参与应急管理提供的制度性渠道不足、不畅。加之非政府力量的组织化、专业化程度低，与政府没有形成无缝隙的对接，应急社会动员协调问题突出，导致无序与冲突现象，如汶川地震中志愿者作用难以发挥、捐赠物资配置不均衡等，浪费了大量资源，降低了应急效率，弱化了整体应急能力。为了全面解决各种协调问题，我们需要站在整体的高度，构建有效的社会动员体系，吸纳多元主体的有序参与，发挥协同效应。

7.1.3　社会动员的类型

（1）从动员规模上看，社会动员可以分为局部动员和整体动员。局部动员是指针对某一范围内的部分地区所实施的社会动员，而整体动员则是在某一范围内的整个地区所实施的社会动员。相对而言，整体动员适用于危害性大、不确定性强、波及范围广、具有传染性的危机，如非典。

（2）从动员对象上看，社会动员可以分为：公共危机管理人力动员、公共危机管理物资动员、公共危机管理财力动员、公共危机管理避难场所动员、公共危机管理交通运输动员等。

公共危机管理人力动员是指为确保成功地处置危机，对社会上满足公共危机管理需求的人力资源进行挖掘、分配、利用的活动。

公共危机管理物资动员是指在危机来临时对社会上满足公共危机管理需求的物资进行集中储藏、征收、调配、使用的活动。

公共危机管理财力动员是指在危机来临时筹集、拨付公共危机管理所需资金的活动。

公共危机管理避难场所动员是指在危机来临时开放既定的公共危机管理避难场所并对可能被开辟为公共危机管理避难场所的建筑物如学校、宾馆等进行征用。

公共危机管理交通运输动员是指为了应对危机，提高交通运输的应变能力，组织和利用国家、社会交通运输力量，以运送危机管理人员、装备、物资，主要包括铁路运输动员、公路运输动员、水路运输动员、航空运输动员、管道运输动员等。

（3）从动员时序来看，公共危机管理社会动员可分为：前期动员、中期动员与后期动员三类。按照危机演进的顺序，公共危机管理由四个阶段组成：减缓、准备、响应和恢复。减缓与准备是事前阶段，响应是事中阶段，恢复是事后阶段。无论是在事前、事中还是在事后，社会动员都是不可或缺的。

前期动员，即减缓与准备动员。在减缓阶段，公共危机管理社会动员表现为：在紧急情况或灾害发生之前，动员各种社会力量，预先采取措施，消除或减弱致灾因子的影响或风险，如志愿者团体对公众进行防灾、减灾方面的宣传教育等。在准备阶段，公共危机管理社会动员表现为：在紧急事件发生之前，动员各种社会力量，采取措施，做好灾害响应及后果管理的准备。比如，在社区范围内，公民之间签订防灾互助协议，开展各种形式的防灾演练等。

中期动员，即响应动员。在响应阶段，公共危机管理社会动员表现为：在灾害发生过程中或灾害发生之后，动员各种社会力量，立即采取措施，管理灾害的后果，将灾害所带来的损失最小化。比如，利用红十字会等组织为灾民提供急救服务等。

后期动员，即恢复动员。在恢复阶段，公共危机管理社会动员表现为：在灾害发生后，动员社会力量，立即采取措施，使社会情况修复到可以接受的水平。比如，动用社会组织力量，给灾民捐款、捐物，为其提供必要的基本生活条件，对其进行灾后心理干预等。

（4）从动员的手段来看，社会动员可分为“软动员”与“硬动员”。所谓“软动员”就是常态社会动员，主要是指公共危机管理宣传教育，其主要作用在于向社会公众宣讲、普及公共安全知识，传播公共安全文化，提高其在紧急状态下逃生避险、自救互救的技能，明确自身在公共危机管理中的权利、义务与角色期待；所谓“硬动员”就是非常态社会动员，指政府以强制力为基础，综合利用非政府力量的公共危机管理资源，有效地应对危机。“软动员”不仅是“硬动员”的基础，也是公共危机管理动员的力量“倍增器”。

7.2 公共危机管理的企业参与

在我国，“安全生产”的概念由来已久。《辞海》将“安全生产”解释为：为预防生产过程中发生人身、设备事故，形成良好劳动环境和工作秩序而采取的一系列措施和活动；《中国大百科全书》将“安全生产”解释为：旨在保护劳动者在生产过程中安全的一项方针，也是企业管理必须遵循的一项原则，要求最大限度地减少劳动者的工伤和职业病，保障劳动者在生产过程中的生命安全和身体健康。后者将安全生产解释为企业生产的一项方针、原则和要求，前者则解释为企业生产的一系列措施和活动。这两个概念将企业内部与企业外部的公共危机割裂开来，不利于我们应对复杂性极强的非常规突发事件。

实际上，企业内部的安全生产事故可能外溢到社会，成为非常规突发事件；非常规突发事件会给整个社会造成严重的影响，波及企业内部，给企业的生产经营带来严峻的挑战。

企业拥有雄厚的经济实力，是公共危机管理的重要主体之一。许多企业还生产公共危机管理救援物资，拥有自己的公共危机管理救援队伍和公共危机管理救援装备，可在危机处置过程中一展身手。不仅如此，企业具有强大的创新能力。企业参与可使公共危机管理更具灵活性。目前，企业承担社会责任的呼声日高。参与公共危机管理是企业承担社会责任的具体体现，可为企业赢得知名度、美誉度，从而有利于企业自身的发展。

7.2.1 企业参与的收益与途径

作为现代社会中最重要的组织形式之一，企业是社会系统的有机组成部分。社会的发展离不开企业，企业的发展同样也离不开社会。危机不仅给社会公众的生命、财产和健康造成严重的影响，也使企业的生产经营遭受严重的损失。例如，1993 年，美国中西部发生大洪水，导致众多的企业被迫关闭。

我国民政部于2005年11月召开了首次中华慈善大会，出台了《中国慈善事业发展指导纲要（2006—2010年）》，号召和倡导社会各界、广大人民群众参与到慈善事业中来，按照人人可慈善和企业社会责任的理念，推进慈善事业发展。

企业作为一种社会组织，在创造利润、对股东利益负责的同时，还要遵守商业道德，确保生产安全和职业健康，保护劳动者的合法权益，节约资源等，这些都是企业承担社会责任的表现。今天，参与公共危机管理是企业承担社会责任的重要内涵之一。企业之所以要承担社会责任，是因为企业经营活动对其所处的社会将产生很大影响，社会发展同样也会影响企业的兴衰成败。企业承担社会责任，不仅可以确保自身的正常运行、提高自身的声誉，而且能够造福于企业所在地区的社会公众。

例如，2008年5月18日，广东加多宝集团在中央电视台赈灾晚会上向灾区捐款1亿美元，取得了良好的社会效益。“饮料当喝加多宝”成为一句流行语。加多宝树立了爱国品牌的良好形象，直接拉动了销量的增长。社会公众表示，“要捐就捐一个亿（义），要喝就喝加多宝”。社会效益带来了经济效益，这是企业参与公共危机管理、承担社会责任所获得的丰厚回报。

现代社会是一个高度信息化、透明化的社会。在公共危机管理中，企业的行为会被各种媒体放大，并受到公众的关注。在紧急状态下，企业的一举一动都会对企业的社会形象产生重要的影响。例如，汶川地震给人们的生命财产造成了巨大损失，社会各界积极贡献各自力量帮助抗震救灾。其中，许多企业借助自身的优势，在救灾中做了巨大的贡献，赢得了社会公众的广泛赞誉。同时，个别企业因承担社会责任不够而陷入声誉危机，教训值得人们深思。

此外，企业参与公共危机管理可减轻政府的压力。企业在取得大量社会财富的同时，也应积极承担起相应的社会责任。企业通过参与各项公共危机管理，一方面可以降低自身的风险，保证企业的发展，维持国家经济的稳定；另一方面，也可以提高企业资源的共享度，发挥其最大的社会效益，促进社会的和谐发展。

危机往往是不期而至、突然发生的，并会在短时间内造成极大的破坏。在巨大的时间压力和心理压力下，公共危机管理者需要迅速地调动与整合大量的人力、物力和财力来加以有效处置。企业具有强大的经济实力，蕴藏着宝贵的人才资源、救灾装备和救援物资，具有参与公共危机管理的优势。

政府作为官僚机构，组织僵化，缺少柔性，试错成本太高，创新冲动与能力不足，不能灵活地应对各种新出现的公共危机。创新能力极强的企业参与公共危机管理，有助于弥补政府公共危机管理的不足，有助于灵活、机动地应对各种公共危机。企业参与公共危机管理的形式包括以下几种：

第一，公共危机发生后，企业必须遵守国家相关法律、法规，不囤积居奇、哄抬物价。同时，企业还要开足马力，对急需的公共危机管理物资实行动员生产，及时提供高质量的产品与服务，为救灾物资的筹备提供便利。

第二，企业是社会财富的“聚宝盆”。企业在危机发生后，奉献爱心，向公共危机地区和人民捐款、捐物，这是企业承担社会责任的题中应有之义。

第三，有些企业拥有自己的公共危机管理技术和产品，可直接参与救灾。例如，新冠肺炎疫情发生后深圳华大因源医药科技有限公司紧急组织科研及生产力量，成功研发出新冠病毒核酸检测试剂盒，为各地开展疫情检测工作提供了坚实保障。还有许多企业，特别是大型国有工矿企业都有自己装备精良的专业救援队，可派员协助政府处置公共危机。

第四，危机使人们的生命财产遭受巨大损失，保险是一种分担风险降低损失的有效途径。保险企业应加快自身发展，开发各种公共危机保险产品，减少人们的损失，分担政府的压力。

此外，金融企业也可以开发金融产品，为危机救助行动提供服务。汶川地震发生后，宁波金港信托决定发行一款公益信托产品，把信托计划的收益全部捐给灾区人民。

企业参与公共危机管理可为企业发展赢得商机。一个企业长期奉公守法、诚实守信、乐于承担社会责任，可以提升自身在社会公众中的形象，增加企业的无形资产。特别是，当社会公众的生命、健康与财产安全受到巨大威胁时，企业挺身而出、伸出援手，更有利于企业的长远发展。

企业参与公共危机管理，不管是通过供给合格的救援物资，还是捐钱捐物，甚至是直接参与危机救援，都能够增强企业及其员工对危机后果的感性认识，促使企业员工思考如何避免和防范危机，进而强化安全意识，做到防微杜渐，进而减少企业的损失。当然，从另外一个角度讲，企业加强自身的安全管理也是对社会的重要贡献，因为企业内部的风险可能会扩散到社会之中。

7.2.2 企业参与的法律依据

在我国，企业，特别是高危企业一向是安全生产管理的对象。企业内部发生的危机可能会使企业的生产经营面临灭顶之灾，也可能会给周边社区带来巨大影响。同时，社会上发生的危机也可能使企业的正常运行阻力重重。所以，企业与社会、企业内部的安全生产与参与社会救援之间存在着割舍不断的关系。我国法律对企业作为重要的公共危机管理主体的地位进行了明确的规定。

目前，有关企业参与社会公共危机管理的法律法规有：《突发事件应对法》《突发公共卫生事件应急条例》《传染病防治法》《消防法》《大气污染防治法》《破坏性地震应急条例》《防洪法》《防汛条例》《防震减灾法》《公益事业捐赠法》等。这些法律法规关于企业参与社会公共危机管理的规定可以归纳如下：

1. 界定了企业应尽的义务与责任

企业有依法参与公共危机报告和救援的义务，如《破坏性地震应急条例》《防洪法》《防汛条例》《防震减灾法》等。具体包括：在危机处置过程中，涉及企业业务范围内与公共危机管理有关的工作时，企业的业务活动要优先保证应急应对工作的开展。对于因预防危机所进行的工程或其他工作直接受益的企业，应当承担国家规定的补偿、救助义务。对于受危机威胁的企业应当自筹资金，兴建必要的自保工程。

2. 规定了企业可拓展、开发自身业务以参与社会公共危机管理

国家鼓励、扶持公共危机管理救助技术和装备的研究开发工作。如《突发事件应对法》第三十六条规定，国家鼓励、扶持具备相应条件的教学科研机构培养应急管理专门人才，鼓励、扶持教学科研机构和有关企业研究开发用于突发事件预防、监测、预警、应急处置与救援的新技术、新设备和新工具。

国家发展并支持保险事业，以转移和降低危机的风险和损失。如《突发事件应对法》第三十五条规定，国家发展保险事业，建立国家财政支持的巨灾风险保险体系，并鼓励单位和公民参加保险。

3. 鼓励企业在自身业务之外参与社会公共危机管理

国家鼓励企业参与到公共危机管理的各项工作中去，并对有突出贡献的企业给予表彰和奖励。如《突发事件应对法》第三十四条规定，国家鼓励公民、法人和其他组织为人民政府应对突发事件工作提供物资、资金、技术支持和捐赠。《传染病防治法》第九条规定，国家支持和鼓励单位和个人参与传染病防治工作。各级人民政府应当完善有关制度，方便单位和个人参与防治传染病的宣传教育、疫情报告、志愿服务和捐赠活动。第十一条规定，对在传染病防治工作中做出显著成绩和贡献的单位和个人，给予表彰和奖励。例如，上海通用五菱面对疫情冲击，积极跨界转产口罩，荣获“全国抗击新冠肺炎疫情先进集体”称号。

国家制定优惠政策法规鼓励企业捐赠。《财政部　国家税务总局关于公益救济性捐赠税前扣除政策及相关管理问题的通知》规定，凡符合有关规定条件，并经财政税务部门确认后，纳税人通过其用于公益救济性的捐赠，可按现行税收法律法规及相关政策规定，准予在计算缴纳企业和个人所得税时在所得税税前扣除。此外，法律规定要建立健全对公益事业的捐赠方法并加强对公益性的救灾捐赠的管理，使企业捐赠真正用到实处，发挥其社会效益。

7.2.3　企业参与的关键问题

1. 公共危机管理预案的衔接

地方政府应结合辖区可能发生的危机制订危机管理的计划。企业要关注、了解政府的公共危机管理计划，使自己的危机管理预案与政府的危机管理预案彼此衔接。政府和企业在公共危机管理中应建立相互协作的伙伴关系。

企业在制定公共危机管理预案时，要注意与政府公共危机管理计划兼容。在条件允许的情况下，企业可直接参与政府公共危机管理计划的制订。例如，一些大型石化企业，其本身就是地方政府公共危机管理的重点对象。企业的安全直接关系到所在地区的安全，因此，企业应该积极参与政府公共危机管理计划的制订，使企业的危机管理预案与政府的公共危机管理预案对接，保证公共危机管理处置的顺利高效。

不仅如此，企业应该了解所在地的公共危机管理计划，找准自身的角色定位，明确自身可以通过何种途径发挥作用以及如何发挥企业自身的优势。企业在参与公共危机管理的过程中，应该注重与政府的互动和沟通，不断磨合。

2. 公共危机信息的共享

企业与周围的环境息息相关，在安全问题上尤其如此。企业内部如果发生安全事故或者其他危机并可能危及周围单位和居民，就必须立即通报可能受到损害的单位和居民，并向当地和上级有关部门报告，以便有关部门及时采取措施，保证公众的生命与财产安全。

3. 联合演练与救援

企业的安全和所在社区的安全是不可分割的有机整体，因此，企业不仅应该在内部进行危机管理预案的演练，还应该与所在社区居民进行联合演练。例如，危化品企业有义务向附近居民宣传危化品相关知识，制定危化品泄漏后居民疏散预案，并进行联合演练。

危机的处置需要多个部门的配合，如市政设施破坏抢修可能涉及众多公用设施企业，不同企业间的协调合作与危机应对联动尤其重要。政府公共危机管理部门可针对这类情况组织企业进行联合演练，提高合成公共危机管理的能力。

此外，企业是社会经济正常运转的重要环节。灾后企业应设法快速恢复生产，及时为社会提供各种产品，避免因为急需物品短缺而引起社会动荡。企业与所在社区有不可割裂的联系，二者共生共荣。企业与社区互有需求、相互依赖：企业的发展离不开社区为其提供的劳动力和其他资源支持，社区也离不开企业提供的产品与服务。因此，企业不仅要注重灾后自身的恢复，也要关注所在社区的恢复，帮助社区居民进行恢复重建。这样就可以营造良好的企业-社区关系，进而为企业的生存和发展营造地利、人和。

7.2.4 巨灾条件下的企业援助

1. 慈善捐助

我国自古就有互助互济、扶弱济困的优良传统。改革开放以来，慈善事业与时代精神相结合，进一步发扬光大，在减灾、救灾方面发挥着越来越重要的作用，产生了积极而深远的社会影响。捐赠是企业社会责任的一项重要内容。公共危机发生后，企业可向各级民政部门、红十字会、中华慈善总会和中国扶贫基金会等部门和组织捐献善款。

在公共危机中，社会各界捐助的效果十分显著，充分展现了社会救助的巨大实力。汶川地震发生后，新浪网与中国扶贫基金会联合发出紧急募捐倡议，喊出“抗震救灾，企业公民在行动”的口号，企业界热烈响应号召，慷慨解囊，为企业界树立了热心慈善事业的形象，赢得了广泛的社会赞誉。

2. 提供危机管理保障支持

危机打乱了人们的正常生活秩序，对一些救灾用品的需求急剧扩张。企业可以利用自身的储存、生产优势及时提供或扩大生产救灾紧缺物品。此外，企业在参与公共危机管理方面具有独特的优势。首先，企业拥有很多可用于救灾的先进设备，如测绘公司的航摄测绘技术设备；其次，企业拥有很多可用于救灾的技术和保障人员，如无线通信技术、技术保障人员等；最后，有些企业自身就建有公共危机管理救援队伍，如不少矿业企业都建立了自己的公共危机管理救援队伍。

3. 开发保险产品

保险可以分散突发风险，起到社会"稳定器"和"减震器"的作用。我们应该扩大公共危机保险覆盖范围，以提高抗御风险能力、促进社会安定稳定为基本目标，不断创新风险分担机制，用保险补偿分担灾后救济重任。积极倡导保险企业在已有人身、财产保险险种的基础上，增加危机保险的有关险种，并动员危机频发地区的群众、企业主动参与保险。坚持在政府扶持与市场运作并重的基础上，同时发挥商业保险机构和投保人的作用，共同分担转移风险。

4. 发展应急产业

2007年11月，在贯彻实施《突发事件应对法》电视电话会议上，华建敏同志指出："全面提高我国抵御风险、防范应对突发事件的能力，关键要靠科技和产业支撑。目前，我国工业发展速度很快，但安全保障包括安全装备、安全技术还远不能适应工业发展的需要，迫切要求加大科技投入、加快研究开发，积极推动我国公共安全和应急产业的发展。根据《突发事件应对法》的规定，要深入研究监测预警、通信信息、救援装备和个体防护等方面对应急产品的需求，加快制定促进相关技术和产业发展的扶持政策，充分运用保险、税费、信贷、政府采购等经济手段，引导企业积极参与应急产品研发和制造，适应保障公共安全的要求。要加强企业安全保障标准和应急救援机构装备标准建设，依靠科学的技术装备提高应急管理水平。要抓好国家科技支撑体系建设，建立一批应急技术转化基地，扶持一批有能力规模企业，努力使我国的应急产业在较短时间内有一个大的发展。"①

2014年12月，国务院办公厅发布《关于加快应急产业发展的意见》，提出发展应急产业是提高公共安全基础水平的迫切要求，是培育新的经济增长点的重要内容，是提升应急技术装备核心竞争力的重要途径。

我们可调动各行各业的优势，开发出最有实效的防、抗、救灾产品，这将推动企业发展、提升中国应急管理技术水平。应急的高效进行需要先进的技术与设备来保障，目前，我国应急技术和设备的研发还很不充分，需求和供给存在巨大缺口。企业可以凭借

---

① 华建敏在贯彻实施《突发事件应对法》会议上的讲话.（2007-11-21）[2020-08-25]. http://www.gov.cn/1dhd/2007-11/21/content_811934.htm.

自身的技术优势开发应急设备，满足公共危机管理需求，这不仅可以给企业的发展带来机遇，而且会推进我国公共危机管理技术的进步。

企业可以与政府合作，代替政府进行物资和生产能力储备，实现政府储备与商业储备相结合，实物储备与生产能力储备相结合。企业可以利用自己的库房在流通中进行物资储备，如与政府签订协议，在平时流通中保持一定比例的库存，以满足减灾救灾的物资需求。另外，政府还可以出资保障企业在公共危机管理状态下能及时扩大生产能力，满足瞬时增加的产品需求。运输企业可以利用自身的优势参与减灾救灾物资的运输，提高运输效率。企业按照市场规律，参与减灾救灾物资储备和运输，充分利用社会的资源，将会充分壮大减灾救灾力量。

在我国，危机种类多，发生频率高，企业必须参与到公共危机管理救援中来，满足社会的救援需求。在发达国家，应急救援产业是仅次于银行、邮电、保险业之后的第四大服务产业。它可以在政府的委托下，开展救援有偿服务，是政府公共危机管理的有效补充。SOS、安盛、欧急、优普等国外市场化的应急救援机构已经开始进入中国市场。目前，中国需要发展应急救援产业，使之成为政府减灾救灾工作的重要补充。例如，我们可以吸纳退役军人、武警、消防官兵等组成应急救援公司，按照市场经营模式进行运作。

危机造成的损失大，时常带来突然膨胀的资金需求，如果由政府全部负担，必然会是一个沉重的包袱。世界许多国家都针对易发危机，建立商业保险制度，如地震保险、火灾保险等，确保灾民在灾后得到及时救济，灾区的社会稳定和生产生活尽快恢复。

保险是应对危机风险的一种重要市场形式。《国家突发事件应急体系建设“十三五”规划》中提出，要完善风险分担机制，加快推进巨灾保险制度，不断丰富保险品种。保险具有经济补偿、资金融通与社会管理等三大功能。在我国，由于各方面因素的限制，保险的经济补偿功能尚未充分发挥，还有着巨大的发展空间。

7.3 危机管理中的志愿者参与：从汶川地震到雅安芦山地震

从世界主要国家的经验看，社会组织及志愿者参与公共危机管理是社会力量逐渐壮大的重要标志。2008 年 5 月 12 日，四川汶川发生 8.0 级强烈地震；2013 年 4 月 20 日，雅安芦山发生 7.0 级地震。重大危机牵动了全国乃至全世界人们的心，也使志愿者热血沸腾，全国各地涌现出大量志愿者，他们或自发地前往灾区参与救援，或在后方提供各种支持。认真总结汶川地震与雅安芦山地震志愿者的参与，对于我们完善危机管理机制、开展危机管理社会动员具有十分重大的意义。

7.3.1 志愿者参与的特点

据不完全统计，参与汶川地震救援的志愿者近 500 万人，如此大规模的志愿行动在中国历史上尚属首次。归纳起来，汶川地震志愿者行动有以下特点：

第一，人数众多。据团中央抗震救灾工作联合办公室和中国青年志愿者协会的初步统计，截至2008年6月3日20时，全国共有561.2万人通过各级共青团组织报名参加抗震救灾志愿服务，直接和间接参与了抗震救灾的志愿者各地共有491.4万名①。

第二，多元组合。参与汶川地震救援的志愿者构成多元化。从组织程度上看，既有志愿者组织或其他非营利组织招募的有组织的志愿者，也有个人自发的“单兵行动”；从职业上看既有高级白领，也有农民、打工者；既有身家过亿的企业老板，也有小本经营的个体户；既有年轻的大学生，也有当地的中小学生。在雅安芦山地震中，志愿者的身份也具有多样性。

第三，行动迅速。在地震发生后，全国各地的志愿者组织立即开展行动，部署参与救援工作。而更多无组织的个人以各种方式积极支持灾区救援，陈光标组织的一支由60台大型建筑机械和120名操作人员组成的志愿救援队在震后1个多小时就从安徽、江苏出发，13日中午即到达都江堰，随后立即赶往灾区，几乎与轻装军队同时到达灾区开展救援行动。

第四，积极主动。主动性强是汶川地震后的志愿者行动与中国以往志愿行动的不同点之一。中国以往的志愿者行动在很大程度上源自官方的号召推动，如西部志愿者行动、社区志愿者等。而汶川地震后的志愿者行动主要来自民间和个人的主动性，很多志愿者被采访时并不了解志愿精神，只是表示他觉得应该为灾区做些什么。汶川地震后的志愿者行动更大程度上源于灾难激发了人们内心深处对人性的关怀，或称之为志愿精神的萌发。

第五，反应灵活。志愿者比政府反应更为灵活。在汶川地震救援中最突出的例子是发放救灾物资，通过政府渠道一般需要3～4天，而一些志愿者却能做到从物资运抵机场，到发放到灾民手中仅用1～2天。最典型的例子是志愿者杨艳武和他组织的团队。杨艳武一个人经手的救灾物资以千万计，包括一些知名企业也愿意将物资交给他组织发放，原因是绝对的透明和第一时间反馈。他们也因此被喻为最快的“快递公司”②。

雅安芦山地震救援强调有序

雅安芦山地震发生第二天，国务院办公厅下发《关于有序做好支援四川芦山地震灾区抗震救灾工作的通知》，指出由于此次地震灾区处于河谷地带，空间十分有限，道路狭窄，交通不便，加之余震不断，如大量人员前往灾区，将给救灾和安置工作带来新的困难。应四川省的要求，为及时迅速科学有序做好抗震抢险救灾工作，通知如下：

一、各地区、各有关部门、各单位和社会团体，未经批准近期原则上暂不自行安排工作组和工作人员前往灾区。对于灾区确有需要的，国务院办公厅将统一作出安排。

二、对社会各界有捐赠意愿的，建议以捐赠资金为主。重点满足灾区重建和受灾群众长期安置需要。对于捐赠的物资和装备，由民政部门协调，有组织地运往灾区。

三、非紧急救援人员、志愿者、游客等各界群众在现阶段尽量不要自行前往灾区，以

① 谢洋，王聪聪. 全国491万名志愿者参与抗震救灾. 中国青年报，2008-06-10.

② 张雄，熊巧. 杨艳武：一个志愿者的典型样本. 新世纪周刊，2008（18）.

支持灾区的抗震救灾工作。

四、四川省抗震救灾指挥部要加强对各方面救援力量的统筹协调，建立高效的工作机制，扎扎实实做好抗震救灾各项工作。

在雅安芦山地震发生后，由于灾区道路狭窄、交通不畅，政府呼吁志愿者不要自行前往灾区。广大志愿者的表现也更加理性与成熟。但是，志愿者的参与未必就是“添堵”，有序也未必意味着一定要限制志愿者参与。也就是说，志愿者在应急救援体系中的作用需要进一步探讨。

7.3.2 志愿者参与的问题

志愿者可以为公共危机救援及重建工作做出有目共睹的成绩和贡献。汶川地震志愿者行动也暴露了一些不可回避的缺陷，必须加以克服。

首先，组织化程度低。志愿者在抗震救灾中表现出了高度的热情，但也暴露了组织化程度低的问题。实践表明，组织化的志愿者行动往往更加专业、更有力量、更有效率、更具持久性。而组织化程度低会导致志愿者行动的后勤保障不足，不利于志愿者活动的持续进行。

汶川地震发生后，一些社会组织招募了不少志愿者为抗灾、救灾提供志愿服务，如车友会等。然而，活跃在灾区的更多的是无组织归属的个人志愿者，即所谓的“游击志愿者”。他们想从事志愿服务，但往往无从下手。有些人单枪匹马到了灾区后，很容易因保障不足而沦为灾民，反而为救援增添麻烦。

组织化程度低还造成救援行动缺乏有效协调指挥，导致资源分配的不均匀，进而降低了救援的效率。一些交通便利的灾区收到了大量救灾物资，而一些不知情的志愿者仍然向这些地方运送物资。甚至有些志愿者因为缺乏有效的信息做了无用功。比如，来自北京的一批志愿者，每人背负 30 多千克的救援物资，千辛万苦攀爬进彭州的一个小山村，累得几乎虚脱，却发现这里所有的灾民已经被部队救走①。

其次，专业化程度低。应急救援是一项高度专业化的工作，不经过专业的培训或者掌握一定的应急救援知识和技能很难胜任这一工作。汶川地震救援中许多志愿者缺少专业的知识和技能，仅凭一腔热情就前往灾区当志愿者。有些人辗转到达灾区时却发现自己能胜任的工作很少，最终因缺乏专业技能无功而返。四川省曾为此问题而感到困扰，发出通知婉拒志愿者，请他们“择机再来”。可以说，灾区并非不缺志愿者，而是缺少专业的志愿者，如医护人员、心理干预人员、建筑机械操作人员等专业性志愿者。

专业志愿者的缺乏在心理干预方面表现尤为明显。一些专业的心理干预志愿者一天之内要为多个群体做心理抚慰，时间有限，无法深入，效果受到影响。一些非专业的志愿者在进行心理抚慰时因为不懂技巧，甚至给被抚慰者造成了二次心理伤害。比如，有一些志愿者为了安慰受灾的孩子，承诺一定给他们家重建房子，结果却几天就离开了灾

---

① 阿计．志愿者：一个改变中国的共同名字．群言，2008（7）．

区，给孩子留下的只有空虚的诺言，影响了志愿者的形象。

不仅如此，应急救援活动具有一定的风险性。志愿者如果不具备相应的专业知识和技能，不懂得自身安全防护，有可能引发不必要的次生灾害，自己反倒成为被救援的对象。

还有就是志愿者活动的可持续潜力低。汶川地区进入恢复重建阶段后，志愿者可以大有作为。恢复重建是一个长期的过程，同样，志愿者参与也是一个长期的过程。然而，汶川地震中的志愿者行动由于组织程度不高，其活动的可持续潜力也必然会受到一定的影响。不少志愿者都是由于一时的感情冲动去灾区进行志愿服务，并没有长期服务的打算。因而，不少人担心“爱像潮水一样来了，又如潮水一样退去”。

志愿活动需要的不是一蹴而就，而是持之以恒；不追求轰轰烈烈，而强调润物无声。以心理抚慰为例，有些心理受到严重伤害者恢复所需时间很长，还有些人心理疾患有很长的间歇期。因此，心理干预志愿活动应做到经常、恒定，保持很高的可持续性。

最后，志愿精神有待于进一步弘扬。志愿者不以获取任何物质报酬为目的，完全为改进社会而提供服务、贡献个人的时间及精神。他们不受任何私人利益的驱使，不受法律强制，完全基于某种道义、信念、良知、同情心和责任感而从事社会公益事业。

从根本上讲，志愿精神指的是一种自愿的，不为报酬和收入而参与推动人类发展、促进社会进步和完善社区工作的精神，是公众参与社会生活的一种非常重要的方式。在一些国家，志愿精神是社会组织的精髓①。联合国前秘书长安南在“2001国际志愿者年”启动仪式上的讲话中指出：“志愿精神的核心是服务、团结的理想和共同使这个世界变得更加美好的信念。”

汶川地震后，很多人认为，只有去一线参与救援才算是志愿者，一些到达灾区的志愿者不考虑自己的专业技能、身体条件，一味要求去一线救援，而对整理材料、物资转运、看护伤者等工作不感兴趣。甚至还有极个别志愿者并不完全是受到志愿精神的感召，而是抱着体验生活的心态，进行“灾区旅游”，在灾区拍照留念。他们的行为遭到公众的谴责，也破坏了志愿者的形象。

7.3.3 国外志愿者参与公共危机管理的经验

在国外，特别是在发达国家，志愿者组织发展历史悠久，数量众多，涉及范围也非常广泛，其中不乏专门针对公共危机的志愿者组织，它们在公共危机管理方面有着不可忽视的影响，其经验和做法值得我们借鉴。

第一，组织完善。美国的红十字会、救世军等社会组织体系庞大，覆盖面十分广泛，平时组织培训志愿者，在发生公共危机时提供紧急服务，在公共危机管理中发挥着协助政府的作用。除红十字会和救世军外，美国还有很多从事公共危机管理工作的志愿者组

① 丁元竹，江汛清．志愿活动研究：类型、评价与管理．天津：天津人民出版社，2001：2.

织，美国于1970年成立了“国家灾害志愿者行动组织”（NVOAD），对其下辖的30多个从事应急管理的社会组织进行整合，以免任务重叠、资源浪费。

在澳大利亚，当灾害发生时，每一个州或领地，州应急服务中心、红十字会、森林防火队、圣约翰急救队、冲浪救生俱乐部、营救服务站等志愿者组织都会参与进去，积极抗灾。

在德国，志愿消防队是消防救援力量体系的重要组成部分。德国的职业消防队员有2.7万多名，而志愿消防队员则达130万名，志愿消防队员已经成为应急救援的主要力量，承担了70%以上的应急救援任务，是德国救助体系的支柱和基础。

第二，经常性培训。培训是志愿者组织工作的一项重要内容，也是志愿者工作的重要一环。一般情况下，报名参加志愿者组织后首先就是接受与工作相关的培训，比如红十字会志愿者要接受急救护理专业知识的培训，消防志愿者则要接受消防专业培训。

在澳大利亚，参加应急管理的志愿者必须接受培训，且要达到职业标准，必须能熟练操作各种复杂的抗灾设备。志愿者需要进行一系列培训，包括水上划船安全急救、灾害财产保护等。

德国政府在志愿者培训方面有一整套健全的培训基础设施和由浅入深、专业配套、科目齐全的培训课程及教官队伍。培训的种类主要有基础培训、指挥培训和技术含量较高的业务培训。基础培训为120小时，最长不超过6个月；专业技术培训1周左右；学生假期培训1～3周①。德国志愿者培训时数达到一定要求后，可以充抵服兵役。而且，政府为鼓励企业吸纳志愿者就业，制定了许多免税政策。

第三，突出专业性。应急救援中的许多工作都必须由专业人员去做。因此，国外有很多志愿者本来就是从事某些专业工作的人员，比如，医护人员、心理干预人员等。他们平时的工作内容与应急救援工作高度相关。

在日本，志愿者虽然是业余工作，却有专业资质②。他们在参加志愿工作前都要接受专业的培训和严格的考核。德国联邦政府应急技术救援署（THW）的救援队伍覆盖了各灾种，其中6支联邦政府救援队（SEEBA）和33支水处理快速反应分队是德国政府救援行动中的重要力量。THW的救援队伍还包括：16支建桥、处理油污队，66支电力供应、指挥、通信、后勤队，132支水灾救援队，264支基础建设队和810支技术分队。这些救援队的队员都是经过专业培训的志愿者。

第四，保障有力。成熟的志愿者组织内部结构完备，可以为志愿者行动提供完善的保障，包括信息、技术、设备、后勤、资金等方面，可以保证志愿者行动的顺利开展。

澳大利亚的志愿消防员享受政府给予的火灾伤害保险。如果参加火灾扑救，原单位的工资不得扣发；如果因灭火救援负伤，工资照发，医疗费由保险公司支付。所有志愿消防站均由政府按照规划建设营房和配备车辆，每个消防站配有1～3辆消防车和各种装备。

---

① 贾群林，郑荔．德国应急救援志愿者队伍：社会减灾的生力军．城市与减灾，2006（5）。

② 雷晓宇．志愿者：仅有精神是不够的．中国企业家，2008（11）．

德国联邦政府应急技术救援署在全国设有 665 个社区志愿者组织站（点），这些站（点）的办公用房、仓储设施、装备仪器、应急救援车辆均由政府配置，队员均是当地的志愿者①。

第五，开展合作。发达国家的第三部门发展充分，与政府部门形成了良好的合作关系。例如，加拿大联邦政府于 2006 年 6 月提出一项推动志愿部门发展的计划（voluntary sector initiative，VSI），该计划旨在提高志愿部门的组织能力，并改善政府与志愿部门的互动关系。该计划为期 5 年，耗资 9 500 万加币②。

土耳其的志愿者应急救援组织阿库德在灾害和公共危机应急救援中享有很高的声望，其影响仅次于军队。阿库德与政府有多方面的合作，比如承担政府的防灾工程项目，编写"城市搜索与救援国家标准"，研究完成"伊斯坦布尔市洪水和急流安全分析报告""亚达那（Ceyhan）地震安全分析报告"等项目③。

7.3.4　完善志愿者参与的措施

汶川地震后，志愿者组织反应迅速，广泛参与抗震救灾工作，组织了很多联合行动，深入灾区做了大量细致的工作，为抗震救灾做出了突出的贡献。他们的表现加深了政府和社会对志愿者组织的认识和了解，但是，我们还必须以汶川地震志愿者参与为契机，强调进一步发挥志愿者在我国公共危机管理中的作用。

目前，中国社会对志愿者、志愿者组织和志愿精神的了解还不够深入。许多人认为，做志愿者就是"学雷锋，做好事"，是青少年社会实践的一种形式。不少人存在对志愿行动的误解，如一些用人单位认为，志愿者就是免费劳动力，这不仅使一些志愿者在参加志愿行动时感到尴尬，也阻碍了志愿事业的发展。媒体应该大力宣传志愿者和志愿者组织，弘扬志愿精神，使得志愿者和志愿者组织获得社会的认可，让志愿精神深入人心，使志愿行动成为一种风尚。同时，政府应该对贡献突出的志愿者和志愿者组织进行嘉奖，以此鼓励促进志愿事业的发展。

志愿者组织作为一种公民的共同体，有强烈的志愿精神，是连接公民和政府的一条重要纽带；作为整体比零散的志愿者个人更能形成巨大的力量，可以为服务对象提供更好的帮助；可以凝聚志愿者，提供服务平台，为志愿者提供培训，提高志愿者的工作技能，让社会更多了解志愿者；可以将个人凝聚起来，整合多方资源，实现更高的目标。

首先，志愿者组织可以弥补志愿者个人能力的不足。一项志愿工作有时候需要多人合作才能完成，有时需要保证持续性，个人在时间和精力上都难以达到这些要求。而志愿者组织恰恰可以弥补个人的这些不足，可以组织多人同时或接力参加某项工作，形成一股强大的合力。

其次，志愿者组织可以提高工作效率。志愿者组织可以统筹安排，根据志愿工作的

---

① 贾群林，郑荔．德国应急救援志愿者队伍：社会减灾的生力军．城市与减灾，2006（5）．

② 陈圣喆．我国志愿者组织与政府合作关系研究．成都：四川大学，2007：27．

③ 王宝杰，李建梁．阿库德：土耳其志愿者救援组织．中国应急救援，2007（2）．

需要以及志愿者的特长合理分配志愿者，避免志愿者资源配置的盲目性和不均衡性，充分发挥志愿者个人的特长。这也有利于保障志愿者团队的分工协作，最大限度地从整体上发挥志愿者的工作效益。此外，志愿者组织还可以为志愿者提供系统、专业的培训，包括应急志愿者心理耐受力的培训。

再次，志愿者组织可以提高社会对志愿者活动的信任度。通常情况下，组织比个人更容易得到社会的认可和支持，比较有社会影响的志愿者组织更是如此。比如，为了开展某项志愿活动需要募集资金，以个人的名义很难实现，如果有志愿者组织开展此项活动，则相对比较容易。

最后，志愿者组织可以为志愿者提供归属感。志愿者组织是有共同目标者组织的共同体。成员能从组织中找到归属感，可以从中获得精神慰藉，有利于志愿活动的持续性和稳定性。

政府组织和志愿者组织之间是合作的关系。在公共危机管理中，志愿行动是政府行为的有益补充。政府应该为志愿者组织的成长创造良好的环境，以此为公民参与公共危机管理提供良好的路径和机会，进而推动公共危机管理社会动员机制的发展。国外大灾之后，不同志趣的志愿者一般会结成新的志愿者组织。我们也应在政府有关部门的统一指导下，以汶川地震中的志愿者参与为新起点，保护志愿者热情，推动志愿者组织的发展。同时，政府对于应急志愿者组织在装备及后勤保障方面应给予必要的扶持。

注册登记是加强志愿者队伍建设的一个重要途径，也是世界上许多国家志愿者管理的通行做法。它可以提高志愿者组织化程度，有利于整合人力资源，更好地提供志愿服务。中国青年志愿者协会已经从 2001 年开始推行志愿者注册登记制度，2006 年 11 月 7 日共青团中央印发《中国注册志愿者管理办法》，对志愿者注册、权利与义务、志愿服务、组织与管理、激励和表彰进行了规定。截至 2020 年 3 月 16 日，我国实名注册志愿者总数达到 1.69 亿，志愿团体 116.36 万个，累计志愿服务时间 22.68 亿小时①。

但是，应急志愿者有较为特殊的专业知识和专业技能的要求。我们应对应急志愿者进行分类注册，并建设相应的志愿者数据库，这有利于志愿者资源的科学合理配置，打破不同组织之间的屏障，既可以使我们在需要使用志愿者时从数据库中迅速调集相关信息，也可以为志愿者提供更多的工作机会。

服务认证制度是对志愿者从事志愿工作的记录，标志着志愿者组织及服务对象对志愿者工作的认可。建立统一的志愿者服务认证制度有利于激励志愿者的工作热情，也可以促进志愿者工作的长期发展。国外通行的认证制度是采用“小时制”，即记录志愿者从事志愿工作的时间。当志愿工作不适合以时间计算时，可以采用次数计算。

注册登记制度是统一服务认证制度的基础，而统一服务认证制度又是志愿者激励机制的基础。建立统一服务认证制度后，可以在志愿者数据库中记录志愿者从事志愿工作的时间及次数，为志愿者激励提供依据。

还有，我们要加强应急志愿者的专业培训，包括应急救援知识、专业技能和心理承

① 慈善蓝皮书：我国实名注册志愿者人数达 1.69 亿.（2020-07-26）[2020-08-25]. https://news.sina.com.cn/s/2020-07-26/doc-iivhuipn5200624.shtml.

受力的培训。通过专业培训，志愿者可以在提高自身防护能力、避免次生灾害的同时，出色地完成应急救援工作任务。

此外，还要加强志愿者组织间及政府与志愿者组织间的协调互动。公共危机管理是一个系统工程，参与主体的多元化必然要求做好组织协调工作，各自为战只会带来混乱的秩序和低下的效率。志愿者组织在参与公共危机管理的过程中应该遵守政府部门的统一部署，志愿者组织之间也应该及时共享信息，合理分配人力、物力资源，提高工作效率。地方应该建立志愿者服务站，为志愿服务工作的开展提供服务，包括为志愿者、志愿者组织和需要志愿服务的对象提供信息等。

7.4　公共危机管理中的基层参与

作为一种社会关系的整合，社区不仅是社会的有机组成部分，更是一个“小型的社会”。社区在社会管理（包括公共危机管理）中应该扮演重要角色。没有社区的参与，就没有真正意义上的应急社会动员。

公民个人是各种危机中最直接的受害群体，有着参与公共危机管理的巨大热情。我国《突发事件应对法》第十一条规定：“公民、法人和其他组织有义务参与突发事件应对工作。”第三十四条规定：“国家鼓励公民、法人和其他组织为人民政府应对突发事件工作提供物资、资金、技术支持和捐赠。”公民可以通过体力、智力、资金、物资、技术等多种形式，为战胜危机做出贡献。

7.4.1　基层参与的作用

社区是因地缘关系而组成的社会生活共同体。当危机来临时，社区中的公众是最直接的承灾主体。由于危机与公民切身利益密切相关，社区公众一旦被动员起来，便具有很高的防灾、抗灾意识与热情。在许多情况下，政府对于危机的应对反应迟缓，社区在此时便成为应急的最初响应者。而且，社区公众对社区具有一定程度的认同感和归属感，政府把社区作为基层应急单位，可以充分调动公众的主动性、积极性和创造性。

社区中蕴含着大量可调配使用的人力、物力和财力。我国的农村社区同质性强，成功的社会动员容易产生一呼百应的效果；我国的城市社区异质性强，虽然整合需要一定的努力，但公众的社会交往广泛，与外界联系密切，可以在紧急状态下大量地获取、调配各种资源。社区参与不单单是民主的重要体现，而且社区中汇集的各种不同专业技能、知识背景的人才，可以在公共危机管理中一展身手，如获得相关资格的人士可以参与紧急疏散的工作，医务工作者可以进行医疗急救。

经过多年发展，我国社区开展了多种多样的文化活动，如社区文化节、艺术节、科普节等，这为我们进行公共安全教育、普及公共危机管理知识提供了良好的平台。长期以来，我们的社会公众公共安全意识淡漠，在公共危机中避险逃生的知识匮乏、技能薄弱，这与我们缺少公共安全教育有着相当大的关系。弘扬公共安全文化、加强公共安全教育、强化公众的公共安全意识，这是应急社会动员的题中应有之义，也是世界各国的通行做法。其中，社区是公共安全教育的“前沿阵地”。社区体制的完善有利于人们形成以平等、互利、互信、合作为基础的关系。

随着社区的发展与成熟，社区自治的观念逐渐深入人心。越来越多的带有草根性、志愿性的社会组织投入社区服务过程。这对于培育社区意识、增进公民之间的信任、形成邻里守望制度、确保社区安全都起到了关键性的作用。中国传统社区中也存在着邻里守望的习俗，但那是以熟人社会为前提的。在现代生活方式的冲击下，中国社区，特别是城市社区中熟人社会的基础土崩瓦解。因此，我们需要推动社区参与公共危机管理，以此来增强社区责任意识，培育自主的公民精神，塑造现代意义上的新型邻里守望制度，预防和控制公共危机的滋生。

社区参与可以帮助我们从源头上防止危机，比如社区承担起一定的社会化功能。在社会化过程中，人们习得社会认可的价值观念和行为模式。

可见，社区在公共危机管理中的地位举足轻重，是应急社会动员中的非常重要的一个环节。社区参与可以增强公众的公共安全意识、及时地排除公共安全隐患，也可以在公共危机发生后第一时间有效地组织公众进行自救与互救，将其消极影响降到最低。此外，社区参与公共危机管理还有助于我们推动民主化进程，促进社会主义社会的完善与发展。

动员公民参与公共危机管理的主要作用包括：提高公民应对危机的意识，增强自救与互救能力；减轻公众心理压力，避免不必要的恐慌；使公民配合政府的应急调控措施，提高全社会的应急能力；监测突发事件的风险，及时报送突发事件信息，做到群防群控；促进公众与政府在应急管理活动中的沟通，有利于公众对政府应急行动的监督，实现群策群智、科学决策；等等。

7.4.2 国外基层参与公共危机管理的经验

社区是美国公共危机管理的基层单元，也是美国应急社会动员的重点。20 世纪 90 年代，美国联邦应急事务管理署推出了以社区为基础的灾害减缓计划——影响工程，而在之后的危机管理过程中，也证明了这种以社区为基础的灾害减缓计划取得了理想的防灾、减灾效果。

美国在公共危机管理中注重培养社区的参与意识和参与能力，主要表现在：

（1）建设“防灾型社区”（disaster-resilient community）。建设“防灾型社区”的目标是：使灾害所造成的伤亡降至最低；公共部门进入灾区时，能顺利协助社区救援而不受阻碍；在无公共部门协助下，社区能够独立进行灾害应对；灾后社区能够依照灾前形式复建或是依照灾前所共同规划的模式进行重建；灾后社区经济能力能够迅速恢复；灾后复建或重建社区能够在未来数年内负起灾害公共危机管理的责任，确保社区灾害（除不可抗力的自然灾害以外）不再重蹈覆辙。

（2）开展社区灾害评估。开展社区灾害评估的主要任务是：确认社区内可能致灾的地点，研究灾害防范的范围，制作相关社区地图，并充分利用现有公共资源渠道，针对社区致灾地点查找和防范易致灾的隐患。

（3）推行社区“可持续减灾计划”。社区“可持续减灾计划”的主要内容是：了解社区所在位置的潜在自然灾害，检查居民房屋建筑的安全性，检查社区内的避难场所，在社区内设置灾害预警、示警以及通信中断后的紧急报告系统，在社区内准备紧急救助设备并进行日常的演练等。

（4）形成社区安全制度。邻里守望制度要求社区的每个居民在注意自身安全的同时，也要关注社区内其他成员的安全。这个制度强调对他人的人文关怀，有效地维护了社区的安全和秩序，同时也对整个社会的安全起了积极的推动作用。

街区守护者项目主要是训练社区居民掌握如何充当警察局“耳目”的基本技巧。志愿参加街区守护者队伍的社区居民，参加旨在提高其观察能力的培训。当发现犯罪行为或者其他危机情形的时候，这些志愿者有责任及时向警察局报告。

辅助警察由自愿协助当地治安部门工作的志愿者组成。他们由警察局录用、训练、装备，他们的主要作用是：协助警察进行着装巡逻，并将观察到的紧急情况及时报告给警察局。

（5）实施“市民梯队计划”。“市民梯队计划”的目标是：使美国市民、邻里和社区与政府一道共同应对犯罪、灾害和恐怖袭击的威胁。纽约市的市民梯队行动委员会下设“社区应急响应团队”，是一种辅助性的社区救援组织，它的主要任务是：查明当地社区中所有受过危机应对训练的专业人士和机构；协调这些人士和机构，与当地接受过基本训练的志愿者通力合作，形成一个危机应对的团队；当危机发生时，在保证自己安全的同时，减少社区损失。

但是，“社区应急响应团队”不负责以下工作：扑灭大火，进入严重受损和危险的建筑物，进行有害物质清理或参与核生化救援，从事医疗救援、灭火或搜救，等等。

7.4.3　完善基层参与的措施

目前，我国基层公共危机管理面临的问题有：缺少编制、资金、技术、设备和培训；在农村与许多老旧社区，由于人们之间彼此熟识，可以有一定程度的守望互助，但安全隐患比较多，防范设施匮乏；新建社区防范设施到位，但居民彼此之间缺少沟通；长期以政府为主导，基层参与危机管理的渠道不通畅；等等。

在唐山抗震救灾和新唐山建设40年之际，习近平总书记强调，要“提高全民防灾抗灾意识，全面提高国家综合防灾减灾救灾能力”。而提高全民防灾抗灾意识就必须开展广泛的社会动员，推动社会治理创新，赋予全民参与顺畅的渠道。

（1）构建覆盖全社会的应急社会动员网络，必须重心下移、面向基层，切实加强基层公共危机管理。以往中国各级政府以压力动员的方式，高效地应对了许多公共危机。它是以“单位制”为基础的，即政府按照行政隶属关系控制着不同级别的单位，单位又控制着自己所管辖的个人。通过这种途径，政府可以调动各种人力、物力和财力资源。但是，今天，受中国社会转轨的影响，“单位制”社会已经走向解体，政府按照行政隶属关系不再能控制所有的人。

在“单位制”失灵的情况下，社区和乡村却可以覆盖所辖范围内的居民而不留有空白。由于中国社会政府主导的特征，社区、乡村公众的自组织能力薄弱。因而，政府需要将社会动员的重心下移到行政权力的末梢，直至能够触及每个家庭和个人。其基本模式是：区县—街道或乡镇—社区或村—楼门长或组长—家庭—居民或村民。如果能抓住基层，就可以将问题消灭在萌芽状态，防止隐患酿成事故、事故转化为事件。即使发生问题，基层也可以在第一时间以最有效的方法加以应对。

（2）基层应急社会动员必须针对中国具体的国情，加强村民或居民之间的联系与互动。在我国的乡村，村民的同质性强，乡规民约、民间习俗起着相当大的作用。基层公共危机管理干部在进行社会动员时了解、遵循乡规民约、民间习俗，才能产生一呼百应的效果。

城市社区居民异质性强，动员、整合需要一定的努力。但城市公众的社会交往广泛，与外界联系密切，可以在紧急状态下大量地获取、调配各种资源。由于中国城市正从礼俗社会向法理社会转型，基层公共危机管理干部既要尊重社区公众的自主意识、参与意识、维权意识，也要通过热情服务，取得他们的信任，并促进社区居民之间的了解。

本章小结

本章阐述了公共危机管理中的社会动员问题。第一节概述了社会动员的基本概念与类型。第二节分析了企业的参与问题，主要包括企业参与的收益与途径、法律依据、关键问题以及巨灾条件下的企业援助。第三节分析了危机管理的志愿者参与问题。第四节分析了危机管理中的基层参与问题。读者在阅读本章内容时应该重点掌握社会动员的内涵以及改进我国志愿者参与的手段和方法。

关键术语

社会动员　公共治理　企业　受益　法律依据　志愿者参与　基层参与

复习思考题

1. 公共危机管理社会动员体现了哪“两个结合”？
2. 公共危机管理社会动员具有哪几个方面的意义？
3. 企业参与公共危机管理的形式包括哪些？
4. 我国法律法规关于企业参与社会公共危机管理的规定可以归纳为哪几个方面？
5. 动员志愿者参与公共危机管理的作用有哪些？
6. 国外志愿者参与公共危机管理的经验有哪些？

第8章

公共危机救灾捐赠管理

2019 年 11 月 29 日，中共中央政治局就我国应急管理体系和能力建设进行第十九次集体学习。习近平总书记在主持学习时强调："要坚持群众观点和群众路线，坚持社会共治，完善公民安全教育体系，推动安全宣传进企业、进农村、进社区、进学校、进家庭，加强公益宣传，普及安全知识，培育安全文化，开展常态化应急疏散演练，支持引导社区居民开展风险隐患排查和治理，积极推进安全风险网格化管理，筑牢防灾减灾救灾的人民防线。"构建人民防线，必须开展广泛的社会动员；筑牢人民防线，必须进行科学的救灾捐赠管理。

《左传·僖公十三年》中说："天灾流行，国家代有。救灾恤邻，道也。"在天灾频发的时代，抚恤邻人是大义之举。怜悯之心，人皆有之，扶危济困是中华民族的传统美德。今天，当重大公共危机发生时，社会公众表现出利他主义情怀，慷慨捐赠，这是救灾恤邻传统的延续。

在公共危机管理中，社会动员与救灾捐赠管理是一个硬币的两面。动员的目的是使全社会的人力、物力与财力能够被调动起来，服务于公共危机应对；捐赠管理的目的是使社会公众无偿奉献出来的人力、物力和财力能够得到有效的应用，维护社会动员的可持续性。

8.1 救灾捐赠与管理

慈善捐赠泛指用于公益慈善事业的捐赠，而救灾捐赠则专指用于灾害救助的慈善捐赠，前者的范畴要大于后者。救灾捐赠虽属于慈善、公益捐赠的范畴，却有其自身的独特性。

8.1.1 救灾捐赠的概念

在我国，救灾捐赠是自然灾害管理的主要措施，但不局限于自然灾害。所谓“捐赠”(donation)，就是指“给予，特别是为了慈善目的”。我们使用这个术语指称为了某项有意义的事业，在个人意愿的基础上，无偿地贡献款物、服务的行为。由此，救灾捐赠是指为了有效地应对灾害或促进灾后恢复重建而志愿、无偿地贡献款物、服务的行为。救灾捐赠可以分为三种形式：捐款、捐物和捐赠服务。救灾捐赠是社会救助事业的组成部分，属于社会公益事业的范畴，具有慈善性、社会公益性和人道主义的性质。

社会动员的目的是有效调动企业和社会力量所蕴含的救灾资源，将救灾潜力转化为救灾实力。企业与社会力量接受政府的动员而自愿、无偿地贡献自己的资金、物资与服务以满足灾害响应与恢复的需求，这就是救灾捐赠活动。从总体上看，社会动员贯穿灾害管理的全过程，包括减缓、准备、响应和恢复。

救灾捐赠是捐赠人自愿以自身合法财产的减损来促进他人或社会利益的行为，具有利他性、公益性。捐赠人由此获得他人或社会在精神甚至物质上的积极反馈。若捐赠行为并非出于自愿而是受到他人强制做出的，则这种捐赠行为就会减损财产所有者的利益，是以他人利益受损的方式谋取积极反馈，与救灾捐赠的利他性和公益性不符。

当然，救灾捐赠也可能是企业与社会力量出于利他主义的考虑，自我进行动员的结果。美国学者戴恩斯认为，利他主义是捐赠的动机，主要分为三类：个体利他主义（individual altruism）、集体利他主义（collective altruism）和情境性利他主义（situational altruism）①。个人利他主义主要是指个人为了某种事业贡献时间、金钱和精力；集体利他主义产生于社会安排之下，主要指一个群体对其他人进行关照、提供帮助；情境性利他主义是指在特定情境的影响下而产生的扶危济困的行为。因此，当巨灾发生之后，即便政府不开展动员活动，企业与社会力量也可能出于利他主义的动机，而主动进行捐赠。

从流程的角度来讲，救灾捐赠管理需要关注劝募、受赠、分派使用等环节。其中，劝募的环节就是灾害社会动员中的调动行为，受赠就是灾害社会动员中的集结行为，分派使用就是灾害社会动员中的输送款物与服务的行为。此外，救灾捐赠管理还需要加强信息公开、监督与反馈等工作，以维系救灾捐赠情况的公开、透明，避免违纪、违规行为，保护社会捐赠热情，维护灾害社会动员的持续性。

8.1.2 救灾捐赠管理的特点

成功的救灾捐赠要实现两个目标：效率与公平。高效率要求救灾捐赠管理规范、有序；公平性追求的是受灾公众收益的均衡性、平等性，其保障的是救灾捐赠工作的公开、透明。这决定了救灾捐赠管理不同于一般的慈善、公益捐赠管理，对捐赠管理者要求更高，主要表现在以下几个方面：

---

① Brenda D. Phillips. Disaster Recovery. New York：Taylor & Francis Group，2009：374.

第一，及时性。在重大灾害发生后，公民角色会出现急剧扩张的现象。人们表现出非常明显的合作性及参与灾害救援的意愿，主动开展各种救援行动，如搜救被困邻居、转运伤员、捐款捐物等。自发型志愿者大量涌现，并且不因性别、民族、收入等状况而异；社会捐赠资金物资短时间内迅速增加，急需拨付、转送至灾民手中。因此，救灾捐赠管理面临巨大的时间和心理压力。

第二，公平性与公正性。救灾捐赠的分发需要针对不同的灾情，有区别地对待遭受不同损失的公众，以体现公平、公正的原则。由于重大灾害往往导致通信、道路等基础设施毁损，灾情的精确统计在短时间内往往难以做到。加之媒体有可能进行片面的报道，定向捐赠可能过分集中于某一地区的某一项目。在紧急情况下，捐赠管理人员不得不花费宝贵的时间，与捐赠人进行协调。

第三，科学性与有序性。在短时间内，接受政府动员的企业及社会力量可能会向指定机构捐赠大量的资金物资，也可能自发地赶往灾区捐赠，这会导致道路拥堵，造成现场混乱，甚至干扰正常救灾活动。如何在紧急情况下进行科学调度，保证捐赠活动的有条不紊，这是救灾捐赠管理者所必须面对的一个严峻挑战。

第四，有效性。在救灾捐赠管理中，相关人员经常会面对诈捐或虚捐行为，捐赠物资良莠不齐。例如，有的捐赠物资即将或已经过期，令捐赠管理人员处置起来十分棘手。不仅如此，如何将适当的物资分发到适当的人群手中，这要将灾区的人口构成、历史、风俗、习惯等因素综合起来进行考量，满足多种个性化需求。

第五，协调性。救灾捐赠管理要涉及党委、政府多个部门，要调动企业、社会组织、公民个人多种力量，要综合考虑、平衡方方面面的利益、要求，错综复杂，难度极高。

第六，政治性与责任性。应对灾害是一项有着深刻政治内涵的管理活动。能否有效地进行救灾捐赠管理，这关系着社会公众的冷暖安危，也关系着党和政府的形象。如果救灾捐赠管理工作出现严重失误，社会公众就可能对政府失去信任，进而影响政权的稳定。所以，救灾捐赠管理者的政治责任重大，必须具备较高的政治素养。

日常慈善捐赠管理是救灾捐赠管理的基础。完善的慈善捐赠管理可以弘扬慈善文化、维系公众捐赠热情，并使全社会为接受政府救灾捐赠动员做好充分的准备。

8.1.3　救灾捐赠管理的挑战

救灾捐赠管理的挑战在于必须在一系列两难之中进行抉择。

1. 救灾的速度要求与公众的公平要求

在重大灾害发生后，争分夺秒地分发捐赠资金物资，快速救治伤员、转运遇险群众、满足灾民基本生活需求成为第一要务。但是，如果救灾捐赠管理者不能全盘考虑、妥善处理公平公正问题，则社会公众有可能滋生不满情绪，出现过激举动，甚至引发群体性事件。

2. 公民角色扩张与紧急一致性消失

当重大灾害发生后，公民角色扩张，社会表现出较为明显的紧急一致性。灾区内外的公众慷慨激昂，表现出不计个人利益得失、只求快速救援的高尚觉悟。但是，随着灾区情况的日趋稳定，公民角色会出现回落，社会紧急一致性也会消退，有些公众会对捐赠资金物资的去向等问题表示关注。救灾捐赠管理者必须掌握这个规律，一方面在灾后推动救灾资金物资的快速发放，以提高救灾效率；另一方面，在有限的时间内，尽可能详细地记录捐赠的来龙去脉，争取给公众交一笔明白账。

3. 救灾捐赠管理的效率性与安全性

为了保障救灾捐赠问题上的规范，纪检、监察、审计等部门会及时介入，开展相关工作。但是，救灾捐赠管理必须崇尚效率原则。有时，救灾捐赠使用的效率性与安全性之间存在着严重的冲突，有的部门和地方为了确保安全性，而牺牲效率性，出现大批捐赠资金和物资结存现象。

4. 对捐赠人意愿的尊重与对多样化需求的满足

对于定向救灾捐赠，管理者必须尊重捐赠人的意愿，不能随意处置。但是，灾区社会公众的需求是多样化的，捐赠者的意向可能与灾区的公众需求不能有效契合。不仅如此，捐赠人在选择救助对象时，通常有着特殊的偏好，可能会与救灾捐赠工作的公平、公正理念相悖。在这种情况下，救灾捐赠管理者不得不花费宝贵的时间，与捐赠者进行耐心的协商。政府一方面要统筹安排，另一方面还要尊重捐赠者的个人意愿，难度极高。

5. 政府监管的严格性与社会组织的灵活性

如前所述，救灾捐赠管理具有严肃的政治内涵，关系着公众的福祉和政府的形象。因而，政府必须对救灾捐赠管理进行严格的监管，而不能放任自流。政府的救灾捐赠管理可以吸纳社会组织的参与。但是，社会组织在统筹安排、纵览全局方面存在短板。例如，每个社会组织都有自己的社会关系网络，它们在发放非定向捐赠的过程中，难免受日常业务的影响。所以，政府的监督、指导是不可或缺的。在此情形下，如何维系社会组织的灵活性，使其能够在救灾捐赠中发挥重要作用，避免“一管就死、一放就乱”的怪圈，这是救灾捐赠管理者必须认真思考的一个难题。

8.2 救灾捐赠体系的构成

救灾捐赠管理是一个复杂的系统工程，涉及的利益相关者包括劝募人、捐赠人、受赠人、受益人。他们共同构成救灾捐赠体系的主体，并通过募捐、接收捐赠、管理与使用、监督等活动，相互之间产生密切的联系。救灾捐赠管理的主要作用在于调动各方的公益热情，平衡各种利益关系，提高灾害救助效率。

8.2.1 救灾捐赠的利益相关者

救灾捐赠的利益相关者包括劝募人、捐赠人、受赠人、受益人（见表 8-1）。

表8-1　救灾捐赠利益相关者

	范围		条件
劝募人	公募基金会		具有救灾宗旨
	政府民政及其他部门		
捐赠人	自然人、法人、其他组织		合法财产、有权处分
受赠人	人民政府及其相关部门		县级以上，发生自然灾害时或者境外捐赠人要求
	受政府委托的机构		学校、乡镇人民政府、街道办事处
	社会组织	民间组织	救灾宗旨、公益性
		社会团体	以发展公益事业为宗旨
		事业单位	公益性非营利
受益人	自然人、法人、组织		受灾

1. 劝募人

根据《救灾捐赠管理办法》的规定，“救灾募捐主体是指在县级以上人民政府民政部门登记的具有救灾宗旨的公募基金会”。根据《基金会管理条例》的规定，基金会指“利用自然人、法人或者其他组织捐赠的财产，以从事公益事业为目的，按照本条例的规定成立的非营利性法人”。其中，面向公众募捐的基金会被称为公募基金会，按照其募捐的地域范围，又可分为全国性公募基金会和地方性公募基金会。根据中国社会组织公共服务平台和基金会中心网的观测数据，截至2019年底，我国基金会已达到7 938家。其中，公募基金会1 618家，非公募基金会 6 320家[①]。

但是，我国对公募基金会救灾宗旨的认定缺少清晰的界定，公募基金会中有哪些公募基金会具有救灾宗旨，尚不清晰。汶川地震发生后，有关部门批准了16家全国性公募基金会[②]可以开展救灾捐赠募捐活动、接收救灾捐赠。但是这16家全国性公募基金会与政府有着千丝万缕的联系，这种类似的变相审批临时性规定不足以作为判断公募基金会救灾宗旨的依据。

根据法律规定，具有救灾宗旨的公募基金会是我国唯一的劝募主体。但是，在巨灾发生后，政府在动员和组织捐赠方面发挥了无可替代的主导作用，这是一个公认的事实，这与我国政府主导型社会的特点密切相关。为此，我国开展救灾募捐的主体实际上包括政府有关部门，也包括具有救灾宗旨的公募基金会。

2. 捐赠人

《救灾捐赠管理办法》第二条规定：“在发生自然灾害时，救灾募捐主体开展募捐活动，以及自然人、法人或者其他组织向救灾捐赠受赠人捐赠财产，用于支援灾区、帮助

---

① 中国慈善发展报告（2020）在京发布.（2020-07-29）[2020-08-25]. http://caifang.china.com.cn/2020-07/29/content_41236729.htm.

② 包括中国老龄事业发展基金会、中国宋庆龄基金会、中国光华科技基金会、中国残疾人福利基金会、中国人口福利基金会、中国青少年发展基金会、中国儿童少年基金会、中国少数民族文化艺术基金会、中华思源工程扶贫基金会、中国绿化基金会、中国光彩事业基金会、中国教育发展基金会、中国健康促进基金会、中华环境保护基金会、中国妇女发展基金会、中国扶贫基金会。

灾民的，适用本办法。”在我国，救灾捐赠主体包括自然人、法人和其他组织三类。

3. 受赠人

《救灾捐赠管理办法》第三条规定：救灾捐赠受赠人包括县级以上人民政府民政部门及其委托的社会捐助接收机构；经县级以上人民政府民政部门认定的具有救灾宗旨的公益性民间组织以及法律、行政法规规定的其他组织。第十一条规定：“乡（镇）人民政府、城市街道办事处受县（县级市、市辖区）人民政府委托，可以组织代收本行政区域内村民、居民及驻在单位的救灾捐赠款物。代收的捐赠款物应当及时转交救灾捐赠受赠人。”

《公益事业捐赠法》第十条规定：“公益性社会团体和公益性非营利的事业单位可以依照本法接受捐赠。”第十一条规定：“在发生自然灾害时或者境外捐赠人要求县级以上人民政府及其部门作为受赠人时，县级以上人民政府及其部门可以接受捐赠，并依照本法的有关规定对捐赠财产进行管理。”

概括说来，我国救灾捐赠的受赠主体可分为三类：政府及其相关部门；受政府委托的机构；社会组织，包括公益性民间组织、以发展公益事业为宗旨的基金会、慈善组织等社会组织和公益性非营利的事业单位。在救灾捐赠实践中，政府既是劝募人，又是受赠人，不仅负担沉重，而且缺少有效的制衡，容易引起社会公众的质疑。

4. 受益人

救灾捐赠的受益人是指受到灾难损害、直接受益于救灾捐赠的自然人、法人和组织。

8.2.2 救灾捐赠主要环节

1. 募捐

《救灾捐赠管理办法》第八条规定：“国务院民政部门可以根据灾情组织开展跨省（自治区、直辖市）或者全国性救灾捐赠活动，县级以上地方人民政府民政部门按照部署组织实施。经同级人民政府批准，县级以上地方人民政府民政部门组织开展本行政区域内的救灾捐赠活动，但不得跨区域开展。在县级以上地方人民政府民政部门开展的救灾捐赠活动中，同级人民政府辖区内的各系统、各部门、各单位在本系统、本部门、本单位内组织实施。”第十条规定：“具有救灾宗旨的公募基金会，可以依法开展救灾募捐活动，但在发生自然灾害时所募集的资金不得用于增加原始基金。”

根据国情和救灾的需要，我国进行动员、开展募捐的主体实际包括：（1）政府民政及其他部门；（2）具有救灾宗旨的公募基金会。后者开展募捐活动又可分为两种情形。第一，公募基金会自行组织开展募捐活动并接收社会救灾捐赠。在发生自然灾害的情况下，具有救灾宗旨的公益性公募基金会可以通过自己的募捐渠道，自行组织开展或联合其他能以合法身份从事救灾捐赠募捐活动的组织、机构、单位组织和开展救灾捐赠募捐活动并接收社会救灾捐赠。此时，它们扮演的角色是救灾捐赠募捐的发动者和组织者。

第二，公募基金会在民政部门的发动和统一安排下，具体实施救灾捐赠募捐活动。

2. 接收

在我国的救灾捐赠制度中，受赠人必须通过各种公开渠道向社会公布其名称、地址、联系人、联系电话、银行账号等信息，意义在于：（1）便于捐赠人实施捐赠行为；（2）避免、防范各类以救灾捐赠募捐为名实施的诈骗等违法犯罪行为；（3）解决受赠人与捐赠人之间信息不对称的问题；（4）方便社会公众对受赠人的救灾募捐和管理行为进行监督。

救灾捐赠必须坚持自愿的原则，捐赠人要对自己财产的处置有明确的意思表示能力且清楚知道其行为后果。受赠人必须当面点清受赠现金、验收物，并向其出具相关凭证以作为其捐赠行为的证明。此外，捐赠凭证也是捐赠人对受赠人在分配与使用捐赠财产中的不合理、不合法行为进行监督的依据。

3. 管理与使用

救灾捐赠管理要遵循满足捐赠人意愿的原则。《公益事业捐赠法》第五条规定："捐赠财产的使用应当尊重捐赠人的意愿，符合公益目的，不得将捐赠财产挪作他用。"第十二条则规定了捐赠人可以与受赠人就捐赠财产的种类、质量、数量和用途等内容订立捐赠协议。《基金会管理条例》第二十七条明确指出"捐赠协议明确了具体使用方式的捐赠，根据捐赠协议的约定使用"，未经捐赠人同意，捐赠不得被擅自处理，因为这违背捐赠人的意愿。

在灾害救助中，救灾捐赠款物过分集中的现象时有发生。部分捐赠人过分执着于自己的意向，甚至盲目追求媒体的广告效应，导致众多捐赠集中于某一地区或某一项目。当然，这也可能是因为捐赠人对灾害救助需求的信息掌握不全面，无法做出正确的捐赠决策。为实现救灾捐赠使用效率的最大化，受赠人可在与捐赠人协商并征得捐赠人同意的前提下，根据救灾的实际需要，对受赠款物用途进行统筹安排、及时调整。

按照要求，我国设立专门救灾捐赠账户接收社会救灾捐赠，以将其与财政救灾支出区分开。民政部对其受赠所得和地方人民政府及其部门汇缴的受赠所得可以实行统一调配管理。由政府及民政部门募集到的捐赠款物许多是非定向的，民政部在调配时只需保证其用于救灾相关用途。县级以上人民政府民政部门在对救灾捐赠款物进行统一调配后，必须报上一级民政部门备案。

具有救灾宗旨的公益性组织可以按照当地政府提供的灾区需求，提出分配、使用救灾捐赠款物的方案，报同级人民政府民政部门备案，接受监督。这是因为：（1）在救灾过程中，政府通常对灾区需求相关信息有较为全面的掌握，可以指导具有救灾宗旨的社会组织将救灾款物投向最为急需的地方，提升其使用效率。（2）政府财政是救灾支出主体。公益机构根据政府提供的灾区需求分配、使用救灾款物，既可以保证最大限度地发挥救灾款物支援灾区的作用，同时也能实现社会捐赠与政府财政支出的有效协调。（3）备案为监督公益组织救灾捐赠受赠所得分配、使用提供了基本信息，在后续监督中政府审计部门或其他监督主体可以根据公益组织关于救灾捐赠款物的分配、使用方案中关于款物去向、用途的内容实施审计监督或其他监督。

无论是以何种身份参与救灾捐赠募捐工作并接收社会救灾捐赠，募捐所得必须用于救灾活动，不得用于其他与救灾无关的用途，也不得用于增加基金会原始基金，境外捐赠同样也只能用于救灾或与其相关的用途，不得以任何形式转让、出售、出租或用于其他与救灾不相关用途。

受赠人对于救灾捐赠受赠物资必须分类建立登记表册，并且应当严格按照使用范围，一般只能在本年度内分配使用，不得滞留①。处理多余物资包括两种情形：一是变卖的情形②：当物资过剩、不易储存运输、无法用于符合其宗旨的用途时以及境外物资对灾区不适用时，物资可以变卖。但是，变卖之前要经捐赠人同意，同时要报县级以上地方人民政府民政部门批准。对灾区不适用的境外救灾捐赠物资，则要报省级人民政府民政部门批准后方可变卖。变卖工作由县级以上地方人民政府民政部门统一组织实施，一般应当采取公开拍卖方式。变卖救灾捐赠物资所得款必须作为救灾捐赠款管理、使用。二是重复使用的情形③：对于可重复使用的物资，一般要予以回收保管，并纳入地方救灾物资储备当中。

对于政府及其部门而言，因为组织、实施救灾工作属于政府职责范围内应尽的义务，各级政府及其有关部门履行职责范围内义务以国家财政支出支付成本，不应从其他渠道获取额外的成本补偿。各级人民政府民政部门在组织救灾捐赠工作中，不得从捐赠款中列支费用。

对于具有救灾宗旨的公益机构或公益性公募基金会而言，其救灾捐赠募捐受赠所得理应完全用于救灾事项，但为补偿其活动成本，保证其持续运作并有效地参与救灾捐赠工作，通常允许其从捐赠所得中列支必要的费用，但捐赠人与救灾捐赠受赠人另有协议的除外。

4. 监督

在我国，救灾捐赠的监督主要包括以下形式：

第一，受赠人自我监督。《基金会管理条例》要求基金会设立理事会和监事，前者负责决策活动，后者检查基金会财务和会计资料。要求基金会执行国家统一的会计制度，依法进行会计核算、建立健全内部会计监督制度。

第二，行政监督。这包括：（1）民政部门监督。登记管理机关在捐赠监督方面主要负责社会组织的年检工作，业务主管单位主要负责年检报告的审查、财产清算。有些情况下，登记管理机关、业务主管单位从事财务审计，甚至配合其他执法部门查处其违法行为。其中，民政部门往往要会同监察、审计等部门及时对救灾捐赠款物的使用发放情况进行监督检查。（2）财政部门监督。《社会团体登记管理条例》第二十七条规定“社会团体必须执行国家规定的财务管理制度，接受财政部门的监督；资产来源属于国家拨款

---

① 《救灾捐赠管理办法》第二十九条规定，接受的救灾捐赠款物，受赠人应当严格按照使用范围，在本年度内分配使用，不得滞留。如确需跨年度使用的，应当报上级人民政府民政部门审批。

② 《救灾捐赠管理办法》第二十七条、《公益事业捐赠法》第十七条、《基金会管理条例》第二十七条。

③ 《救灾捐赠管理办法》第二十八条。

或者社会捐赠、资助的，还应当接受审计机关的监督。”《救灾捐赠管理办法》规定救灾款物的使用情况要接受审计、监察等部门的监督检查①。（3）海关、侨务等部门监督。《公益事业捐赠法》第二十条规定，海关对减免关税的捐赠物品依法实施监督和管理。县级以上人民政府侨务部门可以参与对华侨向境内捐赠财产使用与管理的监督。

第三，捐赠人监督。监督是捐赠人的法定权利。《救灾捐赠管理办法》第二十六条规定，捐赠人有权向救灾捐赠受赠人查询救灾捐赠财产的使用、管理情况，并提出意见和建议。对于捐赠人的查询，救灾捐赠受赠人应当如实答复。《公益事业捐赠法》第二十一条、《基金会管理条例》第三十九条都有几乎相同的规定。《公益事业捐赠法》第十三条还规定，捐赠的公益事业工程项目竣工后，受赠单位应当将工程建设、建设资金的使用和工程质量验收情况向捐赠人通报。此外，《中国慈善事业发展指导纲要（2011—2015年）》中也规定慈善捐助者自行决定捐赠的规模、方式和用途。总之，捐赠人在这一环节享有的权利包括捐赠财产的主导权、使用的知情权、更改捐赠财产用途的同意权。

第四，公众和媒体监督。救灾捐赠款物的接收者必须向社会公示，内容包括捐赠的安排拨付、使用流向、具体项目、与具体捐赠者捐赠的对接情况、项目建设和效益等，目的是向社会及捐赠者做出完整、准确、明白的交代。

为此，《救灾捐赠管理办法》第二十六条规定：“发放救灾捐赠款物时，应当坚持民主评议、登记造册、张榜公布、公开发放等程序，做到制度健全、账目清楚，手续完备，并向社会公布。”第三十二条规定：“救灾捐赠、募捐活动及款物分配、使用情况由县级以上人民政府民政部门统一向社会公布，一般每年不少于两次。集中捐赠和募捐活动一般应在活动结束后一个月内向社会公布信息。”

《基金会管理条例》第二十五条规定：“公募基金会组织募捐，应当向社会公布募得资金后拟开展的公益活动和资金的详细使用计划。”第三十条规定：“基金会开展公益资助项目，应当向社会公布所开展的公益资助项目种类以及申请、评审程序。”

《公益事业捐赠法》第二十二条规定：“受赠人应当公开接受捐赠的情况和受赠财产的使用、管理情况，接受社会监督。”

总之，我国救灾捐赠监督可以分为两类：内部监督与外部监督（见表 8－2）。

表 8－2　救灾捐赠中的监督

	监督主体	监督内容	相关法规
内部监督	受赠人（组织）	财务、会计、决策上的自我监督	《公益事业捐赠法》 《基金会管理条例》 《救灾捐赠管理办法》 《社会团体登记管理条例》
	主管部门 登记机关	年检，会同其他部门检查	
	财政、审计、监察	财务管理，款物的使用情况	
	海关、侨务	减免关税的捐赠物品；侨民捐赠款物	
外部监督	捐赠人	捐赠财物的具体使用、处理情况	
	媒体社会公众	捐赠和募捐活动信息，款物使用情况，项目开展情况	

① 《救灾捐赠管理办法》第二十六条规定：“县级以上人民政府民政部门应当会同监察、审计等部门及时对救灾捐赠款物的使用发放情况进行监督检查。”第三十条规定：“救灾捐赠款物的接受及分配、使用情况应当按照国务院民政部门规定的统计标准进行统计，并接受审计、监察等部门和社会的监督。”

通过梳理我国现有的法律、法规可以看出，我国救灾捐赠体系中各利益相关者之间的大体关系是：（1）劝募人向捐赠人发起募捐，捐赠人对受赠人进行监督；（2）受赠人接收捐赠人的捐赠；（3）受赠人对救灾捐赠进行管理、使用，将捐赠派发给受益人（见图 8－1）。

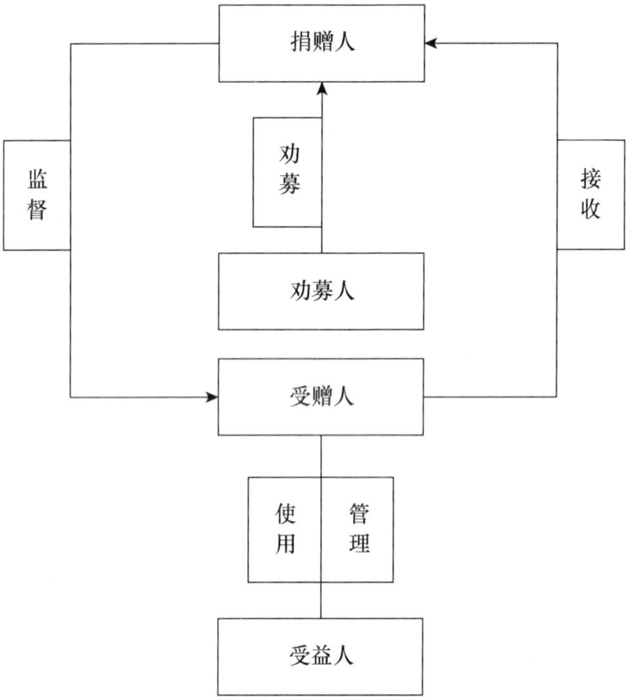

图 8－1　利益相关者与捐赠活动

但是，在救灾捐赠实践中，问题更为复杂。首先，救灾捐赠要实现效益最大化，必须契合救灾需求。劝募人募捐的规模、物资种类以及捐赠人实际捐赠的情况，都会对捐赠的效益产生影响。面对强势的政府及其他组织，个体捐赠人对受赠人的监督能力单薄，必须借助一定的制度约束。

其次，捐赠人有可能出于对募捐人的不信任而拒绝捐赠，也可能由于不信任受赠人而提出定向捐赠或直接将捐赠运送给灾区的受益人。这增加了政府研判捐赠需求、协调捐赠活动的复杂性。

再次，接收人在负责管理捐赠的过程中，必须妥善解决物资的储运问题。在紧急状态下，物资的统计、运输、分发等都不是轻而易举就可以完成的任务。在救灾捐赠管理中，监督无疑是必要的。接收人可能慑于监督的压力，以牺牲效率为代价，片面追求“安全第一”，而影响救灾捐赠的使用效益。

最后，在灾害发生后，对受益人的准确认定、评估并满足灾区民众多样化的救助需求，这是救灾捐赠以人为本的体现，也是救灾捐赠公平、公正原则的体现，但实践中仅凭政府或有官方背景的社会组织难以实现。

为了规范救灾捐赠活动，我国现有法规都规定了对救灾捐赠过程中违法犯罪行为的惩罚，如挪用、侵占或者贪污救灾捐赠款物，造成捐赠财产重大损失，利用捐赠非法牟利等行为均要受到法律制裁。

在激励方面，我国对纳税人慈善捐赠的税收政策，按纳税人不同分为针对企业的税收优惠政策和针对个人的税收优惠政策。优惠政策按优惠程度又可以分为两类：一是按比例扣除，二是全额扣除①。按一定比例扣除的税收优惠政策主要体现在《中华人民共和国企业所得税暂行条例》《中华人民共和国个人所得税法》及其实施细则等法规和规范性文件中，如捐赠额可以在缴纳所得税之前全额扣除的优惠政策（见表8-3和表8-4）。

表8-3 捐赠所得税前扣除政策

扣除比例	适用范围	法规依据	捐赠行为
3%	一般企业对一般性的公益、救济的捐赠	《中华人民共和国企业所得税暂行条例》 《中华人民共和国企业所得税暂行条例实施细则》	间接捐赠
1.5%	金融保险企业对一般性的公益、救济的捐赠	《财政部 国家税务总局关于金融、保险企业有关所得税问题的通知》	间接捐赠
10%	对文化事业的捐赠	《国家税务总局关于企业等社会力量向中华社会文化发展基金会的公益救济性捐赠税前扣除问题的通知》	间接捐赠
30%	个人对教育、扶贫、济困等公益慈善事业进行捐赠	《中华人民共和国个人所得税法》 《中华人民共和国个人所得税法实施条例》	间接捐赠

注：扣除比例指在年纳税所得额内可以在计税时扣除的比例。捐赠行为根据财税〔2007〕6号文件，指是否通过经民政部门批准成立的非营利公益性社会组织和基金会以及有关政府机关进行的捐赠，未通过的为直接捐赠行为，通过的为间接捐赠行为。

表8-4 捐赠所得税前全额扣除政策适用范围

扣除比例捐赠行为	适用范围	捐赠行为
100%	红十字事业的捐赠	直接捐赠 间接捐赠
	非营利性的老年服务机构的捐赠	间接捐赠
	农村义务教育的捐赠	间接捐赠
	公益性青少年活动场所（包括新建）的捐赠	间接捐赠
	资助境内科研机构和高校的研究开发	直接捐赠
	所有公益、救济性捐赠	间接捐赠

注：所有公益、救济性捐赠的间接捐赠只适用于通过8家基金会所进行的公益、救济性捐赠，且从2006年1月1日起执行。这8家基金会是：中国老龄事业发展基金会、中国华文教育基金会、中国绿化基金会、中国妇女发展基金会、中国关心下一代健康体育基金会、中国生物多样性保护与绿色发展基金会、中国儿童少年基金会和中国光彩事业基金会。

8.3 我国救灾捐赠管理的模式

从某种意义上说，我国政府是“全能型”的政府，社会组织发育滞后，公众习惯于

① 汪希和. 有关慈善捐赠税收优惠政策的国际比较. 财会月刊，2007（7）.

依赖政府，希望政府能够“包打天下”。危机社会动员现阶段的主体是政府，即主要是“政府自上而下地对社会进行动员”。与此相应，在救灾捐赠及管理活动中，政府，特别是民政、审计、监察、财政等政府部门占据着绝对主导的中心地位。政府作为劝募人进行募捐的发动，又作为受赠人接收捐赠，还将接收的捐赠派发给受益人。目前，我国救灾捐赠管理是政府主导型的。

8.3.1 政府主导型模式

从理论上讲，慈善属于社会范畴，是不同于政府及市场的“第三域”。慈善捐赠管理不能遵循市场利润至上的逻辑，也不能遵循政府公共服务的逻辑。所以，有些人认为慈善是民间的事情。但是，救灾捐赠不是一般的慈善捐赠，可以被认为是灾害条件下的慈善捐赠。而救灾又是政府提供公共服务的重要表现，中国自古就有政府开仓放粮、赈济灾民的做法。这其间似乎存在着矛盾和冲突，解决之道就是折中与协调。如果说慈善事业的发展可按照“政府推动、民间运作、社会参与、各方协作”的原则，那么，救灾捐赠管理就应该遵照“政府主导、民间配合、社会参与、各方协作”的原则。由于救灾捐赠的特殊性，我们以慈善捐赠的相关法律来指导救灾捐赠管理势必会存在诸多障碍。

从行政文化的角度看，中国是一个政府主导型的社会。在我国，行政体制带有高度集权的特点，政府行政权力垄断的特点突出。政府往往会从人心向背、政权稳定的角度审视救灾捐赠管理问题，认为它关系着国家政权的稳定。危机管理输出的产品是公共安全，是一种公共产品，具有效用的不可分割性与受益的非排他性，救灾工作必须以政府为主导，这是毫无疑问的。2010 年 9 月开始实施的《自然灾害救助条例》规定，灾害救助工作必须遵循的原则是“以人为本、政府主导、分级管理、社会互助、灾民自救”。

但是，主导并不意味着独导。在灾害管理过程中，企业、社会组织、公众等力量可以成为政府救灾的得力帮手和有效补充。所以，《自然灾害救助条例》又规定，“国家鼓励和引导单位和个人参与自然灾害救助捐赠、志愿服务等活动”，“村民委员会、居民委员会以及红十字会、慈善会和公募基金会等社会组织，依法协助人民政府开展自然灾害救助工作”。

目前，我国救灾捐赠管理工作中政府统揽一切的倾向明显，对社会组织的力量借助不够。按照现有的管理模式，在救灾管理过程中，政府汇集了大量的资源，可以统筹安排，集中力量办大事，但是，这也会引发一系列的问题。

政府垂直的等级体制使得管理层次众多，信息自下而上传递，决策自上而下执行，决策效率较为低下，信息容易产生扭曲。在救灾捐赠管理过程中，政府决策部门不能全面、精确、及时地捕捉到灾区公众多样化、个性化的救助需求，及时予以救助。有时，政府部门依照特定的常规程序来应对非常规的紧急状态，灵活性不足。特别是当救灾捐赠涉及敏感的政治问题，又面对严格的审计、监督时，有些地方和部门更倾向于按部就班，以保安全，造成救灾捐赠的发放不及时等问题。

在重大灾害发生后，面对蜂拥而来的救灾捐赠资金物资和不断变化的救助需求，捐赠管理者需要随机应变，表现出很强的灵活性与适应性。但是，从本质上看，政府组织缺少柔性，试错成本太高，创新冲动与能力不足。

此外，政府在救灾捐赠管理中既当运动员，又当裁判员，只有内部监督渠道可以起到刚性约束的作用，手段单一。在实践中，审计机关主要负责救灾捐赠资金使用的核查工作，监察机关对国家机关工作人员在救灾捐赠过程中的行为进行监督。面对大量的物资及巨额款项，政府不仅要承担过于繁重的救灾捐赠任务，还要抵御违规、违纪的风险。即使出现微小的纰漏，也有可能引起社会舆论的轩然大波，给党和政府的形象造成严重的影响。例如，在武汉市应对新冠肺炎疫情早期，当地市委市政府要求捐赠物资必须通过红十字会，但红十字会对物资分配调用的不力引发了舆论的沸腾。

8.3.2　救灾捐赠管理模式转变的方向与障碍

在《改革政府：企业家精神如何改革着公共部门》一书中，奥斯本和盖布勒对现代政府在公共服务中的角色定位是掌舵，而不是划桨。所谓“掌舵”，就是“掌握方向，把握方向最有力的方法也许是规范市场，即创造激励因素，推动人们朝社会群体所期待的方向前进，同时让他们自己做出多数的决定”[①]；所谓“划桨”，则是指政府直接参与公共服务的提供，无视市场和社会的力量。

在公共治理的理念下，政府需要站在社会公众的立场，以顾客（社会公众）的需求为导向，为社会公众提供公共服务。政府在救灾过程必须改变“重管制、轻服务”的理念，树立服务意识，提高管理服务水平，将公众的满意度作为工作业绩的衡量标准。

为了增强社会公众对政府公共危机管理行为的满意程度，政府明智、理性的选择就是开展社会动员，让公民参与到公共管理中来，实现救灾捐赠管理的全社会参与，这可以提高政府工作的透明度，保证社会公众对捐赠的知情权和对政府的监督权，坚定其对于政府的信心。

公共治理理论强调政府与社会组织之间是一种协商、合作、彼此依赖与互动的关系，而不再是命令与服从的关系。以此为基础，我们进行政府职能改革，扭转单纯依靠政府开展救灾捐赠管理的局面，这不仅有利于救灾捐赠管理效能的提高，也有利于社会民主化进程的深入发展。

在社会转型期，我国的救灾捐赠管理模式必须从“划桨”转为“掌舵”，改变大包大揽的工作方法，即动用行政力量自上而下筹集、分配使用救灾资源。如果政府能够更多地借助社会组织的力量，就有可能为自己释放压力，并做到高效、有序。

社会组织能否发挥作用，这关系着救灾捐赠管理模式的转变。这种模式的转变存在着一系列的障碍。从政府的角度看，思想障碍是一个必须破解的问题。我国社会是政府主导型的，救灾捐赠又关系着百姓福祉、关系着党和政府的形象，加之一些社会组织有着复杂的国内外背景，这使得政府在政治安全的角度顾虑重重。此外，我国社会组织的发育滞后，存在着慈善精神缺失、治理结构不健全、缺少有效的自我管理和监督能力等

① 奥斯本，盖布勒．改革政府：企业家精神如何改革着公共部门．上海：上海译文出版社，2006：211-212.

问题，救灾捐赠管理能力较低。所以，政府在救灾捐赠管理中更多依靠具有官方背景、方便控制的社会组织作为帮手也是在情理之中的。但这会形成一个恶性循环：政府对社会组织信任缺失—控制社会组织—社会组织不发育—捐赠管理能力低—政府排斥参与—社会组织更不成熟—政府对社会组织信任更加缺失（见图 8-2）。

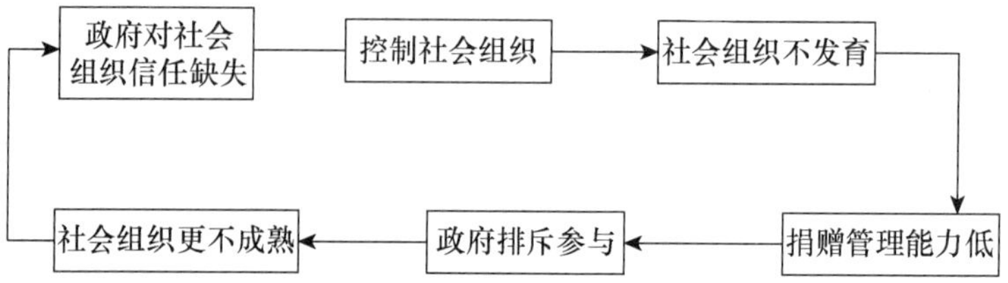

图 8-2　社会组织恶性循环

打破上述恶性循环的关键在于政府改革制约社会组织发展的政策。社会组织发展的呼声与政府严格的遏制政策在巨灾背景下被放大，尽管二者之间的矛盾表现在救灾捐赠管理中，但其根源却在平常的政策制定与执行中。

目前，我国政府对社会组织采取双重管理体制、分级管理原则、非竞争性原则和限制性原则。双重管理体制即民政部门的注册管理和主管部门的业务管理，社会组织要登记注册必须先找到业务主管部门。分级管理原则即按照社会团体开展活动的范围和级别，对其实行分级登记、分级管理。

根据《社会团体登记管理条例》和《民办非企业单位登记管理暂行条例》，一个社会组织要获得合法地位必须先找到一家业务主管单位才能去民政部门登记注册，否则即是不合法的慈善组织。《民办非企业单位登记管理暂行条例》第三条规定："成立民办非企业单位，应当经其业务主管单位审查同意，并依照本条例的规定登记。"这体现了"双保险"的责任分担理念，却制约了社会组织的发展。

拥有官方背景的社会组织具有天然的体制内优势，大多由政府部门或政治领导人发起。如主要依托于民政部建立的中华慈善总会，从共青团中央分化出来的中国青少年基金会，脱胎于国家人口与计划生育委员会的中国人口福利基金会，王家瑞担任现任主席的中国宋庆龄基金会，等等。从政治安全的角度看，官方背景决定了其参与救灾捐赠管理可以获得政府的信任。

并非官方的一定是低效的和腐败的。但是，问题的关键是：（1）上述社会组织未必全部具有救灾宗旨，因为有效的救灾捐赠管理需要具备灾害管理的基本常识；（2）巨灾引发的繁重捐赠管理负担以及多样化、个人性的救助需求呼唤多个社会组织参与；（3）半官方社会组织的垄断限制其他社会组织的进入，救灾捐赠可能会因为缺少竞争而失去效率。

目前，很多公益领域没有对应的专门政府管理机构。有些社会组织虽然可以找到对应部门，但其出于利益或者是责任的考虑，大多态度保守，不愿支持。很多业务主管单位，本着多一事不如少一事的态度，不履行登记前的审查工作、不出具有关文件，很多民办非企业单位因此不能到民政部门申请登记，甚至只能进行工商登记。除了教育、卫生等部门，绝大多数部门基本没有专门的机构和人员从事相关工作，许多从事慈善、公益活动的基金会申请，被业务主管部门一压就是多年，无人问津①。因此，双重管理体制实际上导致了大量的社会组织无法获得合法地位。

为了实现救灾捐赠管理模式的转变，我国政府应着力培育社会组织，逐步废除双重管理体制，使其分担政府的部分管理事务。在此过程中，政府应对社会组织进行有效的监管，引导其健康发展。行政文化的变迁需要一个漫长的过程，因此，这是一个渐进的过程，而不是一个突变的过程。

8.3.3 救灾捐赠管理模式转变的措施

1. 对社会组织扶植与监管并重

在双重管理体制下，政府部门对于社会组织的准入限制严格，耗费了大量的精力，分散了过程监管上的注意力。目前，世界各国对社会组织监管的趋势是从重视“入口”监管转向重视“过程”监管。

根据中国的国情，我们要逐步放开对社会组织的进入控制，降低门槛，简化登记注册手续，扶植其健康发展，使其能够承担更多的救灾捐赠管理职责。同时，政府把精力用来加强指导、协调，强化过程监督。

适当放松准入后，大量实际存在的社会组织会获得合法身份，进入救灾捐赠市场，促进救灾捐赠效率的提升。但是，政府放松准入并不意味着放任自流，而是将有限的精力用于加强对捐赠活动过程的监管，持续保持捐赠市场良性发展的活力。

2. 将社会组织纳入救灾捐赠管理体系

为了充分发挥社会组织在救灾捐赠中的作用，政府必须出台相关政策，增强社会组织自我约束、自我管理和自我完善的能力。同时，政府要在全面评估的基础上，摸清社会组织的底数，与具有救灾宗旨的社会组织建立密切的合作伙伴关系，建立有效的协调机制，确保在灾害应对过程中形成强大的合力。

此外，政府还要建立救灾捐赠市场的进入与退出机制，并帮助社会组织形成灾害管理能力。通过严格的定期与不定期考核与评估，政府根据政治倾向、救灾能力、治理水平等因素确定可以进入救灾捐赠市场的社会组织名录，并颁发相关的资质证书。对于已经进入的社会组织，如果考核、评估不合格，政府可吊销其资质，责令其退出救灾捐赠市场。

还有，政府可将红十字会等具有丰富救灾经验的社会组织设立为“枢纽型组织”，带动其他具有官方背景的社会组织增强灾害管理能力，形成社会组织联合救灾、相互合作、彼此协调的社会网络。

3. 强化社会组织的监督

我国救灾捐赠存在多头监管的现象。根据现行法律规定，监督的工作分散在登记机

---

① 民办非企业单位登记亟待“松绑”.（2009-03-13）[2020-08-25]. http://news.163.com/09/0313/04/548PR1J2000120GU.html.

关（民政部门）、业务主管单位以及审计与监察等职能部门手中，监督主体的多元化容易造成各监督主体职责分工不明，重复检查与“齐抓不管”现象并存。

按照相关规定，受赠人要向社会公开捐赠管理的相关信息以便接受社会监督，并且受赠人不得拒绝捐赠人对捐赠使用情况进行查询的要求。但是，不少社会组织在信息公开方面存在着严重的问题。有的公开内容不全，常规信息的公开较为翔实，捐赠收支信息过于笼统和粗略，明显是避重就轻；有的只是单向信息公开，没有建立反馈机制。这难以满足公众知情的需要，也使得监督异常困难。对此，我国法律却没有具体的强制性规定。

新闻媒体的监督被称为第四种权力。然而，由于其追逐新闻热点的局限，很难有持续的力量，易于为其他新闻热点转移注意力。

推动社会组织的信息公开可以采取两个措施：一是软措施，即在救灾捐赠领域引入竞争机制，不及时、详细公开信息将使社会组织信任度降低，公众转而信任其他组织。二是硬措施，完善相关法律法规，制定更为详细的规则和严厉的惩戒条款，要求社会组织必须公开相关措施。

4. 推动社会组织在救灾捐赠领域里的竞争

根据《社会团体登记管理条例》第十三条和《民办非企业单位登记管理暂行条例》第十一条规定，在同一行政区域内不得设立业务范围相同或者相似的两家社会组织或民办非企业单位。

《救灾捐赠管理办法》第八条也规定，经同级人民政府批准，县级以上地方人民政府民政部门组织开展本行政区域内的救灾捐赠活动，但不得跨区域开展。这项规定限制了慈善组织之间的竞争，因为竞争产生的前提是在同业务范围内有一家以上组织开展类似活动。

《社会团体登记管理条例》第十七条和《民办非企业单位登记管理暂行条例》第十三条规定，社会组织和民办非企业单位不得设立（地域性）分支机构。

但是，中国红十字总会、中华慈善总会、中国宋庆龄基金会等组织在各地都有分支机构。如果说限制分支机构设立是防止出现垄断的话，那么，允许部分慈善组织设立分支机构的后果就是造成了捐赠市场的寡头垄断局面。

在救灾捐赠领域里，政府要推动社会组织开展基于责任、信任和能力的竞争，使得社会组织在政府的统筹安排下，向救助对象提供更加优质的救助服务。我们可以借鉴国外的经验，建立独立的第三方评级机构，对社会组织进行信誉评价并进行等级划分、排名。第三方评级机构收集各个社会组织的信息，根据公认、一致的标准进行评价，为政府在救灾捐赠管理方面提供参考，引导社会公众的捐赠行为，形成优胜劣汰的机制。

此外，政府应推动社会组织建立救灾捐赠的自律规范，其作用在于避免恶性竞争，促进有序发展；团结行业力量，提升整体发展水平；发挥内部权威作用，解决行业内的冲突与矛盾。

目前，就一般慈善事业而言，为慈善松绑、发挥社会组织更大的作用，这应该说是一股不可逆转的潮流。但救灾捐赠的特殊性质对社会组织的参与资质提出了更为严格的要求。因而，政府有关部门应加强对社会组织参与救灾捐赠管理的公益精神、专业化素质等的管理，严把入口关。同时，对于已经进入救灾捐赠管理领域的社会组织，进行动态的考核，鼓励其竞争，实行优胜劣汰的政策，督促其提高救灾捐赠管理水平，使其成为政府的得力助手。

8.4　美国救灾捐赠管理实践

8.4.1　“9·11”事件中的救灾捐赠管理

2001年，“9·11”事件造成3 000多人死亡。经济学家估计，仅在纽约，就有将近10万人因此失业，需要救助。2/3的美国家庭为救助活动进行了捐赠，美国公众向慈善组织捐款15亿～20亿美元。

1. 救灾捐赠面临的挑战

救助的需求是巨大的。曼哈顿的通信与运输基础设施瘫痪使得分发救助在灾害初期遇到困难，许多个人和家庭也要寻求帮助。慈善机构努力确定其资格需求，平衡其责任与保护家庭隐私的重要性，找到并接触需要服务的公众，动员了数千名志愿服务者。同时，公众要求救助必须快速送达，最大限度地减少繁文缛节；必须避免欺诈和浪费，确保分发救助的公平，防止受灾者被遗忘；对慈善组织的责任提出了更高的要求，希望救助信息快速、及时、详细地得到传递。许多剩余的款项被用于长远的需求，如设立奖学金和精神卫生治疗。

2. 慈善组织的作用

慈善机构在美国此次灾害响应中发挥了重要作用。灾害发生后，慈善组织立即采取行动，募集资金，征集资金提供者，在新建立的救助中心开列出救助清单，设立了800个捐赠号码和捐助信息网站。35个大型慈善机构，包括红十字会和救世军等，募集了27亿美元的款物，提供食品、避难所、精神健康服务以及其他救助。

慈善机构在灾害响应中的角色各异：有的装备精良，抵达灾害现场，提供大众关爱服务；有的提供长期的救助，如职业培训、精神健康辅导；有的则诞生于灾害应对过程中，如为消防队伍提供服务。由于慈善组织数量增加，美国公众捐赠达到了前所未有的水平。美国公众都曾对灾害救助慷慨解囊。

3. 救灾捐赠的教训

在“9·11”事件中，美国在救灾捐赠管理方面得出的教训是：良好的信息及获得援助的便利可以在恢复阶段帮助幸存者；公共或私人机构可以通过协调和共享信息，更好地帮助幸存者；公共教育可以使得慈善组织在灾害中的角色清晰化，也有助于维系公众对慈善组织的信任；灾害慈善援助规划可以帮助个人和社区的恢复。

4. 协调问题

联邦应急事务管理署是美国联邦机构响应灾害的主要机构，与慈善组织建立了密切的关系。其对灾民个人的财政帮助是抵押与租赁帮助以及灾害失业救济。如果总统宣布进入灾害状态，联邦应急事务管理署就要协调联邦、州、地方政府，红十字会、救世军等志愿救助组织的救援行动。

但是，“9·11”事件救灾中的协调受到多个因素的限制，包括事件的规模与复杂性等。在救助之初，美国没有机构协调救助物资的发放。在事件发生后最初的几个月内，遇害者家庭需要在众多的服务提供者中进行选择。但是，服务提供的范围存在模糊性。

此外，慈善组织根据各自独特的使命，决定哪些受害者、家庭和受影响社区需要救助，采取的方式包括直接现金援助、服务以及赠款。在全美国，超过 250 支新的基金出现，甚至一些从前没有管理慈善资产经验的组织创立了基金。慈善组织都遇到了前所未有的管理负担，使组织的人员与资源面临挑战。

尽管联邦应急事务管理署建立了“未满足要求”（unmet needs）委员会，将慈善组织聚集在一起，分享信息，帮助满足遇难者未被满足的需求，但不是非常成功。主要原因是“9·11”事件十分复杂，实际及潜在受益人过多，许多政府部门介入，捐赠者数量、层次众多，捐赠管理的难度系数很高。

数月后，监管机构和大型慈善组织合作，更加协调。纽约州司法部鼓励慈善组织合作，方便公众得到救助，包括使用通用的申请表格和数据库。国家首都地区联合劝募会对华盛顿和弗吉尼亚等地的服务提供者召开了信息共享会议。但是，慈善组织对捐赠者保密需求做出承诺，这使得人们难以通过一个数据库分享信息。

5. 信息问题

“9·11”事件发生后，纽约州司法部部长艾略特·斯皮策立即召开由救助组织参加的会议，鼓励其向公众提供更多的财政信息，创设一个共享数据库，确保所有合格的公众都能获得救助，同时保护捐赠组织及其捐赠对象的隐私。

“9·11”事件产生了众多新的救助与筹资组织，对管理机构办公室产生了挑战。其中的问题主要是：确保其符合管制的要求和避免捐赠欺诈。纽约州的管理者和国内税务局（IRS）实施一整套程序，应用于各种慈善组织，使信息在各机构中得以共享，鼓励人们遵循管制原则，提高注册、登记及申请免税的速度。

公众需要更多的关于慈善组织的信息，以确保其捐赠被用于预期的目的。同时，恐怖袭击的受害者及遇难者家属也需要救助组织的信息。纽约州和联邦管制办公室在公共教育项目中要承担更大的责任，其中，教育的对象包括捐赠者和慈善资产的管理者。

司法部下辖的慈善局与私人产业合作，建立了一个可以查询的数据库，挂在司法部网页上：通知受害者可获得的服务信息；向捐赠者提供接收捐赠组织的信息；提供救助性慈善组织的实时财务信息，内容涉及组织接收的资金以及为灾害救助而进行的支持。这个网站的信息涉及 200 多个救助组织。

司法部除了要监控慈善资产和组织外，其职责之一就是要使公众获得相关信息，使捐赠者在信息充分的基础上做出决策。大多数慈善组织要在慈善局注册，并将其年度报告备案，详细报告自己的筹资及支出情况。慈善组织必须在财政年度结束后的四个半月内向司法部报送年度报告。国内税务局要求慈善组织在 6 个月内报送 990 表，该表也属于向司法部报送的材料之一。所有这些都可以对有要求的公众公开。

还有，司法部认识到慈善组织之间协调的重要性，在 2001 年 10 月开通了司法部的公共网站，提供关于慈善组织及其他私人机构的详细信息，具有搜索功能，更新救助活动的公告栏。司法部还动员 IBM、微软等企业，帮助建立了一个受害者数据库，使得慈善组织更好地协调灾害救助，避免重复救助，确保公平、公正。

司法部获得了大型慈善机构的支持，包括美国红十字会、救世军、安全地平线、“9・11”基金会。2001 年 12 月 14 日，司法部要求它们与其他 10 个慈善组织成立“9・11”联合服务团体。这个团体维系受害者数据库。

6. 欺诈问题

在“9・11”事件中，由于申请得到救助的人数过多，一些慈善组织不得不雇用非专业的志愿者，帮助进行资格确定，这使得不合格者获得资助或合格者不能获得资助的可能性增大。为此，美国本着预防为主的原则，采取措施，防止各类捐赠欺诈（见表 8－5）。

表 8－5　“9・11”事件中的欺诈与预防

欺诈	表现形式	预防手段
个人	诈称符合慈善组织资金或服务救助，包括：幸存者使用虚假的死亡证明或伪造身份、谎称需要得到就业或住房方面的救助	资格审查，包括文件审核；慈善组织对筛查过程进行内部审计；警察或区司法官员调查（由慈善或执法部门发起）
团体或组织	谎称代表一个慈善组织来募集资金；利用“9・11”事件募集资金，却用于无关事项	公众或慈善监督组织的投诉、司法部部长的调查、会计企业的外部审计、国内税务局的评估。为了预防欺诈，监督机构非常依赖公众的举报。负责慈善的官员发布教育宣传资料，要求人们提高警惕，在捐款之前仔细核查慈善组织
企业	企业宣称部分产品收益用于慈善，但慈善组织从产品销售中得到较少或没有得到收益	慈善组织监督媒体，关注公众质疑；州司法部要求提交慈善组织与企业之间的合同

但是，“9・11”事件的救灾捐赠还是存在着不少问题。在联邦层面，没有一个机构可以承担起监督慈善机构的全部责任。国内税务局主要的责任是根据税法，认定免税事宜。在州和地方层面，司法部及其慈善办公室维系慈善组织及筹资者的登记注册，包括注册者的财务报告、监督募捐、管理慈善资产。司法部门负责调查与惩处个人欺诈刑事案件。

在私人部门中，“慈善监督者”（charity watchdogs）分析慈善运作的各个方面，帮助公众做出慈善捐赠决策。美国公众则向监督官员提出问题，进行捐赠安排，是调查的发起者。

7. 统计问题

在“9·11”事件中，超过300个慈善组织为幸存者捐款，总量很难计算和统计。这是因为，尽管慈善组织有关于资助和服务的信息，但慈善部门整体没有一个报告机制，跟踪善款。没有一个慈善组织或政府及私人部门负责此类信息的报告。慈善组织付出巨大努力来识别灾民和幸存者，但隐私问题妨害了慈善组织之间的信息共享。

8. 沟通问题

从物资捐赠来看，由于沟通的欠缺，无效物资流入。例如，有人向纽约市搜救犬捐赠了大量的狗粮。但是，搜救犬有专门的食谱，捐赠物资不能发挥作用。

“9·11”事件的发生激发了美国公众捐赠的热情，人们踊跃地为伤者献血，向应急人员提供饮食，向搜救队伍捐赠装备，向应急中心捐赠计算机、电话、传真机和其他办公用品，捐赠消防设施、起重机、重型装备等用于清除废墟等。

美国红十字会鼓励公众通过现金、支票和信用卡进行捐赠。捐赠的资金被设立为自由基金。由于捐赠数额特别巨大，红十字会决定保留一部分捐赠，以备未来之需。当时的美国红十字会首席执行官希莉博士宣布一系列计划，要存留2亿美元，用于应对未来可能发生的恐怖袭击或其他灾难。这一举动引起了公众的强烈反应，媒体快速反应，大肆报道。捐赠者与受害者抨击这个计划是滥用捐赠。律师们也批评说，这是误导捐赠者，要求所有的资金用于“9·11”事件的受害者。

由于负面的报道和按照捐赠者意图使用捐赠的压力，红十字会很快改变了自己的立场，承诺在2001年内，一半的现金捐赠要分发给受影响家庭；红十字会支付有需要者一年的生活费用；使用自由基金，雇用200名个例管理者，帮助灾害受害人或遗属；与其他慈善组织合作，开发一个数据库，监督剩余钱款的分发。

在巨大的压力下，美国红十字会的首席执行官希莉博士辞去领导职务。美国红十字会被指责利用“9·11”悲剧来实现长期筹资目标，“从寡妇和孩子手中掠夺了数千万美元”。美国红十字会的名声受到严重的影响，导致数月内筹资困难，因此他们反思，捐赠的使用必须遵从捐赠者的意愿，要确保慈善组织的目标与公众的意见是一致的。

9. 教训总结

美国政府责任办公室对“9·11”事件救援进行总结，认为慈善机构可以在以下方面做得更好：采取措施，使灾害幸存者更方便得到自己所需的帮助；加强慈善机构与联邦应急事务管理署之间的协调；发挥慈善机构在灾害恢复中的作用，更好地教育公众；完善捐赠管理预案，应对未来的灾害。

美国政府责任办公室的报告指出，美国慈善机构在以下方面增强了对未来灾害的响应能力：

（1）使符合条件的公众更加方便地获得援助。慈善机构可以帮助幸存者知道可以获得何种援助，可以更加便捷地通过公私援助集散地，获得帮助。在“9·11”事件中，纽约和华盛顿设立了个例管理者（case manager），其职责就是查找服务的缺口，提供长期的服务。

(2) 提高了慈善机构之间以及慈善机构与联邦应急事务管理署之间的协调。美国政府责任办公室发现，私人或公共部门可以通过协调、合作及信息共享改善服务，了解彼此之间的角色和责任。协作性的工作关系有利于公众更加便捷地获取援助或者找到服务的差距。

(3) 更加重视对公众的教育。“9·11”事件发生后，美国政府责任办公室提出慈善机构要更好地教育公众，使其知晓慈善组织可提供的服务，告知公众慈善机构如何使用捐赠。慈善机构可以采取一系列的措施增强透明度。在集资的过程中，慈善机构要告知公众集资的目的、计划帮助的不同类型人群、预期提供的服务、慈善计划提供帮助的时间。

(4) 为未来的事件做好准备。慈善机构做好响应未来灾害的规划，这有助于个人和社区的恢复进程。尽管每个灾害的情形不同，但慈善机构制订援助计划，可以更好地向公众发布消息，指导慈善机构的筹资活动。此外，国家和地方应急准备活动应界定慈善机构的角色，确定在未来灾害中的慈善救助活动。

8.4.2　“卡特里娜”飓风中的救灾捐赠管理

2005年8月，“卡特里娜”飓风对亚拉巴马州、路易斯安那州、密西西比州和得克萨斯州造成严重的影响。截至2006年1月，慈善机构共筹集善款29亿美元之多，这还不包括公众直接给灾区、向小型慈善机构的捐款，也不包括捐赠物资。美国红十字会获得捐赠约20亿美元，占全部捐款的63%；救世军获得3亿美元的捐款，位居第二。

1. 美国红十字会

根据国家响应计划（national response plan），美国红十字会是负责紧急支援职能（emergency support function），包括大众救援、紧急援助、住房和人道主义服务的主要机构。作为国家响应计划下唯一一家社会组织的领导机构，美国红十字会在帮助受灾民众提供食物和住所方面起着至关重要的作用。

在“卡特里娜”飓风中，美国红十字会给120万户家庭提供了经济援助，涉及370多万名受灾民众。根据美国红十字会2006年1月9日的报告，自从飓风登陆后，美国红十字会在27个州和哥伦比亚地区的近1 100个避难所为受灾民众提供了342万个住宿点。与南部浸信会（Southern Baptist Convention）一起为受灾民众提供了5 200万份食物。

2. 救世军

救世军（Salvation Army）在美国参与各类自然灾害的救援已有超过百年的历史。它在救灾中的特长是：在灾害发生后及时响应并为受灾民众提供食物；收容受灾民众并提供心理治疗；持续地提供社会服务，帮助受灾民众回归正常的生产生活。

在“卡特里娜”飓风前期，救世军做了以下准备：一是准备了72个每天能提供5 000份食物的流动食堂和2个每天能提供2万份食物的流动厨房，计划分配到联邦应急事务管理署认为受灾最严重的地方以及其他需要的地方；二是动员了200名干事、工作人员和志愿者来运作流动厨房；三是准备提供便携式的淋浴设施、由卡车改装的一站式服务店（comfort stations）和供官员指挥应急任务的应急指挥中心。

飓风过后，救世军数小时内就在新奥尔良等受灾地区提供了大量的食物供给，总计调动了 178 个流动食堂和 11 个流动厨房，为受灾民众提供了超过 500 万份食物和 700 万份三明治、小吃。虽然提供住宿不是救世军的主要活动领域，但在高峰时期，救世军提供了 225 个住宿点，容纳了超过 31 000 人。

3. 天主教慈善会

美国天主教慈善会（Catholic Charities）主要为有需要的人提供社会服务，而不考虑其宗教、社会、经济背景。截至 2006 年 1 月 6 日，美国天主教慈善会共向 60 多个地方天主教慈善会和其他为海湾地区受灾家庭提供服务的天主教组织提供了超过 5 600 万美元的援助，平均每个组织获得的资金从 6 000 美元到 2 500 万美元不等。美国天主教慈善会共募集了 1.37 亿美元资金。在全国，超过 80 个地方天主教慈善会为受灾民众提供服务。其提供的救灾服务包括：为受灾民众提供食物、经济援助、衣服、住宿、天然气和零售店的消费卡以及生活用品；帮助提供医疗和药品；提供清理帮助，与联邦应急事务管理署和其他组织合作，帮助受灾民众；提供危机咨询、个案管理、交通、就业安置和短期或长期的住房。

4. 联合劝募会

美国联合劝募会（United Way）是美国约 1 350 个社区层面的联合会组织的领导机构，但每一个组织都是独立的，由当地志愿者管理。截至 2005 年 12 月 15 日，美国联合劝募会共募集了 450 万美元用于飓风的救援。它主要从事墨西哥湾沿岸社会服务组织的能力建设。很多位于墨西哥湾沿岸的人道主义救援组织的设施都在飓风中遭到重创，严重影响了它们提供服务的能力。受灾地区的联合劝募会与合作机构共同努力，确保紧急救援、食物、衣服、住宿和交通等服务都能为相关组织所使用。

5. 国家灾害志愿组织

国家灾害志愿组织（National Voluntary Organizations Active in Disaster）是一个全国性的联盟组织，由大约 40 个在灾后提供服务的慈善组织组成。作为国家响应计划下大众救援、紧急援助、住房和人道主义服务的指定机构，它负责与会员组织共享关于受灾程度、需求确认和采取行动的信息。美国国家灾害志愿组织负责协调其他救灾志愿组织的救援计划。其会员组织通过共享信息和资源能为受灾地区提供更有效的服务。这种合作方式在众多组织共同合作面对突发事件时被证明是很有效的。

在“卡特里娜”飓风救援过程中，美国以下几个方面的经验与问题值得我们关注：

（1）协调。在对“卡特里娜”飓风的紧急救援中，国家灾害志愿组织每天举行电话会议，参加者包括：联邦应急事务管理署，其他联邦政府代表；在墨西哥湾沿岸地区实施援助的会员组织。此外还邀请非会员、但同样从事灾后救援的慈善组织参与电话会议，因而有时会有超过 40 个组织同时参与。在这些电话会议中，联邦政府和慈善组织能够就服务供给、需求确认以及组织救援能力等主题，提供信息并解决问题。这有效地协调了慈善组织的捐赠供给，有助于人们判别需要慈善服务的地区。

“卡特里娜”飓风发生数周后，美国红十字会组织成立了一个国家运行中心，成员包括来自联邦应急事务管理署以及几个大型国家级慈善机构的代表，包括南部浸信会、救世军等。这是红十字会第一次协调灾害运行中心。这个工作小组帮助大型慈善机构面对面互动、持续沟通，努力实现服务的协调。

(2) 信息共享。慈善机构通过协调救助网（CAN）分享信息。在飓风发生后，CAN在网站上设立了避难所注册网页，提供在墨西哥湾地区运行应急避难所的信息，包括应急避难所的能力及运行状况。CAN还激活了灾民信息数据库，在6个社区进行试点。40多家慈善机构可以进入数据库，获得信息，确定可以向灾民提供何种服务。慈善机构可以共享服务对象的信息，以减少服务的重复。当然，灾民需要同意个人信息被公开。

但是，“卡特里娜”飓风中的协调也存在一定的问题，比如，电话会议参与者众多，时间过长，涉猎问题不一定各方均感兴趣。同时，一些人提供的信息不准确。还有，沟通与协调可能会受到扰动，电力及网络服务在巨灾状态下可能会出现中断。

(3) 志愿者参与。志愿者部门动员资源的能力为资源的形式所影响。金钱是最具有可流动性与可替代性的资源，最容易使用。它可以被迅速兑现，购买灾民所需的东西。但是，在“卡特里娜”飓风发生后，其他资源不具备可替代性，如食物、衣服、志愿者的努力等。当捐赠物资更具体、更有专用性，它们也就更难与灾民的特殊需求相契合。例如，一个组织向灾民分发干净的内衣。一方面，慈善的意图难以回绝；另一方面，捐赠又过于特殊。

美国红十字会在“卡特里娜”飓风中募集捐赠价值近20亿美元，却被斥责为缺少效率。红十字会的无效主要是由于其在墨西哥湾地区缺少足够的组织能力。这是因为南方在历史、法律及政治上对世俗的慈善组织采取敌视的态度。南方更喜欢政府服务，而非私人服务。

将捐赠物品从捐赠者运送给受益人必然会产生一定的管理费用，这需要志愿者适应灾区情况变化，调整其最初的想法。与此相应，美国在“卡特里娜”飓风中体验到了志愿贡献资源的特殊主义和宗派主义之间可能存在冲突。

志愿捐赠的一个总体问题是：不能满足灾区公众的需要。这是由物资的物理特征决定的。但是，当捐赠者不仅捐赠某种特殊的资源，而且将其捐赠给某些特殊的个人时，问题也会出现。在“卡特里娜”飓风中，一些教会组织为灾民募捐食品和衣服，这些资源会被运送到姐妹教堂，但受益人却不一定是最需要援助的人。

向最为亲近的，而非最为需要的人提供帮助，这个问题的产生可能是完全自我无意识的，因为人们很自然通过既有的社会网络进行捐赠。问题是，这些网络是分阶级、种族、宗教的，可能不一定会契合救灾需求的紧急性。当然，这个问题也可能会有意识地产生。捐赠者有时会限定捐赠物品要被用于值得帮助的对象。

在“卡特里娜”飓风中，媒体、非营利组织和政府的响应损害了慈善组织的形象，特别是参与救援行动的慈善组织的形象。具体而言，公众对慈善组织的理解受到以下五个因素的影响：慈善组织与政府响应难以区分，被认为响应不足；期望过高，通常是公众的期望高于慈善组织的能力；全天候报道慈善组织在救灾中的重要性所带来的负面影响；媒体不遗余力地报道救助组织的无效率；其他慈善组织的批评，这一方面是因为组织间的竞争，另一方面是公众将传统的国内慈善组织与国际救助组织进行比较。

从“卡特里娜”飓风中，美国有学者反思，志愿者部门要与政府合作，同时又要保持自主及独立的特征。首先，志愿者组织必须考虑如何接受政府的指导。一种模式是，志愿者组织与政府签约；另一种模式是，志愿者组织部分依赖于政府信息，包括灾民需求信息。在这两种模式中，非营利组织都有权力决定提供何种类型的帮助。其次，当志愿者组织与政府形成伙伴关系后，其声誉就与总体响应的质量联系在一起，非营利组织不能将自身与政府迟缓的响应区分开。再次，非营利组织要保持独立地位，包括公开评估政府的响应。最后，志愿者组织必须清楚，如同政府一样，它可以提供一种社会保险，使公众远离自然灾害的某些影响。即便是在灾害来袭之前，志愿者组织和政策也要做好救助的准备。

（4）救灾捐赠教育。“卡特里娜”飓风发生后，公众对社会组织抱有以下不切实际的希望：志愿者组织可以包揽一切；志愿者组织的响应一定要同时做到迅速、正确、公正与无瑕疵，管理费用为零；应急响应不会扭曲现有志愿者组织的任务及能力。这说明，美国在公众的救灾捐赠教育方面存在着巨大的缺陷。

因此，灾害捐赠管理教育十分重要，它可以使社会公众理解：第一，动员与分配捐赠资源不是零成本的，管理费用是必要的。人们要花费金钱和时间收集资源，并将其及时地运送到特定地点的特定人。第二，志愿者组织更为有效的协调是必需的，但是难以实现。协调志愿行动会产生规模经济效益，便于公众监督，识别资金最佳使用途径，以达到最为理想的效果。但是，协调也会导致捐赠者热情的削减，满意度降低，捐赠数量减少。第三，志愿者组织应对全社会负责，既要对捐赠者负责，也要对受益者负责，还要对更广范围内的社会公众负责。但是，当不同的责任发生冲突时，问题就会出现。第四，捐赠管理一定不要忽略市场机制的作用。

本章小结

本章主要围绕公共危机管理中的救灾捐赠管理进行讨论。第一节阐述了救灾捐赠的概念、特点和面临的挑战。第二节主要介绍了救灾捐赠体系的构成及主要环节，包括募捐、接收、管理与使用、监督。第三节阐述了我国救灾捐赠管理的模式，讨论了当前我国救灾管理转变的方向、障碍与措施。第四节介绍了美国“9·11”事件及“卡特里娜”飓风中的救灾捐赠管理实践。

关键术语

捐赠　个体利他主义　集体利他主义　情境性利他主义　劝募　受赠　分派　效率性　安全性　公平　间接捐赠　直接捐赠　救灾障碍　管理模式

复习思考题

1. 救灾捐赠管理的特点有哪些?
2. 救灾捐赠管理的挑战来自哪些方面?
3. 救灾捐赠的主要环节有哪些?
4. 救灾捐赠中的监督包括哪些方面?
5. 我国救灾捐赠管理模式转变的措施有哪些?
6. 美国“卡特里娜”飓风救灾捐赠管理的经验是什么?

第9章

公共危机应急沟通与网络舆情引导

2020年2月3日，习近平总书记在中央政治局常委会会议研究应对新型冠状病毒肺炎疫情工作时发表重要讲话，指出："当前疫情防控形势严峻复杂，一些群众存在焦虑、恐惧心理，宣传舆论工作要加大力度，统筹网上网下、国内国际、大事小事，更好强信心、暖人心、聚民心，更好维护社会大局稳定。"他特别强调，要"把握主导，壮大网上正能量。要加强舆情跟踪研判，主动发声、正面引导，强化融合传播和交流互动，让正能量始终充盈网络空间。要有针对性地开展精神文明教育，加强对健康理念和传染病防控知识的宣传教育，教育引导广大群众提高文明素质和自我保护能力。要把控好整体舆论，努力营造良好舆论环境。要加强网络媒体管控，推动落实主体责任、主管责任、监管责任，对借机造谣滋事的，要依法打击处理。……继续做好同世界卫生组织、有关国家和地区的沟通协调，促进疫情信息共享和防控策略协调，争取国际社会理解和支持"。公共危机应对中，应急沟通与网络舆情引导是必不可少的两项工作。

宋代晁说之的《晁氏客语》中说：民可明也，不可愚也；民可教也，不可威也。强调了为政者要和百姓沟通，不要采取愚民政策。《国语·周语上》中也有一段话："防民之口，甚于防川。川壅而溃，伤人必多，民亦如之。是故为川者，决之使导；为民者，宣之使言。"其主要意义在于强调广开言路。在公共危机管理中，沟通发挥着越来越重要的作用。同时，危机管理者要重视网络舆情，着力做好网络舆情的引导。

9.1　应急沟通概述

根据美国学者的研究，应急信息的主要受众包括四类：公众；官员；伙伴与利益相关者，包括最初响应者、志愿机构、社区团体、社会组织、企业界等；媒体。沟通贯穿于公共危机管理的全过程，不仅向社会公众及时、准确地传播有关风险及危机的信息，而且从社会公众之中获得信息反馈，为公共危机管理者进行决策所用。同时，作为沟通的重要渠道，媒体在应急沟通中扮演着举足轻重的角色。公共危机管理者必须学会与媒体建立一种合作而非对抗的关系，这有助于公共危机管理者在危急时刻与社会公众进行顺利的沟通，塑造自身良好的形象。

9.1.1　应急沟通的定义与功能

在汉语中，沟通的意思是“使双方能通联”。沟通的双方指信源（信息传播者）和信宿（信息接收者）。当然，成功的沟通还需要有传播的信息符号及传播渠道。沟通是一个双向、互动的过程。在这个过程中，沟通的双方交替充当信源与信宿。也就是说，沟通的过程包括以下行为：（1）传播者传递信息；（2）信息被接收者接收；（3）接收者阐释信息；（4）接收者将对信息的反馈再传递给传播者。

所谓应急沟通，就是指公共危机管理者与社会公众、媒体建立良好关系以交流信息、互动反馈的双向过程。它对于公共危机管理至关重要，这是因为沟通可以防止危机的进一步演化，有助于公共危机管理者做出并顺利实施应对风险的有效决策，能够增强公共危机管理者的公信力，树立良好的公关形象。在这里，社会公众大致可以包括三类：一是危机的直接受害者，二是一般的社会公众，三是新闻媒体。

我们这里所说的应急沟通既包括风险沟通，也包括危机沟通。一般来说，风险沟通以风险为核心，发生于危机发生前的阶段，具有防患于未然的内涵，是长期的。而危机沟通以危机为核心，发生于危机阶段，具有紧急应对的意蕴，是短期的。但是，两者关系十分密切，甚至很难断然分开。风险演变成危机是一个渐变的过程，缺少明显的界限。同时，风险沟通的作用之一就是防止风险扩大为危机。因而，我们将两者合起来称为应急沟通。但是，风险沟通与危机沟通是有区别的（见表 9-1）。

表 9-1　风险沟通与危机沟通的区别

风险沟通	危机沟通
1. 作为沟通中心的事件将于未来发生	1. 作为沟通中心的事件将要发生或正在发生
2. 沟通者与公众之间持续进行的耗时过程	2. 由于危机事件迫在眉睫，沟通是组织与公众之间的短期过程
3. 行动的核心是双方之间的对话	3. 行动的核心是向公众传递信息
4. 大多数沟通是双向的	4. 大多数沟通是单向的
5. 目的是与公众就行动及解决现有威胁达成共识	5. 目的是通知，要求公众采取行动避险

资料来源：Pamela（Ferrante）Walaski. Risk and Crisis Communications：Methods and Messages. New York：John Wiley & Sons Inc.，2011：9.

国外学者认为，有效沟通的战略在公共危机管理中的作用体现在减缓、准备、响应与恢复等环节上（见表9-2）。应急沟通的首要作用在于防范危机的发生，它通过与社会公众交流有关风险的信息，使社会公众重视风险防范，并采取积极的行动。

表9-2　有效沟通在危机管理中的作用

减缓	推动实施那些未来灾害中可减少生命、财产损失的战略、技术与行动
准备	传播准备的信息，鼓励、教育公众，迎接危机的挑战
响应	使公众知晓警报、疏散及有关危机情态的报告
恢复	向受灾害影响的个人和社区提供信息，使其知晓如何申请、获得灾害救助

资料来源：George D. Haddow，Jane A. Bullock. Introduction to Emergency Management. 2nd Edition. New York：Elsevier Inc.，2006：195-196.

首先，通过应急沟通，公共危机管理者可以广泛地了解社会公众对于风险及危机的认识，并在应急决策中积极吸纳公众的智慧、借鉴公众的经验，从而提高决策的质量。中国古代哲人说："大智兴邦，不过集众思；大愚误国，只为好自用。"其道理就在于此。还有，应急沟通可以使应急决策反映广大社会公众的公共价值，减少政策执行过程中的摩擦与阻力。为了有效地应对危机，公共危机管理者可能会采取一些限制个人权利与自由的措施。这要求公共危机管理者必须重视应急沟通，否则，应急政策的执行可能就不会顺畅。

其次，应急沟通可以满足公众的知情权，避免流言和谣言的产生。1942年，美国战争信息办公室有一句名言："在缺少新闻的时候，谣言满天飞。"如果公共危机管理者不重视沟通，不能向社会公众发布及时、准确的信息，谣言与流言就会不胫而走，填塞信息真空。在沟通顺畅、信息充分的情况下，公众会对风险或危机情势做出准确的研判，行为会更加理性。

最后，应急沟通可以增强政府的公信力，树立良好的公关形象。当危机发生后，政府应该坦诚面对公众，告诉社会公众危机的真实情况及政府所采取的应急措施。应急沟通有助于政府与公众之间的相互理解，有助于公众树立对政府的信心。在我国应对非典的前期，由于缺少有效的应急沟通，社会公众对政府信任程度降低，以致北京中关村出现"高校学生大逃亡"的现象。

根据贝克的风险社会理论，现代社会的风险越来越具有复杂性和不确定性。而且，随着科学技术的高度发展，风险的人为性越来越突出。不仅如此，在经济全球化的时代，人类的经济、社会交往空前密切，彼此的相互依赖加深。风险的跨国传播成为一个不可逆转的趋势。

不仅如此，在今天信息高度发达的时代，社会公众获取危机信息的渠道越来越多，手机短信、互联网使得传统媒体"把关人"的作用受到很大的局限。在某种意义上讲，今天已经进入了"人人都有麦克风的时代"。所以，面对前所未有的巨大挑战，公共危机管理者必须强化与社会公众的沟通。

在沟通过程中，公众对风险的认知与理解是十分重要的。如果受众对于传播的风险不能认知与理解，就不会采取避险行动，危机沟通的最终目的也就不能实现。而影响公众风险认知与理解的因素是比较复杂的，与风险的性质有关。

9.1.2　应急沟通的四个模型

1. 风险认知模型（risk perception model）

受众对风险的理解受一系列因素的影响，理解这些因素，有助于科学地构建沟通信息，改变公众的态度和行为。具体而言，以下因素会影响公众对风险的认知（见表9-3）：

表9-3　影响风险认知的因素

因素	解释
自愿性	如果受众认为风险是自愿接受的，他们就倾向于接受，因为他们知道自身行为所引起的风险的内涵
可控性	如果公众认为可以控制风险，他们就更容易接受风险的内涵
熟悉性	如果公众先前具有风险知识或经历过该风险，他们就容易接受风险的内涵，因为他们知道会发生什么或不会发生什么
平等性	如果公众认为风险的后果是平摊于公众之中的，他们就倾向于接受风险的内涵
收益性	如果公众认为风险的最终受益为正，他们就可能接受潜在的负面影响
理解	如果公众对风险具有基本的理解，他们就可能接受风险的内涵
不确定性	如果公众认为风险具有一定的确定性，他们就可能接受风险的内涵
致命性	如果公众关于风险的情感不是特别紧张，他们就倾向于接受风险的内涵
对组织的信任	如果公众认为风险相关的组织是可信的，他们就倾向于接受风险的内涵
可逆性	如果公众认为风险产生可逆性的负面效应，他们就更倾向于接受风险的内涵
个人安危	如果公众认为风险仅限于对个人产生影响，他们就会接受风险的内涵
伦理道德性	如果公众认为风险在伦理道德上是可以接受的，他们就会接受风险的内涵
人为与自然起源	如果公众认为风险起源于自然原因，他们更容易接受风险的内涵
巨灾的潜力	如果公众认为风险导致的大规模伤亡、疾病的可能性很小，他们就容易接受风险的内涵

资料来源：Pamela (Ferrante) Walaski. Risk and Crisis Communications: Methods and Messages. New York: John Wiley & Sons Inc., 2011: 27.

2. 精神噪声模型（mental noise model）

任何风险或危机情境都会在受众中制造紧张。表9-3中的14个因素都有助于衡量公众或公众群体之间的紧张水平。但是，紧张会产生“精神噪声”：紧张和焦虑水平越高，精神噪声的数值也就越大。结果，高水平的精神噪声可能会影响公众对信息的处理能力。

精神噪声产生于一系列的因素，主要包括：(1) 控制水平，指公众对于结果的控制水平，公众是否相信他人或信息源头；（2）危机情境是否为公众自愿接受的或是否为可以逃脱的；（3）危机是人为的灾害，还是自然灾害；（4）危机是否为公众所熟悉，抑或为极端不同寻常的；（5）危机导致的伤病威胁；（6）情境的不确定性；（7）危机大多数可能受害者是否被看作无助的，如儿童、孕妇或老人。

风险与危机沟通需要能够超越公众的精神噪声。唯有如此，信息才能够被公众所接受、理解，公众才能够采取正确的避险行动。

3. 负面主导模式（negative dominance model）

在风险或危机事件中，公众要处理正面和负面的信息。产生风险的情境及由此带来的恐惧、焦虑、敌对或愤怒等情绪形成一种特定的环境，公众更容易听信、整合负面的信息，这是因为负面的信息支撑了公众负面的情感。心理学理论也表明，人们更关注负面的结果，而不是正面的结果。

4. 信任决定模型（trust determination model）

传播者与受众之间建立与维护信任是至关重要的。传播者受到时间约束，危机迫在眉睫之时，人们没有时间构建信任。因而，传播者应为受众所信任群体的成员。此外，如果沟通传播者不止一个，其间的分歧将增加不信任性。

9.1.3 应急沟通的原则与战略

原则是行动的指南。良好的应急沟通必须遵循以下原则：

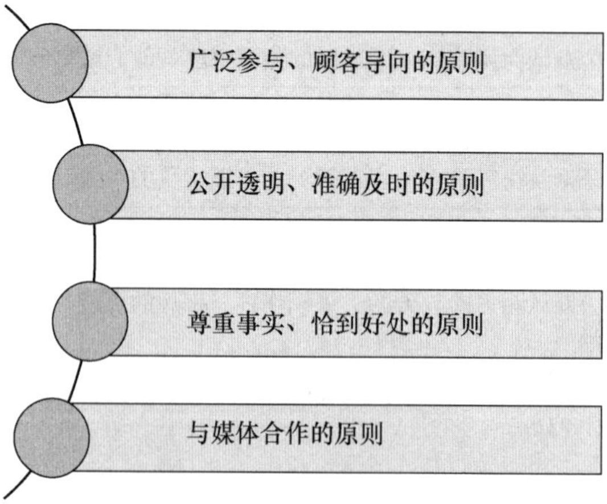

图 9-1 应急沟通的原则

1. 广泛参与、顾客导向的原则

应急沟通必须面向广大的社会公众，调动他们参与危机预防与应对的积极性。同时，在应急沟通的过程中，公共危机管理者还必须以人为本、以顾客为导向。在危机发生后，

公共危机管理部门要以统一的口径、用社会公众容易理解的语言向社会公众发布相关信息。公众在应对危机的过程中，往往依赖专家的评估与政府的服务。但是，专家的数据与公众的解读之间存在着差异。这时，信任危机就会发生。特别是，当专家意见不统一或政府表态的口径不统一时，公众就会拒绝接受科学的建议。

同时，公共危机管理者还应清晰地向社会公众提出反馈期待，即告诉公众自己渴望从公众那里了解什么。还有，公共危机管理者只有洞悉、预测公众的反应、行为，才能准确无误地传递自己的信息。

传播者需要回答的危机沟通问题

（1）我们为何进行沟通？

（2）谁是沟通的目标受众？

（3）我们要受众知晓什么？

（4）我们要受众理解什么？

（5）我们如何进行沟通？

（6）我们如何倾听？

（7）我们如何回应？

（8）谁来实施计划？何时？

（9）我们要准备应对什么问题或障碍？

（10）我们成功了吗？

2. 公开透明、准确及时的原则

在信息技术高度发达的今天，“民可使由之，不可使知之”的时代一去不复返了。危机事关社会公众的切身利益，公共危机管理者必须满足社会公众知情的需要，向其准确、及时地传递危机及处置的信息。危机的演进过程充满了不确定性，公共危机管理者在信息不甚明朗的情况下，可以采取速报事实、慎报原因的策略。但在现实中，有些危机管理者动不动就以涉密为借口，拒绝公开信息，造成“第二十二条军规”效应，即如果政府不公开信息，就不能证明相关信息为国家机密、商业机密或个人隐私；如果公开，又违反了保护国家机密、商业机密或个人隐私的原则。

3. 尊重事实、恰到好处的原则

应急沟通应被纳入应急预案的内容之中，贯穿危机应对的全过程。公共危机管理团队中应有专人负责应急沟通。公共危机管理者应以事实为根据，实事求是地评估社会公众的价值期待，实事求是地向社会公众传递危机的信息。同时，沟通行为要与危机应对行动相一致，既不能人为地淡化危机的风险，也不能人为地夸大危机的风险。前者会造成社会公众的轻敌情绪，后者可能导致社会公众的恐慌。同理，社会公众向公共危机管理者反馈的信息不恰当也会导致应急响应不足或应急响应过度。

如前所述，公众对于自愿接受的风险、可控制的风险、熟悉的风险会比较坦然地面对。高超的危机沟通者为了避免社会公众的过度恐慌，可以在尊重基本事实的基础上，采取一定的技巧。首先，鼓励社会公众采用双向沟通的渠道，进行公开对话，使风险从被动接受的风险变成自愿接受的风险。例如，我国陕西、江西等地曾出现过疫苗不良反应纠纷，任何疫苗都存在不良反应的风险，关键是公共卫生部门是否将风险如实告知公众，告知的过程就是将被动风险化为自愿风险的过程。

其次，为了避免社会公众恐慌，沟通者应告知公众可以做什么，表达与公众进行合作的愿望，告知公众如何识别风险问题及症状、如何获取更多信息。这样，公众对于风险的可控感就会增强。

最后，沟通者应增强沟通信息的通俗性，使得公众理解风险，产生熟知感。比如使用比喻、讲故事、采用视频等办法。

4. 与媒体合作的原则

媒体是公共危机管理者与社会公众沟通的桥梁与纽带。它具有信息传播迅速、受众广泛的特点。今天，“防火、防盗、防记者”早已成为对信息封闭时代的笑谈。公共危机管理者需要学会与媒体打交道，与媒体建立良好的伙伴关系，借助媒体形成覆盖广泛的沟通网络，向社会公众传递重要的消息，推动公共危机管理活动的开展。

应对媒体首先要有一个预案。这个预案应该包括以下内容：根据不同类型的危机，确定人员的分工与责任，包括领导人和发言人；确定信息收集、确认、澄清、批准向媒体传递的程序；与其他伙伴合作的程序；员工与媒体联系的政策；经常确认修订的媒体联系名录；检验媒体沟通的演练；相关主题的内外部专家；选择的沟通渠道（电话热线、网站、电台、新闻发布会）；事先准备的信息库；有用的文件；按时间框架准备的任务清单；修订预案的程序。

新闻发言人的条件

（1）拥有良好的媒体技巧。

（2）有足够的权威和专业知识，可以代表组织发言。

（3）与媒体及其他重要伙伴、利益相关者建立良好的职业关系。

（4）被利益相关者、伙伴及公众看作是有权威的、可信的。

（5）与媒体打交道游刃有余。

（6）拥有有关危机及其动力、危机管理的知识。

（7）为事件某一方面的专家或能够调动相关主题专家。

（8）资源丰富。

（9）具有快速学习的能力。

（10）专业地回答敏感问题。

（11）有效地回答对立性问题。

（12）坚持原则，并能够灵活地做出决策。

(13) 提供案例、轶闻及故事。

(14) 有效地回答媒体的现场质询。

(15) 以通俗的语言表述技术型知识或复杂信息。

(16) 时刻保持镇静。

(17) 表达关爱、倾听、同情。

(18) 在压力下或情感紧张下开展工作。

(19) 接受建设性的反馈。

(20) 不独占风头。

(21) 动员其他专家。

(22) 感谢他人、表示赞赏。

(23) 承认错误。

(24) 语调适当。

(25) 如有必要，将问题转给他人。

一般而言，危机管理者接受记者采访的技巧包括以下几点：

(1) 耐心、开放与诚实。记者不是通才，他们关于某一方面问题的知识是有限的。在问题搞清楚之前，他们可能会反复就一个问题提问，这时，相关人员一定要有耐心。

(2) 在回答问题之前，一定要注意倾听并进行思考。如果没有听清楚记者的问题，就要求其进一步阐述，千万不要认为你知道记者要问什么并打断记者的叙述。在回答问题之前，保持短暂的沉默，厘清思路，这有助于你更加清晰、准确地回答记者的提问。

(3) 不必感觉要回答每一个问题。有问要答不意味着有问必答，不要让问题超出你的专业或职权范围。如果出现这种情况，向记者直接说明。

(4) 如果对记者咄咄逼人的直接提问不舒服，可寻找机会，将交流恢复到你想要说的问题上。

(5) 时刻铭记代表组织发言，不要掺杂个人的意见，不要轻易进行推测。

(6) 使用通俗的语言。媒体要向大众传递信息，受众不一定是专家，使用过于专业化的词汇可能会造成基本信息传递不准确，误导公众。

(7) 不要谈及其他组织。别人的事情让别人去说。

(8) 做好准备，支持你所阐述的立场。

(9) 不要谈及个人事情。

(10) 不要让记者尴尬或与之争论。

(11) 不要谈论你不希望发表的问题或观点。你面对的是记者，而不是朋友。

(12) 不要说无可奉告。

(13) 如果出现错误，要求找机会澄清。

(14) 检验稿件或录音。

应急沟通战略的五大关键点

（1）以顾客为中心（customer focus）。了解你的顾客及伙伴需要什么信息，建立及时、准确传递信息的沟通机制。

（2）领导承诺（leadership commitment）。应急行动中的领导必须承诺开展有效的沟通，参与沟通的全过程。

（3）将沟通纳入规划与行动中（inclusion of communications in planning and operations）。沟通专家必须参与所有的应急规划及应急行动，确保沟通的及时与准确。

（4）情境意识（situational awareness）。有效沟通的基础是：按照透明、信任等基本原则，及时收集、分析、传播灾害信息。

（5）媒体伙伴关系（media partnership）。媒体是向公众及时、准确传递信息的最为有效的手段。与媒体的伙伴关系包括理解媒体的需求、雇用训练有素的人员直接与媒体合作，将信息传递给公众。

资料来源：George D. Haddow，Kim S. Haddow. Disaster Communications in a Changing Media World. New York：Elsevier Inc.，2009：3.

对于媒体而言，“无可奉告”是一个不可接受的回答。无疑，好消息胜过坏消息。但有时，坏消息要胜过无消息。“无可奉告”会引起怀疑或不信任，破坏与媒体的合作伙伴关系，因为人们会本能地想到其中是否有所隐瞒。不仅如此，如果有关部门拒绝回答媒体的问题，媒体将转而求助其他渠道了解信息。而这些渠道可能不能够客观、准确地传递相关信息。

当我们不能准确回答媒体的问题时，可以求助他人进行解答，告诉媒体“本人不能回答媒体的提问，但可求助于他人”。或者也可以告诉媒体“调查正在进行，事实查清前不便评论”。也可以说“事态还在演进过程中，我们会尽快地发布消息”。与此同时，要切记：不能猜测、不能说谎、不要害怕说“不知道”。

在公共危机管理过程中，为了贯彻这些原则，我们应当采取以下措施：

第一，提高信息的可信度。在应急沟通的过程中，社会公众是否愿意接受公共危机管理者发布的相关信息，这在很大程度上取决于信息的可信度。如果社会公众认为信息不准确，他们就不会接收相关的信息，更不会按照相关的指令采取行动。公共危机管理者需要知道，由于危机的不确定性较高，坦然承认自己的未知，这并非一种耻辱，强不知以为知是掩耳盗铃的做法，只能破坏应急部门的公信力。公信力的丧失将使应急沟通陷入绝境，这是因为人们如果不信任信使，就不会相信信使带来的消息。在危机沟通中，人们还应该把握以下规律：“（1）负面事件比正面事件更为人们所关注；（2）当事件为人们所注意时，负面事件比正面事件的影响更大；（3）坏消息似乎远比好消息更可信；（4）不信任一旦产生，就会呈现自我加强、固化的趋势。”[①] 在某种意义上说，公众评判信息是否可靠，主要根据信息的来源，而不是信息的

① Lynn T. Drennan，Allan McConnell. Risk and Crisis Management in the Public Sector. New York：Routledge，2007：80.

内容。

信任是双向的。互信关系的养成并非一日之功。例如，在东日本大地震中，由于核辐射，东京自来水中曾一度发现微量放射性物质，不再适合 1 岁以下婴儿饮用。政府发出相关信息后，公众没有出现恐慌。这背后就反映出政府得到了公众的信任。

应急沟通中增强信任的措施

（1）接纳公众作为伙伴，共同减轻恐惧、消除误解，就减缓风险的最佳办法形成共识。

（2）理解公众关心的具体问题，体察正常人的恐惧与担心。移情与感情分享可以提供公众需要的答案，令人尊敬。

（3）坦诚与公开，帮助公众理解风险及如何保护自己。后来被发现为误导的信息会使重拾信任成为不可能的事情。

（4）与其他可信任方面合作，减少混乱与不信任，公众更可能接收信息、采取适当行动。

（5）满足媒体的需要有助于其向公众传递信息。不论传播者是否相助，媒体都会向公众传递信息。但是，帮助媒体可以确保其发出的信息准确，让人能够理解。

资料来源：Pamela (Ferrante) Walaski. Risk and Crisis Communications: Methods and Messages. New York: John Wiley & Sons Inc., 2011: 63.

第二，为社会公众提供更加广泛的信息来源和更加多样化的信息传递渠道。一般而言，信息来源广泛、信息渠道多样有利于社会公众接收有关危机的信息。公众往往会对信息进行相互比较和鉴别，单一渠道来源的信息很难令人相信，多渠道信息可以彼此之间相互比较与印证。不仅如此，有些公众受自身及外界条件限制，不能接受某一渠道来源的信息。例如，耳聋者无法从收音机中获得危机的预警信息，文盲不能通过阅读报纸实现同样的目的。

第三，将沟通纳入应急决策之中，发挥沟通在应急决策中的辅助与支持作用。信息是决策的基础。通过沟通，决策者可以获取应急决策所需的大量信息。不仅如此，应急决策需要多谋善断，即从多个备选方案中做出最优的选择。“多谋”是“善断”的基础。应急沟通可以广泛地吸纳民智，集思广益，并调动广大社会公众参与公共危机管理的积极性。还有，在危机发生后，弱势群体对灾害的承受能力低。应急沟通能够使弱势群体的利益得到特别的保护与关照，提高应急决策的公众满意度。

第四，通过应急沟通，经常性地对社会公众的舆情进行监测、分析与引导。在公共危机管理的实践中，我们要建立舆情监测机制，及时了解公众的所思、所想与所愿。同时，舆情并非真理，我们必须对舆情进行分析、比较、梳理。在此基础上，公共危机管理者需要对舆情进行必要的引导，形成有利于危机防范与应对的社会舆论氛围。特别是，在社会安全事件的防范与处置上，我们尤其需要重视舆情的检测、分析与引导。

第五，在应急沟通的过程中，媒体有着双重身份。相对于公共危机管理者，它是一种特殊的公众；相对于一般意义上的社会公众，它又是信息的传播者。因而，公共危机管理者应与媒体建立互相信任的关系，学会如何与媒体打交道。一方面，这是公共危机管理者开展公关活动的重要表现；另一方面，这可以使有关危机的信息快速、真实、广泛地传及广大社会公众。

媒体应对的要点

（1）注意媒体的时间要求。

（2）迅速回答所有媒体提问。即便是信息处于未知状态，也要如实报道。

（3）全面、准确地回答问题，但不要超范围提供信息。

（4）坦诚与公开。如果不知道，就实话实说，并尽快向记者提供正确的答案。

（5）当记者问及其他机构事宜时，不要做深入的讨论。

（6）灵活应变。特别是当遇到不合理的要求时，要有策略地应对。

资料来源：FEMA Emergency Information Field Guide，October 1998.

为了实现有效的沟通，公共危机管理者应该制定一个比较完善的沟通战略，指导应急沟通行为。一般而言，应急沟通战略的建立要经过以下几个步骤：

（1）建立一个沟通团队或网络。应急沟通不是一个人的“独舞”，需要多人的集思广益、探讨协商，必须形成一个团队或网络。

（2）确定将要实现的目标。应急沟通的主要目的是保护社会公众或帮助社会公众进行自我保护，最大限度地降低公众生活受到的扰动。为了实现这个目标，公共危机管理应采取的措施包括：发布预警信息；确保公众感觉安全与消息的灵通；提供足够的信息，让公众自己判断如何进行处置；等等。

（3）了解谁是利益相关者。应急沟通的利益相关者包括：应急响应的参与者；需要尽快获得信息以进行自我保护者；某些为人们提供咨询、服务的专业人士，如医生；不直接卷入危机，但深受影响的组织，如非典疫情中的旅行社；受影响组织的成员；媒体。

（4）确定采取的咨询形式。在与利益相关者进行接触之前，咨询是一个不可缺少的步骤。首先，公共危机管理者应该明确咨询的目的；其次，要确定自身的期望，即从利益相关者的参与中获得什么。

（5）接触利益相关者。方式包括通过问卷调查获得利益相关者的反馈，通过采访等了解利益相关者的态度，使利益相关者参与应急决策的过程，等等。

（6）监督、评估沟通战略。这么做的主要目的是：确保应急沟通战略的实施；发现问题，解决问题或进行调整；监控已知的风险，发现新的风险；监控利益相关者的情绪；评估公共参与的情况；等等。

（7）维持沟通战略。经常评估与维持沟通战略的重要性在于：进行预警，跟踪新技术、新发展，与利益相关者密切接触，帮助人们发展或调整政策。

沟通战略建立的原则

(1) 坦诚、开放。

(2) 确保事实无误。

(3) 尽快纠正任何错误。

(4) 提供最新信息。

(5) 尽可能提供地方、地区性细节。

(6) 满足不同受众的需要。

(7) 同时进行内部沟通与外部沟通。

(8) 最大限度地利用现有技术。

(9) 兼容并包。

(10) 沟通迅速。

资料来源：Inquiry into Foot and Mouth Disease 2001：Lessons to be Learned Inquiry Report (2001-02 HC 888).

9.2　危机信息发布

信息发布是应急沟通的重要活动，它是指政府向社会公众传播公共信息的行为。危机信息发布就是指由法定的行政机关依照法定程序将其在行使公共危机管理职能的过程中所获得或拥有的危机信息，以便于知晓的形式主动向社会公众公开的活动。信息发布与预测预警有部分的重合，行政机构在掌握预警信息的基础上向社会公众发出警报的行为也可被看作信息发布。

9.2.1　信息发布的任务

信息发布的主体是法定行政机关，具体指由有关信息发布的法律、法规所规定的行政部门；客体是广大的社会公众；内容是有关危机的信息，主要指公共信息，涉及国家秘密、商业秘密和个人隐私的政府信息不在发布的内容之列；形式是行政机关主动地向社会公众公开，而且以便于公众知晓的方式主动公开。

2019年4月15日发布的修订后的《中华人民共和国政府信息公开条例》规定，县级以上各级人民政府及其部门在各自职权范围内确定主动公开的政府信息的具体内容。其中，应重点予以公开的内容有15个，涉及公共危机管理的有两个，即“突发公共事件的应急预案、预警信息及应对情况”和“环境保护、公共卫生、安全生产、食品药品、产品质量的监督检查情况”。

此外，该条例还规定，设区的市级人民政府、县级人民政府及其部门重点公开的政府信息之一是“涉及市政建设、公共服务、公益事业、土地征收、房屋征收、治安管理、社会救助等方面的政府信息”；乡（镇）人民政府应重点公开的政府信息之一是“社会救助等方面的政府信息”。

按照突发公共事件演进的顺序，应急管理由减缓、准备、响应和恢复四个阶段组成。社会公众在不同阶段有不同的危机信息需求，危机信息发布应贯穿应急管理的全过程。

在减缓和准备阶段，危机信息发布的内容包括：与突发公共事件相关的法律、法规、政府规章、突发公共事件应急预案、预测预警信息等。这些信息发布的目的是：让公众了解突发公共事件的相关法律、法规，明确自身在应急管理中的权利与义务；让公众了解应急预案，知晓周围环境中的危险源、风险度、预防措施及自身在处置中的角色；让社会公众接收预测预警信息，敦促其采取相应的措施，以避免或减轻突发事件可能造成的损失。

在响应阶段，信息发布的内容包括：突发事件的性质、程度和范围，初步判明的原因，已经和正在采取的应对措施，事态发展趋势，受影响的群体及其行为建议等。这些信息发布的目的是：传递权威信息，避免流言、谣言引起社会恐慌；使社会公众掌握突发事件的情况，并采取一定的措施，避免出现更大的损失；让社会公众了解、监督政府在突发事件处置过程中的行为；便于应急管理社会动员的实施。

在恢复阶段，信息发布的内容包括：突发公共事件处置的经验和教训，相关责任的调查处理，恢复重建的政策规划及执行情况，灾区损失的补偿政策与措施，防灾、减灾新举措，等等。这些信息发布的目的是：与社会公众一道，反思突发公共事件的教训，总结应急管理的经验，进而加强全社会的公共安全意识；接受社会公众监督，实现救灾款物分配、发放的透明化，并强化突发公共事件责任追究制度；吸纳社会公众，使其参与到灾后恢复重建活动之中。

在信息发布之前，应急管理者需要了解社会公众对风险的认知与理解，掌握公众行为的特点，做到有的放矢。一般而言，在突发公共事件发生的初期，公众需要知道：哪里、何时发生了什么事情？在信息发布的规程中，信息发布者一定要坦诚，站在公众的角度进行换位思考。编写的信息一定要清晰，便于社会公众理解，这包括：简单而准确地描述问题，避免信息过量；以公众易懂的语言进行信息的编写，避免过多的技术术语；满足不同社会公众的需求，特别是有特殊要求的公众需求；使公众能够做出清楚的判断，采取适当的防护行动；信息一致，避免前后矛盾；不要猜度与臆想；等等。

在应急疏散中，疏散警报是应急沟通的一种特殊方式。应急管理者必须了解影响公众疏散行为的因素，否则，疏散警报就有可能不会发挥促使公众及时采取正确避灾行动的效应。一般来说，人们拒绝疏散的原因包括：不知晓风险；没有认真对待风险；警报不清晰；害怕家庭或企业受到抢劫；年龄因素，老人在无助的情况下不愿意疏散；家庭的规模与构成，独居者不愿意疏散；有家人或宠物失踪的家庭不愿意疏散；邻居的行为，邻里或朋友的去留会产生模仿效应；经验，经历过灾害的人倾向于疏散；教育程度，受教育程度高的人更理解风险的影响，倾向于疏散；住宅类型，如住房车的人更容易疏散；便利程度，无交通工具者不愿意疏散；害怕迟迟不能回家的人不愿意疏散；与事件地点的距离，近距离者倾向疏散；等等。

9.2.2　信息发布的环节

通常，社会公众会求助于由家庭成员及亲朋好友组成的非正式网络获得突发事件的最新信息。作为信息发布者，政府必须使公众能够从不同的信息渠道获得有关突发事件的最新权威信息，如报纸、广播、电视、网络等。不同信息源发出的信息必须彼此一致，不能相互矛盾与冲突，否则公众将无所适从。

一般而言，突发事件信息发布的流程包括以下四个关键的环节：

（1）进行突发事件的相关信息收集、整理与分析、核实，确保信息的客观、准确与全面。

（2）根据舆情监控，确定信息发布的目的、内容与重点、时机。其中，有关行政机关要对拟发布信息进行保密审查，剔除涉及国家秘密、商业秘密和个人隐私的内容，做一定的技术处理。

（3）确定信息发布的方式，并以适当的方式适时向社会公众发布。

（4）根据信息发布后的舆情，进行突发事件信息的后续发布或补充发布。

现代社会是信息社会。行政机关可以通过多种手段发布突发事件的信息，也可以根据需要选择一种或几种手段来完成信息发布的任务。在选择信息发布手段的过程中，行政机关应综合考虑突发事件的性质、程度、范围等情况，传播媒体的特点，目标受众的范围与接受心理等，以确保信息发布的有效性。

突发事件信息发布的常用方式如下：

（1）发布政府公报。行政机关可以政府公报的形式，向社会公众正式发布有关突发事件应急管理的预案、通知及办法等。

（2）举行新闻发布会。新闻发布会一般指政府或部门发言人举行的定期、不定期或临时的新闻发布活动。行政机关可以定期或不定期召开新闻发布会，通过新闻发言人向媒体发布突发事件与应急管理的相关信息，回答媒体的提问，解答社会公众关心的热点问题。

（3）拟写新闻通稿。行政机关拟定关于突发事件的新闻稿件，并通过具有一定权威性的广播、电视、报纸等媒体进行发布。

（4）政府网站发布。行政机关可利用受众广泛、传播迅速的政府网站发布信息，并与受众进行信息交流。

（5）发送宣传单，发送手机短信等。

9.2.3　信息发布的原则

《突发事件应对法》第五十三条规定："履行统一领导职责或者组织处置突发事件的人民政府，应当按照有关规定统一、准确、及时发布有关突发事件事态发展和应急处置工作的信息。"在危机信息发布中，我们必须遵循的基本原则包括：

1. 统一性原则

信息发布的方式多样，但不同方式发布的信息内容必须具有一致性，做到数据统一，口径一致。不然，社会公众就会无所适从，产生种种疑虑。当然，突发事件具有很强的不确定性，人们在信息搜集与报送的过程中存在着出现偏差的可能性。当偏差矫正之后，行政机关应在后续的信息发布过程中予以说明和解释。

2. 真实性原则

突发事件的信息发布首先应具有真实性。特别是，在突发事件发生后，人们迫切希望从权威部门了解到突发事件的性质、原因、危害、影响范围、演化趋势以及政府的应对措施等真实的信息。为了做到信息发布的真实性，我们应该确保信息的客观性与全面性。所谓客观性，是指信息实事求是地反映突发事件的事实真相，不溢美，不隐恶；所谓全面性，是指信息完整，没有避重就轻或断章取义。

真实性是信息发布的生命力所在，这是因为：第一，缺少真实性保障，信息发布没有任何意义；第二，缺少真实性保障，政府的权威形象会受损，公信力会下降，信息发布制度将难以为继；第三，缺少真实性保障，公众将以猜测弥补、替代不完整或不可信的信息，小道消息将充斥信息空间，流言、谣言盛行，社会会陷入过度恐慌的状态。

但是，我们要知道，真实与客观、全面是密不可分的，我们不能仅仅追求细节的真实，更要追求整体的真实；不能仅仅追求局部的真实，更要追求全部的真实；不能仅仅追求表象的真实，更要追求本质的真实。否则，就会误导社会公众。

引发恐慌的条件

从 20 世纪 50 年代开始，美国学者对公众产生恐慌的条件进行了研究。他们认为，公众恐慌一般需要同时具备以下条件：

（1）公众认识到迫在眉睫的极端危险；

（2）现有的疏散路线有限；

（3）认识到逃遁路线将关闭，需要立即逃跑；

（4）沟通匮乏。

资料来源：Michael K. Lindell，Carla S. Prater，Ronald W. Perry. Introduction to Emergency Management. New York：John Wiley & Sons Inc.，2007：7.

许多官员害怕发布突发事件的真实信息会诱发社会公众的过度恐慌，于是对信息进行各种干扰和扭曲，人为地导致信息的真实性大打折扣，但这往往会弄巧成拙。因为在获取信息手段高度发达、社会透明性极强的今天，隐瞒信息真实性的企图几乎是徒劳的。而且，在突发事件中，人的心理有很强的自我调适、自我修复能力，无论风险多大，人对确知的风险是比较从容的。真正容易引发恐慌的是对突发事件的不确定感。所以，我们应发布真实、客观、全面、充分的信息，减少人们对突发事件的不确定感，增强公众战胜困难、渡过难关的信心。如 2005 年，吉林石化公司二苯厂爆炸致松花江水污染，哈尔滨市政府为了避免引起群众恐慌而发布虚假信息，结果造成了更大的恐慌。最后，恐慌又止于真实信息的发布。

3. 及时性原则

信息的价值随着时间的流逝而递减。突发事件的信息发布必须迅速及时、快捷、高效。否则，就不能起到自身应有的作用，并会引发小道消息的传播。

危机发生后，社会公众希望能够在第一时间了解事件的真实情况。如果行政机关反应迟钝、不能及时地发布相关信息，人们将会转向小道消息，以满足知情的需要。信息空间不可能是真空的，小道消息在公众间私下传播，没有规则约束，随意性很大，在传递过程中会被歪曲和误传，往往会给社会带来严重的负面影响。

而且，在政府失语、权威信息缺失的情况下，一旦小道消息捷足先登，就会在社会公众中间产生先入为主的效应。迟滞的真实信息将很难矫正小道消息，很难树立自己的权威地位。

因此，我们要限制小道消息的消极作用，最根本的方法就是提高危机沟通的效率，及时发布突发事件的权威信息，保证人们的知情权，让权威信息主导信息空间。

4. 连续性原则

应急管理是一个连续的过程。突发事件往往持续时间长，且发展态势瞬息万变。因此，我们在信息发布的过程中要注意保持信息发布的连续性，定期或不定期向社会发布事件处置的最新进展情况。例如，在新冠肺炎疫情期间，从 2020 年 1 月 21 日起国家卫健委每天都向社会公布新冠肺炎疫情的疑似病例、确诊病例、死亡病例、出院病例等信息。在突发事件发生之初，如果政府不能全面了解和掌握信息，可发布简单的信息以待未来补充，但切忌失语。

5. 公众导向原则

在突发事件信息发布的过程中，我们需要坚持以公众的知情需求为导向，在确保国家安全、公共安全、经济安全、社会稳定的前提下，提供公众急需获取的信息。同时，在信息发布的形式与技巧方面，我们要考虑公众的可接受性与理解能力，如尽量使用通俗易懂的语言等。此外，在满足公众需求的同时，也要以信息发布的形式引导社会公众正确地对待突发事件。

9.2.4 流言与恐慌

在《辞源》中，“流言”被解释为散布没有根据的话；带有诽谤性质的话。“谣言”则被解释为民间流传评议时政的歌谣；没有事实根据的传闻。美国社会学家希布塔尼认为，谣言是一群人议论过程中产生的即兴新闻。他提出，谣言是一群人集体智慧的汇总和扩散，以求对事件得出一个满意的答案。彼得森和吉斯特在《流言和舆论》中对流言的定义是："在人们之间私下流传的，对公众感兴趣的话题、事件或问题的未经证实的阐述或诠释"，他们以"未经证实"作为流言的本质特征。

在传播学中，一般认为，流言有自然产生的，也有人为制造的，但大多与一定的事实背景相联系；而谣言则是有意凭空捏造的消息或信息。谣言和流言都是没有根据的。一般而言，谣言是恶意的，而流言则是中性的。或者说，谣言就是恶意的流言。

由于突发事件与社会公众的生命、健康与财产安全密切相关，人们往往会产生焦虑、悲观甚至绝望等情绪，这使得流言和谣言在突发事件的处置过程中极易产生。其主要原因是突发事件具有高度不确定性。在政府失语、权威信息缺失的情况下，社会公众很容易听信各种流言蜚语，以填补信息的空间。政府失语的时间越长，矫正流言与谣言的成本也就越高。一旦让流言与谣言捷足先登，政府再发布权威信息，社会公众也倾向于"宁可信其有，不可信其无"的态度。

信息在传播的过程中经过的层次越多，被扭曲的可能性越大。在流言和传播的链条中，每个传递者都对信息的内容进行了不同程度的加工与修改，他们会根据自身的偏好，对所接收的信息有所取舍。然后，在传递给下一个受众之前，将信息进一步地逻辑化，修改接收信息的残缺之处。因此，在"编码—解码—编码"这样一个循环往复的运动中，流言和谣言越传越像真的，并且生出多个"版本"。

因此，在突发事件处置的过程中，政府应对流言和谣言的最佳途径就是及时通过权威媒体，将突发事件及相关处置情况公之于众，在第一时间抢占信息高地。至少，流言与谣言一出笼，政府就应该立即予以应对。目前，通过新闻发言人制度进行突发事件信息披露是一个比较有效的办法，可以有效地减少信息传递的层次，迅速地将真实的消息传递给范围广泛的受众。

长沙文夕大火中的流言与恐慌

1938 年 11 月 12 日，湖南长沙遭遇大火屠城。大火燃烧了五天五夜，造成至少 3 000 人死亡。长沙城一片废墟，百年缔造，毁于一旦，景象惨不忍睹。此次大火为国民党军队错误地人为纵火所致，其中谣言与恐慌在其中扮演了重要的角色。

1938 年 10 月 25 日，日军攻陷武汉。此前，日军已经在大亚湾登陆，攻陷广州，下一步的意图是以广州、武汉为起点，南北对击，打通粤汉铁路，实现"五个月灭亡中国"的企图。而长沙是粤汉铁路上的重镇，也是日军进攻的下一个重点目标。11 月 8 日，日军攻入湖南北部，并轰炸了长沙和衡阳。9—11 日，临湘与岳阳接连失守。长沙城危在旦夕。

蒋介石计划以湖南衡阳为中心，组织湘北与赣北的抵抗。长沙一旦失守，就实施"焦土抗战"政策，放火屠城，以空间换时间，保卫其西南基地。于是，长沙方面为此进行了准备，制定了《破坏长沙计划大纲》，组建了 100 多支放火队。其中规定，放火的条件是：一省政府的命令，二警备司令部的命令，三听警报，四天心阁上有火炬。

11 月 12 日午夜，长沙全城戒严。湖南省主席张治中要在次日凌晨 4 时检查火烧长沙的准备工作。放火队领取了汽油、煤油等燃料，到达了指定位置。消防车里也被灌满了汽油。在等待的过程中，长沙城有一个谣言："日军已经打到了新河。"实际上，中日军队在新墙河对峙。新河距离长沙市中心仅 3 千米，新墙河则在 120 千米开外。

当时，长沙 90%以上的公众已经逃离，甚至连警察也擅离职守。一时间，长沙城人心惶惶，失去理智，这时候人们很容易听信谣言。"日军已经打到了新河"的消息使得国民党军官埋怨政府没有安置家人出逃。一些纵火队伍未接到命令就急不可待地将汽油浇到了建筑物上面，长沙已经成为一座汽油库，任何一个意外都可能成为火星。恰巧，长沙自卫团员丁森等人出于民族义愤，以为日寇将至，自焚其屋。在恐慌的氛围下，长沙城内一处起火，到处举事，火光熊熊，不可控制。

但是，长沙大火后，日军并没有进攻，民众舆论哗然。1938 年 11 月 18 日，为了平息民愤，蒋介石将湖南省主席张治中免职，并枪毙了长沙警备司令、警备二团团长以及长沙市公安局局长。

长沙一场大火使得政府机关、学校、医院、工厂大部被烧毁，2 000 多年的古城历史遗迹荡然无存。由于当日电报代码为"文"，因而事件被称为文夕大火。整个事件的罪魁祸首就是兵荒马乱背景下的流言与恐慌，这值得今天人们在应对公共危机过程中深思。

资料来源：梁永进，陈先枢. 1938："11·13"长沙大火. 武汉：湖北人民出版社，2005.

2009 年，墨西哥、美国、加拿大等多个国家暴发甲型 H1N1 流感。但是，流感疫情并没有引起我国社会公众的恐慌，这反映出我国政府在应对甲型 H1N1 流感疫情方面措施的得力与社会公众心态的日渐成熟。

甲型 H1N1 流感的特点是传播速度快，但病死率低，可防、可控、可治。甲型 H1N1 流感在墨西哥蔓延之后，我国政府给予了高度的重视，加紧部署疫情防控工作。为了控制病毒的输入，我国在出入境口岸采取严格的检测与筛查措施，各级卫生部门严阵以待、准备充分，同时向社会公众广泛宣传甲型 H1N1 流感预防知识。在出现输入性病例之后，积极隔离传染源，及时切断传染链，有效地防止了疫情的进一步传播。可以说，我国政府在应对甲型 H1N1 流感方面的高度重视与严格措施给社会公众吃了一粒"定心丸"。

2003 年抗击非典以来，我国加强了应急管理的"一案三制"建设，应急预案、应急体制、机制与法制建设均取得了长足的发展，应对各类突发事件，包括公共卫生事件的能力明显提高。此外，2003 年抗击非典、2004 年抗击禽流感中总结出的经验与教训对于应对甲型 H1N1 流感无疑具有巨大的借鉴意义与启示作用。与此同时，社会公众在突发事件发生时的心态更加沉稳与成熟。

在甲型 H1N1 流感疫情暴发后，我国政府及时通过媒体向社会通报疫情的发展及防控措施，信息公开、透明，以权威信息占据信息空间，最大限度地满足了公众的知情权需要，避免了流言与谣言的盛行。一般而言，在突发事件发生后，社会公众产生一定程度的恐慌是正常的心理反应，本并无可厚非。但是，如果政府失语、权威信息缺失、小道消息盛行，则社会公众可能产生非理性的过度恐慌。

应急社会动员在此次甲型 H1N1 流感的应对过程中再次体现出了强大的威力。面对流感疫情，我国政府以对人民群众生命、健康高度负责的精神，积极调动方方面面的资源与力量，群防群控，发挥了集中力量办大事的体制优势。公共卫生部门通过发放防控流感手册、群发手机短信等手段，使社会公众了解甲型H1N1流感的预防知识；一些部门、单位、社区还举办了甲型H1N1流感防控讲座。这些都是公众正确认识、从容面对疫情的关键因素。

面对突发事件，社会公众产生恐慌情绪是正常的。适度的恐慌可以使人产生应激效应，最大程度地发挥自身潜能，有利于自我防护和突发事件的应对。但是，过度的恐慌会导致人们做出非理性的举动，这是我们要着力加以避免的。

通常，恐慌情绪与突发事件的性质关系密切。根据英国卫生部的研究，人们对以下风险比较恐惧：非自愿承担的风险；影响不均衡的风险；无所遁逃、不能控制的风险；人为的风险；可造成无形、不可恢复损害的风险；对孕妇或儿童产生特别影响，关系下一代发展的风险；导致熟识者死亡的风险；不能为科学所理解的风险；权威部门解释出现分歧的风险。

此外，流言与谣言是产生和制造恐慌的原因之一。人们在面临某种直接威胁时，经常产生紧张心态，做出不协调的反常行为，这就是恐慌。社会公众过度的恐慌可能会给突发事件的处置带来不利的影响。要避免社会公众的过度恐慌，应急管理部门平时应积极开展公共安全教育，提高社会公众的心理承受能力。在突发事件发生后，应急管理部门应及时向社会公众发布有关突发事件的权威信息，遏制流言与谣言的蔓延。

我们可以借助及时、客观、主动的信息公开来消除流言与谣言，消除公众的过度恐慌。但是，在这个过程中，要注意切莫把话说得太满，从而缺少回旋余地。因为危机发展的态势是高度不确定的，甚至有可能急转直下。如果公众完全丧失警惕性，就会产生虚假的安全感，在危机形势恶化时将不会产生“应激效应”。

何谓“应激”?

应激是指机体对各种内外刺激因素做出适应性反应的过程，其最直接的表现是精神紧张。应激一词首先由汉斯·塞里于1946年应用于医学领域。他通过多次临床和实验研究，提出了应激和全身适应综合征的理论，受到了医学界的重视。

当人受到应激作用时，就会产生一种相应的反应，并在新的情况下逐渐地适应。如果人不能适应这种刺激，就可能在生理上或心理上产生异常，甚至可能引发疾病。在危机应对的过程中，我们需要“应激”效应，以调动身心的全部潜力。

虚假的安全感

英国皇家空军对在二战中失事的战斗机、牺牲的飞行员进行了统计，结果为：夺走生命最多的不是敌人的炮火，也不是狂风暴雨，而是飞行员的失误。而失误主要发生在完成任务归来前的几分钟。在高度紧张后，一旦外界刺激消失，人的心理就会产生“几乎不可遏制的放松倾向”。

在枪林弹雨中，虽然外部条件非常恶劣，但飞行员会保持亢奋状态，反而不容易出现纰漏。但在返航途中，飞行员会逐渐放松精神。当飞机即将着陆，飞行员顿时产生一种虚假的安全感，放松精神，导致事故发生，酿成大祸。

同理，在危机即将结束时，我们不能有丝毫的麻痹大意。同时，在疏导公众心理的过程中，我们要做到举止有度，切莫使公众毫无戒备，产生虚假的安全感。

9.3　网络舆情的干预与引导

在沟通的过程中，政府主动公开信息是一个方面，关注、引导舆情信息，特别是网络舆情信息是另外一个方面。二者缺一不可，因为沟通是双向的。否则，信息发布就成了单向度的传播。

作为20世纪人类科技发展的一项优秀成果，互联网在当今人类社会的生产、生活中扮演着十分重要的角色。网络媒体是以互联网为基础的媒体，被称为继报纸、广播、电视三大传统媒体之后的“第四媒体”或“超级媒体”。如今，网络已成为公众发表意见、政府了解舆情的重要渠道。

9.3.1　网络媒体的特点

网络媒体是借助互联网平台发布信息和提供信息服务的一种新型媒体。相对于互联网的发展而言，“网络媒体”还是一个新兴的概念，最早可追溯到1998年联合国秘书长安南在联合国新闻委员会上提到的“第四媒体——互联网”。网络媒体克服了纸质媒体、广播媒体和电视媒体的许多局限，具有以下特点：

第一，即时性。网络媒体大大缩减了媒体信息加工制作等活动的时间，能够最大限度地保证信息传播的时效性。这一特性可以满足社会公众迅速获取新闻信息的基本需求，成为传统媒体“触网”的主要动力。

第二，信息海量性。只要具备连接互联网的条件，所有网民都可以平等地在网上发布信息，这极大地拓展了网络的信息源。互联网可以容纳大量的信息，不像传统媒体那样，需要受版面和播出时间的限制。由于现代计算机具备超强的存储能力，网络媒体还能为受众提供书籍、报刊、图片、图表、视频、语音等形式的电子数据，并具有强大的信息检索、跟踪与信息存储等功能，这极大地丰富了新闻外延和背景资料。从这个意义看，网络媒体能够为受众提供一个庞大的新闻数据库。根据第45次《中国互联网络发展状况统计报告》，截至2020年3月，我国网民规模为9.04亿，人均每周上网时长为30.8小时。其中，网络新闻用户规模达7.3亿，大量的社会公众通过网络来获取信息。

第三，互动性。网络媒体的信息传播表现为媒体与受众、受众与受众之间的多向性互动，形式包含一对一、一对多、多对一、多对多等，是大众传播与人际传播的有机结合。在互联网上，交流与沟通是双向的。就某一个公众而言，他（她）也可能是信息接收者。网民可以通过网络论坛、讨论区、留言板、电子邮件、QQ 等形式，共享信息，自由地讨论社会热点问题。网民之间的互动加速了信息的传播，提高了网络媒体的社会影响力。

第四，全球性。今天，经济全球化与信息全球化交相辉映、相互促动。网络媒体的传播范围远远大于报纸、广播和电视，具有全球性特征。所以，人们常说“网络传播无国界”，道理就在于此。“秀才不出门，便知天下事”再也不是遥不可及的神话。如果不采取特别的技术措施封锁网络，世界上任何一个网站登载的内容都可以供全球网民访问、浏览和下载。

第五，多媒体性。网络媒体之所以被称为“超级媒体”，就是因为它能够综合使用文字、图片、音频、视频、动画等多种形式，令信息更加生动、丰富，更具冲击力和感染力。网络集多种媒体的优势于一身，打破了传统媒体之间的界限，给受众以更加广阔的选择平台。

第六，个性化。随着社会分化的加剧，网民结构也日趋复杂化。传统媒体对大众单向度的传播形式已经难以满足日益多样化、小众化的信息需求。网络媒体的出现改变了传播环境。网络媒体所提供的细分化网站、个性订阅服务、链接等功能可以满足众多网民的个性化服务需求。

当然，网络媒体也存在着许多问题，如信息垃圾泛滥、法律监管难度较大、存在信息片面与失真现象、易受到技术条件制约等。特别需要舆情工作者关注的是，网络的匿名性既保障了公众的言论自由和对政府工作的有效监督，也可能使公众忽略自身责任，导致网络谣言盛行，造成严重的社会恐慌。

9.3.2 网络舆情的特点

互联网的出现与发展提供了一个更加广阔的舆情空间。与一般舆情相比，网络舆情的特殊之处在于舆情空间是一个虚拟的世界。社会公众通过互联网来表达和传播的社会政治态度就是网络舆情。这决定了网络媒体所传递的舆情与传统媒体所传递的舆情迥然不同。

1. 网络媒体信息传递的双向性

传统媒体的信息传播是单向的，受众多为被动地接受。网络媒体传播的过程是双向互动的。互联网提供了多种信息交流方式，包括大众网络媒介和小众网络媒介：前者如门户网站跟帖、网络留言、网络论坛、即时通信（QQ、微信等）、聚合新闻（RSS），后者如博客、微博等。两者都是社会公众表达社会舆论的重要工具。网民不仅是信息资源的接受者，还是信息资源的生产者和传播者。在互联网环境中，网民可以自由发表评论，交流观点，进行针锋相对的讨论。网络媒体容纳了大量的即时信息，这使得舆情工作者可以迅速地了解社会公众的想法及思想动态。

一般而言，网络舆情的形成大致遵循这样一个模式：（1）网络媒体对新闻进行报道或网民提供事件信息；（2）网民通过跟帖、留言、电子邮件、网络日志或即时通信工具表达意见，发表评论；（3）网民的意见在多次互动、碰撞中汇聚、综合，形成带有共识性的利益诉求和价值观念。例如，在“周老虎”事件中，网民们起初分成两大阵营，在网络上展开了针锋相对的争论、碰撞。后来，矛头一致直指陕西省地方政府部门。众多庞杂的、甚至对立的舆情信息需要舆情工作者认真梳理、仔细辨识和分析。

2. 网络舆情信息的复杂性

由于互联网匿名性的特点，网民不用受到现实身份的制约，可以相对自由地阐发对于公共事务、社会热点问题、突发事件、政府决策、公众人物言行等方面的观点和立场。因而，网民很容易遵从“快乐原则”，把自己变成一个“愤青”，在互联网上随意宣泄不满情绪、发表非理性的信息，言辞激烈，甚至相互侮辱和谩骂。有时，网民也会以偏激的姿态来炒作自己。一些网络推手不断制造虚假的新闻和舆论，舆情工作者难以辨别大多数网民的客观诉求。

特别是，网上经常会散布一些谣言和流言，并且很难追根溯源。与传统媒体相比较，网络媒体中经常会出现信源模糊不清的现象：一是网上信息只有内容，没有确切的来源，信息传播途径不明；二是网上信息经常在原有信息的基础上添加道听途说的内容，信息传递者可能会添枝加叶，不断将信息内容合理化；三是网上信息来源可能是虚拟和杜撰的，在现实生活中并不存在。这严重影响了人们对网络媒体的信任度。通常，人们会将网上信息与传统媒体信息进行比对后，再加以接受。但是，网络谣言如果不被及时澄清，反而会因先入为主的效应，令社会公众对权威媒体发布的信息产生怀疑，甚至抵触的情绪。

3. 网络舆情信息的局限性

迅速增加的互联网用户使得网络舆情主体不断壮大。我国网民 42%以上是 20～39 岁的年轻人，他们大部分生活在城市，拥有中等或高等学历，思想解放，追求更加平等地获得信息。互联网倡导自由、平等、共享的精神契合了他们的要求。网络媒体接触机会的不均衡决定了网络舆情具有一定的偏差性。同时，大部分网民在思想深度和认识水平上都有待进一步提升，网络言论难免带有强烈的感情色彩，包含着非理性的成分。所以，网络舆情具有一定的片面性，网络舆情不能与民意画等号。舆情工作者不能单凭网络信息来评判民意。

4. 网络舆情信息载体的双重性

网络舆情的主要存在形态可以分为两种：网络言论与网络行为。网络言论直接或间接地表达了网民对公共事务或社会问题的关注。在网上，诸如“打酱油”“俯卧撑”“躲猫猫”等象征性的流行语通常都表明了社会公众的态度。我们可以从看似与政治无关的网络言论中，剖析出其中内含的舆情信息。

“俯卧撑”

“俯卧撑”是“瓮安事件”中出现的一个流行网络用语，有人也将其表述为“我是来做俯卧撑的”。它替代了以前的网络用语“打酱油”，表达了对时事不关心、不评论的态度。

“瓮安事件”发生后，网上对于事情的起因和经过有各种各样的传言。2008 年 7 月 1 日晚，贵州召开新闻发布会，新华网在线直播。发布会上，贵州省公安厅发言人王正兴在介绍调查情况时说，在李树芬溺水之前，与其同玩的刘某曾制止过其跳河行为，见李心情平静下来，刘“便开始在桥上做俯卧撑，当刘做到第三个俯卧撑的时候，听到李树芬大声说‘我走了’，便跳下河中”。

当日 19 时 59 分，网友“流芳苑主”在天涯论坛上发表了《吃面要吃雪菜肉丝，运动要做俯卧撑！身体倍儿棒！》的帖子。网友纷纷效仿，恶搞“做俯卧撑”。天涯论坛上一时间出现了井喷现象。百度“俯卧撑”贴吧里开始有很多网友谈论俯卧撑。那些口不离“俯卧撑”的网友被称为“俯卧撑党”，还有人在豆瓣网站上成立了“俯卧撑小组”。

新闻发言人“俯卧撑”一说，难以解释“瓮安事件”，缺乏合理的逻辑依据。许多网民怀疑“瓮安事件”另有内情，于是就用“俯卧撑”来戏谑。

网民借用“俯卧撑”，篡改了许多名言，如：给我做三下俯卧撑，我也能推动地球（阿基米德）；如果我曾经看得远一点，是因为我比别人多做了三下俯卧撑（牛顿）；天才就是百分之九十九的汗水加上三个俯卧撑（爱迪生）；俯卧撑即合理（黑格尔）；做俯卧撑还是立卧撑，这是个问题（哈姆雷特）；俯卧撑尚未完成，同志仍须努力（孙中山）；我撑故我在（笛卡儿）；俯卧撑已经做三下了，胜利还会远吗（雪莱）；世界上本来是没有路的，做俯卧撑的人多了，也就成了路（鲁迅）；做自己的俯卧撑，让别人说去吧（但丁）；俯，我所欲也；撑，亦我所欲也（孟子）；轻轻地我撑起来了，正如我轻轻地俯下，我挥一挥衣袖，不带走一丝尘土（徐志摩）；等等。

“退群”

近年来，美国频繁退出国际合作组织，“退群”也因此成了一个流行的网络用语。2018 年“退群”被《咬文嚼字》确定为当年十大流行语之一。退群，原指退出在 QQ、微信等社交平台上建立的特定范围的交流小组。后含义延伸，也指退出某一群体，因不合群而被排斥的现象。“退群”一词在描述美国退出国际组织的事件中尤为常见。

自特朗普上任以来，美国已经退出、正在退出、威胁退出的国际组织已不下 10 个。2017 年 1 月 23 日，上任仅 3 天的特朗普宣布美国退出跨太平洋伙伴关系协定（TPP）；2017 年 6 月，美国退出应对全球气候变化的《巴黎协定》；2018 年 6 月，美国宣布退出联合国人权理事会；等等。受新冠肺炎疫情影响，美国于 2020 年 7 月 6 日正式宣布将于 2021 年 7 月 6 日退出世界卫生组织。

美国频繁“退群”，成为现有国际秩序的头号破坏者；但美国却在一些国际事务中无端指责中国。对于美国的“双标”行为，网民十分不满，于是就用“退群”来戏谑美国频繁破坏现有国际秩序的行为。常用表达有“一言不合就退群”等。

网络舆情不仅表现为公众的情绪、态度、意见，还表现为网民的行为倾向。相比之下，网络行为是更为激烈、直白的网络舆情表现方式。网络行为可以被分为网络侵犯行为和网络利他行为两种。网民由于对社会现实不满，在互联网上制造并传播病毒，发动黑客攻击，以进行情绪排解和发泄，这就是网络侵犯行为。例如，中美撞机事件之后，中国网民——“红客”攻击美国国防部网站，以至于五角大楼网站的首页图画变成飞行员王伟即将驾驶战鹰出征的雄姿。又如，三鹿奶粉事件被曝光后，愤怒的网民攻击三鹿集团的网站，将网站首页上方的“三鹿集团”更改为“三聚氰胺集团”。此外，公众的舆情也可以表现为网络利他行为，如传递爱心等亲社会的自觉行为。

5. 网络舆情传播的爆炸性

网络舆情所蕴含的利益诉求会直接引发社会群体的共鸣，使其参与到网络讨论之中。网络舆情传播具有强大的动员作用，可产生“滚雪球”效应。发帖与跟帖、灌水与拍砖、交流与沟通、探讨与交锋，网民围绕着某一中介性事项或社会热点问题，各抒己见，形成网络舆情信息瞬间大量汇集的现象。这使得网络舆情传播经常具有爆炸性的特征。可见，网络的发展改变了人类社会的生产生活以及信息传播的方式，也使舆情工作者面临着错综复杂的局势。加强网络舆情工作，对于我国各级政府具有非同寻常的重要意义。

9.3.3 网络舆情的引导与干预

网络舆情引导应立足于“疏”，而不是堵，目的是引导网民的态度和行为，使其发生有利于社会发展的积极变化。网络舆情引导可采取以下方法：

1. 引导网络意见领袖

网络意见领袖主要是各大论坛的版主或论坛活动的积极参与者。他们具有草根性，一般都有自己较为固定的拥护者，其观点可以对范围广泛的受众产生影响，并使公众的态度和行为发生改变。有时，意见领袖对网络舆情的引导作用甚至比大众传媒更大，因为他们提出的观点往往针对有影响的公共事务，贴近相应受众的现实生活，形式更加生动、形象。引导网络意见领袖，关键在于舆情工作者要了解他们的思想观点、立场风格，与其进行合作与沟通，如主动为其提供写作素材等。

网络意见领袖

在传播学中，意见领袖活跃于人际传播网络中，经常为他人提供信息、观点或建议，并对他人施加个人影响。互联网上也存在着一些影响力极大的意见领袖。例如，在“范跑跑”事件中，“小刀断雨”发表了多个原创帖，被“粉丝”推到了一些论坛的首页，甚至被置顶；在厦门PX项目事件中，网友“连岳”接连网络炮轰，形成全国关注的热点，直接影响到政府决策；等等。

衡量一名网络意见领袖水平高低有两个指标：一是看他的原创帖能不能得到网友的

认可，能不能被推到论坛首页和网站首页；二是看他引导或者掀起过多少有名的网络热点事件。

2008年4月10日上午10时45分，26岁的网民“水婴”将一条题为“抵制法国货，从家乐福开始”的帖子发布在“猫扑”网站上。这是国内最早呼吁抵制家乐福的网帖之一。“水婴”说，他此前和朋友一直在QQ群里讨论奥运圣火在海外传递频遭干扰的事情，在上百人的群聊中有人提出了要抵制法国产品的建议，“我们公司楼下就有家乐福，我想抵制家乐福比抵制LV容易，就写了这个帖子”。

资料来源. 网络意见领袖“显性化”. 瞭望，2008（25）.

虽然“人人都有麦克风”，但不是每个人的声音都能够被大众听到，网络意见领袖的作用尤为重要。拉扎斯菲尔德在《人民的选择》中，把“意见领袖”解释为：传递重要的竞选信息给大多数选民，并且为他们解释相关的竞选问题，最终影响竞选结果的一类人。意见领袖将媒体发布的信息按照自己的理解进行解释加工并传播，对他人加以影响。在这里，意见领袖起到连接媒体和受众的中介作用，“信息流”和“影响流”都经过意见领袖这个中介。

就目前的互联网环境来看，意见领袖已经不单纯是媒体和受众之间的中介了，尤其是在网络环境中。作为特殊节点，群体中的意见领袖符合经典的结构洞理论，其位置在网络中非常关键，不仅影响了个人的信息与权力，更控制了整个网络的资源流通。比如，在2017年的“江歌案”中，拥有众多粉丝的微信公众号“咪蒙”面对舆论事件迅速做出反应，发表一篇文章题为《刘鑫江歌案：法律可以制裁凶手，但谁来制裁人性?》。该文以煽动性的文字来吸人眼球，很快引发了网友的转发和评论，导致网络戾气盛极一时。

越是众声喧哗的时代，越需要网络意见领袖的力量，而对网络意见领袖的规范和约束也迫在眉睫。

资料来源. 网络意见领袖的分类、形成与反思. 人民网，2019-06-19.

2. 挖掘事实背后的故事

在这个过程中，典型报道、深度报道、网络新闻评论是我们经常采用的三个工具。典型报道的作用在于为受众确立一个受人尊敬的榜样。“榜样的力量是无穷的”。受众受榜样的感召而产生模仿的动力，不断进行自我强化，使自己的行为更加接近榜样。典型报道可以发挥作用的原因还在于人们往往由于信息接收和领悟能力有限，只能通过个别来认识一般。

今天，在网络舆情中，典型报道主要表现为对典型事件和人物的报道。这些人和事都有很明显的近人尺度，往往是闪烁着人性光辉、反映崇高精神的凡人小事。但是，这些平凡的人可以给受众更多的感动。这样的典型报道可以从特殊事物中提炼一般价值，对网络舆论起到引导的作用。

深度报道是一种逻辑说服。它不仅仅是报道与公共事务相关的事实，还深入地梳理出关于事件演进的脉络、背景分析、后果意义等，引导受众对事件进行深入、理性的思考。在信息膨胀的时代，受众已经不满足于获取事实的表层知识。他们迫切希望获得深刻的内在信息，以把握事物变化的规律、发展方向，认识事物的本质，从而决定自己的行为。

网络媒体在深度分析上有着得天独厚的优势。互联网技术平台能够提供海量的信息，具有便捷的检索功能，方便受众了解信息的背景、外延。网络媒体在传播形态与传播途径上能弥补其他媒体的缺陷，能综合运用多种报道形式，进行深度报道，避免苍白乏味，易于公众在相互比对中接受。深度报道不仅可以进行曝光式的批评，还能够捕捉深层次的社情民意，引导网络舆情。例如，在国内新冠肺炎疫情防控取得阶段性胜利之际，多家媒体对北斗三号GEO卫星的发射成功进行了深度报道。北斗三号GEO卫星的成功发射标志着我国已具有向全球开通导航服务的能力。网络深度报道有助于增强中华民族的凝聚力和自豪感。

网络新闻评论是新闻评论在互联网平台上的延伸与创新。它可以引导网民正确认识新闻事件，了解新闻背后的新闻，使网民参与社会热点问题讨论，促进政府与公众形成共识。在信息爆炸的时代，普通公众难以对每起新闻事件都进行详尽、全面的分析，容易产生困惑和盲从心理。网络新闻评论有针对性地分析新闻报道，提供深入的分析与解读，可以起到解疑释惑、引导舆情的作用。

3. 发挥传统媒体的作用

在互联网蓬勃发展的时代，越来越多的传统媒体已经与网络结合，开辟了网络阵地。传统媒体除了依靠网络进行改造与拓展之外，还应该肩负起引导网络舆情的责任。一般而言，受众不会无条件地接收所有信息，而是更倾向于接收权威信息源所提供的信息。传统媒体可以凭借其多年形成的权威地位、良好形象与纯熟的专业技能，在全方位地融入网络的同时，占据网络舆情导向的高地。

“沉默的螺旋”

德国舆论学者诺依曼提出了“沉默的螺旋”理论：当人们感觉到自己所持的观点（无论是新形成的观点还是业已存在的观点）属于多数人所持的观点或是“占据优势地位”的观点时，便倾向于积极大胆地发表这种观点，反之则尽可能地保持沉默以防止被孤立。意见一方的沉默，更加助长了另外一方力量的增加。如此循环往复，一方越来越沉默，另外一方越来越强势。这是一个螺旋式的发展过程。

传统媒体“触网”后，不仅具有信息发布的权威性、广泛性，也具有即时性和广泛性，可以使其所传播的信息更容易成为“占据优势”的一方，进而不断引导网络舆情向着理性、健康的方向发展，迫使负面的、非理性的言论沉默下去。

当然，新闻的生命力在于真实，传统媒体的威信也在于真实。传统媒体引导网络舆情的关键是媒体的公信力。在这方面，公众对媒体说谎是抱以“零容忍”态度的。一旦传统媒体说谎，就会信誉全无，不但不能引导网络舆情，还会成为网络舆论攻击的焦点。

“人而无信，不知其可也。”媒体无信则无异于自戕。

4. 提升政府信息的透明度

网络舆情尽管在表现形式和传播途径上有着独特之处，但其本质仍是社会公众对国家管理者的社会政治态度。政府提高信息的透明度，可以增进公众对政府工作的理解和认可，避免网络噪声、谣言的传播与蔓延。提升政府信息透明度的方式多种多样，如建立网络新闻发言人制度，举办网络新闻发布会。

目前，我国数字政府建设已进入全面提升阶段。根据《2019 年中国数字政府服务能力评估总报告》，我国政府网站数量由 2015 年初的 8.4 万家集约至 2019 年 12 月初的 1.45 万家。截至 2019 年 11 月，全国 32 个省级单位中，有 10 个省级地方政府已出台并公开数字政府规划计划，指导数字政府建设。这有利于政府及时公开信息，做好网络舆情的引导工作。

5. 加强网民的道德自律

网民个人的道德素养、文化水平、理性程度决定着网络舆情的健康水平与理性程度。在网络空间，信息主体极其分散，信息量极大。法律与制度出现盲区的可能性较大，网民道德自律的意义凸显。发挥行业协会及公民组织的作用，加强网民的自我教育、自我约束能力，这是网络舆情工作不容忽视的一个方面。2006 年 4 月 19 日，中国互联网协会发布《文明上网自律公约》，号召互联网从业者和广大网民从自身出发，以积极态度促进互联网的健康发展，承担起应有的社会责任，始终把国家利益和公众利益放在首位，坚持文明办网、文明上网。该公约得到了广大网民的积极响应，也为提升网民的道德自律能力、营造良好的网络舆情环境奠定了坚实的基础。

网站与网民的诚信自律行动

重大突发事件发生后经常会出现谣言四起的现象。“5·12”汶川地震发生后，为清除网上虚假信息、谣言、臆测，营造良好网络舆论环境，以实际行动保证抗震救灾工作顺利开展，由中国互联网违法和不良信息举报中心、中国网、阳光中国、新华网、人民网、央视国际、国际在线、中国日报网、中国台湾网、中青在线、中国广播网、中国经济网、中青网、千龙网、中国机构网、文新传媒、百度、搜狐、新浪网、腾讯网、网易、中华网、TOM、华声在线等 24 家单位和网站共同发起倡议：“不造谣、不传谣、不信谣，‘杜绝虚假信息，共建诚信网络’。”诚信自律行动活动上线第一天，响应网站就超过了 200 家，“我承诺不传谣、不信谣”签名活动也得到广大网民的积极参与。

网络空间是讲求言论自由的。但是，这种自由是相对的，不是绝对的。我们在对舆情进行引导的同时，也必须对舆情进行适度的干预。如果说舆情引导的特征是循循善诱，那么，舆情干预的特征则是强制与约束。干预是引导的必要补充。

互联网是一个虚拟世界，但也是一个现实的法治空间。目前，我国正处于社会矛盾的积聚时期。在紧急情况下，为了维护社会稳定与公共安全，政府依法对网络进行管理，以限制网络有害信息的传播。

（1）法律手段。法律是现代社会管理的重要手段之一。网络的发展无疑也要受到法律的规范与制约。为了规范互联网信息服务活动、促进互联网信息服务健康有序发展，我国出台了一系列的政策、法规，在保障公民言论自由的同时，对网民的言行进行必要的约束与规范。

我国法律规定，任何个人与组织都不得利用互联网煽动颠覆国家政权、推翻社会主义制度或是煽动分裂国家、破坏国家统一，不得造谣、诽谤或者发表传播其他有害信息，不得损坏他人商业信誉或商品声誉，不得散布淫秽、色情、赌博、暴力、恐怖信息或是教唆犯罪，等等。这些规定无疑对我们确保网络的健康发展、保护公民的权益和维护社会的长治久安非常必要。从这个意义上讲，网络舆情干预不是为了限制网络言论自由，而是为了捍卫网络言论自由。它可能会限制一部分人在自由名义下的放任行为，却可以保障大多数公众的正当话语权。

当然，我国在完善网络言论和网络行为的法律管理方面还有许多不足。整合有关网络言论、行为的法律法规，建立专项的网络舆情监管法律，培养具备网络舆情监管能力、熟悉网络媒体运作和互联网技术平台的网络执法人才是我们未来努力的方向。

（2）技术手段。网络舆情干预的技术手段主要体现在：对互联网上包含不良和非法内容的舆情信息进行封锁和过滤。目前，网络过滤技术比较成熟，一旦发现包含有过滤信息的页面，相关程序就会自动阻止该页面到达用户端。有害信息的传播自由受到限制可以保证网络的整体健康运行。其实，世界上没有任何一个国家的政府对网络信息完全抱以放任自流的态度。

（3）网络媒体的自我控制手段。实现网络舆情的有效干预，不仅需要政府加强立法管理和技术防范，还需要借助网络管理者和网络媒体自身的管理，强化行业自律。行业自律的手段主要包括两类：信息把关人对舆情信息的管理；论坛版主的管理。

“信息把关人”最初是指传统媒体中对新闻进行取舍、检查的记者、编辑等。如今，网络信息把关人的主要作用是：对网络言论内容进行分类管理，将涉及不同主题的言论内容进行审查、发表。对于积极的言论，他们大力提倡和宣传；对于含有破坏社会稳定、危害民族团结、捏造或者歪曲事实、散布谣言、教唆犯罪等有害内容的，他们进行及时删除；对于中立的言论，他们提供充足的空间，保障公众的言论自由。

网络论坛是网民参与网上交流最频繁的场所，网络言论最为丰富、集中。单凭政府依靠法律或技术手段实施监管，管理难度很大。在此情形下，论坛版主的管理作用十分重要。版主有权对论坛中的信息进行删除、转移和编辑，是进行网络言论管理最直接、有效的手段。论坛版主的管理内容包括为该论坛制定版规。舆情工作者可以借助版主的言语号召力和影响力，引导网民的讨论，引导网络舆情。如果网络舆情的发展明显具有危害性，超出常规控制手段，则版主可以删除不适当的帖子。

南宁“永和大桥垮塌”事件

2010 年 9 月 1 日下午，一则南宁市“永和大桥垮塌”的谣言在网上疯传，许多网民信以为真。据称，有人甚至目睹三辆公交车掉进了邕江。

南宁本地的QQ群如同炸开锅一样，所有的话题全部集中在了“永和大桥垮塌”的话题上。在一些网站的微博上，网友也不时发布信息，而且很“确凿”地“证实”永和大桥确实垮塌了，并称自己正赶赴现场拍照。

其实，这则消息是无中生有，纯属谣言。但是，通过网络、电话或手机短信以及其他方式，南宁市的众多市民都收到了虚假的消息，车辆纷纷绕道，避开永和大桥。当天，南宁市滨湖路发生气体泄漏事件，公安、消防、救护等部门车辆赶往现场处置。不少网民听到警笛声和救护车的警报器声，更加相信了大桥垮塌的消息。

在此过程中，南宁一网络论坛上有关发布桥塌消息的帖子被网站编辑删除，为消除社会恐慌起到了积极的作用。但是，在政府正式辟谣后，一些网站还有一些耸人听闻的发帖，如南宁埌东听到枪声、埌东某机关大楼发生爆炸。但是，这些帖子很快也被屏蔽掉了。

对于网络舆情，我们应以引导为主，以干预为辅。网络上的舆论不过是现实舆情的反映。政府如果能够认真履行自己的职能，切实代表公众的利益，满足公众的需求，则公众在现实生活中的不满情绪将得到消除。此外，如果网络从业者和公民道德自律水平较高，以理性、客观、负责的态度对待网络言论和网络行为，流言蜚语、不良信息肯定会大为减少。果真如此，网络舆情干预的手段启动频率将会降低，公众的言论自由度也将会大大提高。

本章小结

本章分析了公共危机管理中的应急沟通与网络舆情问题。第一节分析了应急沟通的定义与功能、风险沟通与危机沟通的区别、有效沟通在危机管理中的作用、沟通的四个模型、应急沟通的原则与战略等问题。第二节研究了信息发布的相关内容，包括信息发布的任务、环节、原则以及流言与恐慌的应对。第三节讨论了网络舆情的特点、引导与干预问题。读者在阅读本章内容时应该着重把握四种应急沟通的模型，掌握引导和干预网络舆情的方法。

关键术语

危机沟通　风险沟通　风险认知模型　精神噪声模型　负面主导模式　信任决定模型　媒体　信息发布　政府公报　新闻发布会　新闻通稿　网络舆情　信息传递　透明度　法律手段　技术手段　自我控制手段

复习思考题

1. 请解释应急沟通的内涵和功能。

2. 危机沟通和风险沟通的区别在哪里?
3. 应急沟通建立的步骤包含哪几步?
4. 信息发布的原则包括哪些?
5. 网络舆情的特点是什么?
6. 如何有效地对网络舆情进行引导和干预?

第10章
公共危机协调与合作

2018年5月12日，习近平总书记向汶川地震十周年国际研讨会暨第四届大陆地震国际研讨会致信，强调："人类对自然规律的认知没有止境，防灾减灾、抗灾救灾是人类生存发展的永恒课题。科学认识致灾规律，有效减轻灾害风险，实现人与自然和谐共处，需要国际社会共同努力。中国将坚持以人民为中心的发展理念，坚持以防为主、防灾抗灾救灾相结合，全面提升综合防灾能力，为人民生命财产安全提供坚实保障。"高效的公共危机管理呼唤着协调与合作。

"凡事不和同，则不济。"这是欧阳修在《笔说·富贵贫贱》中的一句话，意思是说：做事如不齐心协力，就不会成功。公共危机的管理必须强调协调与合作。有效的应急协调与合作可以发挥协同效应，形成应对突发事件的强大合力。反之，应急协调与合作不利不仅使得应急管理者在应对突发事件的过程中产生捉襟见肘、力不从心的感觉，各个组织之间的各自为战也会导致摩擦与内耗，增加突发事件处置的难度。

10.1 应急管理网络

突发事件发生之后，其影响往往从一个行政区域蔓延到另外一个行政区域，甚至从一个国家蔓延到另外一个国家。同时，原生的突发事件可能会引发次生、衍生灾害，形成一个复杂的灾害链条。不仅如此，突发事件发生后，应急需求会突然膨胀。通常，任何一个组织都难以单独提供应急人力、物力与财力资源。所以，应急协调与合作需要应急管理网络化，即应急管理相关力量形成一个可以避免碎片化效应的网络。为了实现这个目的，我们必须建立全社会动员机制，将政府、企业、社会组织、公民个人等力量整合起来，形成以应对突发事件为目的的合力。

10.1.1 应急管理网络的构建

应急管理缺乏合作与协调所导致的后果包括：应急管理不能确定应急管理活动的先后次序；组织之间产生误解；不能有效地调度和利用救援队伍与装备；一些救援组织的负担过于沉重；应急救援服务迟滞；有些救援任务被忽视，而有些救援行动因缺少统一规划而成为重复劳动；因救援行动不能协调，容易引发安全问题或彼此产生冲突与矛盾；等等。

增强应急协调与合作，可以避免应急管理出现横向碎片化或纵向碎片化的情况，防止应急服务出现缺位与空白，减少交叉重复所引致的浪费，建立有效的应急管理组织。所谓“横向碎片化”，是指不同性质的应急参与者彼此互不沟通，缺少协同；所谓“纵向碎片化”，是指不同层级的政府缺少有效联络、相互协调不力。当突发事件超越下级政府的应对能力时，上级政府不能迅速、及时地提供有力的支持。

有效应急管理组织结构的 20 个特征

(1) 界定官员的角色。
(2) 清晰界定指挥链条。
(3) 灾时与平时的组织结构相同。
(4) 应急管理程序接近日常运行程序。
(5) 具有良好的人际关系。
(6) 实施动态的应急管理规划。
(7) 实行全致灾因子的方法。
(8) 重视灾害预防与减缓。
(9) 激发参与应急管理的动力。
(10) 公民参与。
(11) 参与机构密切协调。
(12) 公私合作。
(13) 多方使用资源。
(14) 清晰界定公共信息功能。
(15) 动态监测潜在的灾害。
(16) 具有内部报警程序。
(17) 实现公众预警范围的最大化。
(18) 积极进行政府间协调。
(19) 能够在灾害发生期间坚持撰写综合性记录。
(20) 能够争取州或联邦资助。

资料来源：http://www.riskinstitute.org.

在应急协调与合作中，沟通占据着至关重要的地位。但是，当突发事件来临时，沟通往往非常困难，这主要由以下几个方面的原因引起：沟通所需的装备及设施遭到损毁或者信息过载；最初响应者的通信装备因为特定的现场环境不能正常发挥作用，如手机基站垮塌而导致信号丧失；应急组织之间的通信设备不兼容。

沟通是协调与合作的基础。如麦肯泰尔将美国在沃斯堡飓风中协调缺失的原因归结为：信息不充分、不完整、不准确或过量，最初响应者与应急指挥人员缺少沟通，缺少应急通信设备，应急响应者与灾民之间存在语言障碍，个别灾害响应人员的骄横跋扈、独导一切①。

为了增进应急沟通、解决应急协调与合作中存在的问题，应建立一个应急管理的网络体系。在公共管理中，网络的含义就是指一个有着多个节点（不同的机构或组织）、多重联系（包括正式联系与非正式联系）的管理结构。在应急管理网络中，政府、企业、社会组织等都是不同的节点，它们之间存在着各种正式与非正式的关系。“应急管理网络的目标是制定政策、实施计划，在灾害发生时降低脆弱性，减少生命与财产的损失，保护环境，促进多组织的协调。”②

应急管理网络形成后，各个节点就会充分地发挥各自的知识、技能与资源优势，提高突发事件处置的效能。当然，应急管理网络正常运行的前提是各个节点对自己所扮演的角色与承担的责任有着准确的理解和把握。政府应急管理部门在其中起着重要的主导与协调作用。我国是一个政府主导型的社会，情况尤为如此。政府应急管理部门就应该吸纳相关的节点，使企业、社会组织等熟知自身在应急管理中的权利与义务。

应急管理网络上的各个节点可以通过正式的制度建立经常性的联系，如不同区域可以签订应急互助协议，也可以通过非正式的渠道密切彼此之间的关系。社会资本可以促进应急管理网络的运行。作为应急管理的重要协调者，政府应为各个节点之间的联络与沟通创造条件或搭建平台，使得多个组织能够围绕一个共同的目标而协调互动。例如，推动区域、组织、部门之间签订灾害援助协议。

美国的应急管理援助协定

1992 年，“安德鲁”飓风袭击了美国。事前，佛罗里达州州长劳顿·查尔斯与由 19 个州组成的南部州长协会合作，推动各州签订了一个州际灾害援助协议——《南部地区应急管理援助协定》。目的是促使各州形成相互依赖、相互支持的关系，各州在灾害来临时彼此调剂资源、相互支持。1995 年，这个地区协定对美国所有的州开放。1996 年，美国国会批准了一个新的组织，即“应急管理援助协定”（EMAC）。目前，美国的 50 个州、哥伦比亚特区、波多黎各和处女岛都是其成员。

应急协调与合作局面的形成依赖于以下三个条件：“（1）灾前的联系（这使得一个组织熟知其他组织的知识、技能和能力）；（2）方便、快捷地共享灾害信息的手段；（3）携

① David A. McEntire. Disaster Response and Recovery: Strategies and Tactics for Resilience. New York: John Wiley & Sons Inc., 2007: 294.

② William L. Waugh, Kathleen Tierney, Jr. Emergency Management: Principles and Practice for Local Government, International City/County Management Association, 2007: 60.

手满足应急管理需求的意愿。"① 所以，对于政府应急管理部门而言，以下措施是至关重要的：

（1）相关部门、组织进行综合性应急管理的培训。

（2）相关部门、组织联合制定突发事件应急预案。

（3）相关部门、组织形成定期或不定期的灾情会商制度。

（4）相关部门、组织签订应急互助协议。

（5）相关部门、组织开展应急演练。

（6）相关部门、组织建立相互兼容的应急信息技术平台，共享突发事件的信息。

10.1.2 应急协调与合作的维度

美国应急管理学家德拉贝克认为，为了促进应急协调，应急管理者应采取、实施以下五个战略②：

（1）核心战略：在灾害发生之前，明确各个机构的角色；了解可供响应行动所用的资源；确定在特定的情况下哪个机构可以被授予权威地位。

（2）结果战略：参与响应行动的机构密切跟踪灾害需求，洞悉满足需求的方式。

（3）顾客战略：服务于合作伙伴机构、利益相关者及灾民。

（4）控制战略：要求合作机构之间遵循已经达成的协议，借鉴以往合作的经验，分享主导权威，脱离旧有的程序，并鼓励它们与新兴组织合作。

（5）文化战略：帮助其他机构了解不同响应机构之间的文化差异，重视多机构响应。

由此可见，德拉贝克的五大战略强调的是不同部门、组织之间事先要有明确的角色分工，响应过程要着眼于应急需求，以服务对象为导向，突出合作部门之间的联系与信任，正视不同组织之间的文化差异等。这从组织的角度指出了应急协调的关键点。在我国的应急管理中，我们需要进行应急协调，打破部门分割、条块分割、地域分割，形成协同应急、综合应急的局面，协调与合作以下四个方面：

一是部门之间的协调与合作。在处置突发事件的过程中，部门分割、各自为战是大忌。它不利于我们对突发事件进行综合性的处置。特别是，在处置有关基础设施的突发事件中，水、电、气、热等部门因管网之间的相邻关系，更应彼此配合。

二是条块之间的协调与合作。以往，我们在处置突发事件时强调"条块结合，以条为主"，其主要特点是对突发事件分部门应对。今天，我们在处置突发事件时强调"条块结合，以块为主"，其主要特点是对突发事件进行综合性的应对。属地政府在应急处置过程中应主动联系属地内的中央直属部门、企业等单位，密切双方的合作关系。

三是地域之间的协调与合作。突发事件往往会影响多个行政区域或扩散到某一行政区域之外。因而，相邻省市应建立地域联动机制，互为帮扶，在处置突发事件方面相互

① William L. Waugh，Kathleen Tierney，Jr. Emergency Management：Principles and Practice for Local Government，International City/County Management Association，2007：61.

② David A. McEntire. Disaster Response and Recovery：Strategies and Tactics for Resilience. New York：John Wiley & Sons Inc.，2007：295-296.

支持。否则，地域分割会给突发事件的处置效率带来严重的影响。例如，在新冠肺炎疫情期间，有的省份高速公路开放，而有的省份高速公路封闭，这严重地影响了人员和物资的流动，人为增加了防疫物资输送的阻力。在国内疫情防控取得阶段性胜利之际，疫情期间暴露出来的地域分割问题是需要我们持续加以关注的。

四是军民之间的协调与合作。这里的“军”泛指武装力量，包括人民解放军、武警官兵和民兵预备役部队，是我国处置突发事件的骨干和突击力量。特别是在巨灾条件下，他们更能临危受命、力挽狂澜。军民联动最大的障碍就是军地双重领导体制。为了实现军地联动，我们必须在现有的体制下探讨军地合作的机制，使军地在处置突发事件方面更为顺畅。

珠江西岸城市群安全应急联动合作机制

2020 年 8 月 19 日，由佛山市牵头，首个城市群安全应急联动合作机制诞生。合作将以“技术复用、资源共享、机制联动、集约共建”为原则，力求形成粤港澳大湾区城市安全治理的共建共治共享。其主要任务有：共建城市安全运营团队，强化应急管理人才培养，打造城市安全高端智库，进而建立区域性城市安全服务中心；在珠江西岸五市森林火灾应急救援联动组织机制、林火信息、应急救援资源、应急处置及善后工作、应急演练等方面开展全方位合作；成立佛山市城市安全运行监测中心，实现全年 365 天、24 小时不间断监测。但是，应急联动的体制、机制问题还需要进一步理顺。

资料来源. 首个城市群安全应急联动合作机制在佛山落地.（2020-08-20）[2020-08-25]. http://gd.ifeng.com/a/20200820/14437330_0.shtml.

此外，在经济全球化的时代，突发事件还会跨越国界，外溢到他国。在这种情况下，我们应该建立跨国应急处置联动机制。特别是边疆省份需要根据风险评估的结果，通过外交渠道，与相邻国家建立突发事件处置方面的合作关系。

突发事件处置过程的应急联动是以平常的机制建设为基础的。例如，相邻省份之间可建立区域性的联动机制，有大江、大河流经的省份可建立流域联动机制，共享突发事件的信息，经常开展灾情会商和联合演练。只有这样，在突发事件处置时才能步调一致。在国内应急协调与合作的过程中，我们必须坚持党委的统一领导。如果联动存在障碍，可求助于共同的上级来加以协调。在突发事件的国际合作方面，我们可通过外交部进行协调。

10.1.3 应急管理体制的发展历程

以往，我国应对突发事件基本上是遵照临时建立各种指挥部的模式。突发事件处置完毕，指挥部解散，成员回到原来的工作岗位。这种模式具有很大的缺点：第一，临时指挥机构人员彼此之间互不熟知，且无既定的工作规则，彼此协调困难，不利于应对系统性、耦合性极强的突发事件；第二，临时指挥机构的任务重点是在突发事件发生后负责应急处置或恢复重建的领导工作，不将各类突发事件的预防纳入自己的职责范畴；第三，临时建立的指挥部不能形成稳定的应急管理队伍，更不能积累应急管理的经验，“学习效应”无从体现；第四，临时指挥部工作的思路是各相关部门按照任务分工再调动自己所辖应急救援队伍，这加剧了应急救援队伍单队单能的趋势。

1. 起步探索

2003 年非典发生后，我国踏上了现代应急管理建设的征程，特别重视应急管理的体制建设，开始设立应急管理的常设机构。其主要意义在于适应应急管理的综合性要求，履行综合协调的职能，建立稳定的应急管理人员队伍。

2003 年 9 月，全国政协办公厅向中共中央、国务院报送《关于我国城市应急机制建设中的问题及对策的调研报告》，提出了城市应急指挥机构建设的三种模式：一是张家口、广州、佛山模式，依托市公安局；二是深圳模式，依托市委、市政府办公厅；三是南宁模式，新建机构。此次调研表明，我国应急体制建设具有一定的基础。

2006 年 4 月，国务院办公厅下发的《关于设置国务院应急管理办公室（国务院总值班室）的通知》提出：“国务院办公厅设置国务院应急管理办公室（国务院总值班室），承担国务院应急管理的日常工作和国务院总值班工作，履行值守应急、信息汇总和综合协调职能，发挥运转枢纽作用。”此后，全国各地纷纷在政府办公厅或办公室内成立应急管理办公室。

2007 年 12 月 27 日，《人民日报》刊登华建敏同志的文章《我国应急管理工作的几个问题》，文中指出：“所有的省级政府和市级政府、92％的县级政府成立或明确了应急管理领导机构；所有的省级政府和 96％的市级政府、81％的县级政府成立或明确了应急管理办事机构。国家防汛抗旱、抗震减灾、森林防火、灾害救助、安全生产、公共卫生、通讯、公安等专业机构应急指挥与协调职能进一步强化。”应该说，我国应急管理体制建设在短时期内还是取得了毋庸置疑的成绩。

2. 平稳发展

2008 年 7 月，《国务院办公厅关于印发国务院办公厅主要职责内设机构和人员编制规定的通知》中说，国务院应急管理办公室（国务院总值班室）作为国务院办公厅的内设机构，“负责国务院值班工作，及时报告重要情况，传达和督促落实国务院领导同志指示；组织开展应急预案体系建设，协助国务院领导同志做好有关应急处置工作；办理安全生产、信访以及国务院应急管理方面的专题文电、会务和督查调研工作”。

我国的行政体制带有很强的科层制特点。科，即领域、部门；层，即层级、层次。下级要服从上级，不同部门协调大多要通过共同的上级。应急管理机构要协调相关部门就必须在权力上高于这些部门。将应急办设在政府办公厅或办公室中的原因就在于此。

在巨灾应对中，既有应急管理体制难以协调各方的问题凸显。比如，在南方暴风雪灾害应对中，中央政府成立“煤电油运和抢险救灾应急指挥中心”，办公室设在国家发展和改革委员会；在“5·12”汶川地震中，我国成立“抗震救灾指挥部”。这似乎使我们的应急管理体制又回到了临时成立指挥机构的老路上去了。

应急办存在的最大意义是综合协调，但受体制的羁绊，应急办的职能出现内敛化，即逐渐地将自身的定位设为领导应对重大突发事件的决策“参谋”与“助手”，这在一定程度上似乎淡化了综合协调和运转枢纽的作用。

3. 开创新局

现代应急管理最根本的特征是综合性。现代社会的复合型风险是任何部门无法单独应对的。为此，设立以综合协调为己任的应急管理部门是非常必要的。不仅如此，由于行政文化中封闭性和排他性的特点，部门分割、条块分割是中国行政体制的弊端。在这种情况下，这样一个应急管理部门绝非可有可无。问题的关键是，应急管理机构是否具有履行综合协调职责的权力。

《突发事件应对法》第四条规定：“国家建立统一领导、综合协调、分类管理、分级负责、属地管理为主的应急管理体制。”我们要按照这样的思想，不断完善应急管理体制，建设权责匹配，可以履行综合协调职责的应急管理机构，形成训练有素、精干高效的应急管理人员队伍。

2018 年，在新一轮国务院机构改革中，国家将安监、应急、消防、救灾、地质灾害防治、水旱灾害防治、草原防火、森林防火、震灾应急救援等职责跨部门整合在一起，组建应急管理部，涉及国家安监总局、国务院办公厅、公安部、民政部、国土资源部、中国地震局等部门。而且，此次改革将国家防汛抗旱总指挥部、国家减灾委员会、国务院抗震救灾指挥部、国家森林防火指挥部的职责一并加以整合。“9＋4”结构体现了我国将主要的自然灾害与事故灾难应急职能加以统筹考量的应急管理体制改革思路，在很大程度上有利于提升应对复杂性突发事件的能力，是我国加强现代应急管理的一个重要契机。

10.2 应急管理协调的维度

应急管理部的组建整合了 11 个部门的 13 项职能，涉及的部门多，范围广，内部统筹协调难度大。同时，灾害事故应急管理是一个从风险防范到突发事件应对的漫长链条，涉及多个部门、多种力量，千头万绪，十分复杂，涉及外部整合问题。

10.2.1 内部统筹协调

虽然应急管理部的内部架构已定，但统筹自然灾害与事故灾难应对还需要进一步磨合。自然灾害由自然的致灾因子引发，事故灾难由技术的致灾因子引发，其发生、演进与作用的规律不同。但是，它们的共同点是因作用于社会系统而为害。同时，自然灾害与事故灾难的形成都有人为的因素，尽管前者较为间接、后者较为直接。超越技术层面，我们在管理领域还是可以在两类灾害中找到共同的应对规律的。国外提出的综合性应急管理（comprehensive emergency management）所提倡的应急模式要协调应对各个灾种，就是因为各类应急管理都有共同性、普适性规律。受到既往工作思维惯性的影响，不同部门站位不同，关注的层次不一，使用的术语、话语差异较大，难以相互理解对方，遑论达成共识。例如，原应急办工作人员如不注意调整、适应新的应急管理格局，就容易给人发号施令的错觉。

内部统筹协调的一个较为棘手的问题涉及消防与其他部门的关系。消防部门来自转隶前的公安消防与武警森林部队。军队是遂行特殊政治任务的武装集团，其倡导的“血性”文化与民事文化存在巨大差异。而且，与行政级别相比，消防官员按照军衔制定级较高。在应急管理部组建的背景下，一方面，我们要保持消防人员的积极性和战斗力，就不得不维系其相对独立性；另一方面，我们又要使消防部门融入应急管理新的组织。这中间存在着一个悖论。在消防垂直管理的背景下，地方应急管理厅局调动救援队伍机制必须有一个顶层设计。

此外，应急管理部在组建后成为国家减灾委员会、国务院抗震救灾指挥部、国家森林防火指挥部、国家防汛抗旱总指挥部、国务院安全生产委员会五个高层次应急指挥协调机构办公室所在地。这些机构是否需要进行重组与整合，在理论上也是可以进行探讨的。以往，面对同样一场气象灾害，国家减灾委员会、国家防汛抗旱总指挥部同时启动的情况并不少见。机构设置叠床架屋、职责不清，容易造成信息报送的混乱，给应急决策带来巨大的困扰，甚至政出多门、让人无所适从。

从纵向上看，中央与地方的关系也存在着需要理顺的问题，甚至是更为尖锐的问题。地方应急管理改革并不是完全复制中央的方案，应急管理厅（局）也不是应急管理部的“缩微版”。改革是利益的调整与博弈，应急管理厅（局）的内部架构、编制被打上了地方的烙印。未来，应急管理部任务的分解与落实会不会面临一些不顺畅、难以对接的麻烦，这是值得存疑的一个问题。改革后，中国地震局成为应急管理部的一个事业局，实行垂直管理。地方应急管理厅（局）与地震局如何处理关系，这也需要深入研究。

消防转隶后在应急管理部内部是防火与灭火分立的，即防消分离。在灭火方面，国家综合性消防队伍作为国家队，由应急管理部统一领导和指挥，垂直管理的局面基本确定。那么，防火是否也需要垂直管理？地方应急管理部门与消防是什么关系？在应对突发事件时，应急管理厅（局）在多大权限上可以调动消防队伍？地方要不要建设综合救援的地方队？这些都是需要后续改革破解、影响应急管理协调能力的难题。

应急管理部组建后，60 多次派出工作组指导地方应急处置。作为刚起步的新建部，应急管理部的这些举措在地方机构未设立、未健全的背景下是可以理解的，但不应成为常态。否则，应急管理部就会成为“救火队”。从长远来看，应急管理部应明晰中央与地方应急管理的权责分工，压实地方应急部门的责任，以便腾出更多的时间和精力来推进制度建设，提升应对系统性安全风险的统筹协调能力。

10.2.2　部门间统筹协调

应急管理部要充分发挥应急指挥协调机构的作用，加强与其他政府部门的协调。首先是与应急管理“三驾马车”中的其他“两驾马车”的联系与合作。重大自然灾害与事故灾难发生后，卫生部门要出动医疗救援力量，对伤者进行救治。对于可能引发的社会治安问题或群体性事件，应急管理部需要公安力量来维护社会秩序，确保应急救援的有序开展。当然，当公共卫生突发事件或社会安全事件发生后，卫生或公安部门也会需要应急管理部救援力量的参与。例如，当城市发生重大恐怖袭击事件后，国家消防综合性救援队要参与灭火和救援行动。应急、卫生、公安三个部门要围绕应急管理，形成核心应急响应伙伴关系。其次是与气象、交通、环保、发改委、自然资源、水利、林草等部门合作，形成紧密应急响应伙伴关系。在应急救援过程中，气象部门提供天气服务，交通部门提供通行保障服务，环保部门要监测次生灾害风险，发改委要提供应急物资保障，自然资源、水利、林草等部门提供专业支持。最后是与政府其他部门形成外围应急伙伴关系，这些部门包括财政、外交等所有可能涉及突发事件处置的部门。

此外，自然灾害与事故灾难的预防必须贯彻全政府的理念。在自然灾害方面，应急管理部门要在防治体系和能力现代化建设方面扮演“领头羊”角色。由于地质灾害、水旱灾害、森林草原火灾的防救职能因机构设置的原因，分别隶属于不同部门，处于灾害演进链条“下游”的应急管理部门要与自然资源、水利、林草等部门建立良好的协调机制，督促其做好风险减缓、监测预警等方面的工作，力争使突发事件被遏制在萌芽状态。否则，应急管理部门不掌握水文等专业数据，科学处置就面对巨大困难。即便相关部门提供专业的原始数据，应急管理部门也难以精准解析、一头雾水。

10.2.3 军地统筹协调

《中国军事百科全书》对“军队”的含义做了如下界定：“军队是国家或政治集团为准备和实施战争而建立的正规的武装组织，是国家政权的主要成分，是执行政治任务的武装集团，是对外抵抗或实施侵略、对内巩固政权的主要暴力工具。”① 军队除了作战之外，还具有处置突发事件，平息暴乱、骚乱，对内维持政权稳定的功能。各种突发事件不同程度地影响着国家政权的稳定性，军队应该在应急管理中发挥作用。

军队自身所具有的特点决定了军队适合参与应急管理，对突发事件的处置提供援助。军队拥有训练有素的医疗工作者和工程技术人员以及完善的后勤保障系统，储存着大量的应急物资和运输工具，从人力、物力上看，具备参与应急管理的有利条件。而且，军队具有高度严整的组织结构，统一指挥、统一制度、统一编制、统一纪律、统一训练，快速反应能力、应急机动能力很强，可以在处突维稳方面大有作为。“军队把救灾救援作为其任务之一，首先是由其使命决定的。军队是维护国家安全和发展的武装集团，其主要任务是应对战争、抵御外敌入侵，但当发生重大灾害时，军队理所当然要首当其用。从军队的特点看，军队具有战备程度高、组织严密、反应迅速、突击力强的优点，能够迅速投入救援，最大限度地减少损失，是任何其他力量都无法比拟的，是救灾救援的首

① 徐育苗．中外军事制度比较．北京：商务印书馆，2003：3.

选力量，能够产生最大的效益。”①

对于利用军事资源参与突发事件处置的优势，国外学者将其归纳为以下九个方面：（1）后勤：军队可对应急救援物资和人员进行空中、陆地和海上运输。（2）医疗卫生：军队可启用流动野战医院，提供医疗设备、专家，进行急救和特种医疗救护。（3）搜救：如管理应急无线电频道，出动舰船对海事灾难进行响应。（4）物资：动用储备的军事给养，特别是相对过剩的给养支持灾害救援与恢复。（5）数据收集与分析：专业化部队可利用遥感技术和数据库，借助数字化地图，评估灾害的程度与影响。（6）公共设施建设：工程部队可以出动人员和装备，重建基础设施，迅速恢复灾损基础设施的运行。（7）公共信息：军队的心理战及宣传能力可被用来向灾民及时提供信息。（8）公共管理：军队中的民事人员可以对灾害援助进行管理，履行地方政府的职能，充当灾民与军方之间进行联系的纽带。（9）安全：军事警察或作战部队可以保障救灾活动的安全②。这基本上涵盖了军队参与应急管理的全部作用。

中国军队参加抢险救灾

中国是世界上自然灾害最为严重的国家之一，灾害种类多，分布地域广，发生频率高，给国家经济建设和人民群众生命财产安全带来严重危害。中国武装力量始终是抢险救灾的突击力量，承担最紧急、最艰难、最危险的救援任务。依据2005年颁布的《军队参加抢险救灾条例》，军队主要担负解救、转移或者疏散受困人员，保护重要目标安全，抢救、运送重要物资，参加道路（桥梁、隧道）抢修、海上搜救、核生化救援、疫情控制、医疗救护等专业抢险，排除或者控制其他危重险情、灾情，协助地方人民政府开展灾后重建工作等任务。

军队和武警部队与各级人民政府建立完善应对自然灾害军地协调联动机制，建成战略级移动应急指挥平台，在重点地区预储预置抢险救灾急需物资器材，编制修订团以上部队抢险救灾应急预案，组织军地抢险救灾联训联演，全面提高抢险救灾能力。目前，已组建抗洪抢险应急部队、地震灾害紧急救援队、核生化应急救援队、空中紧急运输服务队、交通电力应急抢险队、海上应急搜救队、应急机动通信保障队、医疗防疫救援队、气象保障应急专业队等9类5万人的国家级应急专业力量。各军区会同有关省（自治区、直辖市），依托现役和预备役部队组建4.5万人的省级应急专业力量。

中国武装力量在历次重大抢险救灾中，都发挥了生力军和突击队作用。2008年，出动126万名官兵和民兵预备役人员抗击南方严重低温雨雪冰冻灾害，22.1万人参加四川汶川特大地震抗震救灾。2010年，投入2.1万人参加青海玉树强烈地震抗震救灾，1.2万人参加甘肃舟曲特大山洪泥石流灾害抢险救援。2011年以来，军队和武警部队共出动兵力37万人，各型车辆（机械）19.7万台次、飞机和直升机225架次，组织民兵预备役人员87万人，参加抗洪、抗震、抗旱、防凌、防台风和灭火等抢险救灾行动，

① 肖天亮．军事力量的非战争运用．北京：国防大学出版社，2009：42.

② Charles Kelly. Limitations to the Use of Military Resources for Foreign Disaster Assistance. Disaster Prevention and Management，1996，5（1）.

抢救转移群众 245 万人，抢运物资 16 万吨。陆军航空兵直升机每年出动数百架次担负森林和草原防火、救火任务，并实现常态化。

资料来源. 国防白皮书：中国武装力量的多样化运用. 新华网，2013-04-16.

在我国，解放军、武警部队作为人民子弟兵，在抢险救灾中扮演着突击队的重要角色，彰显了人民军队为人民的优良传统。在新一轮军改背景下，军队的编成体制发生了重大变化，指挥机构更加扁平化，从理论上讲更加便于灵活地参与应急救援行动。但是，由于军地双重领导体制的现实，军队、武警参与应急救援必须立足于制度的有效磨合。所以，在新形势下，应急管理部要密切与军队、武警部队的联系、沟通，推动应急管理领域军民深度融合机制的构建。

10.2.4 政企、政社统筹协调

企业与社会蕴含着丰富的应急资源和巨大的应急潜力。为了有效应对重大自然灾害和事故灾难，应急管理部必须对其加以有效动员。应急管理部设立教育训练司，专司应急社会动员。但是，在社会转型期，传统自上而下的命令式动员遭遇挑战，有时社会动员可能难以奏效，表现出百呼不应的尴尬。有时，企业和社会又自我动员、自我激发，使应急行动失序，让政府责之为“令不行，禁不止”。应急管理部要按照共建、共享、共治的原则，探索构建可以吸纳企业和其他社会力量的弹性应急体系，为其有序参与应急救援活动提供制度化平台，从而既保护公众的热情、又避免救援的混乱。

应急管理部的组建以原国家安监总局为基本盘基本面，在企业安全生产监管、灾害事故防范方面具有强大的优势。一些工矿企业和危化企业具备应急救援队，并且也参与了汶川地震、寿光水灾等自然灾害的救援。未来，应急管理部应充分利用好安全生产救援队伍，并依托管行业、管企业安全的职能，督促、指导企业更多地参与自然灾害救援。地方应急管理部门也可以将政府合同制消防队和企业专职救援队升级、打造成应急救援的地方队，与国家消防综合性救援队相互配合、补充。此外，有条件的企业要积极投身于应急产品与技术的开发，特别是利用无人机、人工智能、3D 打印等新技术为应急管理插上新翅膀。

社会力量包括社会组织和无组织归属的志愿者两类。应急管理部应依托中国红十字会、慈善总会等大型社会组织，构建应急志愿服务的伞状组织，规范应急志愿组织的行为并为其参与提供服务。对于无组织归属或曰自发型志愿者，应急管理部可以设立应急服务与需求对接机制，使其安全、有序、有效地提供应急服务。

10.2.5 区域统筹协调

重大安全风险具有明显的跨界性，可以超越行政边界的局限。所以，构建区域应急统筹协调机制非常有必要。由于我国幅员辽阔，应急管理部应按照东西南北中五个方位，设立区域应急救援协调中心并预置一定的应急救援物资和装备，以提升应急救援的快速

反应和机动支援能力。目前，我国正在积极推进京津冀协同发展、长江经济带发展等国家发展战略，有效的区域应急统筹协调可以为区域发展战略保驾护航。我国已经构建了珠三角、长三角、京津冀等区域应急协调联动机制，主要限于联席会议、联合制定应急预案、联演联训、推进相邻次区域合作等形式。受基于行政区划的财政体制的约束，这些协调基本上是形式大于内容，并且缺少国家层面的统筹。应急管理部应该依托区域应急救援协调中心，统筹规划区域协调机制的构建，并申请国家专门资金，牵头构建区域应急救援的补偿机制。以提升区域甚至流域应急联动能力。

10.2.6　国际统筹协调

在经济全球化时代，重大风险的全球治理成为构建人类命运共同体的一个重要内容。2008 年 5 月 12 日，汶川特大地震发生后，国际社会向中国伸出援手。中国政府心态开放，广纳外援，展现了一个大国成熟、自信的姿态。更为重要的是，中国作为一个负责任的大国，积极参与国际减灾救灾行动，做出了重要的贡献。2018 年 5 月 12 日，习近平向汶川地震十周年国际研讨会暨第四届大陆地震国际研讨会致信，提出：人类对自然规律的认知没有止境，防灾减灾、抗灾救灾是人类生存发展的永恒课题。科学认识致灾规律，有效减轻灾害风险，实现人与自然和谐共处，需要国际社会共同努力。

我国提出了“一带一路”倡议，得到了国际社会的广泛赞许和响应。提升沿线国家协同治理灾害风险、共同应对突发事件的能力，这对于确保“一带一路”建设的顺利进行意义重大，这是因为全球化的快速发展已经将整个世界联结成一个巨大的复杂系统。而且，“一带一路”地区为风险高发区：一是沿线国家多处于两个灾害带——北半球中纬度灾害带和环太平洋灾害带上，台风、暴雨、风暴潮等自然灾害频发；二是沿线国家处于三大地震带上，地震灾害频发；三是沿线国家恐怖袭击风险高，应急救援需求大。

国际统筹协调不仅要关注政府力量，也要关注社会力量。2015 年 4 月 25 日，尼泊尔发生里氏 8.1 级强震，我国社会组织走出国门，积极参与灾害救援。在 2016 年 4 月 16 日厄瓜多尔发生的里氏 7.8 级强震和 2018 年 7 月 5 日泰国发生的普吉岛沉船事故中，我国社会组织救援队也发挥了重要的作用。我国社会组织赴境外救灾是灾害外交、民间外交的重要组成部分，可以有效增进国际友好交流，其效果是官方外交难以达到的。但是，这些国际组织在“走出去”的过程中并不顺畅，遭遇了应急装备通关、获取救援信息、灾区通行等方面的困难。应急管理部成立了国际合作和救援司，未来应协调外交部、商务部、海关总署等部门，为中国民间救援力量走出国门、参与人道主义救援创造有利的条件，进而塑造中国在世界上的良好形象。

10.3　应急管理的国际合作

“一个国家的响应能力与几个因素相关，包括灾害的易发性，地方和地区的经济资源，政府的组织体制，技术、学术与人力资源的供给。但是，在巨灾面前，国家自身缺少响应能力，这种情况日益增多，并呼唤着外援。影响整个地区的灾害并不罕见，应对需要国际响应机制。”① 国际合作是应急管理综合性特征在经济全球化时代的新表现，即整合国内与国际力量以应对可能发生的巨灾。

2015年5月7日，习近平发表题为《铭记历史，开创未来》的文章。“‘合则强，孤则弱。’合作共赢应该成为各国处理国际事务的基本政策取向。我们应该把本国利益同各国共同利益结合起来，努力扩大各方共同利益汇合点，树立双赢、多赢、共赢新理念，坚持同舟共济、权责共担，携手应对气候变化、能源资源安全、网络安全、重大自然灾害等日益增多的全球性问题，共同呵护人类赖以生存的地球家园。”

10.3.1 国际合作的原则

从某种意义上说，国际社会处于无政府状态。各国在共同应对突发事件的过程中，虽无一个“世界政府”来约束，但需要有一套“游戏规则”。我们认为，重大突发事件应对的国际合作应遵循以下原则：

第一，预防为主。重大突发事件应对的国际合作不仅要注重灾后的救援援助，也要注重灾前的防范合作，如开展关于重大传染病防控知识的普及与宣传，推行巨灾保险，建立海啸、地震等灾害的联合预警及信息共享系统，进行打击恐怖主义的跨国军事演习等。也就是说，重大突发事件的国际合作要体现于应急管理的全过程。在20世纪90年代，联合国提出了“国际减灾十年”计划，推动了应急管理从灾害响应导向型向灾害减缓导向型转变。

第二，体现国际公平与正义。在经济全球化进程中，发达国家是主导者和主要受益者。在某种意义上讲，它们的发展是以牺牲发展中国家的利益为代价的。在重大突发事件应对的国际合作中，发达国家应该比发展中国家承担更多的义务，这体现了国际公平与正义的原则。

由于经济发展水平所限，许多发展中国家对重大突发事件减缓与准备的投入严重不足。这就导致了贫困与灾害之间的互动：因为贫困而脆弱性强，因为脆弱性强而频发灾害，进而造成更加贫困。对此，发达国家应给予发展中国家更多的经济援助，帮助其提高重大突发事件的抗逆能力。

第三，奉行人道主义原则。重大突发事件应对的国际合作机制应该体现人道主义的原则，避免某些国家借国际合作之机，或附加政治条件、干涉别国内政，或扩大势力范围、彰显战略意图。这是重大突发事件应对中开展国际合作的大忌。2004年，印度洋发生特大海啸，沿岸国家损失惨重。美国提供了价值3.5亿美元的援助，其目的之一是向伊斯兰国家示好，以期消除反美主义情绪；日本同时向印度洋地区派出了海上、陆上和航空自卫队，进一步突破了和平宪法的限制，凸显了日本争做政治大国的野心。印度为了防止美日向南亚地区的势力扩张，拒绝了国际援助。可见，一旦危机应对的国际合作

① George D. Haddow, Jane A. Bullock. Introduction to Emergency Management. 2nd Edition. New York: Elsevier, 2006: 219.

背离人道主义的原则，就会难以为继。

第四，标本兼治。在经济全球化背景下，增强国际合作、确保人类的共同安全是世界各国的共同心愿。但是，各国合作共同应对重大突发事件必须坚持既治标、又治本的原则。

以打击核恐怖主义（nuclear terrorism）为例，国际社会必须加强国际合作，因为：其一，打击核恐怖主义事关国际安全，提供的是一种全球公共产品，世界各国均有义务参与、支持此项事业；其二，只有增强全球合作，才能真正控制核技术与核材料的扩散，从源头上遏制核恐怖主义。

在加强反核恐怖主义国际合作的过程中，相关国际组织及有关国家奉行标本兼治的原则，增强发展中国家和平利用核能的能力，以此来促进经济社会的可持续发展、消除贫困、改善人民的生存条件，从根本上铲除恐怖主义滋生的根源。

2016 年 4 月 1 日，第四届核安全峰会模拟场景互动讨论会暨闭幕式在华盛顿举行。习近平主席出席并发表重要讲话，强调恐怖主义是人类公敌。各国要根据安理会决议，协同好国际、地区和国内层面的行动，加强合作，坚决遏制恐怖势力蔓延的势头。打击恐怖主义必须摒弃双重标准。无论恐怖活动打着什么旗号、针对哪个国家、采取何种手段，都要坚决予以打击。要综合运用政治、经济、文化、外交等手段，标本兼治，铲除滋生恐怖主义的土壤。

第五，充分发挥联合国的主导作用。联合国是世界各国政府间进行集体合作的唯一机构，也是促进全球和平与安全、推动全球发展、保护人权并加强国际法的重要场所。它是由主权国家组成的最大的国际组织，有“世界议会”之称。联合国在推动世界经济发展、维护人类社会的稳定和保护人权方面做出了不可磨灭的贡献。印度洋海啸的受灾国家大多是发展中国家，再加上印度洋地区在历史上很少发生海啸，所以各国海啸预防体系的基础十分薄弱。在印度洋海啸的救援过程中，很多的行为体希望能够承担国际救援协调的任务。但是，只有联合国才能够把不同利益的各方组织在一个框架下进行救援①。

在重大突发事件的应对过程中，国际社会应充分发挥联合国的主导作用。“当灾害发生时，联合国立即做出响应，并动态地提供食品、住宅、医疗救助和后勤支持等援助。联合国紧急救助协调员通过人道主义机构委员会对危机做出国际响应，其中包括联合国儿童基金会、联合国开发计划署、世界粮食计划署、联合国难民事务高级专员办事处以及其他与事件相关的必要机构。”② 这些机构完成消除自然灾害、人为灾难及人道主义紧急事件引发的严重后果。

此外，联合国还将减灾纳入全球可持续发展战略的框架下，通过项目开发来推动灾害的预防与减缓，如鼓励建立预警系统，进行日常的监测与预报，提高地方和地区的应急准备水平。联合国通过的《国际减灾战略》中，将减灾和风险减缓作为自身的核心任务，以提高全球恢复力，并通过一系列的机制来减少人、经济与社会的损失：增强公众

---

① 薛晓芃. 国际公害物品的管理：以 SARS 和印度洋海啸为例的分析. 北京：外交学院，2007.

② George D. Haddow, Jane A. Bullock. Introduction to Emergency Management. 2nd Edition. New York: Elsevier Inc., 2006: 223.

意识；获得公共当局的承诺；促进多学科、部门间建立伙伴关系，构筑不同层次的风险减除网络；加强对自然灾害原因、自然致灾因子影响以及有关技术、环境灾难对社会影响的研究①。

今后，我们要对联合国机制进行改革，并充分考虑重大突发事件对人类生存影响日益加剧这一现实，使联合国成为各国在重大突发事件应对中开展国际合作的平台与纽带。

10.3.2 国际合作的形式

从层次和范围上看，重大突发事件应对的国际合作可以分为三种形式：全球合作、区域合作、双边合作。例如，1998年6月，在俄罗斯的建议下，北约总部在和平伙伴关系框架下成立了欧洲-大西洋减灾响应协调中心（Euro-Atlantic Disaster Coordination Center）。该中心负责协调欧洲-大西洋地区的北约及其伙伴国家之间的灾害响应行动。从2001年起，它开始协调各国反恐行动，进行恐怖袭击的结果管理（consequence management）。此外，该中心还起到灾害援助信息共享平台的作用，开展有关自然、人为灾害的国际演习，与联合国人道主义救援办公室、国际原子能机构、世界卫生组织等国际机构进行密切的合作，鼓励各国以双边或多边协议的形式解决跨境往来签证等可能影响救援效率的问题。多年来，该中心参与了全球30多场针对重大突发事件的跨国救援行动，包括对美国“卡特里娜”飓风、巴基斯坦地震的救援。

但从合作伙伴的性质来说，我们可以把国际合作分为以下三种：社会组织合作；救援企业合作；政府间合作，包括军事合作。通过这些合作，各国密切联系、协同应急，抵御共同面临的威胁。

（1）社会组织合作。在国际合作中，我们需要发挥以联合国为主的国际组织的作用，也需要借助规模不断壮大的社会组织的力量。“在过去的几十年里，关注国际人道主义救援的社会组织的数量呈现出指数级增长。这些组织逐渐在灾害响应与恢复中发挥重要的作用，填补了国家组织与多边组织留下的空白。它们具备不同的技能和设备，可以满足灾民的需要，提升了国际救援的能力。”②

具体来说，在重大突发事件应对中，社会组织可以提供以下几种资源：一是信息资源，社会组织可以收集信息，准确提供灾害损失和援助需求情况；二是救援人力资源，社会组织可以在短时间内调集具有各种技能的救援人员；三是财政资源，社会组织具有很强的筹资能力，能够迅速地在国内外筹措大笔应急资金。

以红十字会与红新月会国际联合会（IFRC）为例，它在全球拥有众多的成员机构，是各国应对重大突发事件开展国际合作可依托的重要网络。IFRC的全球重要合作行动包括：降低灾害易发地带社区及家庭的脆弱性，提高其承受灾害影响的能力；增强各国红十字会、红新月会的灾害准备与灾后响应能力；等等。

这样的社会组织一方面具有国际组织的特征，拥有遍及全球的网络，可以与地方政

---

① George D. Haddow, Jane A. Bullock. Introduction to Emergency Management. 2nd Edition. New York: Elsevier Inc., 2006: 223-224.

② 同①230.

府结成应急伙伴关系，在重大突发事件中发挥重大作用；另一方面又具有草根组织的特点，组织结构分散化，反应灵活，处置效率很高，且具有独立、中立、人道主义色彩，在一些重大突发事件的谈判中发挥着独特的作用。不仅如此，它们的成员接受了正规的培训，实践经验丰富，敬业精神强大，可以从事灾害救助到灾后恢复重建等各种工作。

（2）救援企业合作。在重大突发事件应对的过程中，一个国家可以与国际社会组织合作，也可以与其他国家的救援公司合作。在国外，紧急救援已经成为一个仅次于银行、邮电、保险业的重要服务性产业，是政府救援的有益与必要的补充。

在重大突发事件的应对过程中，一国政府可以按照商业化模式，调用国外的紧急救援公司。但是，国外紧急救援公司的行为必须受到严格的法律规范约束和委托人的有效监管，必须实行严格的行业自律。对此，发达国家政府官员、学者也在积极探讨如何使紧急救援公司成为可资信赖的应急处置国际伙伴。

（3）政府间合作。在当前的国际形势下，民族国家仍是国际关系的主要行为体。重大突发事件应对的国际合作离不开民族国家，其形式可能是国家与国家之间的双边合作，国家参与地区或国际合作等。比如，中国政府高度重视区域间救灾互助关系，积极推动上海合作组织国家在救灾领域的合作，各国签署了《上海合作组织成员国政府间救灾互助协定》，通过了《〈上合组织至 2025 年发展战略〉2021—2025 年落实行动计划》。

军事合作是政府间合作的特殊表现形式。近年来，世界主要国家的军队都将更多的目光锁定在非传统安全问题上，承担职责实现了向多样化的转变，遂行反恐救灾等非战斗军事任务明显增多。军队之间在国际维和、人道主义救援、打击跨国犯罪、铲除国际恐怖主义等方面开展了一系列的合作与交流。不仅如此，随着国际交往的日益密切，军队还承担着救助重大突发事件发生地侨民、保卫驻外机构人员安全的职责。这些职责的成功履行离不开当地政府的合作与支持。

10.3.3 我国公共危机管理的国际合作

在新中国成立以后相当长的一个历史时期内，中国不断地向其他发展中国家提供灾害救助，却拒绝其他国家提供的援助。1976 年，唐山大地震发生后，联合国与日本、英国等都提出给予我国援助。“当时我们实行的是极左的、闭关锁国的政策，把接受外援与自力更生对立起来，拒绝了一切国际救灾援助。”①

改革开放后，我国对国际救灾援助问题的认识逐步解放思想。特别是 1987 年大兴安岭发生特大森林火灾后，我国调整了接受国际救灾援助的方针。“我国基本上是从 1980 年开始接受国际救灾援助的。当时所确定的方针为：‘对联合国救灾署的援助可适当地争取，可及时提供灾情（包括组织报道），情况严重的亦可提出援助的要求。’到 1981 年改为：‘不主动提出和要求援助，对方主动提供援助又不附加先决条件，可以接受。’1987 年又调整为：‘要有组织有计划地向国际社会通报和提供有关灾情和救灾工作的资料。……有

① 孙绍骋．中国救灾制度研究．北京：商务印书馆，2004：138-139.

选择地积极争取国际救灾援助’。”①

近年来，随着国内外重大突发事件的不断发生，我国密切了与世界其他国家的国际应急管理合作关系。这主要表现在中国积极参与国际重大突发事件救援，向受灾国提供大量的援助，展示中国作为负责任大国的形象。

2004 年，印度洋海啸发生后，中国政府反应积极，向受灾国提供了大量的资金和物资援助，派出了多支医疗救援队和技术救援队等，参加灾害救助、卫生防疫等工作。北京市还于 2005 年 1 月主办了中国-东盟地震海啸预警研讨会，和东盟签署了《建立地震海啸预警系统技术平台的行动计划》。

不仅如此，中国地震局、中国人民解放军原总参谋部联合组成中国国家地震救援队，参加国际灾害救援。2005 年 9 月，亚洲减灾大会在北京召开，会议通过了《亚洲减少灾害风险北京行动计划》，推动了亚洲区域减灾与灾害救援合作的发展。我国还通过上海合作组织加强了与中亚各国在救灾、反恐领域里的交流、联动。

中国国家地震救援队赴海地进行救援

2010 年 1 月 12 日，海地发生 7.3 级强烈地震。位于首都太子港的总统府及其他政府建筑被震塌，通信和电力供应受到严重影响。海地是世界上最为贫穷的国家之一，不堪巨灾的重创，急需国际社会的救援。1 月 13 日，中国国家地震救援队从北京启程赴海地进行救援工作，包括中国地震局专家、工兵分队、医疗分队等。

中国国际救援队赴尼泊尔进行救援

2015 年 4 月 25 日，尼泊尔发生里氏 8.1 级强烈地震。此次地震造成约 8 800 人死亡，超 80 万幢建筑损毁，直接经济损失约 70 亿美元。面对突如其来的自然灾害和人道主义灾难，尼泊尔不堪重创，急需国际社会的救援。4 月 26 日，中国国际救援队从北京启程赴尼泊尔地震灾区实施国际人道主义救援，包括地震专家、医护队员、搜救队员等。

多年来，中国积极参加有利于各国共同应对重大突发事件的国际公约。以反击核恐怖主义为例，2005 年 4 月，第 59 届联合国大会通过了《制止核恐怖行为国际公约》。此项公约是联合国制定的第 13 项反恐公约，也是首项打击核恐怖犯罪的专项公约。它要求各国为打击核恐怖行为加强情报交流，加强对本国放射性物质的监管，为国际社会加强核反恐合作提供了法律框架。同年 9 月 14 日，中国外交部部长李肇星代表中国政府签署了该公约。

2006 年 11 月，为防范核恐怖主义、促进和平利用核能的国际合作，我国修改《中华人民共和国核出口管制条例》。2007 年 1 月，我国公布了《国务院关于修改〈中华人民共和国核两用品及相关技术出口管制条例〉的决定》，在原条例中增加“防范核恐怖主义行为”的内容。2010 年至 2016 年，中国领导人连续四届参加核安全峰会，为防范和

① 孙绍骋. 中国救灾制度研究. 北京：商务印书馆，2004：143.

应对核恐怖主义建言献策。2019 年 9 月，中国发表首部《中国的核安全》白皮书，分享中国核安全监管的理念和实践，阐明中国推进全球核安全治理进程的决心和行动。

2008 年 11 月 22 日至 23 日，亚太经济合作组织第十六次领导人非正式会议在利马举行。气候变化、防灾减灾成为本次会议的两个重要主题。

作为一个负责任的大国，中国积极奉行可持续发展的方针，推动全球应对气候变化国际合作，努力寻求国际社会在人才、智力与技术方面的支持，降低温室气体的“生存性排放”。一方面，中国政府成立了国家应对气候变化领导小组，发布了《中国应对气候变化国家方案》；另一方面，中国政府提出，各国应该在可持续发展的前提下，坚持《联合国气候变化框架公约》及《京都议定书》的核心机制和主渠道作用，遵循共同但有区别的责任的原则，通过广泛开展国际合作，积极加以应对，保护全球环境。

今后，我们应在突发事件应对的国际合作中关注以下方面：一是加强与有关国家、区域或国际组织的交流与合作，联合建立预警监测、应急救援等方面的工作机制；二是积极参加国际应急救援；三是与国外应急管理研究机构联合开展项目合作。

《 本章小结 》

本章第一节界定了应急管理网络的构建、应急协调与合作的维度和应急管理体制，第二节探讨了应急管理协调的维度问题，第三节分析了应急管理国际合作的原则、形式，以及我国公共危机管理的国际合作史。读者在阅读本章时应站在全局性和全球化视野的高度，把握危机管理中的协调与合作问题。

《 关键术语 》

管理网络　应急协调　应急管理协调　军地统筹　政企、政社统筹协调　国际合作

《 复习思考题 》

1. 有效应急管理组织结构的特征有哪些？
2. 我国应对突发事件的管理模式有哪些不足？
3. 应急管理协调的维度有哪些？
4. 应急管理国际合作的原则和形式分别有哪些？
5. 我国在参与应急管理国际合作时应该注意哪些问题？

参考文献

习近平．习近平谈治国理政．北京：外文出版社，2014.

习近平．习近平谈治国理政：第 2 卷．北京：外文出版社，2017.

习近平．习近平谈治国理政：第 3 卷．北京：外文出版社，2020.

习近平．习近平关于防范风险挑战、应对突发事件论述摘编．北京：中央文献出版社，2020.

王宏伟．健全应急管理体系探析：从制度优势到治理效能．北京：应急管理出版社，2020.

王宏伟．中国应急管理改革：从历史走向未来．北京：应急管理出版社，2019.

闪淳昌，薛澜，等．中国应急管理大事记（2003—2007）．北京：社会科学文献出版社，2012.

祝明，王东明．防灾减灾救灾新格局．北京：国家行政学院出版社，2020.

汪永清．中华人民共和国突发事件应对法解读．北京：中国法制出版社，2007.

卡普费雷．谣言．上海：上海人民出版社，1991.

郭庆光．传播学教程．北京：中国人民大学出版社，1999.

俞可平．治理与善治．北京：社会科学文献出版社，2000.

刘铁民．应急体系建设和应急预案编制．北京：企业管理出版社，2004.

李飞．《中华人民共和国突发事件应对法》释义及实用指南．北京：中国民主法制出版社，2007.

贝克．风险社会．南京：译林出版社，2004.

孙绍骋．中国救灾制度研究．北京：商务印书馆，2004.

夏保成．西方公共安全管理．北京：化学工业出版社，2006.

朱爱群．危机管理．台北：五南图书出版公司，2002.

雷恩，罗尔曼．跨文化的风险感知：经验研究的总结．北京：北京出版社，2007.

Uriel Rosenthal. Coping with Crises: The Management of Disasters, Riots and Terrorism. Springfield Illinois: Charles C. Thomas Publisher, 1989.

David A. McEntire. Disaster Response and Recovery: Strategies and Tactics for Resilience. New York: John Wiley &Sons Inc., 2007.

William L., Waugh, Jr. The Political Costs of Failure in the Katrina and Rita Disasters//Annals of the American Academy of Political and Social Science. 2006-03.

George D. Haddow, Jane A. Bullock. Introduction to Emergency Management. 2nd Edition. New York: Elsevier Inc., 2006

National Research Council of National Academics. Army Science and Technology for Homeland Security. Washington, D.C.: Joseph Henry Press, 2001.

Michael K. Lindell, Carla S. Prater, Ronal W. Perry. Introduction to Emergency Management. New York: John Wiley&Sons Inc., 2007.

Richard T. Sylves, William R. Cumming. FEMA's Path to Homeland Security: 1979—2003. Journal of Homeland Security and Emergency Management, 2004, 1 (2).

Damon P. Coppopla. Introduction to International Disaster Management. New York: Elsevier Inc., 2007.

Uriel Rosenthal. Managing Crises: Threats, Dilemmas, Opportunities. Spring field Illinois: Charles C. Thomas Publisher, Ltd., 2001.

Richard J. T. Klein, Robert J. Nicholls, Frank Thomalla. Resilience to Natural Hazards: How Useful Is the Concept? Environment Hazards, 2003 (5).

Russell R. Dynes. Community Emergency Planning: False Assumptions and Inappropriate Analogies. International Journal of Mass Emergencies and Disasters, 1994, 2 (2).

Rajib Shaw, Koich Shiwaku, Yukiko Takeuchi. Disaster Education. London: Emerald Group Publishing Limited, 2011.

Ian I. Mitroff, Murat G. Alpaslan, Sandy E. Green. Crisis as Ill-structured Messes. International Studies Review, 2004 (6).

人大版公共管理类教材

公共管理类专业教材——学科基础课教材

书名	作者
现代管理学原理（第三版）（“十一五”国家级规划教材）	娄成武　魏淑艳
一般管理学原理（第四版）	张康之　周　军
管理学基础（第三版）	方振邦
政治学原理（第三版）	景跃进　张小劲
现代政治学原理（第四版）	石永义　刘玉萼　张　璋
公共管理学（第二版）	陈振明
公共管理学——一种不同于传统行政学的研究途径（第二版）	陈振明
公共管理学（第三版）（数字教材版）（“十二五”国家级规划教材）	蔡立辉　王乐夫
公共管理学（精编版）	王乐夫　蔡立辉
公共管理学（第二版）	张康之　郑家昊
公共管理概论（第二版）	朱立言　谢　明
公共政策导论（第六版）（数字教材版）	谢　明
公共政策概论（第二版）	谢　明
公共政策学——政策分析的理论、方法和技术（“十一五”国家级规划教材）	陈振明
公共政策学（第二版）	杨宏山
政策科学——公共政策分析导论（第二版）	陈振明
公共经济学（第三版）（“十二五”国家级规划教材）	高培勇
公共经济学教程	秦立建
政府经济学（第四版）（“十一五”国家级规划教材）	郭小聪
政府经济学（第四版）	潘明星　韩丽华

公共管理类专业教材——方法课教材

书名	作者
公共管理研究方法	何兰萍　张俊艳
行政学研究方法与应用案例	萧鸣政　等
管理定量分析：方法与技术（第三版）	刘兰剑

公共管理类专业教材——行政管理、公共事业管理专业教材

书名	作者
行政法学导论	姜晓萍
公共部门人力资源管理（第四版）	孙柏瑛　祁凡骅
公共部门人力资源开发与管理（第五版）（“十二五”国家级规划教材）	孙柏瑛　祁凡骅
公共部门人力资源管理（第三版）	滕玉成　于　萍
公共部门人力资源管理概论（第二版）	方振邦
公共部门人力资源管理案例	周均旭
行政管理学（第五版）（数字教材版）	郭小聪
公共行政学（第五版）	彭和平
公共行政学（第二版）	张康之　张乾友
行政学导论（第三版）	齐明山

书名	作者
行政管理学导引与案例	陈季修
管理心理学（第三版）	范逢春
公共组织行为学（第三版）（“十一五”国家级规划教材）	孙　萍　张　平
公共组织学（第四版）	李传军
行政组织学（第二版）	张　昕　李　泉
公共组织理论	陆明远　冯　楠
公共事业管理概论（第三版）	朱仁显
公共组织财务管理（第三版）（“十一五”国家级规划教材）	王为民
国家公务员制度（第五版）（数字教材版）（“十二五”国家级规划教材）	舒　放　贾自欣
国家公务员制度概论（第二版）	刘碧强　郗永勤
公务员制度概论	李如海
公务员制度	温志强　王彦平　郝雅立
当代国家公务员制度：理论与实践	胡春艳
行政领导学（第三版）	朱立言　李国梁
领导学（第五版）	邱霈恩
领导学	孙　健
现代市政学（第五版）（数字教材版）	王佃利
市政管理学（第五版）（“十一五”国家级规划教材）	杨宏山
社区管理（第四版）	汪大海　魏　娜　郇建立
社区管理原理与案例	魏　娜
电子政务教程（第三版）（“十一五”国家级规划教材）	赵国俊
电子政府与电子政务（第二版）（“十一五”国家级规划教材）	张锐昕
行政伦理学教程（第四版）（“十二五”国家级规划教材）	张康之　李传军
公共危机管理概论（第二版）	王宏伟
公共危机管理	唐　钧
当代中国政府与政治（第二版）	景跃进　陈明明　肖　滨
当代中国政府与行政（第三版）	魏　娜　吴爱明
地方政府学概论（第二版）	方　雷
地方政府管理（第二版）	陈瑞莲　张紧跟
管理秘书实务（第三版）	赵锁龙
行政秘书学	唐　钧
公文写作与处理	赵国俊
机关管理的原理与方法（第三版）	赵国俊　陈幽泓
公共部门绩效管理（第二版）	方振邦
政府绩效管理（第二版）	方振邦　葛蕾蕾
政府绩效评估	蔡立辉
政府公共关系（第二版）（“十一五”国家级规划教材）	廖为建　张　宁
西方行政学理论概要（第二版）（“十一五”国家级规划教材）	丁　煌
公共行政学史（第二版）	何艳玲
西方公共管理名著导读	汪大海
文化管理学（第三版）（“十二五”国家级规划教材）	孙　萍
文化创意产业导论	魏鹏举
卫生事业管理（第二版）（“十一五”国家级规划教材）	李　鲁
现代公用事业管理	崔运武

公共管理类专业教材——劳动与社会保障专业教材

书名	作者
社会保障概论（第七版）	孙光德　董克用
社会保障学	戴卫东
劳动经济学（“十一五”国家级规划教材）	董克用　刘　昕
劳动法与社会保障法	黎建飞
社会保险学（第四版）	孙树菡　朱丽敏
社会保障基金管理	李春根
社会保障国际比较	仇雨临

公共管理类专业教材——土地资源管理专业教材

书名	作者
土地经济学（第八版）（“十一五”国家级规划教材）	毕宝德
土地法学（中国人民大学“十三五”规划教材）	严金明
土地资源学	张正峰　赵文武
土地资源管理学（第二版）	张正峰
国土空间规划学	张占录　张正峰
不动产估价（第二版）（“十一五”国家级规划教材）	叶剑平　曲卫东
土地信息系统	曲卫东　韩　琼
地籍管理（第五版）（“十一五”国家级规划教材）	谭　峻　林增杰

公共管理类专业教材——城市管理专业教材

书名	作者
城市管理学（第四版）	杨宏山
城市管理学：公共视角	陆　军 等
城市管理法	王丛虎
城市总体规划原理	郐艳丽　田　莉

公共管理类教材——应急管理专业教材

书名	作者
应急管理导论：原理与案例	李燕凌　朱正威 张海波　章文光
应急管理概论	王宏伟
应急管理理论与实践	唐　钧
突发事件风险管理	张小明
应急管理新论	王宏伟
新媒体时代的应急管理与危机公关	唐　钧
公共安全风险治理	唐　钧

公共管理硕士（MPA）教材——核心课教材

书名	作者
全国公共管理硕士（MPA）核心课程教学指导纲要	全国公共管理专业学位 研究生教育指导委员会
社会主义建设理论与实践（第三版）	李景治　蒲国良

书名	作者
公共管理英语（修订版）	顾建光
学术规范和论文写作	胡宏伟
公共管理学（第三版）（全国优秀教材二等奖）	张成福　党秀云
公共管理学原理（修订版）	陈振明
公共管理导论	竺乾威　朱春奎　李瑞昌
公共政策分析	陈振明
公共政策分析导论	陈振明
公共政策分析概论（修订版）	谢　明
公共部门经济学（第三版）	高培勇　崔　军
公共经济学	唐任伍
行政法学（修订版）	皮纯协　张成福
行政法学概论（第三版）	胡锦光
非营利组织管理概论（修订版）	王　名
非营利组织管理	王　名　王　超
公共管理伦理学（修订版）	张康之
社会研究方法	陈振明
电子政务理论与方法（第五版）	金江军
公文写作概论	高永贵

公共管理硕士（MPA）教材——专业方向必修课、选修课教材

书名	作者
公务员制度教程（第六版）	舒　放　王克良
比较政府与政治（修订版）	卓　越
当代中国政府与政治（第三版）	吴爱明　朱国斌　林　震
公共部门人力资源管理及案例教程（第三版）	陈天祥
公共部门绩效评估（修订版）	卓　越
公共部门危机管理（第三版）	张小明
应急管理通论（第二版）	李雪峰
公共部门战略管理（修订版）	陈振明
MPA 学位论文写作指南	汪大海

图书在版编目（CIP）数据

公共危机管理概论/王宏伟著. --2版. --北京：
中国人民大学出版社，2021.3
新编21世纪公共管理系列教材
ISBN 978-7-300-29166-6

Ⅰ.①公… Ⅱ.①王… Ⅲ.①公共管理-危机管理-
高等学校-教材 Ⅳ.①D035.29

中国版本图书馆CIP数据核字（2021）第054121号

新编21世纪公共管理系列教材
公共危机管理概论（第二版）
王宏伟 著
Gonggong Weiji Guanli Gailun

出版发行	中国人民大学出版社		
社　　址	北京中关村大街31号	**邮政编码**	100080
电　　话	010－62511242（总编室）		010－62511770（质管部）
	010－82501766（邮购部）		010－62514148（门市部）
	010－62515195（发行公司）		010－62515275（盗版举报）
网　　址	http://www.crup.com.cn		
经　　销	新华书店		
印　　刷	天津鑫丰华印务有限公司	**版　　次**	2016年1月第1版
开　　本	787 mm×1092 mm　1/16		2021年3月第2版
印　　张	18 插页1	**印　　次**	2024年12月第7次印刷
字　　数	399 000	**定　　价**	48.00元

中国人民大学出版社　管理分社

教师教学服务说明

中国人民大学出版社管理分社以出版工商管理和公共管理类精品图书为宗旨。为更好地服务一线教师，我们着力建设了一批数字化、立体化的网络教学资源。教师可以通过以下方式获得免费下载教学资源的权限：

- 在中国人民大学出版社网站 www.crup.com.cn 进行注册，注册后进入“会员中心”，在左侧点击“我的教师认证”，填写相关信息，提交后等待审核。我们将在一个工作日内为您开通相关资源的下载权限。
- 如您急需教学资源或需要其他帮助，请加入教师 QQ 群或在工作时间与我们联络。

中国人民大学出版社　管理分社

教师 QQ 群： 648333426（工商管理）　114970332（财会）　648117133（公共管理）
教师群仅限教师加入，入群请备注（学校+姓名）

联系电话： 010-62515735，62515987，62515782，82501048，62514760

电子邮箱： glcbfs@crup.com.cn

通讯地址： 北京市海淀区中关村大街甲 59 号文化大厦 1501 室（100872）

管理书社　　人大社财会　　公共管理与政治学悦读坊